Zulehner
Gemeindepastoral

Pastoraltheologie

Paul M.
Zulehner

Band 2
Gemeinde-Pastoral

Orte christlicher Praxis

Patmos Verlag
Düsseldorf

Zukunftsweisende Entwürfe
für die praktisch-theologische Arbeit
von Paul M. Zulehner

Pastoraltheologie
Eine auf vier Bände angelegte Buchreihe, die die bedrängenden Fragen aufgreift, die sich in unserer Gesellschaft stellen, und die Markierungspunkte setzt für die erforderliche Praxis und Gestalt der Kirche auf dem Weg ins Morgen.

Band 1: Fundamentalpastoral
Kirche zwischen Auftrag und Erwartung, Best.-Nr. 3-491-77658-9

Band 2: Gemeindepastoral
Orte christlicher Praxis, Best.-Nr. 3-491-77659-7

Band 3: Übergänge
Pastoral zu den Lebenswenden, Best.-Nr. 3-491-77660-0

Band 4: Pastorale Futurologie
Kirche auf dem Weg ins gesellschaftliche Morgen,
Best.-Nr. 3-491-77657-0

CIP-Titelaufnahme der Deutschen Bibliothek

Zulehner, Paul M.:
Pastoraltheologie / Paul M. Zulehner. – Düsseldorf : Patmos Verl.
Bd. 2. Gemeindepastoral : Orte christlicher Praxis. –
1. Aufl. – 1989
ISBN 3-491-77659-7

1. Auflage 1989
Umschlaggestaltung: Peter J. Kahrl, unter Verwendung einer Bildvorlage
von Roland Peter Litzenburger, Markdorf-Leimbach:
„Emmaus – Wenn zwei miteinander sind in meinem Namen“,
Kugelschreiber 1972
Gesamtherstellung: Clausen & Bosse, Leck
3-491-77659-7

INHALTSVERZEICHNIS

Vorwort 11

1. DIE WIEDERENTDECKUNG DER GEMEINDE 13

1.1 „Zelle der Wiener Christenheit“ (Friedrich Heer) . . . 15
1.1.1 Einsturz der alten Kirche 15
1.1.2 Zelle der Wiener Christenheit 17
1.1.3 Prophetische Kirchenvision 21
1.2 Basisgemeinden 23
1.2.1 Im „Osten“ 24
1.2.1.1 Leben in Basisgruppen 25
1.2.1.2 Entstehungsgründe 27
1.2.1.3 Zwei Kirchen? 29
1.2.1.4 Konfliktlösungen 30
1.2.2 Im „Süden“ 32
1.2.2.1 Der Kontext der Unterdrückung 32
1.2.2.2 Merkmale basisgemeindlichen Lebens 34
1.2.2.3 Förderung durch die Kirchenleitung 35
1.2.3 Im „Westen“ 38
1.2.3.1 Ende der kulturgestützten Christlichkeit 39
1.2.3.2 Vernetzung 41
1.3 Rund um das Konzil 45
1.3.1 Das Erbe des Protestantismus 46
1.3.2 Gemeindliche Bewegungen vor dem Konzil 48
1.3.3 Konzil und Gemeinde 50
1.3.4 Nach dem Konzil 53
1.4 Kirche war nie gemeindelos: Wandel in der Sozialform 60
1.4.1 Gemeinde im Neuen Testament 61
1.4.2 Von der Gemeinde zur Pfarrei 63
1.4.3 Funktionswandel der Pfarrei 65
1.4.4 Prinzip und Verwirklichung 69

2. GEMEINDE HEUTE: PRINZIP UND VERWIRKLICHUNG 70

2.1 Das Grundamt der Gemeinde 70
2.1.1 Gottes Sehnsucht nach der Schöpfung 71
2.1.2 Gemeinde als Erfahrungsort von Auferweckung . . . 73
2.2 Lebens- und Todeszeichen heute 74
2.2.1 Gerechtigkeit 76
2.2.2 Gemeinschaft 79
2.2.3 Sinn 80
2.3 Grundmerkmale der Gemeinde heute 83
2.3.1 Mystik 83
2.3.1.1 Das Mysterium der Gemeinde 83
2.3.1.2 Kultur der Mystik 86
2.3.1.3 „Früchte der Mystik“ 87
(a) Heiligung und Heilung 88
(b) Verkündigung 89
2.3.2 Koinonia 91
2.3.2.1 Gemeinschaft mit Gott und daher untereinander . . . 91
2.3.2.2 Kultur der Koinonia 92
(a) Würde 92
(b) Die Gemeinde und der Einzelne 94
(c) Partizipation 95
(d) Verbindlichkeit 98
(e) Ökumene 104
1. Mischehen 105
2. Eucharistische Gastfreundschaft 107
3. Kartellierung und Markenabgrenzung 110
4. Voneinander lernen 113
2.3.3 Diakonia 116
2.3.3.1 „Sünde, die zum Himmel schreit“ 116
2.3.3.2 Kultur der Diakonia 118
(a) Politik 118
(b) Caritas 122
1. Organisierte Caritas 123
2. Gemeindliche Caritas 124
3. Seelsorge 125
2.4 Wandel in der Teilhabe an dem einen Grundamt 128
2.4.1 Alle sind Berufene 128
2.4.2 Das pastorale Grundschisma 130
2.4.3 Krise der Kleruskirche 134
2.4.4 Mitarbeiter des Klerus 135

2.4.5 Von der Klerus- zur Expertenkirche 136
2.4.6 Von der Kirche für das Volk zu einer Kirche des Volkes 138

3. GEMEINDEAUFBAU HEUTE (OIKODOMÉ) 142

3.1 Gemeindeentwicklung durch „geistliche Bewegungen“ 143
3.1.1 New Image of the Parish (NIP) 143
3.1.1.1 „Gemeinschaft von Gemeinschaften“ 143
3.1.1.2 Etappen auf dem Weg 144
3.1.1.3 Geplante Umkehr 145
3.1.2 Neokatechumenat 148
3.1.2.1 Etappen eines langen Weges 148
3.1.2.2 Pfarrerneuerung oder Pfarrspaltung? 150
3.1.3 Geistliche Gemeinde-Erneuerung 151
3.1.3.1 „Leihmütter“ für unfruchtbare Glaubensmütter . . . 152
3.1.3.2 Nur Übertreibungen? 154
3.2 Pfarrliche Gemeindemodelle 156
3.2.1 Eschborn bei Frankfurt 156
3.2.2 Dortmund-Scharnhorst 158
3.2.3 Wien-Machstraße 160
3.2.4 Böblingen 163
3.3 Grundkurs gemeindlichen Glaubens 164
3.3.1 Gott als Erbauer der Kirche 165
3.3.2 Mystagogie 165
3.3.3 Die Rolle der Bibel 167
3.3.4 Religionsfreiheit 167
3.3.5 Kirchennoviziat 169
3.3.6 Die Berufung feiern 170
3.3.7 Der ungehobene Kirchenschatz 170
3.3.8 Eigenverantwortung 171
3.3.9 „Mütter des Glaubens“ 171
3.4 Gemeindeberatung 172

4. LEITEN (IN) DER GEMEINDE 175

4.1 Leiten 178
4.1.1 Eine Dienstleistung 178
4.1.2 Biblische Leit-Bilder 179
4.1.3 Lebendigkeit einer Organisation 182
4.1.4 Vorgesetzte und Leiter 183

4.1.5 Leitungsverweigerung 184
4.2 Leiten und Vision 185
4.2.1 Visionsklärung 185
4.2.2 Visionsgrundkurs 186
4.2.3 Aufmerksamkeit für Nebenziele 187
4.3 Ermächtigung zur Visionspraxis 188
4.3.1 Mystagogische Kompetenz 188
4.3.2 Mitinhaberschaft 189
4.3.3 Führungsstile 189
4.3.4 Subsidiarität 190
4.4 Realisierung 191
4.4.1 Planen und Entscheiden 191
4.4.2 Kooperation und Kommunikation 192
4.5 Selbstmanagement der Leitenden 192
4.5.1 Ererbte Leitungserfahrungen aufarbeiten 193
4.5.2 Umgang mit Zeit 193
4.5.3 (Selbst)Vertrauen 195
4.6 Leitungsmangel: Gemeinden ohne Pfarrer 195
4.6.1 Lösungsmodelle 196
4.6.1.1 Ein Pfarrer für mehrere Pfarreien 196
4.6.1.2 Andere Bezugspersonen 197
4.6.1.3 Viri probati 199
4.6.2 Die Chance der Not 201

5. WIDER DEN PAROCHIALISMUS 204

5.1 Pfarrgemeinde und Laienorganisationen 204
5.1.1 Neue Konkurrenz 204
5.1.2 Verbände 205
5.1.2.1 Pastoral der Anlässe 206
5.1.2.2 Eigenständigkeit der Laien 206
5.1.3 Katholische Aktion 208
5.1.4 Förderung der Laien 209
5.1.5 Movimenti 210
5.1.6 Ambivalente Konkurrenz 211
5.2 Die Pfarrgemeinde im pastoralen „Raum" 213
5.2.1 Orts- und Personalprinzip 213
5.2.2 „Raumgerechte Seelsorge" 216
5.2.2.1 Begabungen 216
5.2.2.2 Knappe materielle Mittel 217
5.2.2.3 Symmetrie 217
5.2.2.4 Subsidiarität und Solidarität 217

5.2.3 Pfarrverbände 219
5.2.4 Pfarrei und Diözese 220
5.2.5 Wahl von Kandidaten für kirchliche Ämter 222

ZUSAMMENFASSUNG 225

KIRCHENGEMEINDETRÄUME 240

LITERATURVERZEICHNIS 249

VORWORT

Die Tradierung des christlichen Glaubens ist gegenwärtig eines der wichtigsten Themen westeuropäischer Kirchengebiete. Dabei steht fest, daß die herkömmlichen Übermittlungskanäle verstopft sind: Christlicher Glaube wird immer weniger kulturell vermittelt. Er hat in Europa aufgehört, eine „kulturelle Selbstverständlichkeit" zu sein. Europa ist ein „nachchristliches Gebiet" geworden. Dies ist der Grund, warum Europa ein Missionsland genannt wird.
Auf dem Hintergrund dieses Wissens, daß die kulturelle Tradierung des Christentums nicht mehr stattfindet, haben die Kirchen Westeuropas in den letzten Jahrzehnten angefangen, auf die Familien zu setzen. Religions- und pastoralsoziologische Studien haben die Grundlage für dieses Hoffen auf die Weitergabe des Glaubens durch die Familien geliefert. Ob aber jemand zum christlichen Glauben gelangt, so zeigten die Forschungen, hängt eng damit zusammen, ob es in der Herkunftsfamilie christliches Leben gibt. So wurde die pastorale Praxis der Großkirchen ganz auf die Familie abgestellt. Sie wurde zur Elternpastoral.
So richtig die Forschungsergebnisse sind, so wertvoll auch die Ausrichtung vieler pastoraler Vorgänge auf die Familie war: Es ist diesbezüglich eine Ernüchterung eingetreten. Deutlicher als noch vor wenigen Jahren wird gesehen, daß viele Familien für eine solche Aufgabe gar nicht (mehr) in der Lage sind. Nur in einem Bruchteil der Familien wird – nach einer vertraulichen Studie der deutschen Bischöfe – gebetet, kommt also christlicher Glaube zur Sprache. Ähnlich steht es um die religiöse Praxis vieler Eltern. Dazu kommt, daß sich viele christliche Eltern auch überfordert fühlen, weithin allein gelassen die religiöse Formung ihrer Kinder verantworten zu sollen. Schließlich mußten auch die zugrunde liegenden religionssoziologischen Forschungsergebnisse modifiziert werden: Zwar werden in der Herkunftsfamilie für die religiöse Entwicklung (erste) Weichen gestellt. Doch ist das Ergebnis familiärer Primärsozialisation in unserer hochmobilen Kultur längst nicht mehr so stabil wie in früheren Zeiten. Die Möglichkeit, ja die Wahrscheinlichkeit einer religiösen Veränderung (die Wissenssoziologie spricht von „Konversion") ist in unserer Gesell-

schaft groß. Viele gläubige Eltern können davon leidvolle Geschichten erzählen.
Daraus folgt, daß sich die Kirche, wenn es um die Tradierung des Glaubens an die kommende Generation geht, weder auf die Kultur noch allein auf die Familie verlassen kann. Glaubensweitergabe wird immer mehr Aufgabe der Kirche in ihren vielfältigen Gemeinden. Plakativ gilt: Christlicher Glaube lebt dort weiter, wo Menschen sich aus der Kraft des dreifaltigen Gottes zu seinem Volk zusammenfügen lassen und Gemeinden bilden, in denen ein neues Miteinander und ein neues Füreinander gelebt werden, was den Menschen in den nachchristlichen Gesellschaften Hoffnung anschaulich macht. Wer also die Fürsorglichkeit Gottes für die Menschen Europas in Tat und Wort teilt, kann gar nicht anders, als sich um den Aufbau und das zeitgerechte Wirken christlicher Gemeinden einzusetzen.
Dieser pastoralen Kernaufgabe der Gründung und Leitung christlicher Gemeinden in unserem europäischen Kontext ist die vorliegende Studie gewidmet. Sie ist der zweite Band einer mehrbändigen Pastoraltheologie. Der erste Band ist als „Fundamentalpastoral. Kirche zwischen Auftrag und Erwartung“ bereits erschienen. Folgen werden ein Band zu den Lebensübergängen (Geburt, Heirat, Lebensmitte, Altern, Krankheit, Sterben und Tod) sowie eine „Pastorale Futurologie“.

Wien 1989 *Paul M. Zulehner*

1. DIE WIEDERENTDECKUNG DER GEMEINDE

In den letzten Jahrzehnten ist es in der katholischen Kirche zu einer Wiederentdeckung der Gemeinde gekommen. Wir sprechen von Wiederentdeckung: Denn der Blick in die Geschichte zeigt, daß der christliche Glaube stets gemeindliche Sozialformen hervorgebracht hat, die Kirche also nie gemeindelos war. Die grundsätzliche Gemeindlichkeit des christlichen Glaubens war aber im religiösen Individualismus der Aufklärung in den Hintergrund gedrängt worden. Vielleicht hat sich dieser religiöse Individualismus, wie er von der theologischen Elite der Aufklärung entworfen wurde, erst heute voll im Bewußtsein der Bürger festgesetzt. Die heutigen religiösen Eliten hingegen haben begonnen, sich vom religiösen Individualismus abzuwenden; sie vertreten erneut die auf die jahrtausendlange Tradition gestützte Position, daß christlicher Glaube Menschen vernetzt, Kirche sich also in Gemeinde ereignet. Nach einem relativ kurzen Zwischenspiel eines gemeindefreien religiösen Individualismus ist es somit zu einer Wiederentdekkung der Gemeinde gekommen.

Diese Wiederentdeckung der Gemeinde hat zwei Haupt-Gründe: einen, der im Wesen des Christentums selbst liegt, einen anderen, der mit der jeweiligen Gesellschaft zu tun hat, in der Christen leben. Wo Menschen zu einem wahrhaft christlichen Glauben finden, werden sie Söhne und Töchter des einen Gottes, der in Jesus aus Nazaret einer von uns geworden und als Auferstandener mit seinem Heiligen Geist unter uns gegenwärtig ist. Gemeinde ist damit die Frucht des persönlichen Glaubens. Umgekehrt ist es die Gemeinde, die – zumal in nichtchristlichen Gesellschaften – den Glauben des einzelnen hervorbringt und trägt. Persönlicher Glaube und christliche Gemeinde sind in einer unentflechtbaren Wechselwirkung aufeinander bezogen.

In einem ersten pastoralgeschichtlichen Abschnitt belegen wir die These von der Wiederentdeckung der Gemeinde. An den Beginn stellen wir die Vision eines prophetischen Schriftstellers aus Österreich, Friedrich Heer, der als künftige Gestalt der christlichen Kirche die „Zelle der Wiener Christenheit“ entworfen hat. Sodann zeichnen wir die weltweite basisgemeindliche Bewegung nach: in den Südkirchen, in den Kirchen des realexistierenden Sozialismus, schließlich in West-

und Mitteleuropa, also bei uns. Es wird sich zeigen, daß sowohl der jeweilige gesellschaftliche Kontext als auch die innerkirchliche Entwicklung vor und auf dem Zweiten Vatikanischen Konzil zu einem raschen Entstehen neuer religiöser Sozialformen beigetragen haben. Schließlich gehen wir in der Geschichte noch weiter zurück, um die These skizzenhaft zu belegen, daß die christliche Kirche nie gemeindelos war, sich aber die Sozialform der (Kirchen-)Gemeinde im Lauf der Geschichte des öfteren gewandelt hat.

In einem zweiten pastoraltheologischen Abschnitt wenden wir uns dem Prinzip Gemeinde und seiner Verwirklichung zu. Wir fragen nach dem Grundamt jeder christlichen Gemeinde: nach dem, wofür sie lebt und handelt, was also ihr Auftrag vom Erbauer der Gemeinde, dem dreifaltigen Gott selbst, ist. Von hier ist weiterzufragen, in welcher Art die verschiedenen Menschen, die Gott einer christlichen Gemeinde „hinzufügt" (vgl. Apg 2,47), an diesem Grundamt der Kirchengemeinde teilhaben.

Ein dritter Abschnitt ist dem Gemeindeaufbau, der „Oikodomé", gewidmet. Modelle und Erfahrungen werden pastoraltheologisch reflektiert. Das Herzstück bildet die Reflexion auf den „Grundkurs gemeindlichen Glaubens".

Um Leiten (in) der Gemeinde geht es in einem vierten Abschnitt. Leiten wird dabei aus der Perspektive der Organisationsentwicklung als Dienstleistung an der Lebendigkeit einer Gemeinschaft verstanden. Solche Art der Leitung wird auch aus theologischen Gründen vom Pfarrer erwartet. Doch ist der Pfarrer nicht der einzige, der Leitung in einer Gemeinde ausübt: Auf Leitung stoßen wir in Gruppen und Gemeinschaften, Leitung gibt es zudem in informeller Weise. In diesem Zusammenhang wird die Frage nach dem Pfarrermangel behandelt, der sich ja als Mangel an formeller Leitung darstellt.

Kirche ereignet sich zwar in Gemeinden, erschöpft sich aber nicht in ihnen. Diesem Aspekt der Gemeinde, ihren „Außenbeziehungen" und den für sie bedeutsamen außergemeindlichen kirchlichen Vorgängen und Einrichtungen ist der letzte Abschnitt gewidmet. Themen werden hier sein: Verbände, Katholische Aktion und Neue Apostolische Bewegungen sowie raumgerechte Seelsorge (Pfarrverband, Diözese).

1.1 „Zelle der Wiener Christenheit" (Friedrich Heer)

„Jede aktive oder passive Betätigung für die christliche Religion, die Erbfeindin der Menschheit, ihrer Freiheit und ihres Fortschrittes, ist verboten. Wer ihr aktive oder passive Dienste leistet, proklamiert sich zum Todfeind Nr.1 der autonomen M.G., schließt sich selbst aus und nimmt sich selbst das Recht, in ihr zu existieren."[1]

So das Grundgesetz Nr.1 der autonomen Menschheitsgesellschaft, die in Wien im Jahr 1965 errichtet worden war. Regiert wird diese M.G. durch das BÜRO. John Percy Brown soll in der Menschheitsgesellschaft eine politische Führungsaufgabe übernehmen. Dazu reist er zwischen dem 12. und 16.Juni des Jahres 2074, d.i. im 109. Jahr der M.G., aus Boston nach Wien. Frau Dr. Tanja Meier ist ihm vom BÜRO als Begleiterin zugeteilt worden. Die Tagebuchaufzeichnungen Browns sind in dem Roman von Hermann Gohde, alias Friedrich Heer, enthalten.[2] Der Roman erschien 1950, 15 Jahre vor der Errichtung dieser autonomen Menschheitsgesellschaft, 124 Jahre vor den geschilderten Ereignissen.

Christen waren in dieser M.G. als Todfeinde Nr.1 verboten. Allerdings waren sie selbst nach 100 Jahren Herrschaft des BÜROS noch nicht gänzlich ausgerottet. Brown selbst wußte, daß es Christen gab; die Prozesse gegen sie wurden aber geheimgehalten, ebenso ihre Verschickung, ihre Liquidierung. Erwähnung derselben stand unter schwerer Strafe.

1.1.1 Einsturz der alten Kirche

Das BÜRO hatte es freilich mit der Beseitigung der Kirche nicht schwer gehabt. Hatte sich doch die Kirche in den letzten Jahrhunderten nahezu selbst zum Einsturz gebracht. Die Christenheit hatte ihre Substanz zerstört. Ein Vertrauensmann des BÜROS nennt in seiner Kirchengeschichte eine Reihe von Gründen:[3]

„. . . Rom selbst: die Kurie, die Herrschaftszentrale der Christenheit, sitzt als Kreuzspinne in der Mitte jenes fein und straff gesponnenen

[1] Gohde, Der achte Tag, 198.

[2] Friedrich Heer (1916–1983), österreichischer Schriftsteller und Historiker, war ein loyaler Kritiker der Kirche: Heer, Plädoyer. – Zu Heer: Rosenmayr, Freiheit durch Kritik.

[3] Heer kleidet diese Analyse in den Vortrag eines Professors Dr.Schumscheiner, Ordinarius für Ideologiekritik an der Universität Wien und zugleich Prälat der vom BÜRO geförderten Europäischen Kirche.

Organisationsnetzes, mit dessen Hilfe der Papst und seine Hofclique die Völker aussaugen";[4]
„diese verbrecherische Ausbeutung Europas durch die klerische Clique der Kirche";
„Die Kirche war ein großer Regisseur der Furcht, vielleicht der größte aller Zeiten."
„Genug, die Kirche hat gesiegt, hat sich zu Tode gesiegt. Ihr voller Bauch barst."[5]
„Die alte Herrscherin der Kontinente, der Jahrhunderte... Sie verbündet sich mit dem Imperialismus und Kapitalismus, zuletzt mit der Atombombe. Die denn auch ihr Ende herbeiführt."[6]
„Die römische Kirche hatte es, in den zweitausend Jahren ihrer europäischen Herrschaft, verstanden, wie eine Atombombe mit Zeitzündung und graduierter Sprengung zu wirken. Es gelang ihr, das umfassendste und vollkommenste Herrschaftssystem des vorwissenschaftlichen Zeitalters aufzubauen; totale Herrschaft über die gesamte psychophysische Existenz, über den inneren und äußeren Besitz der damaligen Menschheit; bis in die Tiefen hinein, die wir heute erst erahnen... Der zerschlagene, seit Jahrhunderten verwesende Großleib der Kirche strahlt immer noch Kräfte aus, sondert Giftstoffe ab, die zersetzend wirken können."
„Der Sieg der autonomen M.G., der Sieg des BÜROS über die Kirche, der größte Sieg aller Zeiten, ist perenn, ist uns unumstößlich sicher! Die Kirche lebte vom Mythos ihrer Ewigkeit: ‚die Pforten der Hölle werden sie nicht verschlingen...' Dieses angebliche Wort Christi hat die Kirche auf sich bezogen: Petrus, das Papsttum in Rom sei der Fels, der unbezwingbare. Nicht die Pforten einer imaginären Hölle, wohl aber die Divisionen eines sehr diesseitigen, sehr realen Paradieses – die Kraft der autonomen M.G. – haben sie vernichtet! Ihr Mythos ist gefallen. Zum Gedächtnis seines Sturzes haben wir das Römische Grabmal errichtet."[7]
Das BÜRO ist sich der Vernichtung der Christen so sicher, daß es nicht nur den Tourismus zu den Trümmern Roms freigibt, sondern auch eine Europäische Kirche gründet. *„Man gestattet gewissen, zumeist älteren, kranken, arbeitsunfähigen Personen, eine Art christlichen Kultus zu treiben. Ja, ja, mit allem Klimbim, der dazugehört: Messe, Festtagsritual, Litaneien, Gebetswochen, Exerzitien – soge-*

[4] Gohde, 207.
[5] Gohde, 208.
[6] Gohde, 209.
[7] Gohde, 210.

nannte ‚geistliche' Übungen. In reservierten Gebäuden, d.h. in Nebenräumen ehemaliger Kirchen. Dazu braucht man natürlich Priester!..."[8] Dr.Schumscheiner, einst Priester der Christen, ist jetzt Prälat dieser BÜRO-hörigen Europäischen Kirche. *„Wohl weiß er noch viel von den Geschehnissen der zwei Jahrtausende christlicher Zeitrechnung; vom Wesen der Kirche, der Christenheit aber weiß er nichts. Nichts mehr... Oft frage ich mich des Nachts, wie dies möglich ist. Ein Prälat der Kirche, der einen Kirche. Und weiß nichts, nichts mehr von ihr. Das Wissen um sie ist ihm entfallen, wie die Frucht dem löcherigen Sack."*[9]

1.1.2 Zelle der Wiener Christenheit

In dieser Welt des BÜROs ohne Christen, aber mit einer Europäischen Kirche, begegnet John Percy Brown wider Erwarten Christen. Dr. Tanja Meier, seine offizielle Begleiterin, gibt sich ihm als Christin zu erkennen. Sie führt ihn bald darauf in die „Zelle der Wiener Christenheit":

„Durch strömenden Regen; die Eingangshalle eines Wiener Verkehrsflughafens. Schmutz, Gedränge; auf den Bänken schlafende Neger; Straßenverkäufer; viel Polizei, mit und ohne Uniform; Dirnen, Pubgirls; Beamte der mondialen Fluglinien, Urlauber der Wehrmacht, Kellner; der Speisesaal eines Bahnrestaurants. Eine Gepäckabteilung. An Kollis vorbei, im Aufzug der Transportarbeiter. Vier Stock unter der Erde; ein weitverzweigtes Netz von Verbindungswegen. Expeditur des Güterbahnhofes. Eine Kantine des fliegenden Personals. Zwei, drei Türen; Mannschaftsräume. – Wir sind am Ziel.

Ich habe noch nie so viele fröhliche Menschen beisammen gesehen. Eine Wärme, ein Strahlen, eine Herzlichkeit der Begrüßung, der Aufnahme, die mich zunächst so gefangennimmt, daß ich Raum und Zeit vergesse: den sehr dürftigen Kantinenraum, die alten, ausrangierten Stühle, die schadhaften Lichtröhren, die schlecht verkalkten Wände. Und die Zeit: die Epoche des BÜROS. – Hier scheint beides überwunden. Ich bin in einer großen Familie. Familie, in diesem Sinne habe ich sie nie kennengelernt. Tanja stellt mich als ‚Freund' vor, was in der Sprache der Brüder hier so viel heißt wie ‚Sympathisierender', ‚Mensch vor den Toren'.

Fragende Blicke, gewiß, doch wie viel Vertrauen, wie viel offenes Entgegenkommen! Meiner Uniform wird keine Beachtung geschenkt; ich

[8] Gohde, 200.
[9] Gohde, 226.

sehe hier übrigens alle möglichen Uniformen; wohl keine eines politischen Leiters, aber Lagerärzte, Kombinat-Ingenieure, Polizisten und Angehörige verschiedener Truppengattungen sind vertreten. Überwiegend Männer zwischen dreißig und fünfzig. Wenig ältere. Burschen und Mädchen, zwischen vierzehn und zwanzig. – Insgesamt an die fünfzig Menschen. Geprägte klare Gesichter; mit einem unverkennbaren Air des Sicheren, Bewußten, Offenen – des Menschlichen; kann mich nicht enthalten, Tanja beim Ärmel zu fassen und ihr... zuzuflüstern: ‚Diese Menschen erkennt man doch an ihren Gesichtern auf der Straße, unter hundert, unter tausend anderen – das ist doch entsetzlich.‘ ‚Aber nein‘, entgegnete sie lachend, ‚Warum soll das entsetzlich sein? Den Christ soll man ja erkennen, in der Herde seiner namenlosen, geschobenen, bewußtlos getriebenen Brüder.‘“[10]

Brown lernt die Zelle der Wiener Christenheit näher kennen; er erlebt, wie Christen im Untergrund leben, wie sie ihr Zusammenleben organisieren und verborgen mitten unter ihren Mitmenschen auftreten.

– Diese Christen sind für alle da; zuerst für ihre Gegner und Feinde: *„Siebzig Prozent unserer Brüder kommen aus erbittertster Gegnerschaft zu uns. So muß es auch sein – das ist das Gesetz unseres Wachsens: nichts ist lebenswichtiger für uns als das Suchen und Finden unserer Gegner.“* Diese gelten auch als interessanter als die Angehörigen der Masse, die die Christen weder lieben noch hassen, sie nicht einmal ignorieren.

– Sie trösten vor allem: *„die Bedrückten, Gequälten, Geschundenen dieser Erde; die Vertriebenen, die Deportierten, die vergewaltigten Sklaven des BÜRO-Apparates. Sie warten auf uns; in allen Arbeitslagern dieser Erde. In allen Kerkern und Industriekombinaten; in den Bastionen der Erdverteidigung, in den Künstlerlagern, in den Barackenstädten... sie wissen es – die Unterdrückten dieser Erde: wir sind ihre einzige Hoffnung, der Garant der Freiheit, der Menschlichkeit“.*[11]

– Dies ist auch der letzte Grund für ihre Verfolgung: weil sie in einer Welt, in der es keine Erfahrung und kein Wissen um die Freiheit mehr gibt, ein sicherer Ort für Freiheit sind. *„Heute haben wir keine Positionen, keine Reiche, keine Ministerstühle und Prälaturen: die Angst des BÜROS, die Angst unserer Gegner vor uns ist aber größer denn je: sie fürchten die Macht des Glaubens, dessen Wesen sie nicht kennen, weil sie den Herrn des Glaubens nicht anerkennen wollen – und sie fürchten,*

[10] Gohde, 310f.
[11] Gohde, 312.

wohl mehr noch, das Wissen, das von Tag zu Tag immer größer und tiefer aufsteht in den Völkern, daß wir die Freiheit sind – die freie, neue Menschheit."[12]

– Die Zelle der Christen ist auch ein Ort, an dem es zu einer persönlichen Begegnung kommt. Auch das ist den Gegnern ein Dorn im Auge, *„nichts scheuen sie so sehr wie ein persönliches Treffen, wie eine persönliche Aussprache, das Aug' in Aug' sein, den Raum, in dem nichts ist als das Ich und das Du. – Sie vermauern sich in ihren Apparaten, ihren Büromaschinen, hinter tausend Zimmern und Paragraphen, lassen die Zugänge zu ihren Wohnungen und Arbeitsstätten durch Polizeigeheimdienste, Ortskontrolleure bewachen; das Anonyme – der autonomen M.G., des BÜROS, des hohen Ranges, des Betriebes – ist ihr Schutz... Oh, John, sie wissen genau, was sie tun! Im Raum der Person, im Gespräch, im wahren Gespräch, in der Begegnung des Ich mit dem Du sind sie verloren; da fallen die Masken – da spricht Gott; da ist Christus anwesend, unser großer, unser größter Bruder: überall dort, wo Mensch zu Mensch findet, durch Wände, durch Scheidung hindurch. Cor ad cor loquitur – das Herz spricht zum Herzen – wo der Mensch sich dem Menschen zu stellen wagt. – Die Herren, die Herrscher von heute kennen nur den Monolog, die monomanische Rede... Sie hassen das Gespräch, die persönliche Begegnung, das Wort von Mensch zu Mensch.*"[13]

– Diese „Pfadfinder der Christenheit" zeichnet aus, daß sie glaubensstark sind. *„Die andere, die breite Masse der Konfessionschristen, der früheren Beamten und Angestellten, der Krämer und Kaufleute, der Bürger und Bauern; sie ist untergegangen, zerfallen beim zweiten, dritten Anstoß. Von den Intellektuellen, den Professoren und Gebildeten, gar nicht zu reden. Viele derselben wurden schnell, sehr schnell, Vorkämpfer des antichristlichen Kampfes. Beispiele brauche ich Ihnen nicht zu zeigen: Dr. Muus, Schumscheiner, Dozent Dr. Callidus, sie alle stammen aus altchristlichen Familien, gehörten in ihrer Jugend selbst noch zur lebendigen Kirche. – Schwemmsand; arme Teufel, die nur in einer Sekurität leben können: versichert beim ‚lieben Gott', beim ‚Staat', bei der jeweiligen politischen und wirtschaftlichen Gesellschaftsordnung. Schwache, oft persönlich sehr liebenswürdige Menschen; ich möchte ihnen nicht unrecht tun. Zu schwach aber; zu glaubensschwach – damit Sie mich nicht mißverstehen, John!*

Wir aber brauchen Starke; Frauen und Männer. Glaubensstark ist aber nur, wer wirklich in der Tiefe seines Personkerns den großen Umbruch

[12] Gohde, 313.
[13] Gohde, 314.

erlebt hat, die Wiedergeburt nach dem sehr schmerzlichen Absterben des ‚alten Menschen' – ein Umsturz, dessen Schrecken und Freuden, Gefahren und Siege für den Betreffenden mächtiger, wirkmächtiger, lebensträchtiger sein müssen als alle Umstürze und Umbrüche in den Ordnungen der Außenwelt. Menschen mit einem Wort, in denen die Christenheit, die Kirche stärker geworden ist als das BÜRO."[14]

– Es ist eine Zelle von Christen, in der alle sich theologisch bilden. Deshalb haben sie Arbeiten angenommen, die ihnen auch noch während der Arbeit Zeit lassen, über den Glauben nachzudenken, Theologen zu werden.

– Es entstehen in dieser Zelle verschiedene Werk-Teams: für die Tröster, für die Feinde, für das Theologiestudium, für die Welt und die Weltkirche. Unter den Christen gibt es auch Priester, sie arbeiten beruflich wie die anderen, ragen ansonsten aus der Gemeinschaft nicht heraus. Was Brown besonders wahrnimmt, sind vielmehr diejenigen, die in den Werkteams arbeiten.

– All das, was diese Christen machen, lebt aus einer tiefen Mystik. Die Eucharistiefeier, unter Gefahr in einer abgelegenen Almhütte gefeiert, nimmt Brown zutiefst gefangen. Dort treffen sie sich nun, die „Beter des geschlagenen Gottes".

„Sie haben einst Dome und Paläste besessen. Und alle Machtstellungen dieser Erde. Das Land, die Stadt; die Völker und die Reiche der Welt. Nun stehen sie hier, vierzig Mann, in einer Heuhütte im hohen Vorsommer, und feiern das Gedächtnis ihres geschlagenen Gottes. Immer noch beten sie; versinken, verklammern sich in ihr Gebet. Unweit meiner Tanne", so Brown in seinen Notizen, *„steht hoher Farn; ein Tümpel, golden dunkel, tief; etwas oberhalb, im Wiesenhang, bricht eine Quelle auf; stößt ihr Wasser hoch auf, es quillt glucksend über den erdbraunen Rand, springt über niedriges Gras, fettgrünes Blattwerk und rote Wurzeln in den Tümpel. Die Quelle. Ich kann das Auge nicht lassen von ihr; immer wieder schaue ich zu ihr hinüber. Die Menschen da und die Quelle. Wo hat sie ihr Wasser gesammelt? In welchem Grunde? Woher haben diese Menschen die Kraft, in eine solche Freude einzugehen?...*

Ein Wallen geht über die Menschen. Sie knien; und über sie hebt der Priester das Brot. Den Kelch. Den Wein. – Stille, tiefe, klare Stille. Das Vieh und die Tanne. Das duftende Heu. Der Himmel; wolkenlos, rein. Ich sehe in helles Licht. Ich spüre die dunkle Erde unter den Moosballen meiner Füße. Erde und Himmel. Und diese Menschen. Ich frage nicht mehr. Ich spüre ihr Sein. Ihr Leben. Ihr Zeugnis.

[14] Gohde, 316f.

Nun nehmen sie das Brot. Einige verzehren es ganz, die meisten brechen ein kleines, ein sehr kleines Stück, wie mir scheint, ab und verwahren den größeren Teil in einer ledernen Tasche, die sie um den Hals, unter dem Hemd tragen. Das Brot für ihre Freunde, ihre Verwandten. Das tägliche Brot...
Die Handlung um den Priester ist zu Ende. Ich wage mich von meinem Baum zu lösen... Sie geben mir alle die Hand, ohne ein Wort zu reden. Und nun sehe ich es mit meinen eigenen Augen. Sie sind eins. Es ist derselbe Strahl, es ist dasselbe Leuchten in ihren Augen; Jim, der Schwarze aus den Staaten, Erszi, das Mädel von der Theiß. Und Tanja und Geronimo... – Da überfällt mich ein Glücksgefühl, wie ich es noch nie erfahren habe."[15]

1.1.3 Prophetische Kirchenvision

Friedrich Heer hat eine bewegende Kirchenzukunft entworfen; sie ist Teil seiner Kritik an der gesellschaftlichen Entwicklung.
Die Gesellschaft, die Heer heraufkommen sieht, ist totalitär, zerstört die Freiheit des Menschen und mit ihr den Menschen selbst, aber auch alles, was mit dieser Freiheit unentflechtbar verwoben ist: also auch die Religion, Gott. „Wo aber keine Erfahrung der Freiheit und kein Wissen um Freiheit mehr da ist, da haben Gott und Mensch ihr Spiel verloren."[16] In einer solchen Gesellschaft hat Kirche tendenziell „keine Zukunft". Zumindest versuchen die vielen BÜROS in Ost und West ihr die Zukunft zu verwehren.
Friedrich Heer sieht nicht nur in den gesellschaftlichen Kräften den Grund für die Zerstörung überkommener Christlichkeit. Vielmehr hat die Christenheit in ihrer zweitausendjährigen Geschichte selbst zu ihrer eigenen Zersetzung beigetragen. Sie hat ihre Substanz zerstört. Dies ist der eigentliche Grund des Verfalls der alten Kirche:
„Die Christenheit aber wich aus; wich noch einmal aus der mittelbaren Begegnung mit dem lebendigen Gott, wich zurück vor seinem Anruf, den sie doch schon in den Eingeweiden brennen, schmerzen fühlte. Wich aus, wich zurück – zu den kleinen Rechnungen, zu den Pakten der Welt."
„Dieselbe Christenheit, die sich nicht an ihren eigenen Gott wagte, rein, lauter, ganz – dieselbe Christenheit, die täglich mit den Lippen sich zum Heiligen Geist bekannte, der das Antlitz der Erde, des Kosmos erneuert, dieselbe Christenheit, die das Sakrament mittelte, die Verwalterin

[15] Gohde, 369f.
[16] Gohde, 227.

der geheimsten und offenbarsten Kräfte und Mittel totaler Wandlung, totaler Erneuerung – diese selbe Christenheit sagte in praxi, in der Tat, ihrem Schöpfer und Erhalter den Treubund auf, und wagte das Alte, Üble, Kleine, das Geschäft der Welt. Sie verließ sich also nicht auf den Heiligen Geist, sondern auf Divisionen; auf Geld, Gold und Gut; auf Beziehungen; zuletzt auf die Atombomben ..."[17]

„Die Verkündigung, John, die Verkündigung! Wie lange haben wir es verlernt, sie zu bezeugen? Die Welt ging an unserer Falschmünzerei zugrunde. Wir Christen haben alles verstanden, alles gerechtfertigt – nur eines nicht: unseren Glauben! Was haben wir gepredigt, geschrieben und disputiert? Wie viele Vorträge, Reden, Kongresse? Wie viele feierliche Kundmachungen und Proklamationen? Fehlte leider nur eines: die Deckung. Die Deckung der Münze durch unser Leben."[18]

Trotz des gesellschaftlichen Würgegriffs und trotz der selbstzerstörerischen Kräfte, welche die Christenheit selbst in sich freigesetzt hat, sieht Heer nicht das Ende der Christenheit gekommen. Zu Ende gehen allerdings ihre geschichtlich gewachsene Form, ihre überkommene Gestalt und Arbeitsweise. Die Kirche selbst aber hat Zukunft. Doch arbeitet sie anders und erhält eine neue Form. Sie ist verfolgt, im Untergrund und doch öffentlich, sie ist die einzige Hoffnung der Menschen in einer hoffnungslosen Gesellschaft, sie ist getragen aus der Kraft Gottes, gestärkt aus den reinen Quellen eines mystischen Glaubens. Die Mitglieder dieser Kirche sind fast alles „Neuchristen", Neuhinzugewonnene: Die Altchristen haben sich angepaßt. Es gehören ihr Menschen an, die heute in der Kirche fehlen, die dreißig bis fünfzigjährigen Männer, die Jugendlichen.

Es ist keine klerikale, sondern eine brüderliche, eine – so haben wir heute zu sagen gelernt – geschwisterliche Kirche. Kein Service-Betrieb, sondern eine Kirche, die alle mittragen. Keine reiche Kirche, sondern eine ohnmächtig arme: und gerade darin reich und gefährlich denen, die den Menschen klein machen. Heer wird geradezu hymnisch, wenn er diese künftige Kirche schaut. Tanja zu John:

„Die Mutter der Menschheit, die Erzieherin, Mahnerin, Hüterin aller menschlichen und göttlichen Werte. Die gute Wiege und die gute Grabstatt der Völker. Das Boot der Gefährdeten; Fisch und Brot, die Speise der Armen. Die Burg der Freiheit, Wehr, Waffe und Rüstplatz des Geistes. Der Ort der Wandlung, Mittler der Kräfte Gottes und des Menschen. Raum der Sühne, des Opfers. Der Garten der Kinder Gottes; ihr Spielplatz, ihre Feier, ihr Freudenfest, das Heim ihrer Rast und Ruhe.

[17] Gohde, 279f.
[18] Gohde, 389.

Die Heimat der Flüchtenden. Die Führerin auf der nachtdunklen, blutschmutzigen Straße dieser Welt...
Sie wundern sich sehr, John? Sie erschrecken? Fürchten Sie, daß ich verrückt geworden bin? Raptus mentis? – Nein, John. Wir kommen aber jetzt auf den Grund zu sprechen. Auf den tragenden Grund, der diese merkwürdige Christenheit und diese Menschheit trägt. Die Kirche. Die Kirche ist mehr als ihre Erscheinungen, mehr als dieses Schock Bischöfe; mehr als diese Priester und Laien, Klöster und Orden, Münster und Kathedralen; mehr als ihre Systeme der Theologie, der Moral und Pastoral. Die Kirche ist mehr als ihre Apologie; mehr als ihre Freunde und Glieder und mehr als ihre Feinde. – Sie ist mehr als die Zeit, die sie doch immer wieder sich unterwirft, mehr als die Geschichte, in der ihr Auftreten zuschanden wird. Die Kirche ist nicht die Ewigkeit, ist nicht das Letzte, ist nicht Gott. Aber sie trägt die Menschheit zur Ewigkeit, zum Letzten, zu Gott. Als Führerin – nicht aus angemaßter Arroganz, sondern weil sie die Mutter ist. ‚Die Mutter der Menschheit!' – Mutter sein heißt Schoß sein. Schoß der Zeugenden, Schoß der Bewahrenden. So oft ihr ihre Kinder, die Menschen entrissen werden – sie, die Mutter trägt und bewahrt sie."[19]
Dieses wahre Geheimnis der Kirche aber ist in der „Zelle der Wiener Christenheit" ereignishaft gegenwärtig. In ihr bleibt die Kirche lebendig und wird zum Trost der Menschen, die sich dem BÜRO zu unterwerfen nicht bereit sind. Zukunft hat, so die Ansicht Heers, eine Kirche, die aus der mystischen Begegnung mit dem lebendigen Gott lebt, daraus die Kraft zu verbindlicher Begegnung und Gemeinschaft findet und schließlich Hoffnungsort ist für die Menschen in der Gesellschaft. Mystik, Koinonia und Diakonia – diese drei altehrwürdigen Merkmale kennzeichnen die Zelle der Wiener Christenheit.
Wird Heer mit seiner Vision Recht behalten? Wird die Kirche, die morgen lebendig sein wird, vor allem aus solchen „Zellen" bestehen?

1.2 Basisgemeinden

Zumal in den Jahren nach dem Konzil sind in allen Kirchengebieten solche – von Friedrich Heer vorausgeschaute und von ihm für zukunftsträchtig eingeschätzte – „Zellen" entstanden. Sie haben sich unterschiedlich benannt: Kleingruppen, Oasen, Kreise, Gemein-

[19] Gohde, 287f.

schaften. Nach und nach hat sich für sie weltweit der Begriff „Basisgemeinden“ eingebürgert.[20] Das, was sich hinter diesem Namen verbirgt, ist freilich vielgestaltig: „Basisgemeinden“ in den osteuropäischen Ländern unterscheiden sich in ihrer Entstehung und Lebensweise von jenen in der „Südkirche“ oder in westlichen Kirchengebieten.[21] Bei aller Verschiedenheit untermauern aber diese vielfältigen Zusammenschlüsse von Christen die Grundthese dieses Bandes, daß sich Kirche in Gemeinden ereignet.

1.2.1 Im „Osten“

Bekannt wurden Basisgemeinden aus Osteuropa[22] teils durch Konflikte mit den staatlichen Kirchenbehörden, teils durch Auseinandersetzungen mit der eigenen Kirchenleitung. Für die „Bulanyisten“, Basisgruppen in Ungarn, trifft beides zu.[23] Wir analysieren diese bulanyistischen Basisgemeinden als ein charakteristisches und gut durchdachtes Beispiel für Basisgemeinden im Kontext des „realen Sozialismus“. Ihr Gründer ist der Piarist György Bulanyi (geb.1919); er war 1952 von den kommunistischen Behörden zu einer lebenslangen Gefängnisstrafe verurteilt und 1960 amnestiert worden.
Bulanyi vertritt die These, daß die gegenwärtige großkirchliche Kirchenordnung abgelöst werden wird durch eine Kirche mit „Kleingruppenstruktur“. Nur mit dieser neuen Struktur werde die Kirche im kommunistisch-gegenchristlich gestalteten Land überleben, in einer Gesellschaft, in der die Machthaber zunächst versucht hatten, die Kirche zu vernichten, und als sie dabei nicht im erwünschten Maß vorangekommen waren, daran gegangen sind, die Kirche so umzuformen

[20] Wir verwenden im Folgenden den Begriff Basisgemeinden wissentlich in einer offen-unscharfen Weise, um mit diesem Begriff die Vielfalt neuer kirchlicher Sozialformen zu umfassen. So vielfältig nämlich die Anstöße zum Entstehen solcher neuer kirchlicher Sozialformen sind, so verschiedenartig sind auch ihr inneres Leben, ihre Beziehung zur überkommenen Sozialstruktur der Kirche und ihre gesellschaftliche Funktion. Das Spektrum reicht von den lateinamerikanischen Basisgemeinden über die osteuropäischen Kleingruppen, die kontestatorischen Gruppen kritischer Christen hin bis zu den vielfältigen neueren Gemeindemodellen. Mehr zu einer solchen Systematisierung: Lehmann, Gemeinde, 49–52. Dort auch weitere Literatur.

[21] Diesen Ausdruck prägte Walbert Bühlmann: Bühlmann, Wo der Glaube lebt. – Ders., Weltkirche.

[22] Osteuropa und die Dritte Welt.

[23] Die Bulanyisten sind nicht die einzige „Basisbewegung“ in Ungarn. Neben ihnen gibt es die Gruppen der „Regnumisten“. Diese erhielten ihren Namen von einer Arbeitsgemeinschaft von Priestern und Laien („Regnum Marianum“), die in der Zeit der wachsenden Repression gegen die Kirche nach 1945 im Untergrund in Kleingruppen gearbeitet haben. Dazu kommen weitere Gruppen etwas aus der Focolare-Bewegung, charismatische Gruppen, Gruppen des Marriage Encounter. Wildmann, Katholische Basisgruppen.

und ihre Bischöfe so vom Staat abhängig zu machen, daß sie für den Aufbau des Sozialismus verfügbar werden konnten.[24]
Inmitten eines solchen gesellschaftlichen und kirchlichen Kontextes repräsentieren die Basisgruppen jetzt schon die zukunftsfähige Kirchengestalt.[25] Dies mache – so Bulanyi – verständlich, daß die Basisgruppen in mehrfacher Hinsicht gefährlich sind:
– *„für die momentan existierende Kirchenordnung";*
– *„für die heutige autoritärste Art und Weise der ungarischen Kirchenführung";*
– *„für die Religionsabsterbeprojekte des Atheismus, da diese Projekte kaum die geringste Verwirklichungschance besitzen könnten, falls die von mir geträumte Kirchenordnung einst ins Leben gerufen wird."*[26]

1.2.1.1 Leben in Basisgruppen

Über das Alltagsleben in den bulanyistischen Basisgemeinden sind westliche Bürger wenig informiert. So schildern wir im Folgenden etwas anschaulicher das Leben und Wirken der Bulanyisten. Wir stützen uns dabei auf eine unveröffentlichte Schrift, die Bulanyi zur Verteidigung seiner Gemeindeidee an den Präfekten der Glaubenskongregation im Jahr 1986 gerichtet hatte:
Den Ausgangspunkt für die Bildung eines „bukor" (Busch=Basisgemeinde) bildet die Überlegung, daß die Zahl der Indifferenten in Ungarn wächst. Mit solchen Leuten wird von Mitgliedern der Basisgemeinden Bulanyis das Gespräch gesucht. Es geht um Fragen wie: Was ist für Sie der Sinn des Christentums? Wozu ist Jesus gekommen? Wozu hat er eine Kirche gegründet? Von solchen Fragen aus wird das Gespräch nach und nach auf die Bergpredigt gebracht: Sie wird vorgestellt *„als die einzige Hoffnung der Menschheit einerseits aus der imminenten Atomkatastrophe, andererseits aus der lieblosen Entfremdung des ganzen menschlichen und gesellschaftlichen Lebens zu flüchten und gerettet zu werden. Die Bergpredigt wird gezeigt als eine einzige Hoffnung, menschlicherweise zu leben"*. Wer sich auf solche Fragen einläßt, wird eines Tages gefragt, ob er noch weitere Leute aus der Gemeinschaft kennenlernen wolle. Auf diese Weise gelangen Kirchgänger, aber auch solche, die aufgehört haben, zur Kirche zu gehen, und selbst Atheisten in die Gruppen.

[24] Vgl.dazu Zulehner u. a., Fundamentalpastoral, II.Teil: Kirche im Kontext des realen Sozialismus.
[25] Bulanyi, Kirchenordnung, 91–101.
[26] Bulanyi, Brief an Joseph Kardinal Ratzinger vom Karfreitag 1986, 40.

„In der Gruppe wird die Arbeit des Bewußtseinstransformierens (im Sinn von metanoia) fortgesetzt. Im Laufe der Jahre wird manches verstanden werden. Was? Ein Jünger Jesu darf nicht töten, auch nicht das versprechen. Ein Jünger darf ja nicht ein Reicher sein, solange Milliarden hungern. Dann: wir leben in einem relativ reichen Lande, wir müssen also der dritten Welt helfen. Man soll im Materiellen immer bescheidener werden, um sich im ‚Gebensgesetz' immer mehr zu entwickeln. In welchem Maße? Das ist unterschiedlich. Die untere Grenze darf nicht weniger sein als zehn Prozent des vollen Einkommens. Es gibt aber auch solche, die schon dreißig Prozent übersteigen. Einmal wurde gesagt: Es gibt auch bei uns ‚Hungernde', und zwar die Zigeuner, die Huliganen, die Alkoholiker. In einem Lande, wo man für gewöhnlich meint, mit einem einzigen Einkommen nicht auskommen zu können, kommen wir mit einem aus. Unsere Schwestern bleiben auch mit Universitätsdiplom zu Hause, um ihre Kinder zu erziehen. In unserem Lande leben, trotz der starken Fortpflanzung der Zigeuner, Jahr um Jahr jeweils Zehntausend weniger und weniger. Trotz des einzigen Einkommens bilden praktisch vier Kinder in unseren Familien die untere Grenze. Eben jetzt kommt bei einer Familie das neunte Kind. Der Vater ist ein absolvierter Theologe, verdient das Geld als Tischler. Die Mutter ist noch nicht 32 Jahre alt. Durch die mehrfachen Verbindungen, Kleingruppen für Kinder, gemeinsames Turnen, Sommerkinderlager, erfahren sie, was eine Muster- oder Kontrastgesellschaft ist, wie auch die Christen der ersten Jahrhunderte – nach dem Beweise des Briefes an Diognetes – es erfahren haben. In dieser kirchlichen Gesellschaft legt man den Eid ab, Menschen nicht zu töten, lebt man bescheiden, hat man viele Kinder, hilft den Hungernden. Was noch? Im Laufe der Jahre wird von den Gruppenmitgliedern verstanden, daß die Verkündigung nicht die Pflicht allein der Priester, sondern des ganzen Gottesvolkes ist.

Nach zehn, weniger oder mehr, Jahren einerseits von Lehre und Leben in der Art Jesu, andererseits auch durch die Repressalien der weltlichen und kirchlichen Macht verstärkt, versuchen unsere Schwestern und Brüder das Menschenfischen, und mit Gottes Hilfe bringen sie eine neue Gruppe zustande. Von jetzt an haben sie schon zwei Gruppen. Eine, in welcher sie genährt werden, und eine andere, wo sie schon die anderen nähren."

Während des Sommerurlaubs halten sie für andere Gruppen drei oder vier Tage lange Exerzitien. Für die Jugend werden zehn- und mehrtägige Sommerlager organisiert, in denen die Jungen karitative Tätigkeiten ausüben. Vorbereitet werden sie auf diese Aufgaben durch Beten und Lernen. Wer in die Laienakademie nicht aufgenommen wird, besucht einen neunjährigen theologischen Kurs.

Reich sind das Gebetsleben und die Sakramentenpraxis. In den Kleingruppen wird das „Im-Kreis-Beten" geübt: Jede und jeder spricht der Reihe nach laut aus, was sie während der Stille vom Geist Gottes in ihren Seelen gehört haben. In der Fastenzeit gibt es wöchentlich eine ein- bis zweistündige, in den letzten neun Tagen täglich eine einstündige Meditation von Texten, die von gewählten, hie und da von verhafteten Schwestern oder Brüdern geschrieben wurden. Danach kommt das jährlich einmal gehaltene „Buschfest" im Freien oder in einer geheim ausgewählten Kirche. Beichte und Kommunion sind selbstverständlich.[27]

1.2.1.2 Entstehungsgründe

Das Entstehen von Basisgruppen im Osten hatte vielfältige Gründe:

(a) Ein erster Grund war der versuchte gesteuerte Übergang osteuropäischer Länder in kommunistische Gesellschaften. Wo die neuen Machthaber es vermochten, haben sie einen Teil der kirchlichen Organisationen zerschlagen, mit denen diese in der Gesellschaft präsent und wirksam waren: Orden wurden aufgehoben, Schulen entkonfessionalisiert, Vereine verboten, der Kirche wurde der Zugang zu den Medien erschwert: Die „Kleingruppen" waren eine Antwort von Christen auf den Versuch des kommunistischen Staates, die Präsenz des Christentums zu beseitigen: Sie zeugen von der Fähigkeit des Christentums, in der neuen sozialen Situation präsent zu bleiben.[28] Im Zuge der Umgestaltung Osteuropas, die insbesondere in Ungarn rasch vorangetrieben wird, verliert dieser erste Grund teilweise an Wirkmächtigkeit. Der Handlungsspielraum der Kirchen wächst. Aber auch in der neuen Lage bleiben die Basisgemeinschaften eine wichtige Form sozialer Präsenz der Kirche.

(b) Osteuropäische Basisgruppen verdanken sich dem Wunsch, das Evangelium radikaler zu leben und mit dem Alltagsleben in den neuen gesellschaftlichen Verhältnissen stärker zu verknüpfen. *„Die Gläubigen interessieren sich für das Evangelium nur insofern, als es radikal vertreten wird"*, so Bulanyi: *„In der heutigen Zeit sind wir an einem Punkt angelangt, da wir es entweder schaffen, in den Menschen eine Hoffnung auf das immerwährende Reich Gottes zu erwecken und auch ihre Hoffnung in jene epochale und Geschichte machende Gemeinschaft zu setzen, deren Vertreter sich die Betrachtungsweise Jesu*

[27] Bulanyi, Brief an Ratzinger, 71–75.
[28] Tomka, Basisgruppen.

zu eigen machen und seinem Leben nacheifern, – oder aber wir können nur Greise, Kinder, Sterbende und Schwachsinnige für uns gewinnen. Das bedeutet, daß wir unsere Sendung konkret darin sehen müssen, Liebesgemeinschaften, die ein paar Familien umfassen, zu bilden und sie mit der Kirche zu koordinieren; andernfalls gleiten uns die Möglichkeiten, unsere Sendung zu verwirklichen, aus den Händen. Entweder, wir schaffen es, Liebesgemeinschaften zustande zu bringen, die nicht biologisch (auf den Banden des Blutes basierend), nicht politischen Charakters sind, sich nicht bereichern, nicht Gewalt anwenden wollen und auch nicht nach Macht streben, oder aber wir sind zu nichts anderem mehr nutze, als dazu, einen belanglosen liturgieproduzierenden Betrieb, nach welchem immer weniger Nachfrage besteht, am Leben zu erhalten. Man muß einsehen, daß alles andere, was nicht radikales Evangelium heißt, unverkäuflich ist. Wir müssen endlich begreifen, daß dazu, die Anstandsethik zu vertreten, die politischen Parteien da sind, und auch der Atheismus. Wir müssen uns dessen bewußt werden, daß die Menschen nicht mehr bereit sind, in die Kirche zu gehen, um anständig zu werden. Vielmehr sind sie der Überzeugung, dazu auch ohne Kirchenbesuch fähig zu sein."[29]

(c) Einen starken Impuls zur Gründung von Kleingruppen gab das Zweite Vatikanische Konzil mit seiner Communio-Ekklesiologie. Die von der polnischen Kirchenführung zunächst 1972 als außerhalb der Kirche stehend verurteilten, heute stillschweigend geduldeten „Gruppen des gemeinsamen Weges"[30] gingen beispielsweise aus einer Vortragsreihe über das Konzil hervor.

(d) Anlaß zur Gründung osteuropäischer Basisgruppen schufen gesellschaftliche Themen. Vor allem in der Evangelischen Kirche der Deutschen Demokratischen Republik und unter ihrem Schutz ist eine Reihe von Kleingruppen entstanden, die sich mit aktuellen gesell-

[29] Bulanyi, Marketing, 8.

[30] Es war der Dozent für Kirchengeschichte am Schlesischen Priesterseminar, Gustav Klapuch, der für Intellektuelle in oberschlesischen Städten religiöse Vorträge hielt. Die Zuhörer bestimmten immer mehr, welche Themen behandelt werden sollten. 1969 befaßten sich die Teilnehmer mit dem Problem der Menschenrechte in der Kirche. Die an die polnischen Bischöfe gesandte Stellungnahme löste Spannungen zwischen den Gruppen und der Kirchenleitung aus. Die Bischöfe versuchten, die Arbeit der Gruppen durch administrative Maßnahmen einzuschränken, indem ihnen der Zugang zu kirchlichen Räumen verwehrt wurde. Dies führte zum Rückzug in Privathäuser, zugleich ermöglichte dieser Schritt eine ökumenische Öffnung der Gruppen. 1972 stellten die polnischen Bischöfe fest, daß sie diese Gruppen nicht als kirchlich anerkennen. Heute werden sie von der Kirchenleitung faktisch geduldet. Diese Gruppen treffen sich monatlich einmal in einer Privatwohnung, lesen gemeinsam die Bibel, sprechen über ein soziales Thema im Licht der Bibel und der Menschenrechte. Es gibt auch regen Austausch zwischen den Gruppen und einen Koordinationsausschuß. Die Zeitschrift der Gruppe „Nasza Droga" (Unser Weg) hat eine Auflage von 1500 Exemplaren: Borowska, „Gruppen des gemeinsamen Weges".

schaftlichen Fragen befaßten: Bausoldatenkreise, die den Wehrdienst ohne Waffe nicht leisten wollten; Friedensarbeitskreise; Umweltkreise.[31]

1.2.1.3 Zwei Kirchen?

Das Verhältnis der neueren Basisgruppen zur überkommenen, von den Bischöfen repräsentierten Kirchengestalt war und ist insbesondere in der katholischen Kirche nicht spannungsfrei.
(a) Dies hat zunächst kirchenpolitische Gründe: Die Kirchenleitung war lange Zeit – in Ungarn in besonderer Weise unter Kardinal Lekai – bestrebt, den Handlungsspielraum für die Kirche in den neuen Gesellschaften zu wahren und in einer behutsamen „Politik der kleinen Schritte" (Kardinal Lekai)[32] auszuweiten. Bei diesem Bemühen wurde die gesellschaftspolitische Tätigkeit mancher Basisgruppen von der Kirchenleitung als störend empfunden: In Ungarn erwarteten beispielsweise die kommunistischen Behörden von der Kirchenleitung, die Tätigkeit einiger Basisgruppen zu unterbinden.[33] Die Basisgruppen antworteten auf solche konzertierte Aktionen zwischen staatlichem Kirchenamt und Amt in der Kirche mit situativ bedingtem Ungehorsam.[34] Abgelehnt wurden von ihnen aber nicht das kirchliche Amt und der religiöse Gehorsam ihm gegenüber, wohl aber dessen konkrete Kirchenpolitik. Auf diese Weise wuchs die Distanz zwischen Kirchenleitung und Basisgruppen. Die Gefahr, daß Kirchenleitung und Basisgruppen nicht mehr zwei organisatorische Momente an der einen Kirche sind, ist auch heute trotz der Veränderungen in der Kirchenpolitik des Staates immer noch gegeben. Kirchliche Parallelstrukturen können entstehen.
(b) Die Spannungen haben noch eine tiefere Ursache. Kirchenleitung und Basisgruppen leben – wie der ungarische Religionssoziologie Miklos Tomka analysiert – gleichsam in zwei verschiedenen Welten: „die Amtskirche in einer hierarchisch ausgeteilten, durch die eigene Tradi-

[31] Urban, Initiativen.
[32] Lekai, Beschnittene Bäume.
[33] 1950 wurde den ungarischen Bischöfen ein Übereinkommen aufgenötigt, in dem sich die Bischöfe bereit erklären mußten, daß „gegen jene kirchlichen Personen, ‚die sich gegen die gesetzmäßige Ordnung der Ungarischen Volksrepublik sowie gegen die Aufbauarbeit der Regierung stellen', den kirchlichen Gesetzen gemäß vorgegangen wird". E. Andras u. a., Bilanz, 84. – Die Spannung zwischen der ungarischen Kirchenleitung und den Bulanyisten hat auch mit der Wehrdienstverweigerung vieler Basisgruppenmitglieder zu tun: Wildmann, Katholische Basisgruppen, 337f.
[34] Dies ist ein zentrales Thema im Konflikt zwischen der ungarischen Kirchenleitung und Bulanyi. Dazu: Bulanyi, Ist Gehorsam eine Tugend?

tion unterstützten und feingliedrig formalisierten Welt, die ‚Basiskirche' dagegen in einer Alltagswelt des profanen Geschehens. Die Amtskirche ist ein Teil der häufig bürokratischen politischen Organisation der Gesellschaft, die ‚Basiskirche' ist die noch nicht verfestigte Form christlicher Gemeinschaft."[35] Hier die defensive Amtskirche mit ihren traditionellen Glaubensformeln, dort die offensive „Basiskirche": spontan, flexibel, als Hilfe im persönlichen Verhalten und bei existentiellen Entscheidungen. Gettomentalität hier, Missionsmentalität da. Hier eine eindimensionale Kirchenorganisation, die der hohen Komplexität modernen Alltagslebens nicht mehr gerecht werden kann, die also in ihrer eigentlichen Aufgabe, das Evangelium unter den Menschen zum Leben zu erwecken, unzulänglich ist, deren soziale Reichweite schrumpft, wie der Rückgang kirchengebundener Religiosität etwa in Ungarn, der CSSR oder der DDR zeigt.[36] Da eine multidimensionale, äußerst flexible, auf Gleichheit und Partizipation bedachte Basisgruppenstruktur, in der sich die Menschen artikulieren können und im Umkreis des Evangeliums gesellschaftlich und auch innerkirchlich widerständig leben lernen.

1.2.1.4 Konfliktlösungen

Mit den Konflikten, die zwischen Kirchenleitungen und Basisgruppen aufkommen, wird auf unterschiedliche Weise umgegangen.
(a) Manche Basisgruppen werden als unkirchlich verurteilt. Die Probleme, die zum Entstehen der Basisgruppen geführt haben, werden dadurch allerdings nicht gelöst. Immer wieder werden Basisgruppen auch von der Kirchenleitung aus den offiziellen Lebensräumen der Kirche hinausgedrängt. Diese ziehen sich dann in den privaten Lebensraum zurück. Eine Folge solchen partiellen Ausschlusses ist Verbitterung und Resignation.
(b) Tragisch für die Kirche ist es, wenn Christen Basisgruppen bei den staatlichen Behörden denunzieren mit dem Ziel, daß der Staat kirchlich unbequeme Gruppen auflöst. Eine solche Praxis von behördenfreundlichen oder staatlich verängstigten Kirchenleitungen weist darauf hin, daß man der eigenen Überzeugung zu wenig traut.

[35] Tomka, Kontext, 16.
[36] Zu dieser Dysfunktionalität der zentralen Kirchenorganisation, die diese mit den zentralistischen gesellschaftlichen Großinstitutionen des Westens und des Ostens gemeinsam hat: Tomka, Kontext, 15; auch: Schwendtner, Subkultur. – Hollstein, Gegengesellschaft. – Schumacher, Small is beautiful. – „Die Heiligkeit des Lebens kann nur von der Basis her verwirklicht werden; sie von oben her anzuordnen, ist unmöglich." Bulanyi, Marketing, 58f.

(c) Erwünscht wäre die durchaus spannungsgeladene, aber so befruchtende Kooperation zwischen Kirchenleitung und Basisgruppen. Beide können der kirchlichen Gemeinschaft etwas zur Verfügung stellen, was der jeweils „andere“ nicht hat. Von den Basisgruppen kann die für die Tradierung des Evangeliums verantwortliche Kirchenleitung erhoffen, daß sie sozial weiterreichen als sie selbst. Die Stärke der Basisgruppen liegt im Beispiel und im Zeugnis, auf persönlicher, existentieller Entscheidung, liegt in ihrer Lebendigkeit, in der bindenden Kraft und der strukturgebenden Fähigkeit der Gemeinschaft. Vermittelt durch die Basisgruppen könnten die Kirchenleitungen wieder mehr mit dem Volk in Verbindung gelangen und – gestützt durch dieses – auch den Behörden gegenüber widerständiger sein. Das würde auch die Gefahr mindern, daß die Kirchenleitung als ein willfähriges Instrument in der Hand eines kommunistischen Machthabers mißbraucht wird. Von hier aus könnte der nur kirchenpolitisch und keineswegs dogmatisch verstandene Ungehorsam vieler Basisgruppen überwunden werden: Es wäre dann die Möglichkeit eröffnet, daß Kirchenleitung wie Basisgruppen gemeinsam das Evangelium im Alltagsleben des Volkes in kraftvoller Weise präsent setzen. Die Gettolage der überkommenen Kirche könnte aufgebrochen werden. Der Dialog mit jenen Menschen, die sich nicht nur vom Staat, sondern auch von einer mit dem Staat zu eng verquickten Kirche zurückgezogen haben, die aber willens sind, aus der desinteressierten Privatheit aufzubrechen und nach neuen Sinngebungen und Lebensmustern zu suchen, käme in Gang.[37]

Noch nicht abzusehen ist, wie sich die gesellschaftliche Umgestaltung vieler osteuropäischer Länder auf die künftige Praxis und Sozialform der Kirche auswirken wird. Der gesellschaftliche Handlungsspielraum der Kirchen wird größer werden. Naheliegen wird bei den Verantwortlichen der Kirche die Versuchung, die Gestalt und Praxis der Kirche vor der Verfolgungszeit wieder aufleben zu lassen. In dieser Sozialform von Kirche haben aber die Basisgemeinden kaum einen Platz. Dann aber ist vorhersehbar, daß in der Kirchen des Ostens die Basisgemeinden in jene Situation geraten, in der sie heute auch schon im Westen sind.

[37] Nach Tomka ist in Ungarn heute diese kulturelle Phase erreicht. Vielen gilt der Rückzug ins Private nicht mehr als Problemlösung, sondern als Quelle neuer persönlicher und sozialer Konflikte. Zudem wird eingestanden, daß die offizielle Ideologie kaum in Kategorien der persönlichen Sinngebung und Lebensführung übersetzt werden kann: Tomka, Kontext, 12.

1.2.2 Im „Süden“

Ebenso bedeutsam, wie Basisgruppen für die Entwicklung der Kirche in Osteuropa sind, sind sie es in den Kirchen der südlichen Erdhälfte: die Basisgemeinden in Lateinamerika oder die „BCC“ (basic christian communities) auf den Philippinen, die „small christian communities“ in Afrika. Julio Labayen, philippinischer Bischof, schreibt über die Basisgemeinden:

„Ich vermute und sage voraus, daß sich die christlichen Basisgemeinden (communidades de base) als die mächtigste Kraft in der Kirche der Zukunft erweisen werden. Ich sage voraus, daß sie auf die gesamte Kirche ebenso stark einwirken werden wie die Mönchsorden – die Benediktiner zum Beispiel – vom 5.Jahrhundert bis zum Mittelalter; oder wie die Jesuiten und die anderen Orden vom 16.Jahrhundert bis zur Gegenwart; oder wie die protestantischen Kirchen in den letzten Jahrhunderten.“[38]

1.2.2.1 Der Kontext der Unterdrückung

Die Basisgemeinden in den Südkirchen sind unter anderen sozioökonomischen Bedingungen entstanden wie die Kirchen Osteuropas. Dom Helder Camara, ehemaliger Erzbischof von Olinda-Recife in Nordbrasilien, beschreibt ihr Entstehen so:

„In den letzten Jahrzehnten habe ich als Bischof zwei kirchliche Experimente großen Stils miterlebt. Beide waren von größter Aufrichtigkeit gekennzeichnet.

Wir, die Bischöfe Latein-Amerikas, hatten zunächst vor, die bestehende soziale Ordnung beizubehalten. Ohne feste Ordnung herrscht nur das Chaos. Daher glaubten wir, daß wir, um den Armen wirklich wirksam helfen zu können, mit den Reichen und den Regierungen zusammenarbeiten müßten.

Als aber die UNO bekannt machte, daß zwei Drittel aller Menschen im äußersten Elend und unter untermenschlichen Verhältnissen lebten, stellten wir uns die Frage, ob wir weiterhin eine soziale Ordnung unterstützen dürften, die eigentlich nur eine durch die Gewöhnung gefestigte Unordnung ist. Konnten wir noch weiterhin von Ordnung reden, wenn zwei Drittel der Menschen in untermenschlichen Verhältnissen leben mußten? Freilich halten viele Leute aus den reichen Ländern, die nur als umschwärmte Touristen andere Länder besuchen, es für eine kolossale Übertreibung, zu behaupten, daß der größte Teil der Menschheit in

[38] Labayen, Basisgemeinden, 56f.

unvorstellbarer Armut lebt; dennoch ist dies die reine Wahrheit und Wirklichkeit.
Wir werden uns sorgsam hüten, Gewalt und Haß zu predigen, aber niemand soll uns hindern, bestehende Ungerechtigkeiten anzuprangern und Hilfe und menschenwürdige Entwicklung für die Massen zu fordern, die jetzt in menschenunwürdigen Verhältnissen leben."
Der Erzbischof berichtet sodann weiter über das andere Experiment:
„Wenn ihr mich fragt, welches die schönste Entdeckung sei, die wir bisher gemacht haben, so antworte ich: ‚Es ist der scheinbar so kleine Unterschied zwischen Arbeiten für das Volk und Arbeiten mit dem Volk.' Wenn wir für das Volk arbeiten, dann sind wir die Intelligenz, die Starken; wir haben Ideen, Pläne, Geld und bemühen uns, dem armen Volk wirksam zu helfen. Wenn wir aber mit dem Volk arbeiten, setzen wir unser Vertrauen nicht mehr auf uns, sondern auf das Volk. Und es ist sonderbar: hier, bei den sog. Untermenschen, habe ich weder Untermänner, noch Unterfrauen, noch Supermänner angetroffen; das gibt es nur in den nordamerikanischen Filmen. Unsere Aufgabe ist es, uns dem Volk zu nähern, mitten unter ihm zu leben, um dort zu belehren, aber auch zu lernen. Selbst Leute, die nicht einmal lesen und schreiben können, können denken, kennen ihre Probleme und liefern manchmal sehr wertvolle Denkanstöße und Hinweise."[39]
So sammeln sich in den Basisgemeinden Christen, die gewöhnlich arme Leute in den Slums der Städte und in den ländlichen Gebieten sind. Diese Menschen sind aber nicht nur arm; sie werden auch schlecht behandelt. Das Recht auf menschliche Würde wird ihnen verweigert. Die ökonomische Armut, die der Unterdrückung und Ausbeutung entspringt, geht einher mit menschlicher Entwürdigung, Sprach- und Rechtlosigkeit.
Basisgemeinden sind also „kleine Christengruppen, die sich auf lokaler Ebene treffen, um zu beten, zu singen, über das Wort Gottes zu reflektieren; um gelegentlich die Sakramente zu feiern und einander zu helfen, die Probleme zu lösen, mit denen sie im Leben konfrontiert werden".[40]

[39] Aus: Lateinamerika. Zeitschrift der Freunde Lateinamerikas 28(1983), 2.
[40] Labayen, Basisgemeinden, 57.

1.2.2.2 Merkmale basisgemeindlichen Lebens

Drei Merkmale sind den ansonsten sehr vielgestaltigen christlichen Gruppen der „Südkirchen" gemeinsam:[41]

(a) Das erste Merkmal ist ein einzigartiger Gemeinschaftsgeist.[42] Die Basisgruppen sind Lebensorte, in denen die Armgemachten, denen kein Bewußtsein an Würde und Achtung eigen ist, die Erfahrung von Würde und Partizipation machen können. Gleichheit und Mitbestimmung, Ausdrucksformen des beharrlichen Strebens der Menschen nach menschlicher Freiheit und Würde[43], sind Grundprinzipien des Zusammenlebens in den Basisgemeinden. Was entsteht, ist die vom Zweiten Vatikanischen Konzil auf dem Boden der Bibel und der Tradition entworfene Vision von Kirche: eine Kirche der Koinonia, der communio: „Wenn wir ehrlich sind, müssen wir zugeben, daß es in der Kirche noch keine Möglichkeit außerhalb der Basisgemeinden gibt, durch die einfache Christen auf demokratische Weise Gleichheit und Mitbestimmung im Leben der Kirche erlangen können. Aus diesem Grund konkretisieren die Basisgemeinden die Vorstellung des Zweiten Vatikanischen Konzils von einer lebendigen Kirche in der Welt."[44] Diese Gemeinschaften von Christen sind in Solidarität miteinander unterwegs: „Caminando", einen gemeinsamen Weg beschreiten, wurde zum einen Leitwort.

(b) Diesem einen Wort steht zur Seite „apoyo", gegenseitige Hilfe, Unterstützung. Das ist das zweite Merkmal der Basisgemeinden: In ihnen helfen Christen einander bei der Lösung ihrer Alltagsprobleme. Gemeinsam beraten sie über die Wege, gemeinsam gehen sie an die Arbeit. Solche diakonale Arbeit zieht Kreise. Die in den Basisgemeinden geweckte Verantwortung für eine gerechtere Gestaltung des gesellschaftlichen Lebens konkretisiert sich zumeist in der Gründung eigener, zunächst kommunal tätiger „Volksorganisationen"[45]. Mündigkeit und Partizipation, die eingeübt werden, wirken sich auf das politische Geschehen aus. Die Armen werden Subjekte nicht nur des kirchlichen Lebens, sondern der Veränderung der Gesellschaft in Richtung einer gerechteren Verteilung der Lebenschancen.

[41] Diese drei Merkmale finden sich zwar bei allen kirchlichen Basisgemeinschaften. Doch besitzen sie in den konkreten Gruppen und deren Entwicklungsphasen jeweils ein unterschiedliches Gewicht. So gibt es Gruppen, die stärker vom Lesen der Bibel und vom Gebet geprägt sind. In anderen Gruppen steht die katechetische Arbeit im Vordergrund. Bei einem dritten Typ dominiert das soziale Engagement: Neuner, Basisgemeinden, 77–88.

[42] Dussel u. a., Basisgemeinden, 25. – Labayen, Basisgemeinden, 58.

[43] Paul VI., Octogesimo adveniens, Nr.22.

[44] Labayen, Basisgemeinden, 59.

[45] Labayen, Basisgemeinden, 62.

(c) Caminando und apoyo, Koinonia und Diakonia, entspringen beide einem aufmerksamen Hinhören auf das Wort Gottes[46], kommen aus Gebet und Liturgie, entstammen also der „Mystik". Das Herzstück, drittes Merkmal der Basisgemeinden, ist somit „ein lebendiger, vom Wort Gottes genährter christlicher Glaube, der die ganze irdische und weltliche Wirklichkeit durchdringt". Evangelium und Alltagsleben werden ineinander verwoben. Das eröffnet die Chance, daß die gesamte Alltagswelt, einschließlich des wirtschaftlichen, politischen, gesellschaftlichen und kulturellen Lebens vom Evangelium durchdrungen wird. So werden die Basisgemeinden nach Papst Paul VI. zu einem „Ort der Evangelisierung zum Wohl größerer Gemeinschaften, insbesondere der Ortskirchen. Und sie sind, wie Wir am Schluß der genannten Synode[47] sagten, eine Hoffnung für die universale Kirche"[48].

1.2.2.3 Förderung durch die Kirchenleitung

Von den Basisgruppen in Osteuropa unterscheiden sich die Basisgemeinden der Südkirchen nicht nur durch den anderen Kontext, sondern auch durch ihr Verhältnis zur Kirchenleitung. Die Mehrheit der verantwortlichen Bischöfe fördert sie, auch wenn in jüngerer Zeit von Rom bevorzugt Bischöfe ernannt werden, die sich den Basisgemeinden gegenüber aus theologischen wie gesellschaftspolitischen Gründen reserviert verhalten.[49]

Die Kirche in Lateinamerika hat sich auf ihren zwei großen Kirchenversammlungen unmittelbar nach dem Zweiten Vatikanischen Konzil in Medellin (1968) und später in Puebla (1979) zur Förderung von Basisgemeinden bekannt.

(a) So heißt es in den pastoralen Leitlinien des Dokuments von Medellin: „Das Leben der Gemeinschaft, zu dem der Christ aufgerufen wurde, muß er in seiner ‚Basisgemeinschaft' finden; das heißt, in einer Gemeinschaft am Ort oder in der Umgebung, die der Wirklichkeit einer homogenen Gruppe entspricht und eine solche Dimension hat, daß sie die persönliche brüderliche Begegnung unter ihren Mit-

[46] Hirmer u. a., Gospel sharing. Diese Erfahrungen mit der Bibel in südafrikanischen „Christlichen Gemeinschaften" sind zugänglich in: Bibel teilen, Aachen 1986. – Mesters, Biblia. – Rohner, Erneuerung von unten. – Ders., Mut zur Einheit.

[47] Es handelt sich um die Römische Bischofssynode über Evangelisierung und Gerechtigkeit im Jahr 1975.

[48] Paul VI., Evangelii nuntiandi, Nr. 58.

[49] Häufig gehören diese Bischöfe dem Opus Dei an. Sie vertreten eine Kirchenpolitik, die in Zusammenarbeit mit den Mächtigen und den Regierenden (darunter sind auch Diktatoren) die Lage der Armen reformerisch verbessern wollen. – Zu diesen Entwicklungen: Kathpress 065/1989, 7.

gliedern erlaubt. Daher soll die pastorale Bemühung der Kirche auf die Umwandlung dieser Gemeinschaften in eine ‚Familie Gottes' ausgerichtet sein, indem sie beginnt, in ihnen als Sauerteig durch einen Kern – wenn er auch klein ist – wirksam zu sein; einen Kern, der eine Glaubensgemeinschaft, eine Gemeinschaft der Hoffnung und der Nächstenliebe bilden soll. Die christliche Basisgemeinschaft ist so der erste und fundamental kirchliche Kern, der sich in seinem eigenen Bereich für den Reichtum und die Ausbreitung des Glaubens, wie auch für die des Kults, der sein Ausdruck ist, verantwortlich machen muß. So ist sie Kernzelle kirchlicher Strukturierung, Quelle der Evangelisierung und gegenwärtig Hauptfaktor der menschlichen Förderung und Entwicklung."[50]

(b) Diese von der Kirchenleitung geförderte basisgemeindliche Bewegung fand ihre weltweite Anerkennung im Schreiben des Papstes Pauls VI., das dieser im Anschluß an die Bischofssynode des Jahres 1975 zum Thema Evangelisierung und Gerechtigkeit herausgegeben hat. Zugleich mit der Anerkennung der Basisgemeinden war der Papst bemüht, unerwünschte institutionskritische Entwicklungen in einigen Basisgemeinden einzudämmen. Dies läßt darauf schließen, daß die neuen Basisgemeinschaften nicht nur bei politisch Verantwortlichen wegen ihrer Option für die Armgemachten, die Unterdrückten auf Kritik und Ablehnung stießen, sondern daß auch innerkirchlich die kirchenkritische Arbeit einiger Basisgemeinschaften als Fehlentwicklung beurteilt und deshalb der Versuch gemacht wurde, diese zu unterbinden.

Paul VI. berichtet in seinem Schreiben zunächst, daß über die Basisgemeinschaften in der Kirche von heute häufig die Rede ist. Dann legt er eine Typologie der Basisgemeinden vor, unterscheidet solche, die eng am Leben der Kirche teilnehmen und mit der Kirchenleitung eng verbunden sind, von anderen, die in einem Geist scharfer Kritik an der Kirche diese gern als „institutionell" brandmarken und die Hierarchie ablehnen. Nur den ersten gibt Paul VI. den Namen „kirchliche" Basisgemeinschaften. Nur sie sind „eine Hoffnung für die universale Kirche in dem Maße, als sie

– vom Wort Gottes her zu leben suchen und nicht einer kritischen Polarisierung oder modischen Ideologien erliegen, wobei ihr großes menschliches Potential mißbraucht würde;

– die stets drohende Versuchung zu systematischer Kontestation und überzogener Kritik, die unter dem Vorwand der Echtheit und des Geistes der Zusammenarbeit erfolgen, klar meiden;

[50] Zit. nach Adveniat, Dokumente-Projekte 1–3, Essen 1970, 143f.

– fest verbunden bleiben mit der Ortskirche, in die sie sich eingliedern, und mit der universalen Kirche, damit sie nicht der allzu bedrohlichen Gefahr erliegen, sich in sich selbst abzukapseln, dann sich selbst für die einzige echte Kirche Christi zu halten und schließlich die anderen kirchlichen Gemeinschaften zu verurteilen;
– den Hirten, die der Herr seiner Kirche gibt, und dem Lehramt, das der Geist Christi diesen verliehen hat, aufrichtig verbunden zu bleiben;
– sich niemals für den einzigen Adressaten oder Träger der Evangelisierung oder gar für den einzigen Hüter des Evangeliums halten, sondern im Wissen darum, daß die Kirche sehr viel weiter und vielfältig ist, innerlich annehmen, daß Kirche auch anders als durch sie Wirklichkeit wird;
– täglich in missionarischer Einsatzbereitschaft und Ausstrahlungskraft wachsen;
– sich in allem dem Ganzen verpflichtet fühlen und niemals sektiererisch werden.
Sind diese Bedingungen, die gewiß Anforderungen stellen, aber doch auch Hilfe bieten, erfüllt, dann werden die kirchlichen Basisgemeinschaften ihrer eigentlich grundlegenden Berufung gerecht: als Hörer des ihnen verkündeten Evangeliums und als bevorzugte Adressaten der Evangelisierung werden sie dann ihrerseits unverzüglich zu Verkündern des Evangeliums."[51]

(c) Die Kirchenversammlung von Puebla ist weniger von der Sorge um Fehlentwicklungen getragen, sondern blickt freudig auf die guten jahrelangen Erfahrungen mit Basisgemeinschaften zurück: „Es kann festgestellt werden, daß die kleinen Gemeinschaften, insbesondere die kirchlichen Basisgemeinschaften, die Beziehungen zwischen den Menschen, die Annahme des Wortes Gottes, die Überprüfung des Lebens und die Reflexion über die Realität im Lichte des Evangeliums verstärkt haben. Die Verpflichtung gegenüber der Familie, der Arbeit, dem Stadtviertel und der örtlichen Gemeinschaft wird intensiver. Mit Freude weisen wir auf eine Tatsache in unserer Kirche hin,

[51] Evangelii nuntiandi, 58. – Auf diesen Text greifen spätere kirchenamtliche Stellungnahmen zurück, so: Libertatis conscientia, 69: „Als Zeugen dieser evangelischen Liebe sind die neuen kirchlichen Basisgemeinschaften oder andere Gruppen von Christen für die Kirche ein Motiv großer Hoffnung. Wenn sie wahrhaft in Einheit mit der Ortskirche und mit der Universalkirche leben, sind sie ein echter Ausdruck von Gemeinschaft und ein Mittel, um eine noch tiefere Gemeinschaft zu formen. Sie bleiben ihrer Sendung in dem Maße treu, als sei dafür Sorge tragen, ihre Mitglieder durch das Hören auf das Wort Gottes, durch die Treue zum Lehramt, zur hierarchischen Ordnung der Kirche und zum sakramentalen Leben auf den vollständigen Glauben hin zu erziehen. Unter dieser Bedingung wird ihre Erfahrung, die im Einsatz für Befreiung wurzelt, ein Reichtum für die ganze Kirche."

die ‚Hoffnung der Kirche' sein kann (EN 58), nämlich auf die steigende Zahl der kleinen Gemeinschaften. Dieser Ausdruck kirchlichen Lebens ist am häufigsten in den Randgebieten der großen Städte und auf dem Lande zu beobachten. Diese Gebiete begünstigen insbesondere das Entstehen neuer Aufgaben für die Laien."[52]
Daß es bei den Basisgemeinschaften in Lateinamerika zu der in Evangelii nuntiandi so ausführlich diskutierten Fehlentwicklung kaum kam, hat gewiß damit zu tun, daß die Kirchenleitung selbst die basisgemeindliche Bewegung von sich aus förderte. Die Basisgemeinden mußten sich also nicht gegen den Widerstand der Kirchenleitung einen Platz in der Kirche suchen und gegen diese einen Wandel in der Sozialform der Kirche versuchen. Vielmehr war der Gestaltwandel der Kirche in Lateinamerika, als Ausdruck des Reformwillens des Zweiten Vatikanischen Konzils, Sache der Mehrheit im Kirchenvolk und bei seiner Leitung.
Die kirchenamtliche Unterstützung[53] der Basisgemeinden in Lateinamerika ist ein wichtiger Grund, warum sich von dort aus die basisgemeindliche Idee zunächst in der sogenannten Dritten Welt[54] und schließlich in die ganze Welt verbreitete.[55]
Die Entwicklung in der Weltkirche gibt dem oben zitierten Bischof Labayen Recht, der formulierte: „Ich sehe voraus, daß die Kirche die Notwendigkeit einsehen wird, das Wachstum der christlichen Basisgemeinden zu fördern. Eine solche Entwicklung würde für das Leben der Kirche ebenso wichtig sein wie der Beschluß des Konzils von Jerusalem, die Kirche auch den Nichtjuden zu öffnen – unter deren eigenen Bedingungen."[56]

1.2.3 Im „Westen"

Die Bildung von Gemeinden, Gruppen, Kreisen, kleinen Gemeinschaften, Zellen gehört auch in den Kirchen des freien Westens schon seit einigen Jahrzehnten zu den wichtigsten pastoralen Anliegen. Die Kräfte, die zur Bildung solcher Christennetze beitragen, sind auch hier vielfältig. Wie in anderen Kirchengebieten haben sowohl das

[52] Puebla, 629.
[53] Auch regionale Bischofsversammlungen haben die Entwicklung der Basisgemeinschaften gefördert: Iriarte, Comunidad Eclesial.
[54] Basic Ecclesial Communities.
[55] Eine Reihe von kleineren Publikationen entstand in den verschiedenen Kirchengebieten zur Förderung der basisgemeinschaftlichen Bewegung: Barreiro, Basic Ecclesial Communities.
[56] Labayen, Basisgemeinden, 57.

Zweite Vatikanische Konzil und die dieses vorbereitenden Strömungen als auch der sich wandelnde sozioreligiöse Kontext in den modernen Industriegesellschaften nachhaltig auf die Bildung von überschaubaren Gemeinschaften, also die Ausbildung einer neuen kirchlichen Sozialstruktur Einfluß genommen. Wir untersuchen in diesem Abschnitt die kontextuellen Anteile der Gemeindebildung bei uns im „Westen". Die Bedeutung des Konzils, der dieses vorbereitenden Strömungen und was nach dem Konzil bei uns geschah, das stellen wir in einem weiteren Schritt dar.

1.2.3.1 Ende der kulturgestützten Christlichkeit

Viele plausible Argumente dafür, daß die Kirche auch in Westeuropa auf die Bildung von Gemeinden und in ihnen verbindlicher Gruppen und Gemeinschaften angewiesen ist, hat die pastoralsoziologische und pastoralgeschichtliche Forschung beigesteuert.

Angeregt wurde diese Forschung durch die Erfahrung, daß in vielen Ländern des freien Westeuropa die Teilnahme der Kirchenmitglieder am Leben und Glauben der Kirchengemeinden rückläufig ist. Kirchlichkeit verdunstet[57], so erkannte man beim Studium der Indikatoren kirchlichen Lebens wie Kirchenbesuch, Sakramentenempfang, Eintritte in Orden, Kirchenaustritte, Zustimmung zu Lehren und moralischen Normen.

Als Ursache für den Rückgang der Kirchlichkeit wurde entdeckt, daß das „kirchliche Wertsystem" und das „gesellschaftliche Wertsystem" inkongruent sind, genauer: von den Leuten als dissonant erlebt werden.[58] Je stärker nun die von den Leuten erfahrene Dissonanz zwischen dem wahrgenommenen kirchlichen und gesellschaftlichen Wertsystem ist, desto wahrscheinlicher ist, daß sich Bürger vom Sozialraum und damit vom Einflußbereich der Kirche zurückziehen und am Leben der Kirche – wenn sie diese nicht ganz verlassen – nur noch an bedeutsamen marginalen Situationen ihres Lebens, nicht mehr aber am gewöhnlichen Kirchenalltag regelmäßig teilnehmen. Offenbar haben die Menschen das Bestreben, „kognitive Dissonanzen"[59]

[57] Zulehner, Kirchlichkeit.

[58] Dazu die großangelegten Studien von Gerhard Schmidtchen, die er im Auftrag der katholischen Deutschen Bischofskonferenz und der Evangelischen Kirche Deutschlands durchgeführt hat: Schmidtchen, Zwischen Kirche und Gesellschaft. – Ders., Gottesdienst in einer rationalen Welt.

[59] Zur Theorie der „kognitiven Dissonanz": Festinger, Lehre der „kognitiven Dissonanz", 27–38.

abzubauen. Dies kann auf verschiedenen Wegen[60] geschehen: Eine erste „Bewußtseinspolitik“ besteht in der Umdeutung der Religion; jene Teile, die sich mit dem heutigen Lebensgefühl nicht vertragen, werden ausgeblendet oder umgedeutet. Ein anderer Weg besteht in der säuberlichen Trennung der Bereiche von Glauben und Leben. Manche ziehen sich von der Gesellschaft in eine Art kirchliches Bewußtseinsgetto zurück. Viele wählen schließlich den Rückzug von der Kirche; indem sie sich dem Einflußbereich der Kirche entziehen, verhindern sie das ständige Erinnertwerden an den schwelenden Konflikt.

Es gibt nun Personen, die sich trotz hoher Dissonanzerfahrung, also ohne Rückzug aus dem gesellschaftlichen Lebensalltag, ohne Schließung der lebensmäßigen Offenheit intensiv am kirchlichen Leben und Glauben beteiligen. Solche Kirchenmitglieder – man nannte sie in der religionssoziologischen Forschung die „unwahrscheinlichen Kirchgänger“ – fanden besonderes Interesse der pastoralsoziologischen Forschung. Sind es doch Leute, die es schaffen, inmitten der modernen Welt mit ihrer Vielfalt an Lebensdeutungen und Lebensmustern als widerständige Christen zu leben. Einige Merkmale sind bei diesen Personen bevorzugt anzutreffen: Sie kommen aus einem religiösen Elternhaus, haben ein ausgeprägtes religiöses Interesse, nehmen am Gottesdienst der Kirche teil und arbeiten dort auch mit.[61] Persönliche Überzeugung und Zugehörigkeit zu einer sozioreligiösen Bezugsgruppe begünstigen somit christliche Existenz in einer offen-pluralistischen Gesellschaft.

In modernen Gesellschaften mit ihrer Komplexität und den „kollektiven Gegenstimmungen“[62] gegen einen konsequenten christlichen Lebensstil erweist sich somit die Vernetzung des einzelnen Christen mit Gleichgesinnten, die Zugehörigkeit zu einer religiösen Bezugsgruppe als bedeutsam. Der vereinzelte, sozial mit keiner gläubigen Gemeinschaft vernetzte Bürger hat es viel schwerer, den evangeliumswidrigen Anteilen der modernen Kultur zu widerstehen. Das heißt, ins Positive gewendet, daß christlicher Glaube in der modernen Gesellschaft (mit)geteilter Glaube ist: mitgeteilt in der Herkunftsfamilie, geteilt mit anderen Christen in der gläubigen Gemeinschaft. Christlicher Glaube in modernen Gesellschaften braucht somit – mehr als in vormodern-„christentümlichen“ Zeiten – die Vernetzung von Glaubenden, Glaubensnetze, Gemeinden.

[60] Kaufmann u. a., Ethos und Religion, 228–243.
[61] Schmidtchen, Kirche und Gesellschaft, 80–87. – Zulehner, Religion, 66f.
[62] Unsere Hoffnung.

Darin unterscheidet sich die Lage des christlichen Glaubens in den modernen, wie sie manche auch nennen, „nachchristlichen“ Gesellschaften von den vorausgegangenen „christentümlichen“ Gesellschaften Westeuropas. In den letzteren war der christliche Glaube der Bürger vorwiegend kulturgestützt. Die gesellschaftlichen Institutionen (wie Staat, Schule, Wirtschaft, Strafrecht) wirkten mit der Kirche zusammen, um die Christlichkeit der Bürger zu garantieren. Nach der Öffnung der einheitlich-christentümlichen Gesellschaft auf die offen-pluralistische hin läßt sich christlicher Glaube nicht mehr zuweisen. Die Regie über das Ausmaß der Beteiligung an Glauben und Leben ist an den freien Bürger übergegangen; er hat das Recht, ja, er steht unter einem „Zwang“, selbst wählen zu müssen[63], was er glaubt und wie er lebt. Solche Wahl und das Bleiben bei der gewählten Lebensdeutung und den zugehörigen Handlungsmustern werden ihm durch den Anschluß an eine entsprechende Bezugsgruppe erleichtert. Mit anderen Begriffen: War einst die ganze Gesellschaft für das Christentum „Plausibilitätsstruktur“[64], braucht es in pluralistischen Gesellschaften mit ihren (partiellen) Gegenstimmungen gegen konsequente christliche Existenz eigene religiöse Gruppen, um für die Bürger das Christentum plausibel und damit lebbar zu machen. Eben diese „Plausibilitätsstruktur“ wird im kirchlichen Sprachspiel Gemeinde (bzw. religiöse Gemeinschaft, Basisgemeinde) genannt.

1.2.3.2 Vernetzung

So geschieht derzeit auch in Westeuropa[65] unspektakulär „Zukunftsweisendes: der Übergang von einer anonymen Großkirche zu einem Netz von Gemeinschaften, die in vielem den urchristlichen Gemeinden gleichen; der Wechsel von einer versorgten zu einer mitsorgenden

[63] Berger, Zwang zur Häresie.

[64] Berger u. a., Konstruktion.

[65] Die Hauptgebiete Westeuropas, in denen es zu einer Basisgemeindebewegung kam, sind Spanien, Italien und die Niederlande.
„Die BG-Bewegung in Spanien entstand unter Franco. Die Gruppen waren der einzige Ort, wo politische Betätigung möglich war. Heute engagieren sie sich selber am Rande der großen Städte, z. B. im immensen Problem der steigenden Arbeitslosigkeit (zu dem auch heimgeschickte Gastarbeiter beitragen). Die BG-Bewegung in Italien fand sich zusammen in der Kritik an der Machtverschmelzung von Kirche und Staat. Sie kämpft vor allem für eine echte Glaubensfreiheit und einen Glaubenspluralismus, hat andererseits wenig gemeinsames Verständnis von politischem Engagement. In den Niederlanden ist die BG-Bewegung aus der Säkularisierung herausgewachsen zu einer Zeit, wo die Kirchen am Boden lagen, da der Streit zwischen der reformierten und katholischen Kirche überwunden war und viele Kräfte freisetzte. Diese BG haben ein starkes Engagement als Gegenkirchen (eigene Liturgien), in der Frauenfrage, in der Drittweltproblematik, in der Friedensfrage (Abrüstung) und im Kontakt mit Osteuropa.“

und[65] mitverantwortlichen Kirche in all ihren Gliedern. Auch wenn ihre Zahl im Augenblick noch klein ist, gleichen sie einem Senfkorn, das eines Tages zu einem unübersehbaren Baum herangewachsen sein wird."[66]
(a) Vernetzung von Christen in Westeuropa erfolgt auf verschiedenen[67] Wegen.
– Ein Weg ist die Erneuerung der Pfarreien. Angeregt ist diese Erneuerungbewegung einerseits durch die Erfahrung, daß das Pfarrleben immer mehr erlahmt, vor allem aber, daß gerade jene Menschen, die für das gesellschaftliche Leben bedeutsam sind, am Pfarrleben sich kaum beteiligen. Andererseits spielt die Aufbruchstimmung des Konzils eine wichtige Rolle bei dieser Erneuerung der Ortspfarreien. Die Pfarrei soll lebendige Gemeinde werden.[68] Die auf diesem Weg gesammelten Erfahrungen werden anderen als „neue Gemeindemodelle" zugänglich gemacht: Vertreter aufbruchwilliger Pfarrgemeinden besuchen einander, um Erfahrungen auszutauschen. Im deutschsprachigen Raum kam es zu Treffen solcher Gemeinden auf einem organisatorisch losen „Gemeindetreffen", ein hektographiertes Informationsblatt „Gemeindeforum" wird herausgegeben, die Erfahrungen einzelner Ortsgemeinden sind publiziert.[69] Bekannt wurden im deutschsprachigen Raum vor allem die Berichte aus den Gemeinden Ibbenbüren[70], Dortmund-Scharnhorst[71], Eschborn[72], Wien-Machstraße[73] sowie der Integrierten Gemeinde in München[74].
– Ein andersgearteter Weg ist die Sammlung von Christen in neuen Gemeinschaften auf dem Boden der Kirche, aber nicht immer auf dem Boden der Ortsgemeinde. Anlaß für ihr Entstehen bildet die zu-

Die kleinen Mitteleuropäer „Frankreich, ähnlich die Schweiz, sowie England und Schottland haben Basisgruppen, die von ihren Erfahrungen ausgehend das Gemeinschaftsleben wichtig nehmen. Sie sind in der Mittelschicht beheimatet, aber oft auch in sozialen Fragen engagiert." N.Bayer, Standortbestimmung der BG-Bewegung in Europa. Gedanken nach dem Koordinatorentreffen der Basisgemeinden verschiedener Länder und Völker in Europa vom 9.–11.Januar 88 in Paris, in: Läbes-Zeiche. Mitteilungsblatt der Basisgemeinde-Bewegung Schweiz 2(1988), H.1, 11. – Die andere Kirche.

66 Walter Ludin im Vorwort zu: Wir Kirchenträumer, 7f.

67 Eine befriedigende Typologie der neuen religiösen Netze in Westeuropa ist bislang nicht gelungen: Lehmann, Gemeinde, 50f. – Dazu: Kleiner, Basisgemeinden. – Warnier, Phenomene.

68 Klostermann, Pfarrei.

69 Gemeindemodelle. – Gemeinde von morgen. – Wie wir Gemeinde wurden.

70 Honsel, Der rote Punkt.

71 Wessel u. a., Faszination Gemeinde.

72 Schulz, Werkstatt.

73 Machstraße, Erstkommunion. – Weß, Geschwister. – Ders., Angst und Einsamkeit. – Ders., Frage. – Ders., Erstkommunion. – Ders., Firmung.

74 Von der Publikationsreihe „Die Integrierte Gemeinde. Beiträge zur Reform der Kirche" erschienen zwischen 1969 und 1971 neun Hefte.

meist erfahrungsgedeckte Annahme, daß in den überkommenen Strukturen Teilziele der Erneuerung nicht ausreichend und rasch genug zum Zuge kommen. Vielfach entstehen solche Gruppen in einer Protesthaltung zu überlieferten Ansichten in Kirche und Gesellschaft, weshalb sie auch als Protestbewegung in und zugleich am Rande, oder wie die Gruppen selbst sagen, an der Basis der Kirche gelten können.[75] Häufig werden in Westeuropa nur Gruppen, die dieser Protestbewegung angehören, „Basisgruppen" oder „Basisgemeinden" genannt. In der Bundesrepublik Deutschland haben sich solche Spontan-[76] bzw. Basisgruppen zusammengetan in der „Kirche von unten"[77]; ihr Publikationsorgan ist das „Publik-Forum". Kirchenkritische Gruppen sind zumeist auch zugleich gesellschaftskritisch engagiert.

(b) Bei diesen neuen Formen religiöser Vernetzung gibt es trotz aller unterschiedlichen Akzentsetzung eine Reihe gemeinsamer Züge. Der Erfahrungstext eines Mitglieds der Basisgruppe Kriens in der Schweiz zählt solche Ziele auf: *„Was wollen wir?*

– Als Gemeinschaft möchten wir Glauben und Hoffnung für uns und andere erfahrbar machen. Wir wünschen eine Atmosphäre der Geborgenheit und des Vertrauens, in der jeder er selber sein kann und die Spontaneität wächst. Wir möchten einander helfen, den inneren Frieden zu finden, gegenseitige Grenzen und Schwächen zu ertragen und einander in schwierigen Lebensphasen zu begleiten.

– Wir wollen Christus besser kennenlernen – vor allem durch Meditation der Bibel – und seine Botschaft der Befreiung unter uns verwirklichen.

– Wir trachten danach, unser Leben im Alltag miteinander zu teilen, so daß wir zu einer großen Familie mit verschiedenen Talenten werden. Wir wünschen, den Kindern nahe zu sein, und sorgen uns gemeinsam um ihre Entwicklung.

– Wir wollen nach außen offen sein: zunächst für die Mitmenschen im Quartier und in der Pfarrei. Wir möchten andere Christen ermuntern, einen ähnlichen Weg zu gehen. Im größeren Rahmen wollen wir auch gesellschaftspolitisch aktiv sein für den Frieden, die Solidarität unter den Völkern und für eine gesunde Umwelt. Unsere Dritte-Welt-Erfahrungen bieten da gute Ansatzpunkte. Wir suchen nach einer glaubwürdigen Kirche: nach einer christlichen Gemeinschaft, die miteinander auf dem Weg ist."[78]

[75] So Karl Lehmann in seinem Beitrag über die Gemeinde: Lehmann, Gemeinde, 50f.
[76] Spontangruppen.
[77] Seiterich, Kirche von unten.
[78] Wir Kirchenträumer, 92f.

Überblickt man vielfältige Erfahrungsberichte aus neuen Gemeinden und Basisgruppen, dann stößt man in allen auf drei Merkmale: Mystik, Koinonia und Diakonia.[79]

– Zentral ist das Bestreben, von den Gründungsurkunden der Bibel her das christliche Leben der einzelnen und der Gemeinschaften zu erneuern. Die Basisgruppen schöpfen Kraft aus den Quellen der Bibelmeditation, des gemeinsamen Gebetes und vielfältiger Formen von Gottesdiensten. Biblische „Radikalität", Eintauchen in die mystischen Quellen der Bibel und damit Heimischwerden im Geheimnis Christi und seiner Kirche sind Fundament der Basisgruppen.

– Charakteristisch ist zweitens der Wunsch nach Gemeinschaft. Verbindlichkeit wird gelebt, ein Ausweg aus der Anonymität und Vereinsamung der Menschen in den überkommenen gesellschaftlichen wie „volkskirchlichen"[80] Strukturen gesucht. Ein neuer Umgangs- wie

[79] Eine solche Analyse von Erfahrungsberichten findet sich in: Zulehner, Kirche ereignet sich, 10–19. – Diese drei Merkmale haben in den jeweiligen Basisgemeinden ein unterschiedliches Gewicht. So schreiben Stefan Szutz und Gerhard Weber aus der Basisgemeinschaft St.Joseph in Basel dazu: „Im ‚Läbeszeiche' 87/3 war die Rede von der ‚Lebensbrücke', deren Pfeiler – Mystik, Geschwisterlichkeit, Politik – gleichsam Träger unseres Lebens sein sollten. Wer näher hinschaut, einen Blick unter die Wasserlinie geworfen hatte, konnte kaum übersehen, daß der mittlere Pfeiler, die Mystik, auf einem Fundament ruht, das dasjenige der beiden seitlichen Pfeiler an Größe übertrifft.
Erfahrungen unserer Basisgemeinschaft auf ihrem nunmehr siebenjährigen Weg zeigen indes eine Lebensrealität, die zur dargestellten Brückenkonstruktion einen Kontrast bildet. Schon zu Beginn unseres gemeinsamen Weges hat die ‚polis' eine hervorragende Bedeutung eingenommen, bedingt durch Konstellationen in der Territorialpfarrei und im umliegenden Stadtquartier. Natürlich war das Bemühen, die gesellschaftliche Situation zu orten, vorausgegangen. Das Einbringen von Anliegen benachteiligter Gruppen – Kinder, zweite Ausländergeneration, Asylanten... – in der öffentlichen Auseinandersetzung mit Pfarreigremien, Politikern und Behörden zeitigte zahlreiche Konflikte. Während der analytische Ansatz derart gelebter Religiosität den Druck der Gemeinschaft von außen her erhöhte, verstärkte sich dadurch zunehmend die Solidarität der Gemeinschaftsmitglieder füreinander. Im politischen Engagement ist also das Element der Geschwisterlichkeit durchaus enthalten.
Es war sodann auch in der Zusammenarbeit, im Austausch oder im materiellen Teilen mit Menschen zu spüren, die – seien es Mitstreiterinnen und Mitstreiter im Quartier oder Freundinnen und Freunde in Südamerika – sich für eine gemeinsame Sache einsetzen. Es mag sein, daß die Geschwisterlichkeit innerhalb der Basisgemeinschaft als Folge kräftezehrender politischer Kämpfe vernachlässigt wurde. Das Problem wurde inzwischen aber erkannt, und es wird inskünftig unsere Aufgabe sein, diesen unterentwickelten Pfeiler maximal bis zur Größe seiner politischen Schwester aufzurichten.
Allein es bleibt die Frage: Wie steht's denn mit der Mystik? Kann die Verwurzelung in Gott nicht auf dem Boden kollektiver Gotteserfahrung wachsen, die politische Aktion und gelebte Mitmenschlichkeit hervorbringen?, in: Läbes-Zeiche 2(1988), 1.

[80] Die „Volkskirche" wird oft als Antityp zur erwünschten Sozialform von „Gemeinde" gesehen. Dies führt entweder zur Ablehnung der „Volkskirche", die einer „Gemeindekirche" weichen werde, oder es wird zumindest gefordert, daß inmitten der Volkskirche Gemeinden entstehen müßten. Zu diesem Dauerthema in der pastoralen Diskussion:

auch ein entsprechender Leitungsstil prägen die Zusammenkünfte.[81] Geschwisterlichkeit ist ein Schlüsselwort zur Gestaltung des gemeindlichen Lebens. Die Anerkennung der unantastbaren Würde jedes einzelnen Mitglieds sowie die Teilnahme aller am Geschehen und den Entscheidungen der Gruppe sind konkrete Ausdrucksformen dieser Geschwisterlichkeit. Eine Dimension solcher Geschwisterlichkeit ist die ökumenische Offenheit: In vielen Basisgruppen leben und arbeiten Angehörige verschiedener Konfessionen in einer Weise zusammen, die ansonsten zwischen den verschiedenen Kirchen so (leider) noch nicht geschieht. Basisgruppen sind Oasen neuer Geschwisterlichkeit in Gesellschaft und Kirche.

– Das dritte Merkmal ist eine wache Aufmerksamkeit für die Not der Schwächeren, für jene, die es schwerhaben im Leben: materiell, sozial oder auch psychisch. So finden wir Gruppen von Christen in der Stadtteilarbeit; sie tragen zur Integration von Randgruppen (Behinderten, Ausländern, Asylanten) bei, sie engagieren sich für Frieden, Gerechtigkeit und Bewahrung der Schöpfung. Basisgruppen sind Asylstätten für Menschen, die in vielfältiger Weise arm an Leben(schancen) sind.

1.3 Rund um das Konzil

Die Wiederentdeckung der Gemeinde verdankt sich, so zeigen die bisherigen Analysen neuer religiöser Sozialformen, einerseits dem jeweiligen Kontext, in dem sich Kirche ereignet: dem Kontext der Verfolgung, jenem der Unterdrückung, dem nachchristlichen Kontext moderner Gesellschaften, die sich im Übergang befinden von der Industrie- zur Informationsgesellschaft. Gemeinden sind (in ihren vielfältigen Formen und unterschiedlichen Benennungen) strukturell eine neue Präsenz des Christlichen in veränderten Gesellschaften, sie sind in ihrer Aufgabenstellung eine Antwort auf neue gesellschaftliche Herausforderungen wie Frieden (Rüstung, Wehrdienst), Gerechtigkeit (etwa die Lage der Frauen, der Asylanten, der Schwarzen im südafrikanischen Apartheidsstaat), Bewahrung der Schöpfung. Andererseits ließ sich aber stets eine innere Dynamik beobachten.

– Debatte in der Diakonia, ausgelöst durch Hans Schilling: Forum „Kirche und Gemeinde“.
– Schilling, Kritische Thesen, 78–99.
– Theologie des Volkes. – Volksreligion. – Lück, Volkskirche.
– Dieselbe Debatte findet in der evangelischen Kirche statt.
– Zulehner, Förderung. – Weß, Gemeindekirche.

[81] Wie wir Gemeinde wurden, 65 ff.

Der Rückgriff auf die biblische Ursprungstradition gehört zum praktischen Alltag der meisten gemeindlichen Sozialgebilde. Ebenso einhellig finden wir die Berufung auf das Zweite Vatikanische Konzil. Konzil und Gemeinde: Dieser Spur gehen wir im Folgenden nach. Wir erkunden, wie das Konzil zum Thema der Gemeinde gelangte und wie es sich auf die Entwicklung der neuen religiösen Vernetzungen ausgewirkt hat.

1.3.1 Das Erbe des Protestantismus

In der katholischen Kirche galt die Rede von der Gemeinde und ist diese Rede für manche auch heute noch verpönt. Die Gemeindeidee wird für eine „typisch" protestantische Idee gehalten und von manchen schon deshalb abgelehnt. Es trifft auch zu: Die katholische Kirche verdankt die Wiederentdeckung der Gemeinde unter anderem auch den evangelischen Schwesternkirchen.

Die Gemeindeidee hat allerdings selbst im Protestantismus eine bewegte Geschichte hinter sich. Entstanden ist sie im Rahmen der Auseinandersetzung Martin Luthers mit der überkommenen Kirchenorganisation. In dieser war die Pfarrei die unterste organisatorische Einheit der Kirche, vom Bischof in allen wichtigen Entscheidungen abhängig. Zudem war die Pfarrei zu Luthers Zeiten auch Träger vieler gesellschaftlicher Funktionen, damit nicht nur vom Bischof, sondern auch vom Landesherrn abhängig.

Solche Abhängigkeiten wollte Luther brechen, wobei er sich in der Durchführung auf biblische Erfahrungen stützte. So sagt er über die Gemeinde: *„Das ist aber die Meinung und Summa von diesem Zusatz: Ich gläube, daß da sei ein heiliges Häuflein und Gemeine auf Erden eiteler Heiligen unter einem Häupt, Christo, durch den heiligen Geist zusammenberufen, in einem Glauben, Sinne und Verstand, mit mancherlei Gaben, doch einträchtig in der Liebe, ohne Rotten und Spaltung. Derselbigen bin ich auch ein Stück und Gelied, aller Güter, so sie hat, teilhaftig und Mitgenosse, durch den heiligen Geist dahingebracht und eingeleibet dadurch, daß ich Gottes Wort gehört habe und noch höre, welchs ist der Anfang hineinzukommen."*[82]

Kirche wird hier nicht als objektive Heilsanstalt begriffen, sondern als eine „Gemeinschaft, deren Gründe, Ziele und das, was sie verbindet und zusammenhält, ‚im Glauben' liegen. Dieser Glaube unterliegt nicht der menschlichen Kontrolle".[83] Eine solche gegen Abhängigkei-

[82] Luther, Großer Katechismus, 25–38.
[83] Wintzer, Praktische Theologie, 22.

ten innerkirchlicher und staatlicher Art gerichtete Gemeindekonzeption wurde in der reformierten Kirche noch weiterentwickelt. Die Ortsgemeinde wird als selbständige Gemeinde Jesu verstanden.
Luther selbst hingegen und nach ihm die Lutheraner konnten diese Verselbständigung der Gemeinde nicht konsequent durchhalten. Kirchenordnungen erwiesen sich als notwendig, der Landesfürst wurde Notbischof. Nach dem Abtreten der Fürsten ging die Institutionalisierung der protestantischen Kirchen mit eherner soziologischer Notwendigkeit weiter. Durch eine verklärte Sicht der Kirche in der Romantik wurde die Bedeutung der sichtbaren und rechtlich verfaßten[84] Kirche noch verstärkt. Die Spannung zwischen der institutionalisierten Kirche und den Gemeinden, zwischen „Geistkirche" und „Anstaltskirche" wird als „protestantisches Problem" bezeichnet.[85]
Die Kernidee Luthers blieb aber unangetastet. Die Gemeinde ist für die protestantische Theologie „die durch lautere schriftgemäße Verkündigung des Evangeliums und durch rechten schriftgemäßen Vollzug der Sakramente gesammelte und zusammengeführte Gemeinschaft der Gläubigen durch die Zeiten".[86]
Weil also Luther und in seinem Gefolge Lutheraner und noch radikaler die Reformierten die Gemeindeidee gegen die überlieferte katholische Kirchenordnung einsetzten, entwickelte sich im Katholizismus eine gegenreformatorische Ablehnung gegen sie. Vor allem der Versuch, eine einseitige Priorität der Gemeinde vor der Kirche (konkret der Bischofskirche, der Diözese) zu behaupten, mit der Konsequenz, daß die Gemeinde auch selbständig ihren Pfarrer wählen könne, galt als „protestantisch" und daher abzulehnen. Katholische und protestantische Konzeption standen einander unversöhnlich gegenüber. Betonten Katholiken, zuerst sei die Kirche, und erst deshalb gebe es in ihr Gemeinden, insistierten Protestanten darauf, daß sich die Kirche aus Gemeinden aufbaue und nicht umgekehrt.[87]

[84] Schon bald nach Luther ist in Hauptverantwortung von B. Carpzov (1595–1666) ein evangelisches Kirchenrecht entstanden, das von Rudolf Sohm 1892 als im Widerspruch zum Wesen der Kirche stehend verurteilt wurde, während die Barmer Erklärung in ihrer dritten These eine Scheidung von äußerer Ordnung vom Bekenntnis ausschließt: Wintzer, Praktische Theologie, 23.
[85] Trillhaas, Dogmatik, 511ff.
[86] Kinder, Glaube. – Hildebrandt, Gemeindeprinzip.
[87] Kehrer, Gemeinde, 252.

1.3.2 Gemeindliche Bewegungen vor dem Konzil

Es gehört zu den Verdiensten des Zweiten Vatikanischen Konzils, die gegenreformatorische Grundhaltung im Ansatz überwunden zu haben. Bezüglich der protestantischen Gemeindeidee war dies um so leichter möglich, als Erneuerungsbewegungen vor dem Konzil zu einer biblisch begründeten und liturgisch praktizierten Wertschätzung der Gemeinde gelangt waren. So konnte Otto Karrer einige Jahre vor dem Konzil im „Lexikon für Theologie und Kirche" die Gemeinde im protestantischen Glaubensverständnis bereits ohne antiprotestantischen Affekt darstellen: „Gemeinde gilt als örtliche Erscheinung der Einen, Heiligen, Katholischen, Apostolischen Kirche, die Luther im Geist der Schrift erneuern wollte."[88]

(a) Zur Wertschätzung der Gemeindeidee im katholischen Raum hat die *Bibelbewegung*[89] nachhaltig beigetragen. Anliegen des katholischen „Zweiges" der Bibelbewegung war, der Bibel auch in der katholischen Kirche mehr Raum zu geben, sie aus dem Geist der Bibel zu erneuern. Dazu sollte die Bibel in der Muttersprache auch in die Hände der Laien gegeben werden.

Die Verantwortlichen der katholischen Kirchenleitung leisteten gegen diese Anliegen zunächst Widerstand. Das Bibellesen durch Laien wurde wiederholt verurteilt.[90] Eine vom Seminarregens Wittmann in Regensburg gegründete Katholische Bibelgesellschaft wurde von Pius VII. 1817 wieder aufgehoben. Erst als der erste Leiter der in Italien im Jahr 1902 gegründeten „Frommen Gesellschaft des heiligen Hieronymus zur Verbreitung des Heiligen Evangeliums" als Benedikt XV. Papst wurde, wandelte sich die Einstellung Roms zur Bibelbewegung. Dieser Papst wünschte 1920 ausdrücklich, daß „alle Kinder der Kirche durch die Bibel gesättigt werden mögen".[91] Begünstigt durch diese neue Haltung Roms entstanden in vielen Ländern Bibelwerke, 1933 in Deutschland, 1936 in der Schweiz. In Österreich war die

[88] Karrer, Gemeinde, 643.

[89] Kürzinger, Bibelbewegung, 344–346. – Deussen, Liturgische Gemeinde. – Floristan, La paroisse. – Vagoggini, Theologie de liturgie. – Kolbe, Liturgische Bewegung. – Viele Originalbeiträge erschienen in der Zeitschrift „Bibel und Liturgie", so: Parsch, Die liturgische Aktion in Österreich, 501–509. – Ders., Methode der volksliturgischen Arbeit, 313–316, 337–340, 361–367.

[90] Pius VII. (D 1602–1606), Leo XII. (D 1607f.), Gregor XVI. (D 1630ff.), Pius IX. (D 1718a). Gegen die massenhafte Verbreitung der Bibel wandte sich noch 1956 Bouyer, Mouvement biblique, 7–21.

[91] Benedikt XV., Spiritus paraclitus, Rom 1920.

Bibelarbeit integriert in das „Volksliturgische Apostolat" und dessen seit 1926 erscheinende Zeitschrift „Bibel und Kirche".[92]

(b) Aber nicht nur über die Beschäftigung mit der Bibel wurden katholische Christen mit der Gemeindeidee vertraut. Zum Entstehen neuer religiöser Gemeinschaftsformen und auf solchem Weg zur Wertschätzung der biblischen Gemeindeidee hat wesentlich auch die mit der Bibelbewegung verbundene *Liturgische Bewegung*[93] beigetragen. Ihre Träger waren vor allem die großen Benediktinerklöster Solesmes, Beuron und nach dem Ersten Weltkrieg Maria Laach. Aber auch die Liturgiewissenschaft leistete einen wichtigen Beitrag, etwa der in Innsbruck lehrende Jesuit Joseph Andreas Jungmann. Alte liturgische Bräuche (Kirchenjahr, Karwoche) wurden wieder gepflegt. Muttersprachliche Texte sollten gemeinsam mit den erneuerten Riten eine „actuosa communicatio"[94] aller Gläubigen ermöglichen.

(c) In Verbindung mit der deutschen *Jugendbewegung* entfaltete das Bemühen um tätige Teilnahme aller am liturgischen Geschehen seine Kraft. Zwar war die Jugendbewegung auch in ihrem christlichen Zweig zunächst um ein weniger spießerisches selbstgestaltetes „Leben nach eigener Bestimmung vor eigener Verantwortung in innerer Wahrhaftigkeit"[95]. Freiheit und Individualität waren daher die leitenden Vorstellungen der Bewegung. Doch erwuchsen aus dem Bemühen, solche Persönlichkeitsideale zu verwirklichen, neue Gemeinschaftsformen mit einem gemeinsamen Lebensgefühl. In den christlichen Teilen der deutschen Jugendbewegung (Quickborn, Neuland, Neudeutschland, Heliand) genoß die liturgische Gemeinschaft einen hohen Rang.

(d) Die Bewährungszeit der neuen gemeinschaftsförderlichen Bewegungen war die *nationalsozialistische Unzeit*. Innerlich gefestigte und gemeinschaftswillige Christen sammelten sich im Untergrund, um miteinander die Bibel zu lesen, Liturgie zu feiern und sich für den widerwärtigen politischen Alltag zu rüsten.[96] Nach dem Zweiten Weltkrieg war auf dem Boden solcher Erfahrungen, die zudem Katholiken und Protestanten oftmals gemeinsam machten, die Gemein-

[92] Widl, Der Beitrag der Bibel (mit ausführlicher Literatur zur Bibelbewegung).

[93] Liturgische Erneuerung. – Kolbe, Liturgische Bewegung.

[94] Diesen Schlüsselbegriff übernahm Pius X. in sein Motu proprio über die Kirchenmusik, Tra le sollicitudine, 1903. In der Liturgiekonstitution des Zweiten Vatikanischen Konzils finden wir ihn als „actuosa participatio": Sacrosanctum concilium, 21.

[95] So die Kompromißformel zwischen mehreren Strömungen im Jahr 1913 auf dem Hohen Meißner bei Kassel: Köhler, Jugendbewegung, 1181. – Pfliegler, Jugend.

[96] Weißensteiner, Neuordnung, 11–13. – Holzer, Pfarrgemeinde, 13–15.

deidee nicht mehr so leicht als „protestantisch" zu diskreditieren. Der Weg zur Rezeption der Gemeindeidee auf dem Zweiten Vatikanischen Konzil war frei.

1.3.3 Konzil und Gemeinde

Das Zweite Vatikanische Konzil[97] hat sich mit dem Thema Gemeinde nicht systematisch befaßt. Die einschlägigen Aussagen wurden erst im Verlauf des Konzils in die Vorlagen eingefügt. Auf dem Boden der Schrift und der Kirchenväter entwarf das Konzil eine Vision der Kirche für die Gegenwart. Im Rahmen dieser Ekklesiologie, in der es auch zu einer Neubesinnung auf das Amt in der Kirche kam, macht das Konzil Aussagen über die Pfarrei und die Gemeinde.[98] Nimmt man die auf die verschiedenen Dokumente verstreuten Aussagen des Konzils zusammen, ergibt sich folgende „Definition" von Gemeinde: *„Die Gemeinde ist als ‚Kirche Gottes' der Ort, wo unter der Leitung des Presbyters und in enger Verbindung mit dem Bischof die Gemeinschaft der an Jesus Christus Glaubenden in Verkündigung, Bruderschaft und besonders in der eucharistischen Versammlung und den übrigen liturgischen Vollzügen ereignishaft und missionarisch gelebt wird."*[99] Kurz: Gemeinde ist „Kirche Gottes am Ort", „congregatio fidelium localis".

So heißt es in der Kirchenkonstitution im Kontext der Ausführungen des Konzils über das Bischofsamt: „Diese Kirche Christi ist wahrhaft in allen rechtmäßigen Ortsgemeinschaften der Gläubigen anwesend, die in der Verbundenheit mit ihren Hirten im Neuen Testament auch selbst Kirchen heißen. Sie sind nämlich je an ihrem Ort, im Heiligen Geist und mit großer Zuversicht (vgl. 1 Thess 1,5) das von Gott gerufene neue Volk. In ihnen werden durch die Verkündigung der Frohbotschaft Christi die Gläubigen versammelt, in ihnen wird das Mysterium des Herrenmahls begangen, ‚auf daß durch Speise und Blut des Herrn die ganze Bruderschaft verbunden werde'."[100]

Gemeinde als „Kirche Gottes am Ort" bedeutet im einzelnen:

1. Gemeinde wird nicht rechtlich definiert, sondern theologisch als gläubiges Ereignis. Sie entsteht, wo Gott sein neues Volk sammelt. Gemeindegründer ist somit Gott selbst, der sich zwischenmenschlich durch sein Wort vernehmlich macht. Gemeinde wird, wo Menschen

[97] Dazu die ausführliche Studie von Wieh, Konzil und Gemeinde.
[98] Die Liturgiekonstitution bezieht sich vorwiegend auf die Pfarrei, in der Kirchenkonstitution und den von ihr abhängigen Texten wird der Begriff der Gemeinde bevorzugt.
[99] Wieh, Konzil und Gemeinde, 211.
[100] Lumen gentium, 26.

das Wort Gottes hören, um es dann ihrerseits zu verkünden. Gemeinde ist daher zugleich Adressat und Subjekt der Verkündigung des Wortes Gottes.
Für das gemeindliche Ereignis ebenso konstitutiv wie das Wort ist die Feier der Eucharistie. Das Herrenmahl eint die Gläubigen, nimmt sie in Tod und Auferstehung hinein und wandelt die Menschen um zum gemeindlichen Zeichen des Heils an Ort und Stelle.
Wo – so das Konzil schließlich über die Grundvollzüge der Gemeinde am Ort – die Menschen durch die Eucharistie geeint sind, wächst aus dieser gläubigen Einigung zwischen den Mitgliedern der Gemeinde „Brüderlichkeit": Gemeinschaft und helfende Solidarität unter den Gemeindemitgliedern, aber auch Solidarität mit allen Menschen in Not.
Wort, Eucharistie und Brüderlichkeit ereignen sich, wo Gott sein neues Volk sammelt. Sammlung und Sendung, communio und missio, sind nicht nur Grundvorgänge der ganzen Kirche, sondern – weil diese Kirche Gottes in der Gemeinde orthaft präsent ist – auch der Gemeinde.
2. Charakteristisch für die Gemeinde ist sodann ihre *Ortshaftigkeit.* Von den Priestern sagt das Konzil in der Kirchenkonstitution: *„Unter der Autorität des Bischofs heiligen und leiten sie den ihnen zugewiesenen Teil der Herde des Herrn, machen die Gesamtkirche an ihrem Orte sichtbar und leisten einen wirksamen Beitrag zur Erbauung des gesamten Leibes Christi (vgl. Eph 4,12).“*[101]
Am Ort sichtbar machen bedeutet, daß die Gemeinde öffentlich ist. Gemeinde ereignet sich daher nicht im Privatraum, in ihr verbindet sich vielmehr der persönliche Glaube des einzelnen und einzelner Familien mit dem Glauben der kirchlichen Gemeinschaft. Kirche ereignet sich damit in der Öffentlichkeit der Gemeinde, nicht im Privatraum der Familie oder des privaten Hauses. Im Sinn des Konzils kann daher die Familie nur im übertragenen Sinn als „Kirche" bezeichnet werden; der Begriff der „Hauskirche" ist somit theologisch zumindest mißverständlich, insofern er einer Privatisierung der Kirche Vorschub leistet.
Mit der Ortshaftigkeit verbunden ist schließlich die „soziale Buntheit" der Gemeinde. Das Konzil: *„Die Pfarrei bietet ein augenscheinliches Beispiel für das gemeinschaftliche Apostolat; was immer sie in ihrem Raum an menschlichen Unterschiedlichkeiten vorfindet, schließt sie zusammen und fügt es dem Ganzen der Kirche ein.“*[102]

[101] Lumen gentium, 28.
[102] Apostolicam actuositatem, 10.

3. Die so verstandene, von den biblischen Texten und der Tradition der Kirchenväter begründete Auffassung der „Kirche Gottes am Ort“ überwindet die überkommene Gegnerschaft der katholischen Kirche mit der protestantischen Gemeindeidee. Dennoch übernimmt das Konzil nicht einfachhin die protestantische Auffassung. Zwar wird die Gemeinde, durchaus noch im Sinn des reformatorischen Protestes, nicht mehr als letzte Zelle der von oben nach unten hierarchisch organisierten Kirche gesehen. Das Konzil überwindet solchen ekklesiologischen Zentralismus nicht auf disziplinärem, sondern theologischem Weg, indem es eben die Kirche mit all ihrem Reichtum als das neue Volk Gottes in der Ortsgemeinde präsent weiß. Zugleich ist das Konzil aber bestrebt, eine der biblischen Tradition zuwiderlaufende Zersplitterung der Kirche in unverbundene Gemeinden zu verhindern. Dies geschieht mit Hilfe der Amtstheologie: der Theologie des Bischofs sowie des Pfarrers. In der Verhältnisbestimmung des Pfarrers zum Bischof wird auch das Verhältnis Ortsgemeinde und Diözese (und darin zur Gesamtkirche) mitformuliert.
Auf der einen Seite wird der Pfarrer als „eigentlicher“ Hirt der Gemeinde beschrieben. „Eigentlich“ meint, daß seine amtliche Vollmacht nicht delegiert ist, sondern seinem Amt innewohnt. Auf der anderen Seite übt er sein Amt in enger Verbundenheit mit dem Bischof aus. Unableitbarkeit und Bezogenheit werden somit gleichzeitig vom Amt des Pfarrers behauptet. Gleiches gilt für die Ortsgemeinde in Bezug auf die Diözese. Sie ist voll ausgestattete und lebensfähige „Kirche Gottes am Ort“ und als solche zugleich eins mit der Kirche, die sich auch in der Diözese als eine vollausgestattete „portio ecclesiae“ (cn 369) darstellt. Die Ortsgemeinde ist somit (und dies in Absetzung von der reformierten Tradition) keine unbezogene „Eigenkirche“, sie ist aber ebensowenig eine abhängige „Filiale“.[103] Die Verbundenheit der Amtsträger bringt die innere Einheit der an verschiedenen Orten und auf verschiedenen Ebenen vorhandenen ganzen Wirklichkeit des Ereignisses der Kirche zum Ausdruck.[104]

[103] Es besteht also zwischen Diözese und Ortsgemeinde das Verhältnis einer „repräsentativen Identität“: Auf beiden Ortsebenen kommt Kirche Gottes voll zur Darstellung. Walter, Pfarrei, 404.

[104] Es gibt freilich Formulierungen in Konzilstexten, die dem überkommenen zentralistischen „Filialdenken“ nahekommen. So heißt es im ersten Dekret des Konzils über die Liturgie: „Da der Bischof nicht immer und nicht überall in eigener Person den Vorsitz über das gesamte Volk seiner Kirche führen kann, so muß er diese notwendig in Einzelgemeinden aufgliedern. Unter ihnen ragen die Pfarreien hervor, die räumlich verfaßt sind unter einem Seelsorger, der den Bischof vertritt; denn sie stellen auf eine gewisse Weise die über den ganzen Erdkreis hin verbreitete sichtbare Kirche dar. Daher soll das liturgische Leben der

Von dieser theologischen Bestimmung des Verhältnisses zwischen Gemeinde und Diözese her ist auch das praktische Verhältnis zu entwerfen. Die in der katholischen Soziallehre entwickelten Prinzipien der Solidarität und Subsidiarität sind anzuwenden. So ist die Ortsgemeinde auf die Gemeinschaft mit anderen Gemeinden der Orts- und Universalkirche angewiesen; nicht zuletzt deshalb, damit die einzelne Gemeinde – der vom Konzil der unfehlbare Glaubenssinn der Gesamtkirche nicht zugesprochen wird – aus der unverbrüchlichen lebendigen Tradition der einen Kirche nicht herausfällt. Das Amt ist für diese Traditionseinheit aller Gemeinden verantwortlich. Umgekehrt sind Aufgaben, die die Ortsgemeinde selbst erfüllen kann, nicht von übergeordneten Ebenen wahrzunehmen. Daher ist es durchaus katholisch, wenn die Ortsgemeinde bei der Suche nach einem Kandidaten für das Pfarreramt wirksam beteiligt wird. Es widerspricht nicht der traditionellen Praxis, daß dann der Pfarrer vom Bischof in Einheit mit den Amtsträgern der umliegenden Gemeinden bestellt wird.

1.3.4 Nach dem Konzil

Von der allgemeinen kirchlichen Aufbruchstimmung, die das Konzil getragen und verbreitet hat, von seiner Ekklesiologie und seiner Neubestimmung des Verhältnisses von Kirche und Welt wurde die nachkonziliare Ausbreitung der Gemeindeidee erfolgreich vorangebracht. Die schon vorhandenen gemeindebildenden Bewegungen wurden verstärkt. Kirchenversammlungen und theologische Wissenschaft trugen ihrerseits zur Förderung von Gemeinden bei.
1. Gestützt auf das Konzil entwickelten die nachkonziliaren *Synoden* die Theologie und Praxis der Kirchengemeinde weiter. Vor allem die Gemeinsame Synode der Bistümer in der Bundesrepublik Deutschland (1971–1975) systematisierte die auf dem Konzil ansatzhaft vorhandene Gemeindetheologie.[105] Zur praktischen Förderung der

Pfarrei und dessen Beziehung zum Bischof im Denken und Tun der Gläubigen und des Klerus vertieft werden. Es ist darauf hinzuarbeiten, daß der Sinn für die Pfarrgemeinschaft vor allem in der gemeinsamen Feier der Sonntagsmesse wachse." Sacrosanctum Concilium, 42.

[105] „Die Gemeinde ist an einem bestimmten Ort und innerhalb eines bestimmten Personenkreises die durch Wort und Sakrament begründete, durch den Dienst des Amtes geeinte und geleitete, zur Verherrlichung Gottes und zum Dienst an den Menschen gerufene Gemeinschaft derer, die in Einheit mit der Gesamtkirche an Jesus Christus glauben und das durch ihn geschenkte Heil bezeugen. Durch die eine Taufe (vgl. 1 Kor 12,13) und durch die gemeinsame Teilhabe an dem einen Tisch des Herrn (vgl. 1 Kor 10,16f.) ist sie ein Leib in Christus. Im allerweitesten Sinn verwirklicht sich Gemeinde Christi überall, wo zwei oder drei im Namen Jesu beisammen sind (vgl. Mt 18,20). Die wichtigste Zelle der Gemeinde

Gemeindeidee veröffentlichte der Beirat der Konferenz der deutschsprachigen Pastoraltheologen im Auftrag der Deutschen Bischofskonferenz eine Handreichung für den pastoralen Dienst.[106]
2. Die Synoden konnten sich bei ihrer gemeindetheologischen und -praktischen Arbeit auf reiche Vorarbeiten der deutschsprachigen *Pastoraltheologie* stützen.
Schon während des Zweiten Vatikanischen Konzils begann die Arbeit am mehrbändigen „Handbuch der Pastoraltheologie“ unter der Herausgeberschaft von Franz Xaver Arnold, Ferdinand Klostermann, Karl Rahner, Viktor Schurr und Leonhard M. Weber.[107] Besonderes Verdienst bei der Begründung und Verbreitung der Gemeindeidee kam im katholischen Raum dem in Wien lehrenden Ferdinand Klostermann zu, der schon im Abschlußjahr des Konzils (1965) seine bahnbrechende pastoraltheologische Studie zum „Prinzip Gemeinde“ veröffentlicht[108] und in den folgenden Jahren dieses Grundthema mehrfach variiert hat.[109]
Klostermann nannte es schon 1965 die
„brennende Grundfrage – welche Stellung die christliche Gemeinde im Tun oder Leben der Kirche einnimmt,
ob diese Gemeinde einfach ein Ort neben vielen anderen ist, an denen sich dieses Leben unter Umständen vollziehen kann, wie etwa in einer Schule, im Rundfunk, in der Krankenstube, in der Familie oder in all den vielfältigen sonstigen Bereichen und Situationen, in denen sich Menschen befinden können,
oder ob die Gemeinde ein zentraler Ort ist, der nicht einfach neben

sind die christlichen Ehen und Familien, die das Zweite Vatikanische Konzil ausdrücklich als Hauskirche bezeichnet (vgl. LG 11). Dem Aufbau und dem Wachstum der lebendigen Gemeinde dienen aber auch vielerlei Gruppen, Kreise, Hausgemeinschaften, Basisgemeinschaften, geistliche Gemeinschaften am Ort sowie andere kirchliche Vereinigungen und Verbände. Sie sind von der Gemeinde im eigentlichen Sinn des Wortes zu unterscheiden. Sie helfen jedoch zur Einwurzelung und Beheimatung des einzelnen in der Gemeinde und in der Kirche. Deshalb kommt ihnen eine wichtige Funktion zu.“ Die pastoralen Dienste in der Gemeinde, Synode 602.

106 Kaspar u. a., Heilssendung. – Fischer u. a., Die Gemeinde. – Bartsch u. a., Verkündigung. – Sudbrack, Dienst am geistlichen Leben. – Biemer u. a., Eingliederung in die Kirche. – Bertsch, Buße und Bußsakrament.
Neben diesen von Bischofskonferenz und Beirat der Pastoraltheologen gemeinsam herausgegebenen Faszikeln erschienen noch weitere sechs Faszikel als „Pastorale 2“ in der alleinigen Verantwortung des Beirates: Schuster, Leben des Christen. – Caritas und Diakonie. – Hucke u. a., Versammlungen der Gemeinde. – Krankheit und Tod. – Pöggeler, Lebensalter. – Adenauer u. a., Ehe und Familie.

107 Handbuch der Pastoraltheologie, I 17–58; 185ff.; II/1 342ff.; III 119–139.

108 Klostermann, Prinzip Gemeinde.

109 Klostermann, Gemeinde Christi. – Ders., Gemeinde – Kirche der Zukunft. – Ders., Kirche – Ereignis und Institution. – Ders., Wie wird die Pfarrei eine Gemeinde? – Ders., Gemeinde ohne Priester.

andere Orte gestellt werden kann, sondern auf den alle anderen geheimnisvoll bezogen und hingeordnet sind, wenn nicht das ganze System aus den Angeln geraten, sein Zentrum, seinen Schwerpunkt, sein Fundament oder seine Richtung und sein Gleichgewicht verlieren soll."[110]
Die Antwort Klostermanns auf diese über Jahre hin erwogene Grundsatzfrage verdichtete derselbe in einer knappen Reihe von gemeindetheologischen Thesen. Ausgehend von einer bibeltheologischen Bestimmung der Kirche formuliert er die These, daß sich Kirche in Gemeinden ereignet. Schließlich geht Klostermann auf den Wandel der Sozialform und der Dienstämter der im Prinzip stets gemeindlichen Kirche ein:

1. „Kirche als Ereignis des Glaubens hat es mit Jesus zu tun, mit seiner Person, mit seinem Leben, mit seinem Tod, mit seiner Botschaft und mit dem, was wir ‚Auferweckung' nennen."[111]

2. „Ihre österlichen und nachösterlichen Erfahrungen deuteten die Jünger Jesu auf Grund der Verheißungen des Alten Bundes und Jesu selbst als vom Heiligen Geist gewirkt, als Geisterfahrung."[112] *„Dieser befreiende Geist ist der ganzen Kirche verheißen und geschenkt.*"[113]

3. „Die Kirche darf nie Selbstzweck sein. Sie muß vielmehr in ihrem Wesen und Handeln Zeichen des Heiles, des Friedens und der Versöhnung für die ganze Menschheit sein, wie sie uns in Jesus vermittelt wurden."[114]

4. „Kirche ereignet sich wesentlich in und als Gemeinde."[115]

5. „Ort und Gestalt der konkreten Gemeinde sind situationsbedingten, geschichtlichen Wandlungen unterworfen. Es ist der Kirche der jeweiligen Zeit aufgegeben, die Formen zu suchen, die eine optimale Weitergabe der Botschaft Jesu und ein optimales Leben nach ihr ermöglichen, und jene Formen, Verhaltensweisen und Einstellungen zu beseitigen, die dem im Wege stehen."[116]

6. „Um die der Kirche von der Sache Jesu her vorgegebenen Ziele zu erreichen und die dazu notwendigen Aufgaben zu erfüllen, brauchen sie und ihre Gemeinden auf den verschiedenen kirchlichen Ebenen verschiedene Dienste und Ämter mit je verschiedenen Funktionen."[117]

3. Gegenwärtig kommen starke Impulse für die Gemeindeidee von

[110] Klostermann, Prinzip Gemeinde, 12f.
[111] Klostermann, Kirche, 19.
[112] AaO. 25.
[113] AaO. 29.
[114] AaO. 34.
[115] AaO. 41.
[116] AaO. 51.
[117] AaO. 51.

der Exegese des Neuen Testaments.[118] Vor allem jene Bibliker, die sich der Integrierten Gemeinde in München verbunden fühlen, fördern sie nachhaltig. Dazu zählen die Brüder Norbert[119] und Gerhard Lohfink[120], Rudolf Pesch[121] und Georg Braulik[122].
Unter den vielen exegetischen Arbeiten ragt das verbreitete Buch von Gerhard Lohfink „Wie hat Jesus Gemeinde gewollt?"[123] heraus. Dies ist der zusammengefaßte Ertrag seiner biblischen Studie:
(a) Im Anschluß an die Täuferbewegung ging es Jesus um die endzeitliche Sammlung des israelitischen Gottesvolkes, das unter die Völker zerstreut war: was Gottes Namen entweihte. In der nunmehrigen Sammlung sollte Gott seinen Namen heiligen. Das Volk aber weigerte sich, sich von Jesus sammeln zu lassen. So gibt Jesus das Reich, das im gesammelten Israel „aufleuchten" sollte, einem „neuen Volk", seinen Jüngern.
(b) Der Jüngerkreis ist (neben ortsfesten Anhängern Jesu) die immer noch innerhalb Israels stattfindende Sammlungsbewegung des eschatologischen Gottesvolkes mit einem eigenwilligen Ethos: Mit Gott als Vater entsteht eine neue Familie, in der es keine Herrschaft und Gewalt, sondern eine auch dem Feind entgegenkommende „Brüderlichkeit" gibt.
(c) Nach Ostern führen die jungen Christen die Sammlung des endzeitlichen Israel (von Jerusalem aus!) weiter. Es wird Kirche, die charakterisiert ist durch die Gegenwart des Geistes (die sich zeigt in Wunderheilungen, prophetischen Reden ...), durch die Aufhebung sozialer Schranken, durch die Praxis des Miteinanders, durch die Liebe zu den „nächsten Glaubensgenossen", durch den Verzicht auf Herrschaft. Alle diese Merkmale machen die Kirche zu einer „Kontrastgesellschaft". Kirche wird zum Herrschaftsraum Gottes in der Welt.
(d) Auch die Kirche der Väter weiß sich in der Nachfolge Jesu. Sie versteht sich als Volk aus den Völkern, in dem Heilung des Menschen geschieht und christliche Brüderlichkeit gelebt wird. Der apostolische Kontrast zur heidnischen Gesellschaft ist stark; er führt zu einer Verweigerung gegenüber dieser Gesellschaft. Ein wesentlicher Punkt für den Kontrast ist die Überzeugung, daß die endzeitlichen Verheißungen (etwa aus Jes 2 oder Mi 4 von der Völkerwallfahrt und dem mes-

118 Schröger, Petrusbrief.
119 Lohfink, Kirchenträume. – Ders., Geschmack der Hoffnung.
120 Lohfink, Gottes Taten gehen weiter. – Ders., Wie hat Jesus Gemeinde gewollt? – Ders., Bergpredigt.
121 Pesch, Praxis des Himmels. – Pesch u. a., Tiefenpsychologie.
122 Braulik, Studien.
123 Lohfink, Wie hat Jesus Gemeinde gewollt?

sianischen Frieden) in der Kirche schon erfüllt sind: Was in der Auseinandersetzung mit den Juden zudem begründete, daß Jesus wirklich der in Israel erwartete Messias ist. Diese kirchliche „Kontrastgesellschaft" entwickelte keine Organe und Strategien der Missionierung, sondern wirkte (nach Erfüllung des spezifischen Missionsauftrags an die Apostel, Ortskirchen in allen Völkern zu gründen) durch ihre Präsenz und Auffälligkeit missionarisch. Der Erweis der Wahrheit geschah durch die Tat.

Lohfink wendet sich in seiner programmatischen Studie gegen einen in den beiden christlichen Großkirchen verbreiteten religiösen Heilsindividualismus, der im Kulturprotestantismus eines Adolf von Harnack seinen Höhepunkt fand: Diesem ging es nur noch „um Gott und die Seele".[124] Dagegen stellt Lohfink den Gemeinschaftswillen Jesu: „Unsere Durchsicht der synoptischen Tradition dürfte gezeigt haben: Es geht Jesus in einem eminenten Maß um Gemeinschaft. Selbstverständlich spricht er Einzelne an, selbstverständlich muß sich bei ihm der Einzelne entscheiden und seine Entscheidung immer neu überdenken. Aber es geht Jesus nicht um die Summe vieler Einzelner, sondern um Israel." Dieses Israel sollte Zeichen universalen Heils für alle Völker sein. „Das heißt aber", so Lohfink zusammenfassend, „gerade nicht, daß sich die Gottesherrschaft mit einem Schlag weltweit durchsetzt. Sie bricht nicht aus den Wolken hervor, sondern sie wird geschichtlich vermittelt. Sie setzt sich dergestalt durch, daß sie an einem konkreten Volk, nämlich an Israel, aufleuchtet und so ihr Wesen mitten in der Welt offenbart. Das Reich Gottes ist also keineswegs etwas Freischwebendes und Ortloses, sondern es ist gebunden an ein konkretes Volk, an das Volk Gottes. Wie sollte denn auch die Gottesherrschaft auf Erden ankommen, wenn sie nicht von Menschen angenommen würde – und zwar von Menschen, die in ihrer sozialen Verflochtenheit die gesellschaftliche Dimension des Reiches Gottes zum Vorschein bringen könnten? In genau dem Maß, in dem sich das Gottesvolk von der Herrschaft Gottes ergreifen ließe, würde es sich verändern – in allen Dimensionen seiner Existenz. Es würde zu einer Kontrastgesellschaft. Das hieße keineswegs: zu einem theokratischen Staat. Wohl aber zu einer Familie von Brüdern und Schwestern, wie Jesus sie in seinem Jüngerkreis gesammelt hat."

Jesus richtet sich also nicht an die Welt als ganze: „Denn der Welt im ganzen könnte man eine neue Gesellschafts- und Lebensordnung nur mit Gewalt aufzwingen. Gerade das aber wäre gegen das innerste Wesen der Gottesherrschaft. So bleibt nur der eine Weg: Daß Gott an

[124] Von Harnack, Wesen des Christentums, Nr.43.

irgendeiner Stelle mitten in der Welt anfängt, das Neue zu schaffen: in seinem Volk. Und als dieses Volk unbewegt bleibt, in einer noch kleineren Gruppe: in der neuen Familie der Jünger, die Jesus um sich sammelt."[125]

An diesem biblischen Ideal wird der Zustand des konkreten Gottesvolkes gemessen. In der Strahlkraft der von Lohfink aus der Bibel herausgearbeiteten Gemeindevision steht nicht nur die Welt, sondern auch die real existierende Kirche dunkel da. Gemeinde, wie Lohfink sie sieht, wird so zu einer Kontrastgesellschaft sowohl zu den profanen Gesellschaften als auch zur bestehenden Kirche.

Gegen die Thesen Lohfinks (und die dahinter stehende Praxis der Integrierten Gemeinde in München und in ihren Schwestergemeinden in Hagen und Friedrichshafen) wurden inzwischen sowohl von Exegeten wie von Pastoraltheologen Bedenken angemeldet. Gegen den biblischen Befund, vor allem gegen die exegetische Methode Lohfinks wandte sich der Schweizer Exeget Hermann Josef Venetz. Er kritisierte, daß Lohfink ein vorgefaßtes Bild der Gemeinde (nämlich der Integrierten Gemeinde in München) vor Augen habe und in dieses zwanghaft die biblischen Texte einordne.[126] Ein solches Verfahren bringe mit sich, daß andere Schichten der Bibel ausgeblendet würden. Eine Vielfalt biblischer Gemeindeerfahrungen, die Venetz in seinem für die Erwachsenenbildung verfaßten Buch nachzeichnete[127], werde einem Gemeindemodell-Monismus geopfert. Entscheidend sei aber nicht, ein mit ausgewählten Bibelstellen geschaffenes Idealmodell von Gemeinde zu verwirklichen. Vielmehr gehe es darum, daß Menschen heute sich von Jesus ergreifen lassen und ihre Praxis an seiner ausrichten lernen. Dabei werden gläubige Menschen zu Gemeinden zusammenwachsen. Je nach Umständen und Aufgaben werden verschiedene Sozialformen entstehen, die aber dem Anliegen Jesu untergeordnet bleiben. Jesus hat daher nicht primär Gemeinde gewollt, sondern Nachfolge, Umgang mit den Menschen in einer Art, die dem gekommenen Reich Gottes entspricht.

Venetz schlägt im Rahmen der kritischen Auseinandersetzung mit dem biblischen Befund von Gerhard Lohfink vor, den Umgang mit der Bibel kritisch zu bedenken. Drei mögliche Wege unterscheidet er:

(a) Ein erster Weg ist der Biblizismus. Man meint, wenn man die älte-

[125] Lohfink, Gemeinde, 86–88.

[126] So Lohfink selbst: „Das entscheidet sich letztlich daran, ob es gelingt, alle Texte der synoptischen Tradition immer wieder zwanglos in das hier entworfene Bild einzuordnen." Lohfink, Wie hat Jesus Gemeinde gewollt?, 88.

[127] Venetz, So fing es mit der Kirche an.

ste Schicht aufgefunden hat, eine Art Urformel normativer Art in der Hand zu haben, nach der sich nun alles kirchliche Leben richten müsse. „Das Schlagwort ‚Zurück zum Ursprung' ist überdies nicht ganz frei vom Verdacht, daß alles, was sich Kirche nennen will, über eine einzige Urformel geschlagen werden könne bzw. sich an einer einzigen Kurzformel zu messen habe. Daß so die Kirche dann eben auch etwas Totalitäres erhält oder wenigstens die Gefahr läuft, totalitär und elitär zu werden, liegt auf der Hand – ganz abgesehen von der Gefahr, daß Kirche so auch noch einen aseptischen Anstrich erhält."[128]

(b) Als zweiten Weg grenzt Venetz den dogmatischen Biblizismus ab. „Maßgebend sind die späteren Passagen des Neuen Testaments, denn diese verraten ein reiferes Stadium der Überlegung und der Theologie." [129] Dann sind die Pastoralbriefe wichtiger als Paulus, die Ekklesiologie des Matthäus ist dann wichtiger als die des Markus. Der Irrtum liegt freilich darin, daß das zeitlich Spätere nicht die geradlinige Fortsetzung des Früheren ist. Ein Fortschrittsoptimismus eignet sich daher nicht für die Auslegung kirchlicher Entwicklungen.

(c) Was einzig gesagt werden kann ist, daß die Christen in ihrer jeweiligen Lage versucht haben, Jesu Praxis in ihrem Leben und Zusammenleben Gestalt gewinnen zu lassen. So wird verständlich, warum sich die soziale Gestalt und das, was Christen praktisch tun – bei aller Kontinuität mit dem Ursprung –, im Lauf der Geschichte, und dies schon in biblischen Zeiten, jeweils verschiedene Gestalt angenommen haben. Ein solcher Umgang mit der Bibel eröffnet für die heutigen Christen die Freiheit, „mit der wir für unsere Zeit nach Mitteln und Wegen suchen sollen, damit die ‚Sache Jesu' in unserer Zeit Gestalt annehme, damit sich Kirche heute und morgen verwirklichen kann. Eben diese Freiheit läßt es nicht zu, daß wir uns untätig hinter der Bibel verschanzen oder nur das als gültig ansehen, was die Bibel in neutestamentlicher Zeit an Ämtern und Strukturen erwähnt. Die Freiheit, zu der uns das Neue Testament ermächtigt und verpflichtet, ist eine kreative Freiheit, die sich nur im Glauben an Jesus, den Christus, und in der Auseinandersetzung mit der Welt heute verwirklichen läßt."[130]

Auf einem solchen Weg, mit der Bibel umzugehen, wird es dann möglich, daß lateinamerikanische Christen in einer Basisgemeinde das Gleichnis vom Barmherzigen Samaritan (Lk 10,29–37) lesen, sich

[128] Venetz, Vielgestaltige Kirche, 46.
[129] AaO. 47.
[130] AaO. 54.

selbst weniger im Priester oder im Leviten finden, sondern im Mann, der unter die Räuber fiel. In diesem erkennt sich das ausgeplünderte und unterdrückte Volk wieder. Das Volk sieht sich auch im Samaritan. Aber die Leute fragen nicht nur, wie sie dem unter die Räuber Gefallenen helfen sollen, sondern, was zu tun sei, damit niemand mehr unter die Räuber fallen kann. Daher tun sich die Leute zusammen, organisieren sich. Dem Räuber wird das Handwerk gelegt.
Auf einem solchen Weg ist es auch möglich, daß der Theologe und Tiefenpsychologe Eugen Drewermann[131] fragt, was die heilende Botschaft des Christentums in unseren reichen Ländern ist, für Menschen, die weniger materiell, aber vielfach unter zwischenmenschlicher Entfremdung und Angst leiden. Was heißt es für eine Kirche, in der Art Jesu inmitten solcher Menschen zu handeln und sich dabei an der Bibel zu orientieren, diese aber mit dem Sachverstand beispielsweise der Tiefenpsychologie zu lesen? Kirche könnte dann ein Ort werden, wo Menschen aus dem tödlichen Bannkreis der Angst in den befreienden Umkreis des Vertrauens zurückfinden; Kirche wäre ein Ort, wo man aufatmen kann (Apg 3,20), sie würde zur Asylstätte für jene, die nach Leben hungern und dürsten.

1.4 Kirche war nie gemeindelos: Wandel in der Sozialform

Wir haben bisher in unterschiedlichen Anläufen belegt, daß in den verschiedenen Kirchenregionen unter verschiedenen Namen (Basisgemeinden, Gemeindemodelle, kleine Gemeinschaften) eine religiöse Vernetzung von Christen im Gang ist; dieser Vorgang ist die praktische Dimension einer auch theoretisch geschehenen „Wiederentdeckung der Gemeinde" in unseren Jahrzehnten.
Mit dem Begriff *„Wiederentdeckung"* ist angedeutet, daß die Gemeindeidee keineswegs eine Erfindung heutiger Christen ist. Vielmehr werden wir in einer pastoralgeschichtlichen Skizze die These veranschaulichen, daß es *die christliche Kirche nie „gemeindelos"* gegeben hat. Zugleich aber wird der Gang durch die Pastoralgeschichte zeigen, daß sich das Aussehen der kirchlichen Gemeinden von den Anfängen her im Lauf der Zeit wiederholt *gewandelt* hat. So sehr also die Kirche nie gemeindelos war, so erlebten die Gemeinden einen tiefgreifenden Wandel in ihrer Sozialform. Anstoß dazu gab der jeweilige gesellschaftliche Ort der Gemeinden.

131 Drewermann, Wahrheit der Formen. – Ders., Wahrheit der Werke. – Ders., An ihren Früchten.

1.4.1 Gemeinde im Neuen Testament

Der biblische Befund läßt zwei Dimensionen erkennen: Gemeinden verdanken sich einerseits dem Wirken des dreifaltigen Gottes, durch das sie erwählt und wiedergeboren werden, woraus sich ein entsprechender Stil des Lebens und Zusammenlebens ergibt; sie leben andererseits unter vorfindbaren gesellschaftlichen Verhältnissen, die ihre Lebensweise und soziale Gestalt mitformen und die umgekehrt durch die Praxis der Christengemeinden beeinflußt werden. Die konkrete Gemeinde, ihr Leben und ihre Gestalt werden somit sowohl durch eine innere Dynamik wie durch äußere Verhältnisse geprägt. Theologische wie soziologische Aspekte fließen ineinander. Wir werden die innere Dynamik das „Prinzip Gemeinde" nennen und den situativen Wandel in der Sozialform dem Begriff der „Verwirklichung" des Prinzips zuordnen.

Am Beispiel der Gemeinde, an die der 1. Petrusbrief geschrieben wurde, sieht dies so aus:[132]

– Die Gemeinde der Christen verdankt sich *„prinzipiell"* einer Bewegung von Gott her, sie entspringt der Gnade Gottes (5,12) und verdankt sich wie das alttestamentliche Gottesvolk seiner Erwählung und Berufung. „Gottes vorauslaufende Initiative begründet die Existenz der Gemeinde."[133] Sie entspringt jenem Geist von oben, der in Jesu Erwählung, Tod und Auferstehung wirksam war. Gemeinde ist damit Wirkbereich des Geistes Gottes, pneumaerfülltes Haus. Aus solchem Geist heraus vermag die Gemeinde sich selbst, das konkrete Leben ihrer Mitglieder, ihr Leiden als priesterliches geisterfülltes Opfer darzubringen. In diesem Geist wiedergeboren, ist sie fähig zur Bruderliebe und wächst so zur Bruderschaft (adelphotes: 2,17) zusammen. Diese Bruderschaft zeigt sich in den Beziehungen der Gemeindemitglieder untereinander, aber auch im Verhalten zu den Menschen außerhalb der Gemeinde. Den Menschen „draußen" sollen im Wort die Ruhmestaten Gottes verkündigt werden; eine entsprechende Lebensweise unterstreicht das missionarische Wort.

– Das innere Ereignis der Gemeinde, ihr eigenes Geheimnis, *„verwirklicht"* sich nun im Römischen Reich in einer Gesellschaft, in der die Christen wenig Achtung fanden, von den Leuten verspottet wurden, in der sie also fremdartig waren und leiden mußten.[134] Weil sie

[132] Schröger, Petrusbrief.

[133] Schröger, Petrusbrief, 231.

[134] Der heidnische Autor Minucius Felix beschreibt ihre Existenz so: „Eine Gesellschaft größtenteils aus den untersten Schichten des Volkes hat sich zu einem Bunde von Männern und besonders Frauen zusammengeschlossen, dessen Mitglieder sich an geheimen Zeichen er-

den Kaiserkult als Götzendienst ablehnten, mißachteten sie damit auch den Kaiser und den Staat. Wegen dieser religiös begründeten Ablehnung des Staates, wegen der Verbindung der jungen Christengemeinden mit dem vielerorts abgelehnten Judentum und schließlich wegen verächtlicher Reden[135] der Christen über die Heiden und deren Heilschancen gab es einen tiefen Gegensatz zwischen Urchristentum und Gesellschaft.[136] Unter solchen gesellschaftlichen Bedingungen waren die Christen genötigt, sich im Schutz privater Häuser oder von Friedhöfen (Katakomben) zu versammeln. Diese Versammlungen waren zahlenmäßig überschaubar, die Mitglieder kannten einander und unterstützten einander dabei, unter den widrigen gesellschaftlichen Verhältnissen, in Verfolgung und den damit auferlegten Leiden zu bestehen. Die diese Zeit angemessene Sozialform des christlichen Lebens war die „Brudergemeinde".[137]

Die Sozialform der Hauskirche war aber nicht die einzige Gestalt von Kirche in neutestamentlicher Zeit. „Ekklesia"[138], zumeist Ehrenname für die von Gott gesammelte Gemeinde, hat in den verschiedenen, in unterschiedlichen Kontexten entstandenen neutestamentlichen Schriften mehrere Bedeutungen, in denen sich verschiedenartige Sozialgestalten von Gemeinde erkennen lassen:

– *Ekklesia bedeutet an einigen Stellen die christliche Gemeindeversammlung, die konkret zur Liturgie, zum Hören des Wortes oder zum Liebesmahl zusammenkommt;*[139]

– *die paulinischen „Hausgemeinden", also die Gemeinschaft jener*

kennen, sich Brüder und Schwestern nennen und sich gegenseitig lieben, fast bevor sie sich kennen... Diese Leute greifen die überlieferte Religion an und machen die Götter, die Opfer, die Tempel und ihre Priester verächtlich. Sie beteiligen sich nicht am Staatsdienst und scheuen die Öffentlichkeit, nur in den Winkeln sind sie gesprächig... Sie verkünden statt der alten Religionen die Verehrung eines Menschen, der mit den härtesten Strafen belegt ward, und des todbringenden Kreuzesholzes. Martern verachten sie und sterben auf Erden ohne Furcht, sie fürchten aber einen Tod nach dem Tode." (Minucius Felix, Octavius, 9,2.) In ähnlicher Weise charakterisiert 110 Plinius der Jüngere in einem Schreiben an Kaiser Trajan die Christen so: „Sie versicherten alle, ihre größte Schuld oder auch Verirrung sei es gewesen, daß sie an bestimmten Tagen schon vor dem Hellwerden zusammengekommen seien und Christus als einem Gott zu Ehren einen Wechselgesang angestimmt hätten. Durch einen Eid waren sie untereinander gebunden, nicht etwa zu etwas Verbrecherischem, sondern zu folgendem: weder Diebstahl noch Raub noch Ehebruch zu begehen, niemals ein gegebenes Wort zu brechen, niemals hinterlegtes Gut abzuleugnen, wenn es zurückverlangt wird. Danach wären sie gewohnheitsmäßig auseinandergegangen, dann aber wieder zu einem ganz einfachen und harmlosen Mahle zusammengekommen." (Plinius, ep. X 96.)

135 Unnik, Critique of Paganism, 129–142.

136 Dibelius, Rom und die Christen, 211.

137 Wach, Religionssoziologie, 155–160.

138 Schmidt, Ekklesia, in: ThW III 506–508. – Hainz, Ekklesia. – Kertelge, Gemeinde und Amt, 31–76.

139 1 Kor 11,18; 14,4; 19,28.34f.; Apg 15,22.

Christen, die sich immer wieder in einem bestimmten Haus zum Gottesdienst treffen;[140]
– die Ortsgemeinde als die Zusammenfassung aller Christen, die in dieser Stadt leben;[141]
– Ekklesia kann schließlich das ganze neutestamentliche Gottesvolk umgreifen, die Gesamtgemeinde aller Christen, wo immer sie auch leben mögen.[142]

1.4.2 Von der Gemeinde zur Pfarrei

Die „Konstantinische Wende" eröffnete dem Christentum einen veränderten Standort in der Römischen Gesellschaft. Der Weg aus dem Untergrund war frei. Auf Grund der wachsenden Verflechtung von Kirche-Staat-Gesellschaft, die charakteristisch bleiben sollte bis zur Neuzeit, konnte sich die Kirche unbehindert, zunächst geduldet und später gefördert, in der Öffentlichkeit ausbreiten.
Dies geschah anfangs in den Städten des Römischen Reiches. Nach und nach drang das Christentum auch in die ländlichen Gebiete der Pagani vor: Seelsorgsstellen wurden auf dem Land errichtet. In der Westkirche versah der Bischof mit Hilfe von Presbytern und Diakonen die Seelsorge auf dem Land. Aus den ausgelagerten Seelsorgsstationen wurden in einem langen Prozeß territorial festumschriebene Seelsorgsgebiete mit Priestern, denen die „eigentliche und ordentliche Vollmacht" zur Seelsorge, die „cura animarum" übertragen war. Aus einer vorläufigen Seelsorgstätigkeit von den Städten aus wurde ein räumliches Netz von ortsgebundenen Gemeinden mit ortsfesten Seelsorgern.
Ein solches Netz von Seelsorgseinheiten wurde in der Karolingischen Reform des neunten Jahrhunderts fester und engmaschiger geknüpft.[143] Das Eigenkirchenrecht und das Zehnt-Gebot schufen die dafür erforderlichen finanziellen Voraussetzungen. Der Besitz gab dem Grundherrn Rechte über die Kultorte und die dort tätigen Priester. Bis zum zwölften Jahrhundert war dann die Entwicklung zu

140 „Haus" meint hier mehr als die Zweigenerationenfamilie unserer modernen Gesellschaften. – Röm 16,5; 1 Kor 16,19; Kol 4,15; Phm 2.

141 In Jerusalem: Apg 11,22; in Kenchreä: Röm 16,1; anderswo: 1 Thess 1,1; 2 Thess 1,1; Apg 13,1; 18,22; 20,17.28; auch in der Mehrzahl: Röm 16,4.16; 1 Kor 7,17; 11,16; 14,33; 16,1.9; 2 Kor 8,1.8; 11,28; 1,2.22; 1 Thess 2,14; Apg 16,5; 20,28; Offb 22,16.

142 Mt 16,18; Apg 9,31; 1 Kor 10,32; 15,5; Gal 1,13; Eph 1,22; 3,10.31; 5,23–27.29.32; Phil 3,6; Kol 1,18.24; 1 Tim 3,15. – Nach Hainz ist allerdings die Verwendung von „ekklesia" für die Gesamtkirche nicht sicher: Hainz, Ekklesia.

143 Dieses pfarrliche Netz wurde durch die Reformen des Konzils von Trient und die Josephinische Pfarr-Reform (1783–1788) weiter vervollkommnet.

einem lückenlosen Netz[144] von Territorialpfarreien weithin abgeschlossen.[145]

Die Pfarreien, wie sie sich nunmehr herausgebildet hatten, waren nicht nur religiöse Gemeinschaften. Vielmehr waren sie *„multifunktional“*[146]: ein wirtschaftlicher, kultureller und religiöser Verbund.[147] Auf unterster territorialer Ebene spiegelten sie die enge Verflechtung von Kirche, Staat und Gesellschaft wider.

Die Pfarreien des Mittelalters waren also identisch mit dem Lebensort der Leute; das Alltagsleben und das religiöse Leben waren ineinander ebenso verwoben wie Wirtschaft, Politik und Religion. Die Menschen hatten auch keine andere Wahl, als sich in ihrer Pfarrei am kirchlichen Leben zu beteiligen. Sieht man von Ausnahmen bezüglich der Beichte und der Predigt ab, die durch die Erneuerungsbewegung der Orden aufkamen, so mußte das einzelne Pfarrmitglied auf Grund des „Pfarrbanns“[148] in der Pfarrkirche getauft und begraben werden, hier an bestimmten hohen Sonn- und Feiertagen den Gottesdienst besuchen, seit dem IV.Laterankonzil beim Pfarrer wenigstens einmal jährlich beichten und von ihm an Ostern den Leib des Herrn empfangen; seit dem Konzil von Trient war die Gültigkeit der Ehe davon abhängig, daß der Ehekonsens vor dem Pfarrer der Braut erklärt wurde. Die Pfarrangehörigen hatten schließlich die Pflicht, an den Pfarrer Zehnten, Stolgebühren und Oblationen zu entrichten. Heute meinen manche Fachleute, die Pfarrei des Mittelalters sei lediglich ein administrativer Begriff, und dies im Gegensatz zum theologischen

[144] Daß dieses Pfarrnetz nicht überall engmaschig genug war, scheiterte an den finanziellen Bedingungen. So wird im Jahr 1227 in Bremen gewünscht, die einzige Stadtpfarrei in drei aufzuteilen: „Denn viele sterben ohne Beichte und Viatikum, bloß weil ein Pfarrer und zwei Hilfsgeistliche da sind, wo doch zehn nicht ausreichten.“ Um 1300 hatte die Diözese Brixen nur 56 Großpfarreien, die von den zu wenigen Priestern vernachlässigt wurden. Die Synoden mahnten, wenigstens 2–3mal im Monat die Messe zu feiern: Isele, Pfarrei, VIII 398–403.

[145] Blöchlinger, Pfarrei. – Die Pfarre. – Schrott, Seelsorge.

[146] Schasching, Soziologie.

[147] Die „Gemain“ war zunächst ein Wirtschaftsverband, eine Genossenschaft zu gemeinsamer Marknutzung; Gemainverfassung war Dorfmarkverfassung; vollberechtigtes Mitglied der Gemain war nur der Markgenosse, der durch Aufnahme oder Abstammung dem Stand der Markgenossen angehörte, in der Mark wohnte und seinen eigenen Hausstand hatte. Organ der Gemain war die Versammlung der Markgenossen. Diese „Gemain tritt uns auch in kirchlicher Beziehung als geschlossene Einheit entgegen; ursprünglich fielen Pfarrbereiche und Grenzen der Markgenossenschaft meistens zusammen. Die Gemain bestellt vielfach die Verwalter des Kirchenvermögens (Heiligenmeister), die niederen Kirchendiener, machte bei Besetzung der Pfarreien und besonders der Hilfspriesterstellen ihren Einfluß geltend und überwachte die sittliche und religiöse Haltung der Gemainglieder und sogar ihrer Seelsorger.“ Grass, Gemeinde, 644. – Gestützt auf Tille, Wirtschaftsverfassung. – Grass, Pfarrei.

[148] Zum Pfarrbann: Isele, Pfarrei, 400.

Begriff der Gemeinde.[149] Das aber ist nicht belegbar. Vielmehr erweisen Studien die Pfarrei des Mittelalters als eine theologische Einheit. In ihr findet die „cura animarum“, dem Pfarrer aufgetragen, statt.[150]

1.4.3 Funktionswandel der Pfarrei

Die Entwicklung zur mittelalterlichen Pfarrei ereignete sich in einer Gesellschaft, deren Bevölkerung wenig mobil und zudem weltanschaulich einheitlich-geschlossen war. Auf dem Boden einer engen Verflechtung der wichtigsten gesellschaftlichen Institutionen (Kirche, Wirtschaft, Schule, Staat) konnte die gemeindliche Sozialform „Pfarrei“ über die religiöse Kernfunktion hinaus vielfältige profane Zusatzfunktionen wahrnehmen. Eine Veränderung dieser gesellschaftlichen Voraussetzungen mußte unweigerlich zu einer Weiterentwicklung der Sozialform „Pfarrei“ führen. Das geschah, als sich die Gesellschaften von feudal-geschlossen-„christentümlichen“ zu industriell-offen-pluralistischen weiterentwickelten.

1. Ein bedeutsames Ergebnis dieser Entwicklung ist die wachsende Entflechtung von Kirche, Staat, Gesellschaft. Die mittelalterliche Christianitas zerfiel, die weltlichen Bereiche, bislang mit dem kirchlichen Bereich verwoben, verselbständigten sich und wanderten aus dem Einflußbereich der Kirche aus. Damit verlor auch die Pfarrei, die bislang viele profane Funktionen miterfüllt hatte, diese weltlichen Aufgaben. Sie hörte auf, wirtschaftlicher und auch kultureller Lebensverband der Bürger zu sein. Die Pfarrei erlitt einen spürbaren Funktionsverlust, was bedeutete, daß für eine gewöhnliche bürgerliche Existenz die Leute nicht mehr wie im früheren Maß auf die Pfarrei und deren Pfarrer angewiesen waren.

2. Die mehrdimensionale (geistige, wirtschaftliche, soziale und politische) Revolution[151] am Beginn der Neuzeit führte zu einer hohen beruflichen und räumlichen[152] Mobilität der Bevölkerung. In den in und

[149] So Ferdinand Klostermann: „Dazu bedenkt man immer mehr, daß unsere Pfarreien als solche noch keine Gemeinden im neutestamentlichen Sinn darstellen, wenn sich nur 3 %, allerhöchstens 50 % des Pfarrvolkes am Leben der Pfarrei beteiligen, und auch die 3–50 % Kirchenbesucher kaum als echte Gemeinde im Sinn des Neuen Testaments anzusprechen sind, da sie kaum alle entscheidenden Dimensionen einer Gemeinde des Christus Jesus wahrnehmen.“ Klostermann, Gemeinde ohne Priester, 16. – Auch: Klostermann, Wie wird eine Pfarrei eine Gemeinde?

[150] Leuninger, Missionarische Pfarrei.

[151] Dazu ausführlich in: Zulehner u. a., Fundamentalpastoral, Teil II.

[152] Eine neuerliche mächtige Wanderbewegung gab es durch den Flüchtlingsstrom nach dem Zweiten Weltkrieg.

im Umkreis der Städte errichteten Fabriken sammelten sich arbeitsuchende Landarbeiter und Handwerker. Der Prozeß der Urbanisierung[153], wie er heute in vielen Ländern der sogenannten Dritten Welt zu beobachten ist[154], führte zu einem Zusammenbruch der überkommenen pfarrlichen Seelsorge. Die allgemein als günstig angesehene „Seelenzahl" wurde in vielen europäischen Großstädten bei weitem überschritten. In einer solchen Situation brach die herkömmliche Seelsorge zusammen, von der der Wiener Pastoraltheologe Heinrich Swoboda 1908 schrieb: „Einzelkontakt und normale Pfarrgröße[155] sind, auf die einfachste Formel gebracht, die beiden stark unterschätzten, aber unerläßlichen Vorbedingungen aller großstädtischen Seelsorge."[156]

Tabelle: Pfarrgröße in europäischen Großstädten 1907/08

Stadt	Anzahl der Pfarren	über 10000	in Prozent	Durchschnittliche Katholikenzahl
Paris	160	115	72%	36329
Budapest	17	11	65%	27990
Wien	68	41	60%	22533
Berlin	31	14	45%	10427

3. Nicht nur die durch räumliche und berufliche Mobilität ausgelöste Explosion der Städte, sondern auch die in den offener werdenden Industriegesellschaften geistige Mobilität wirkte sich krisenhaft auf die überkommene Pfarrei aus.

Der neuzeitliche Bürger gelangte und beanspruchte zunehmend das Recht, über die Grundorientierung seines Lebens und die daran geknüpften Lebensmuster eigenständig entscheiden zu können. Die Auflösung des religiösen und weltanschaulichen Monopols der ehedem „christentümlichen" Gesellschaften durch „Liberalisierung" ermöglichte es dem Bürger, auch die Beziehungen zu seiner Kirche

[153] Die Stadt Wien wuchs beispielsweise zwischen 1754 (also seit der ersten Volkszählung unter Maria Theresia) und 1875 von 175.460 Einwohnern auf eine Million, um bis 1910 sich noch einmal auf mehr als 2,3 Millionen zu vervielfachen: Zulehner, Religion und industrielle Gesellschaft.

[154] Dorado, Evangelisierende Kirche.

[155] Das Konzil von Trient gab als Zielwert 5000 Katholiken pro Priester an, das Wiener Provinzialkonzil von 1858 10.000 – was schon ein Kompromiß war angesichts der inzwischen entstandenen überbevölkerten Altpfarreien: Von den dreißig Wiener Stadtpfarren hatten neun weniger, 21 hingegen mehr als 10.000 Mitglieder. Die größte Pfarrei hatte 1858 über 35.000 Katholiken: Swoboda, Großstadtseelsorge, Anhang.

[156] Swoboda,Großstadtseelsorge, 338.

selbst zu bestimmen: Ob er zur Kirche dazugehören will, wie sehr er am Leben der Kirche teilnimmt, was er an Lehren und Lebensregeln übernimmt, all dies geht zunehmend in die Kompetenz des Bürgers über. Die Möglichkeit, durch „obrigkeitliche Pastoral"[157] dem Bürger „Kirchlichkeit zuzuweisen", schwand; dem freiheitsbewußten Bürger eröffneten sich „Auswahlmöglichkeiten", noch mehr, er mußte nunmehr selbst das Ausmaß der Kirchlichkeit „wählen", da ihm niemand mehr diese „Wahl" abnahm.[158] Das wirkte sich auf das Verhältnis des Bürgers zur Pfarrei aus, die Wirksamkeit des Pfarrbanns verminderte sich. An seine Stelle trat die Möglichkeit der pfarr- bzw. der nichtpfarrlichen Gemeindewahl.

Wie sehr heute Bürger von der Möglichkeit der Pfarrwahl Gebrauch machen, zeigen Erhebungen über die gottesdienstliche Mobilität der Städter. Aus einer Studie aus dem Ruhrgebiet[159] geht hervor, daß 20–25% der Gottesdienstbesucher zwischenpfarrliche Wanderer sind. In der Studie wurden auch die Gründe für solche Wanderung untersucht. Zwei Bündel von Gründen konnten entdeckt werden:

– Es findet eine „Suche nach der Gemeinde" statt: nach jener Gemeinde, in der einem der Gottesdienst und seine Gestaltung am ehesten entspricht. Die Motorisierung und die auch sonst übliche Überschreitung des engeren Wohnbereichs im städtischen Lebensalltag begünstigen solche Wanderung. Manche Städter beziehen dann ihre Kirchenbindung nicht auf ihre Pfarrei, sondern auf die Kirche in ihrer Stadt. Eine Nebenwirkung der Suche nach der „besseren Pfarrei", nach dem interessanteren Prediger, dem schöner gestalteten Gottesdienst ist die Wanderung in die Anonymität. Pfarrliche Bindung wächst nicht mehr. Ohne solche Vernetzung kann der Glaube auch seine soziale Relevanz einbüßen. Die Pfarreien werden ihrerseits in die Rolle religiöser Versorgungsstellen gedrängt, die die Kirchenmitglieder als Klienten in Anspruch nehmen können.

– Hier kippt die Suche nach der Gemeinde um in eine innere Auswanderung, eine „Flucht vor der Gemeinde": vor schlecht gestalteten Gottesdiensten und schlechten Predigern; vor elitären Gemeindekernen, denen man sich nicht zugehörig fühlt; vor allzu großer Nähe und Bindung, die in manchen Gemeinden erwartet wird: Engagement und Verpflichtung sollten gemieden werden. Begünstigt wird auf diesem Weg die Entwicklung einer Service- und Dienstleistungskirche, in der die einzelnen Mitglieder nur noch minimal miteinander vernetzt sind:

[157] Rutz, Obrigkeitliche Pastoral.
[158] Mehr dazu in: Zulehner u. a., Fundamentalpastoral, Teil II.
[159] Auf der Suche. – Auch: Kirchenbesuchszählung.

„Die Suche nach der Gemeinde endet dann in der anonymen und unverbindlichen ad-hoc-Gemeinde im Gottesdienst, der als eine Art der Versorgung öffentlich angeboten wird."[160]

4. Überschattet wurde der Wandel in den Pfarrbeziehungen der Bürger durch eine massive Störung zwischen der Kirche und den geistigen und politischen Bewegungen der Neuzeit, der liberalen Aufklärung und der sozialistischen Arbeiterbewegung. Viele Kirchenmitglieder reduzierten wegen dieser geistigen und politischen Konflikte ihre Kirchenbindung auf ein Minimum, in konfliktgeladenen Zeiten traten viele aus.[161] Weil sich die katholische Kirche in einigen europäischen Ländern in einem bestimmten politischen „Lager" befand, kam es zur „Belagerung" der Kirche und zum Auszug vieler Kirchenmitglieder aus dem pfarrlichen Leben.

5. Der religiöse Individualismus und Subjektivismus der Aufklärung griff auch die religiöse Kernfunktion der überkommenen Pfarrei an. Wo im Umkreis der Aufklärung der Glaube zu einem verinnerlichten und gefühlsbetonten privaten Verhältnis des einzelnen zu seinem Gott umgeformt wurde, löste sich die Notwendigkeit auf, mit anderen Christen aus Glaubensgründen heraus verbunden zu leben.

6. Die Kirche beantwortete die vielfältige (berufliche, räumliche, geistige, kirchliche) Mobilität der Bürger mit einer „strukturellen Mobilität". Die alten Pfarrstrukturen wurden zwar nicht aufgehoben, wohl aber in mehrfacher Hinsicht ergänzt: durch pfarrliche Substrukturen; durch überpfarrliche Strukturen; durch die Bildung nichtpfarrlicher „Personal- oder Kategorialgemeinden". Solche strukturelle Mobilität sollte Zweierlei erreichen. Einerseits sollte dem Wunsch vieler Kirchenmitglieder nach innerkirchlicher Mobilität entsprochen werden; deshalb wurde durch überpfarrliche Strukturen (wie Stadtkirche, Pfarrverbände) der Lebensraum mobiler Kirchenmitglieder ausgeweitet. Andererseits wurden neue religiöse Gemeinschaftsformen entwickelt: Gruppen, Basiseinheiten, Personalgemeinden, um den pfarrlich Entfremdeten neue Glaubensbiotope zu eröffnen. Hier hat die schon zuvor skizzierte „basisgemeindliche Bewegung" im europäischen Westen eine ihrer Wurzeln.

7. Kernanliegen solcher Gemeindebewegung ist es nun, nicht nur die kirchlichen Sozialformen fortzuentwickeln, sondern vor allem jene evangeliumsgemäße Christlichkeit zu fördern, aus der allein heraus heute Bürger die Entscheidung treffen werden, sich am Glauben und

[160] Auf der Suche, 168.

[161] Zahlen zu den politisch motivierten Kirchenaustritten in der Zwischenkriegszeit in Österreich finden sich in: Zulehner, Kirchlichkeit.

Leben einer christlichen Gemeinde zu beteiligen. Wie solch innerer Gemeindeaufbau geschieht, das wird ein zentrales Thema der folgenden Ausführungen sein. Zu zeigen ist, worum es bei einer christlichen Gemeinde geht (was also ihr „Grundamt“ ist) und wie der Weg zu einer solchen biblischen Gemeindevision mit Menschen gegangen werden kann.

1.4.4 Prinzip und Verwirklichung

Der kurze pastoralgeschichtliche Abriß ergibt, daß aus der inneren Dynamik des christlichen Glaubens stets gemeindliche Zusammenschlüsse entstehen. Wahrer Glaube wird zur „brüderlichen“, geschwisterlichen Liebe, vernetzt Menschen miteinander. Christlicher Glaube ist somit „prinzipiell gemeindlich“.

Die Pastoralgeschichte zeigt aber zugleich, daß diese prinzipielle Gemeindlichkeit inmitten wandelbarer historischer Kontexte stets neuartige gemeindliche Sozialformen hervorgebracht hat: die „bruderschaftlichen“ Formen der neutestamentlichen Zeit; die Stadtgemeinden; die Gemeinden auf dem Land; die mittelalterlichen Pfarreien; die vielfältigen religiösen Vernetzungen von Christen in den hochkomplexen modernen Gesellschaften. Eine Hauptaufgabe der Pastoraltheologie besteht nun sowohl darin, die prinzipielle Gemeindlichkeit der Kirche in Erinnerung zu halten bzw. notfalls auch in Erinnerung zu rufen, als auch danach zu fragen, in welchen Sozialformen sich heute christlicher Glaube seiner Herkunft nach und seiner Situation angemessen verwirklicht.

2. GEMEINDE HEUTE: PRINZIP UND VERWIRKLICHUNG

2.1 Das Grundamt der Gemeinde

Dem Sänger Orpheus war seine Geliebte durch den Tod entrissen worden.[162] Von Liebe getrieben, wagt er sich – nur der Macht seiner Leier vertrauend – in die Unterwelt, um Eurydike, seine Geliebte, ins Leben zurückzuführen. Aber Orpheus scheitert, weil er, schon auf dem Weg heraus aus dem Reich des Todes, nicht widerstehen kann zurückzuschauen, ob Eurydike ihm auch wirklich folgt.
In den Domitilla-Katakomben in Rom wird in einer Wandnische dieser Orpheus-Mythos auf Christus übertragen: *Er* ist der wahre und erfolgreiche Orpheus, der seine Geliebte, die Menschheit, aus dem Reich des Todes herausholt, und dies, indem er – Orpheus gleich – auf der Leier das Lied der Befreiung spielt. Christus, ein wundersamer Spielmann, der aufspielt das neue Lied des Lebens, des Lachens, der Hoffnung und der Auferweckung.[163]
Die Leier in seiner Hand aber, so Ignatius von Alexandrien[164], ist die Gemeinde, und das Plektron, mit dem die Saiten der Leier zum Klingen gebracht werden, ist der Heilige Geist.[165]
Welch poetisches Bild von Gemeinde, gezeichnet als musisches Instrument in der Hand Christi, damit das Lied des Lebens und der Auferstehung in der vom Tod überschatteten Menschheit erklingt! In diesem Bild aus der Zeit der Kirchenväter kommt anschaulich zum Ausdruck, was das Grundamt der Gemeinde ist: Instrument in der Hand Christi zu sein, damit die Menschen aufatmen (Apg 3,20), sich aufrichten und das Haupt erheben können (Lk 21,28); damit der Tod entmachtet und der Mensch herausgeführt wird in das weite Lebensland (Ps 18,20).

[162] Grant u.a., Lexikon der antiken Mythen, 315f. – Kerényi, Mythologie der Griechen, II 220–225.
[163] Der Pastoraltheologie zugänglich gemacht wurde dieses durch alte Mythen inspirierte Kirchenbild von Rolf Zerfaß in: Zerfaß, Grundkurs, 14–18. – Ders., Ein Lied vom Leben, 343–350.
[164] Ignatius v. Alexandrien, Ad Philadelphios 1,2; Ad Ephesios 4,1.
[165] Klemens v. Alexandrien, Paidagogos 2,4 (MPG 8,441B).

Grundamt[166]: Damit wird gesagt, was auf jeden Fall Aufgabe der Gemeinde, was ihr Auftrag von Gott her ist. Mitgesagt ist, daß die Gemeinde ihre Aufgabe nicht selbst erfindet, sondern zurückverwiesen ist auf den, der sie sammelt und baut, Gott selbst, der in seinem Christus unter uns Menschen gelebt hat und in dessen Geist unter uns lebendig ist. Vielmehr steht Gemeinde im Dienst des Handelns Gottes an den Menschen. Sie ist daher nie Selbstzweck[167], sondern ihr Grundamt ist Dienst an der Menschheit, Instrument in der Hand des Christus-Orpheus, damit die Menschen das Leben in Fülle haben (Joh 10,10).

2.1.1 Gottes Sehnsucht nach der Schöpfung

Eine solche Gemeindetheologie des Christus-Orpheus ist ein Baustein in der Architektur der theologischen Wirklichkeit. Die großen Themen der christlichen Theologie[168] hängen mit ihr zusammen und machen den Reichtum dessen deutlich, was das mit den Augen des Glaubens erkennbare Geheimnis einer christlichen Gemeinde ist.[169]

1. Die biblische Tradition berichtet von einem Gott, der in sich überreiche Liebe ist: „Gott ist die Liebe" (1 Joh 4,8). Im Umkreis dieser Grundaussage über Gott als Liebe wird Gott der Dreifaltige, der in sich Beziehungsreiche genannt.

2. Der in sich an Liebe überreiche Gott ist, bildlich gesprochen, „ausufernde" Liebe. Nicht aus dem Nichts („ex nihilo"), sondern aus seinem Liebesreichtum („ex amore") heraus hat er die Schöpfung hervorgebracht, einzig um an sie seine Liebe verschwenden zu können. Am Anfang der Welt steht also Gottes Sehnsucht nach der Schöpfung und darin nach dem Menschen. „Du liebst alles, was ist, und verabscheust nichts von allem, was du gemacht hast; denn hättest du etwas gehaßt, so hättest du es nicht geschaffen. Wie könnte etwas ohne deinen Willen Bestand haben, oder wie könnte etwas erhalten bleiben, das nicht von dir ins Dasein gerufen wäre? Du schonst alles, weil es dein Eigentum ist. Herr, du Freund des Lebens." (Weish 11,24–26)

3. Widerspiegelung der Sehnsucht Gottes nach dem Menschen ist die Sehnsucht des Menschen nach Gott. Verdichtet bringt der Psalmen-

166 „Amt" in der Kirche meint ganz allgemein das, was jemand (ein einzelner, eine Gruppe, eine Gemeinde) von Gott beauftragt ist, öffentlich und auf Dauer zu tun.
167 Klostermann, Kirche, 34.
168 Der Bogen reicht von der Gotteslehre über die Schöpfungslehre, die theologische Anthropologie und die Christologie hin zur Ekklesiologie. Dies kann in den folgenden Schritten mitverfolgt werden.
169 Zum Folgenden: Rahner, Grundkurs. – Zulehner, Denn du kommst.

dichter und König David angesichts lebloser Wüste diese Gottessehnsucht des Menschen voll Poesie zum Ausdruck: „Gott, du mein Gott, dich suche ich, meine Seele dürstet nach dir. Nach dir schmachtet mein Leib wie dürres, lechzendes Land ohne Wasser. Darum halte ich Ausschau nach dir im Heiligtum, um deine Macht und Herrlichkeit zu sehen. Denn deine Huld ist besser als das Leben, darum preisen dich meine Lippen." (Ps 63, 1–4) Die kürzeste Definition des Menschen lautet damit „gottesbedürftig". Dieser unausrottbare Gottesbedarf des Menschen ist das Herzstück der biblischen „Jungfräulichkeit": Wie die liebende Braut aus ist nach dem geliebten Bräutigam, so die Menschheit nach ihrem Gott.

4. Gottes Menschensehnsucht und des Menschen Gottessehnsucht flossen zusammen in der Menschwerdung Gottes in einem von uns Menschen, Jesus aus Nazaret. In ihm fing Gott an, mit dem uralten Traum von der Schöpfung ans Ziel zu gelangen: In ihm ruht Gott am Herzen eines Menschen. Damit ist die Schöpfung an den Anfang ihrer Vollendung gelangt: „Das Ende der Zeiten ist also bereits zu uns gekommen (vgl. 1 Kor 10,11), und die Erneuerung der Welt ist unwiderruflich schon begründet und wird in dieser Weltzeit in gewisser Weise wirklich vorausgenommen... Die Wiederherstellung also, die uns verheißen ist und die wir erwarten, hat in Christus schon begonnen."[170] In der Menschwerdung Gottes in Jesus, einem von uns, ist nicht nur Gott auf die Seite des Menschen geraten, sondern zugleich ein Mensch ganz auf die Seite Gottes, in seinen Lebens- und Herrschaftsbereich. In Jesus ist daher das „Reich Gottes" schon angekommen. Damit erreichte einer von uns Menschen sein Ziel. Bildhaft ausgedrückt wird diese Heimkehr des Menschen zu Gott in der Himmelfahrt Jesu. Sie ist der Empfang „des" Menschen bei Gott.[171] Im Herzen der dem Tod verfallenen Welt wohnt nunmehr nicht der Tod (vgl. 1 Kor 15,55), sondern Gott selbst, der hinabgestiegen ist in das Reich des Todes.[172] In ihrer Mitte ist die Schöpfung umgewandelt, gerettet. Die Menschwerdung Gottes weitet sich aus zu seiner Weltwerdung. Ostern und seine Botschaft vom Sieg des Lebens und der Entmachtung des Todes ist daher das Hauptfest der Christen.

[170] Lumen gentium, 48.

[171] Zu dieser Deutung der Himmelfahrt Jesu: Brandner u. a., Lebe, 27–33.

[172] „Jesus hat selbst gesagt, daß er hinuntersteigen werde ins Herz der Erde (Mt 12,40), dorthin, eben in das Herz aller irdischen Dinge, wo alles verknüpft und eins ist und wo inmitten dieser Einheit der Tod und die Vergeblichkeit sitzt. Dorthin ist Er im Tod hinabgedrungen; Er ließ – heilige List des ewigen Lebens – sich besiegen vom Tod, damit dieser Ihn ins Innerste der Welt hineinverschlinge, damit Er, abgestiegen zu den Müttern und der wurzelhaften Einheit der Welt, ihr sein göttliches Leben für immer einstifte." Rahner, Ostern, 87.

5. Damit dieses Ereignis in der Welt bekannt wird und nicht mehr in Vergessenheit gerät, gibt es die Kirche, die sich in Gemeinden orthaft ereignet. Gemeinden gibt es also, damit sich der Herrschaftsbereich Gottes in der Welt ausweite, damit Übergänge von Tod zu Leben geschehen. Christen, wie sie in Gemeinden von Gott selbst gesammelt sind, machen für alle Menschen anschaulich und treiben voran, was Gott in Jesus – einem von uns – angefangen hat: daß die wahre Bestimmung des Menschen Gott selbst und befreites Leben in seinem Umkreis ist, spurenhaft schon jetzt in der vergänglichen Lebenszeit, unverlierbar dereinst in schlechthin sinnvollem, ja ewigem Leben. Kirchengemeinden sind somit Lebensräume unter den Augen Gottes[173], geprägt von der Erfahrung einer Wiedergeburt, eines Übergangs von Tod zum Leben; Gemeinden sind Orte, an denen jetzt schon (mitten im Leben) Auferweckung erfahren werden kann.[174]

2.1.2 Gemeinde als Erfahrungsort von Auferweckung

Der Übergang von Tod zum Leben kann – so die reiche spirituelle und theologische Tradition der Christen – in verschiedener Weise konkret erfahren werden:

– Der Verfasser des ersten Johannesbriefes macht den Übergang fest an der Erfahrung der Liebe: „Wir wissen, daß wir aus dem Tod in das Leben hinübergegangen sind, weil wir die Brüder lieben." (1 Joh 3,14)

– Kirchen im Kontext der Entwürdigung und Unterdrückung der breiten Masse des Volkes sehen eine hohe Ähnlichkeit zwischen dem leidenden Volk und der Leidensgeschichte Jesu und knüpfen daran die gläubige Hoffnung, daß dieses Leiden des Volkes wie Jesu Leiden Durchgang zur Auferstehung ist: und das spurenhaft schon jetzt.[175] Übergang von Tod zum Leben geschieht, wo immer mehr Gerechtigkeit wird, wo die Armgemachten mehr Lebenschancen finden: „In den Grenzsituationen, in denen das Volk gezwungen ist zu leben, entdeckt es das Kreuz Jesu wieder, Frucht seiner Entscheidung für die Brüder und Schwestern; und mit dem Kreuz erfährt es auch die Auferstehung, Auferstehung aber ist Leben mitten im Tod, den das System auf Schritt und Tritt sät."[176]

– Im Kontext einer materiell reichen, aber von zwischenmenschlicher

[173] Stenger, Verwirklichung.
[174] Zulehner, Auferweckung.
[175] Boff, Kreuzweg. – Gutiérrez, Aus der eigenen Quelle, 130–134.
[176] Echegaray, Anunciar el Reino, 97.

Entfremdung und Sinnverlust geprägten Gesellschaft beschreibt der Theologe und Tiefenpsychologe Eugen Drewermann diesen Übergang von Tod zu Leben als einen Weg vom tödlichen Bannkreis der Angst in den allein Leben ermöglichenden Umkreis des Vertrauens auf Gott. „Es gilt... als erstes zu verstehen, wie sehr das Elend des menschlichen Daseins im Feld der Gottesferne alle sozialen Beziehungen des Menschen mit Angst infiziert und von Segen in Fluch, von Zusammengehörigkeit in Abhängigkeit, von Einheit in Zerstörung wandelt."[177] Ist einmal das unentrinnbar Tödliche und Dämonische in der destruktiven Angst erkannt, aus der der Mensch sich nicht aus eigener Kraft freimachen kann, dann stellt sich für die erlösende Befreiung des von tödlicher Angst besetzten Menschen die Frage: „Wie eigentlich kommt ein Mensch dazu, von Angst zu Vertrauen, von Verzweiflung zu Zuversicht, von Tod zu Leben hinüberzugehen, indem er aus dem Feld der Gottesferne durch die Person Jesu in die Nähe Gottes zurückgeführt wird?"[178] Kirche müßte dann „in ihrem Anspruch, ein Ort der Erlösung zu sein, eine Form menschlicher Gemeinschaft dar(zu)stellen, in welcher der ebenso neurotisierende wie gesellschaftszerstörende Faktor der Angst durch ein stärkeres Vertrauen sich eben nicht länger mehr gegen den Einzelnen geltend macht; gerade die Kirche als Gemeinschaft sollte ihren Sinn darin sehen, Menschen angstfrei dort abzuholen, wo sie stehen, und sie so intensiv in der Vielfalt ihrer Eigenarten zu fördern und zu unterstützen, als es irgend geht."[179]

2.2 Lebens- und Todeszeichen heute

Wie lebt und handelt aber eine Gemeinde, wenn sie Erfahrungsort für Auferweckung schon jetzt sein will? Wir entfalten die Antwort auf diese Frage schrittweise in den nächsten Abschnitten. In einem ersten Schritt stellen wir die Grundmerkmale[180] einer christlichen Gemeinde dar. In der pastoraltheologischen Diskussion werden dafür verschiedene Begriffe gewählt: Grundfunktionen[181], Grundgesten, Urvor-

[177] Drewermann, An ihren Früchten, 137.

[178] AaO., 135.

[179] AaO., 139.

[180] Im Anschluß an die traditionelle Lehre von den notae ecclesiae, die im Glaubensbekenntnis genannt werden („die eine, heilige, katholische und apostolische Kirche") könnten wir diese Grundmerkmale „notae ecclesiae localis" nennen.

[181] Die drei in der Literatur wiederkehrenden Grundfunktionen sind: Verkündigung (Martyria), Liturgie und Diakonie: Lehmann, Christliche Gemeinde, 490–495; Kasper, Elemente, 33–50; Exeler, Gemeinde-Theologie, 26; Hemmerle, Voraussetzung, 26; Fischer

gänge[182]. Gemeint sind immer jene Lebensäußerungen, ohne die eine Gemeinschaft von Christen nicht den Anspruch erheben kann, sich mit dem Ehrennamen „Gemeinde Jesu Christi" zu schmücken.[183]
Bevor wir einzelne Grundmerkmale einer christlichen Gemeinde darstellen, legen wir einleitend die Methode dar, mit der wir zu ihrer Beschreibung und Abgrenzung gelangen. In der pastoraltheologischen Fragestellung suchen wir ja nicht nach Grundmerkmalen gemeindlichen Lebens und Wirkens allgemein, sondern jeweils konkret in der heutigen gesellschaftlichen Situation. Tradition und Situation werden also zueinander in Beziehung gesetzt. In der Tradition sind die unveräußerlichen Orientierungen für eine christliche Gemeinde von Jesus her aufgehoben; in ihr wird der unaufgebbare Auftrag der Gemeinde, ihr Grundamt, überliefert. Dieser Auftrag ist aber heute zu realisieren, in der Situation, welche eine christliche Gemeinde vorfindet, um sie aus dem Geist des Evangeliums gewaltarm umzuwandeln. So richtet sich unser Interesse auf die Grundmerkmale einer christlichen Gemeinde heute. Finden werden wir sie, wenn wir Tradition und Situation ineinanderlesen.[184]
Die ineinander verwobene Lektüre der überlieferten Glaubenstexte und des heutigen Lebenskontextes kann praktisch in einer zweifachen Weise verlaufen. Es ist möglich, von der Situation auszugehen, um diese dann im Licht der Tradition zu deuten und daraufhin zu klären, wie Leben und Wirken einer christlichen Gemeinde heute aussehen sollen. Es ist aber auch möglich, sich zunächst in die Orientierungen der Tradition einzufühlen, um von hier aus zu fragen, wie diese in der heutigen Situation zum Tragen kommen können. Anzusetzen ist dann bei den alten Hoffnungstraditionen, die in ihrer befreienden und aufrichtenden Kraft für heutige Menschen erschlossen werden.
Ich habe an anderer Stelle[185] die Methode von der Tradition zur Situation angewendet; hier gehe ich den Weg von der Situation zur Tradition. Beginnen werden wir daher bei der Situation des Lebens heutiger Menschen in der konkreten, einswerdenden und doch zerrissenen

u. a., 45–73; Rahner, Gegenwart des Herrn, 414; Zerfaß, Funktion christlicher Gemeinden, 79–110; Wieh, Konzil und Gemeinde, 218. – Die Gemeinsame Synode der Bistümer in der Bundesrepublik Deutschland nennt wiederholt diese Trias an Grundfunktionen: Kirche und Arbeiterschaft 3.4.4.4; Pastoralstrukturen I und III.1.1.1; Ökumene 2.2; Dienste und Ämter 2.3.2.

182 Brandner u. a., Lebe, 22.

183 Dabei ist es denkbar, daß eine Gruppe von Christen die eine oder andere Funktion wahrnimmt, sich also beispielsweise wie Verbände oder Gruppen der Katholischen Aktion der politischen oder sozialen Diakonie widmet, ohne eine eucharistiefeiernde Gemeinde zu sein.

184 Ähnlich: Schneider, Grundbedürfnisse.

185 Zulehner, Gottesgerücht.

Weltgesellschaft. Zu erkunden sind „Freude und Hoffnung, Trauer und Angst der Menschen von heute, besonders der Armen und Bedrängten"[186]. Aufzuspüren sind die Lebens- und Todeszeichen heutiger Menschen.[187] Von diesen Lebens- und Todeszeichen ausgehend gilt es dann zu zeigen, wie die in der Tradition verwurzelte Kirche, die sich in Gemeinden ereignet, der Grund sein kann, auf dem Tode eingedämmt und Lebensräume der Menschen sich ausweiten können. Eine biblisch begründete und der Situation gerechte Vision von Gemeinde wird sichtbar: der Traum von einer Gemeinde, die – gestützt auf die überlieferte Hoffnungstradition der Kirche – in ihrem Leben und in ihrer Sozialgestalt ein Hoffnungsort für heutige Menschen sein kann.

„Todeszeichen" sind jene tieferliegenden Gefährdungen, an denen erkennbar wird, woran wir heute leiden.[188] Es sind tödlich bedrohliche Defizite an Leben. Sinn der Analyse der Todeszeichen ist nicht, die Resignation zu mehren. Vielmehr verweist der Schatten auf das Licht, der Tod auf zumindest erträumtes Leben. Hinter den Todeszeichen werden also die *„Lebenszeichen"*, die Überlebens-Träume sichtbar, die wir für ein menschenwürdiges Leben hegen. Wir können erahnen, in welche Richtung sich unsere Gesellschaft entwickeln muß, will sie Zukunft haben. *Drei Defizite sind es, die die Menschen heute besonders bedrohen: der Mangel an Gerechtigkeit, der Mangel an Gemeinschaft und der Mangel an Sinn.*

2.2.1 Gerechtigkeit

Die heutige Menschheit ist durch Ungerechtigkeit bedroht. Lebenschancen sind in ihr in himmelschreiender Weise ungerecht verteilt. *Lebenschancen*: Damit ist nicht nur an die materiellen Güter gedacht, die jeder Mensch zum Überleben benötigt. Teil von Lebenschancen sind auch die Gründung einer Familie, der Zugang zu Bildung, die Beteiligung an den Entscheidungsvorgängen, die Freiheit, seine Religion auszuüben.[189]

[186] Gaudium et spes, 1.

[187] So verfährt der Lateinamerikanische Bischofsrat in der Entwicklung pastoraler Leitlinien, in denen die in Puebla getroffene Option für die Jugend konkretisiert wird: Lateinamerikanischer Bischofsrat, Jugend.

[188] Flechtheim, Futurologie. – Ders., Zukunft, 98–199. – Toffler, Die dritte Welle. – Vgl. auch Zulehner u. a., Pastorale Futurologie.

[189] In der jüngsten Sozialenzyklika nennt Johannes Paul II. folgende kulturelle Faktoren der Unterentwicklung: „... der Analphabetismus, die Schwierigkeit oder Unmöglichkeit, zu höheren Ausbildungsstufen zu gelangen, die Unfähigkeit, am Aufbau der eigenen Nation teilzunehmen, die verschiedenen Formen von Ausbeutung oder wirtschaftlicher, sozialer,

Die Liste der Opfer der ungerechten Verteilung der Lebenschancen ist lang:
- Opfer sind die armen Völker unserer Erde. Sie verfügen über 20% der Überlebensmittel, obwohl sie 80% der Menschheit ausmachen. Dabei werden laut Angabe der Weltbank wir, die Reichen der Erde, immer reicher, die Armen immer ärmer. Dieser Zustand wird noch dadurch verschärft, daß mehr als die Hälfte der ohnedies schon knappen Überlebensmittel der begrenzten Erde nicht zur Verbesserung der Lebenschancen verwendet, sondern in Tötungswissenschaft und Todesindustrie gesteckt wird. Dies ist, so 1977 der Vatikan zur Rüstung, eine verbrecherische Veruntreuung längst zu knapper Überlebensmittel der Menschheit.[190]
- Opfer einer ungerechten Verteilung der Lebenschancen sind die Angehörigen bestimmter Rassen. So haben nach amtlichen Angaben die Schwarzen in den zwangsweise errichteten Homelands Südafrikas eine durchschnittliche Lebenserwartung von 45 Jahren; die Weißen hingegen können 70 Lebensjahre erwarten.[191]
- Ungerecht verteilt sind immer noch die Lebenschancen zwischen den Frauen und den Männern, wobei heute zunehmend deutlich gesehen wird, daß auch immer mehr Männer Opfer der von den Männern verantworteten gesellschaftlichen Verhältnisse werden. Das Ausmaß an Ungerechtigkeit gegenüber Frauen zeigt sich mit zunehmender Schärfe an der vielfältigen Gewalt gegen Frauen, darunter auch gegen Mädchen. Zumal in den Familien nimmt diese Gewalttätigkeit zu. Die Würde der Frau, ihre Unantastbarkeit, ihr Recht auf Gleichwertigkeit in allen gesellschaftlichen und kirchlichen Bereichen sind längst nicht hinreichend anerkannt und geschützt.[192]
- Ungerecht verteilt sind die Lebenschancen zwischen den Generationen: zwischen denen, die wir heute leben, und denen, die morgen die Erde bewohnen werden. Welche Erde hinterlassen wir unseren Nachkommen, von denen wir die Erde nur geliehen haben? Wie würden unsere Entscheidungen aussehen, wären wir bereit, die kommenden Generationen an unseren politischen Entscheidungen „zukunftsdemokratisch" zu beteiligen?
- Ungerecht verteilt sind die Lebenschancen zwischen den Gebore-

politischer und auch religiöser Unterdrückung der menschlichen Person und ihrer Rechte, die Diskriminierungen jeder Art, insbesondere jene überaus bösartige, die sich auf den Rassenunterschied gründet." Johannes Paul II., Solicitudo rei socialis, 15.

[190] Der Vatikan und die Rüstung, 31–36.

[191] Kairos-Dokument. – Zulehner, Südafrika, 180–183. – Beyers Naudé, Die Krise, 27–30, 43–46.

[192] König, Frau und Kirche.

nen und den Ungeborenen. An dieser Stelle sei vermerkt, daß der Einsatz für Gerechtigkeit und Leben unteilbar ist. Man kann nicht für die Ungeborenen eintreten und gleichzeitig an der Unterdrückung von Lebenschancen der Geborenen uninteressiert sein. Man kann aber auch nicht glaubhaft für den Bruder Baum sich starkmachen, während man für den ungeborenen Bruder Mensch nichts tut.[193]

– Damit ist bereits angedeutet, daß die Lebenschancen zwischen dem menschlichen und dem außermenschlichen Leben ungerecht verteilt sind. Der Mensch hat, nachdem er sich der Verantwortung vor Gott für die Schöpfung entzogen hat, sich die Natur unterworfen und angefangen, ihr jegliches eigenständige Lebensrecht zu verweigern. Dies hat zur Folge, daß der Mensch zum größten Feind der Natur geworden ist. Die Tragik ist, daß damit der Mensch seine eigene Lebenswelt zerstört und somit sein eigener größter Feind ist.[194]

– Ungerecht verteilt sind in unseren postindustriellen Informationsgesellschaften die Lebenschancen zwischen den Arbeitsplatzlosen und den Arbeitsplatzbesitzern. Eine Art Zweidrittelgesellschaft[195] ist im Entstehen: Auf dem Rücken der verarmenden Arbeitsplatzlosen werden die Arbeitsplatzbesitzer immer reicher.

– Ungerecht verteilt sind – zumal in den totalitären Staaten des Ostens und des Westens – die Lebenschancen zwischen denen, die sich öffentlich zu Gott bekennen und sich aus diesem Grund auf die Seite der Armen und Unterdrückten stellen, und den anderen, die aus Angst und Opportunismus ihren Glauben verheimlichen. Vielen bekennenden Christen in unseren östlichen Nachbarstaaten war es bislang nicht möglich, Zugang zu Bildungs- und Berufschancen zu finden.[196]

Die Liste der Opfer der Ungerechtigkeit ist längst nicht vollständig. Zu nennen wären die Kranken und Alten, die Behinderten, die Opfer von Aids, die aus der menschlichen Gesellschaft ausgestoßen werden wie die Aussätzigen zur Zeit Jesu. Zu ihnen gehören die vielen, die an einer Arbeitslosigkeit der Seele leiden, die viel haben und wenig sind, jene, die ihr Leben so leer und unerträglich finden, daß sie meinen, aus ihm flüchten zu müssen: in den bewußtlosen Zustand des Alkohols, in die bunte und erlebnisdichte Welt der Droge, in die als Schonraum anerkannte Welt der Krankheit, in Gruppen, die von der lästigen Last der Freiheit befreien, indem sie eine vorgefertigte Identität verleihen, dabei aber die so abhängig Gewordenen für finanzielle und

193 Alt, Liebe.
194 Drewermann, Fortschritt.
195 Zweidrittelgesellschaft.
196 Religionsfreiheit.

politische Zwecke mißbrauchen, schließlich in den unwiderruflichen Tod durch Selbstaufgabe.[197]
Solche vielfältigen Ungerechtigkeiten bedrohen die Menschheit. Die oft grausame Unterdrückung von Lebenschancen schafft soziale Unruhen, zwingt zur Militarisierung und fördert zumal bei den reichen Völkern den Wahnsinn der Hochrüstung. Dadurch aber wird die Ungerechtigkeit fortgeschrieben, was den Frieden nicht sichert. Denn nur Gerechtigkeit schafft Frieden auf dem Raumschiff Erde. Und dazu müßten wir alle lernen, daß die Überlebensmittel endlich und erschöpflich sind. Wir müßten freiwerden von einer tiefsitzenden Daseinsangst, die uns dazu bringt, auf Kosten anderer zu leben, die Lebenschancen anderer auf das Konto unseres eigenen Lebens umzubuchen.

2.2.2 Gemeinschaft

Groß ist in unserer heutigen Menschheit, zumal in den reichen Ländern, die Sehnsucht nach verläßlicher Gemeinschaft, nach Solidarität, nach Verbindlichkeit und Treue.
Analysen zeigen, daß nicht nur das ökologische System am Rand des Zusammenbruchs steht – was für den Menschen tödlich wäre –, sondern auch das Beziehungssystem zusammenzubrechen droht – was ebenfalls tödlich wäre.[198]
Dieser bevorstehende Zusammenbruch des Beziehungssystems zeigt sich an vielfältigen Symptomen. Die Fähigkeit (und damit auch Bereitschaft) vieler Bürger, in verbindlichen und gar lebenslangen Einheiten zu leben, ist seltener geworden. An der Krise von Ehe und Familie wird das ersichtlich. Die Scheidungsraten haben einen Höhepunkt erreicht. Die nachrückende Generation, noch mehr aber die schon in einem Beziehungsprojekt Enttäuschten sind kaum bereit, sich in Freiheit an einen anderen Menschen zu binden. Was bewußtseinsmäßig in den modernen Bevölkerungen dominiert, ist ein ausgeprägter Individualismus, der sich in Items äußert wie: Keiner kann sich auf den anderen verlassen, niemand nimmt sich Zeit für den anderen. Jeder muß seine eigenen Probleme selbst lösen.[199]
Ein solcher Individualismus geht einher mit einer pessimistischen Grundhaltung. Ich weiß eigentlich nicht, wozu der Mensch lebt: Diesem Satz stimmt um so eher zu, wer auch zugleich mit einem hohen

[197] Affemann, Krank an der Gesellschaft.
[198] Willi, Koevolution. – Zulehner, Ökologie der Beziehungen.
[199] Zulehner, Religion, 26–29.

Grad an Individualismus ausgestattet ist. Daran zeigt sich, daß der Individualismus von einer erwünschten Fähigkeit zu Ichstärke, von der in modernen Gesellschaften erforderlichen Freiheitskunst zu unterscheiden ist. Diese Freiheitskunst wäre die Grundlage für Verläßlichkeit und Treue, für Beziehung. Der vorfindbare Individualismus führt genau ins Gegenteil: in die Vereinsamung, damit in die Enge und in eine ihr verwandte Angst. Der Individualismus der Bürger ist daher ein Todeszeichen, kein Lebenszeichen.

Solch pessimistischer Individualismus wächst vor allem im Umkreis materieller Orientierung.[200] Je mehr Bürger an materiellem Wohlstand und sozialem Aufstieg interessiert sind, um so eher finden wir bei ihnen auch den depressiven Individualismus.

Eben die materielle Orientierung muß unsere heißgelaufene und deshalb in Krise geratene Industrie- und Konsumgesellschaft unablässig fördern.[201] Sind nämlich die Bürger nicht bereit, viel zu leisten, um sich viel leisten zu können, sind sie nicht bereit, ihr schwer verdientes Einkommen nicht nur für ihr Auskommen zu verwenden, sondern auch zum Kauf von Gütern freizusetzen, die wir brauchen, weil man zuvor das Bedürfnis dafür erzeugt hat, dann funktioniert unsere auf unbegrenztes Wachstum programmierte Wirtschaft nicht, dann droht man uns sogleich mit dem Verlust der Arbeit und der Lebensgrundlage.

Wir stecken in einem Teufelskreis, aus dem es nur schwerlich ein Entkommen gibt. Klar ist aber: Wenn wir nicht bald herauskommen, steht es schlecht um den Menschen. Wir haben dann viel, sind aber (menschlich) immer weniger, wir werden zu Beziehungskrüppeln, unsere Kinder verlieren die Fähigkeit zu einem menschenwürdigen Leben.

2.2.3 Sinn

Vielfältige Formen der Flucht aus dem gegenwärtigen gesellschaftlichen Alltagsleben verweisen uns auf das dritte „Todeszeichen" zumal der hochmodernen Gesellschaften: die Krise des Sinns.[202] Wichtige Bereiche unserer Gesellschaft leben von einer Definition des Menschen, gegen die immer mehr Bürger rebellieren, weil sie fühlen, daß sie sinnarm ist:

200 Auf diese Zusammenhänge haben hingewiesen: Fromm, Haben oder Sein. – Sölle, Hinreise.

201 Packard, Verführung.

202 Dazu die vielen Publikation von Viktor Frankl über die noogene Neurose, den Sinnverlust und wie dieser logotherapeutisch überwunden werden kann: Frankl, Der Wille zum Sinn.

– gegen die biologistische Definition des Menschen im Umkreis der Naturwissenschaften und eines allein an diesem ausgerichteten Gesundheitswesens als einer kontrollier- und reparierbaren Maschine;[203]
– gegen die Definition des Menschen im Umkreis von Produktion und Konsumption als einem Bündel steuer- und befriedigbarer Bedürfnisse;[204]
– gegen die Definition des Menschen in der Verwaltung als gläserner Fall;
– gegen die Definition des Menschen durch Militärstrategen als Menschenmaterial und im schlimmsten Fall eines Atomverbrechens als Megatote.

Man kann einwenden, so werde der Mensch ja nur im medizinisch-technischen, im ökonomischen oder im politischen Bereich, also in der gesellschaftlichen Öffentlichkeit definiert. In den davon unterscheidbaren „kleinen Lebenswelten", in der Freizeit, da könne sich der Bürger ja anders verstehen und zumindest in diesen Oasen Sinn finden.

Das Leben des Menschen ist aber auch in unserer hochdifferenzierten Kultur auf die Dauer nicht so teilbar.[205] Unaufgebbar ist ein Minimum von Konsistenz. Der Wunsch, auch in den wirtschaftlichen Bereichen als Mensch geachtet zu werden, der nicht nur zu einer Funktion der Produktion wird, der Wunsch, mehr wert zu sein als das tote Kapital[206], kommt zunehmend vielen Menschen deshalb ins Bewußtsein, weil sie erfahren haben, daß sie sonst lebensmäßig einen zu hohen Preis bezahlen.

Das Modell der oasenhaften kleinen Lebenswelten ist trügerisch. Es unterstellt, daß die Wüste in die Oase nicht eindringen kann. Eben das aber geschieht. So sehr sich der moderne Bürger bewußtseinspolitisch nämlich vor der Zerstörung des Sinns im ökonomischen Bereich zu schützen versucht (und dies eine geraume Zeit auch schaffen mag): Auf die Dauer wird sein Widerstand vergeblich sein. Es gibt zu viele Anhaltspunkte dafür, daß Menschen anfangen, auch ihre Beziehungen[207] nach den ökonomistischen Lebensmustern zu gestalten. Wir

[203] Illich, Nemesis.
[204] Unsere Hoffnung, Synode 87.
[205] Dies kann man an den Ergebnissen einer Studie an Führungskräften der Wirtschaft gut erkennen, bei denen sich die Lebensbereiche Wirtschaft, Familie und Religion gegenseitig stark beeinflussen: Kaufmann u. a., Ethos und Religion.
[206] Zum „Primat des Menschen gegenüber den Dingen": Johannes Paul II., Laborem exercens, 12.
[207] Dies gilt sowohl für die zwischenmenschlichen Beziehungen wie für jene des Menschen zu Gott: Funk, Religion.

haben zu befürchten, daß vor allem die Männer in unserer Gesellschaft einen hohen Preis zahlen, weil wegen ihrer starken Einwurzelung in die Berufswelt gerade bei ihnen einseitig Eigenschaften gefördert werden, die sich in anderen Lebensprovinzen schlecht gebrauchen lassen. So haben wir Männer gelernt, erfolgreich, hart zu sein, uns durchzusetzen, zu gewinnen. Ein Mann, der vorankommen will, muß besser sein als andere, er muß auch in dem harten Konkurrenzkampf die Ellbogen gebrauchen. Gewinnen geschieht daher häufig auf Kosten anderer. Es muß auch Verlierer geben, solche, die nach unten müssen, will man selbst nach oben kommen. Das Schlimmste, was es für den Karrieremann gibt, ist: krank werden, behindert sein, einen Unfall erleiden. Er darf keine Schwäche zeigen.[208]

Eine Zeitlang läßt sich ein solcher „halbierter Mann"[209] in der Familie regenerieren, pflegen und stützen. Aber scheitern viele Familien nicht eben an dieser Überforderung, stets Männer (und teilweise auch Frauen) reparieren zu müssen, die im beruflichen Alltag einseitig und krank werden? Es ist also für unsere Gesellschaft langfristig zu wenig, wenn es in ihr kleine Sinnoasen gibt, während das öffentliche Leben unter einem katastrophalen Mangel an Sinn krankt.

Wie leben und handeln nun Christen, die zusammengefügt sind von Gott zu einer Gemeinde, damit diese nicht die Hoffnungslosigkeit der Gesellschaft verdoppelt[210], sondern – aus ihren alten Hoffnungsressourcen schöpfend – ein Hoffnungsort in und damit zu einem Hoffnungsquell für die Gesellschaft wird? Wie kann Kirche, die sich in Gemeinden ereignet, im biblischen Sinn (vgl. Gen 12, 1–3) ein „Segen" für die Menschen werden?

Übersichtlich zusammengestellt, formulieren wir folgende Entsprechungen zwischen der Situation und der Tradition:

– Der Sehnsucht der Menschen nach mehr Sinn entspricht die biblische Berufung der Gemeinden, mystisch zu sein;

– der Sehnsucht der Menschen nach mehr Verläßlichkeit und Gemeinschaft entspricht die biblische Berufung der Gemeinden, geschwisterlich zu leben;

– der Sehnsucht der Menschen nach mehr Gerechtigkeit entspricht die biblische Berufung der Gemeinden, politisch zu handeln.

208 Zulehner, Männerbefreiung, 257–261.

209 Beck-Gernsheim, Das halbierte Leben.

210 „‚Die Welt' braucht keine Verdoppelung ihrer Hoffnungslosigkeit durch die Religion; sie braucht und sucht (wenn überhaupt) die Sprengkraft gelebter Hoffnung. Und was wir ihr schulden ist dies: das Defizit an anschaulich gelebter Hoffnung auszugleichen." Unsere Hoffnung, Synode 101.

2.3 Grundmerkmale der Gemeinde heute

2.3.1 Mystik

„Ganz allgemein gefragt, glauben Sie, daß Gott in Kirche lebendig ist, oder glauben Sie das nicht?“ So waren 1985 im Zuge der Vorbereitung des Deutschen Katholikentages in Aachen die deutschen Katholiken und Protestanten gefragt worden. Die Befragten sind geteilter Meinung: Ein Drittel stimmt diesem Satz zu, ein weiteres Drittel ist unentschieden, das letzte Drittel lehnt ihn ab.[211] Dieses Ergebnis ist für jede christliche Großkirche außerordentlich bedenkenswert. Nur ein Drittel bescheinigt ihr nämlich, das zu sein, was zu sein sie selbst beansprucht: eine Gemeinschaft, in der der dreifaltige Gott lebendig ist und die ihr Leben und Wirken aus dem Geist dieses Gottes gestaltet. Einer Kirche, die sich *Gottes* Volk nennt, wird unterstellt, mit diesem Gott praktisch nichts zu tun zu haben.
Mit diesem Befund deckt sich der von Josef Fischer formulierte Verdacht, es gebe in unseren Kirchen einen landläufigen *„ekklesialen Atheismus“*[212]. Nicht, daß die Kirche als ganze gottlos geworden sei. Aber in vielen Teilbereichen verlaufe die Praxis der Kirche so, als habe sie mit Gott nichts zu tun.

2.3.1.1 Das Mysterium der Gemeinde

Genau das Gegenteil ist aber Kirche: in ihren Gemeinden berufen zu sein – eine Berufung, die heute in verschiedenen, einander ergänzenden Bildern zum Ausdruck gebracht wird:
– So gilt eine Kirchengemeinde als eine Gemeinschaft von Menschen, in deren Mitte Gott selbst wohnt, der in Jesus einer von uns geworden ist und mit seinem Geist unter uns weilt, und die deshalb das „Gerücht“[213] verbreiten kann, daß „Gott mit uns“ ist. So heißt es in einer

[211] Das Religions- und Kirchenverständnis. – Köcher, Katholiken, 266–272.
[212] Fischer, Gottvorkommen, 29–37. – Zulehner, Von der fernstehenden Kirche, 164–175. – Ders., Gottesgerücht, 46–56. – Zum empirischen Hintergrund: Köcher, Katholiken.
[213] Das deutsche Wort „Gerücht“ ist zwar alltagssprachlich negativ besetzt. Doch althochdeutsch hat es einen guten Klang. Es meint soviel wie „das geruafte“, was also herausruft, wer in Not und Todesgefahr ist. So läßt sich auch formulieren, daß es die Grundberufung des Volkes Gottes ist, das „Gerücht von Gott wachzuhalten“, das „Gottesgerücht“ zu verbreiten (Zulehner, Gottesgerücht). Dieses Gerücht ist nicht harmlos, sondern subversiv (Josuttis, Aber am Anfang steht das Gerücht). So kann auch Heinrich Schlier formulieren: In Gottes Wort stoßen wir „auf eine öffentliche und feierliche Aussage, auf einen Heroldsruf, auf eine Proklamation, die ausgerufen wird. Wir sind durch das Evangelium zu einem Forum geworden, vor dem verantwortliches Zeugnis abgelegt wird, das zur Entscheidung herausfordert, eine Stellungnahme provoziert. Wir vernehmen in ihm ein ‚Gerücht‘, das

messianischen Verheißung des Propheten Sacharja: „In jenen Tagen werden zehn Männer aus Völkern aller Sprachen einen Mann aus Juda am Gewand fassen, ihn festhalten und sagen: wir wollen mit euch gehen: denn wir haben gehört: Gott ist mit euch." (Sach 8,23; vgl.Mt 1,23)[214]
– Gemeinde ist berufen, ein Lebensraum zu sein, der von der Anwesenheit Gottes selbst durchwaltet ist, sein „Herrschaftsbereich", „Reich Gottes" also.[215]
– Im Umkreis Gottes wird Gemeinde ein Raum des Vertrauens und einer entsprechenden Lebenspraxis und nicht mehr Bannkreis tödlichen Mißtrauens zwischen den Menschen und Gott und der Menschen untereinander.[216]
– Kirche ist Ort einer „Praxis" in der Welt, die nicht von dieser Welt ist, einer „Praxis des Himmels" auf der Erde; Gemeinde verschafft so einer – gemessen an der Praxis der „Welt" und ihrer „von den Vätern ererbten sinnlosen Lebensweise" (1 Petr 1,18)[217] noch ortlosen, utopischen Praxis einen gesellschaftlichen Ort.[218]
All den Versuchen, die Berufung der Kirche und ihrer Gemeinden bildhaft auszudrücken, ist gemeinsam, daß die Kirche am Geheimnis Gottes teilnimmt, was sie selbst in abgeleiteter Weisheit zu einem Geheimnis macht.[219] So gesehen kann die Kirche mystisch genannt werden, vorausgesetzt, man ist bereit, den historisch gewachsenen, äußerst bedeutungsgeladenen Begriff „Mystik"[220] einfach so zu verstehen, daß er eine Verwurzelung der Kirche und ihrer Gemeinden im Geheimnis Gottes zum Ausdruck bringt. In eben diesem Sinn bezeichnen wir die Mystik als das grundlegende Merkmal jeder Kirchengemeinde. Eine Kirchengemeinde ist eine in Gott verwurzelte (= mystische) Gemeinschaft von Menschen. Sie wird durch Menschen, die

freilich nicht deshalb so heißt, weil es unbestimmt ist, sondern weil es der Ruf, das ‚Geschrei' des Gehörten ist." Schlier, Wort Gottes, 37.

214 Zum alttestamentlichen „Kirchenbild": Braulik, Innenseite.

215 Über das Verhältnis von Kirche und Gottesherrschaft: Lumen gentium, 5. – Schlier, Ekklesiologie, 102–106. – Merklein, Gottesherrschaft, 17–46.

216 Drewermann, Strukturen des Bösen.

217 Zulehner, Umkehr als Herzstück, 305–312.

218 Pesch, „Praxis der Himmels".

219 In diesem Sinn forderte die außerordentliche Bischofssynode des Jahres 1985, daß sich die Kirche wieder mehr, als dies in den zwanzig Jahren nach dem Zweiten Vatikanischen Konzil geschehen ist, als Geheimnis verstehen soll. Daß eine solche Forderung auch dazu erhoben wurde, unliebsame Kritik an der konkreten Kirche zu unterbinden, weil ein Geheimnis als unantastbar und damit als der Kritik entzogen gilt, ändert nichts an der grundsätzlichen Berechtigung dieser Forderung: Außerordentliche Bischofssynode 1986, 7–10.

220 Zur Geschichte des Begriffs Mystik und der Beziehung verschiedener Arten von Mystik zur Politik: Neuner, Religion. – Troeltsch, Soziallehren. – Apfelbacher, Frömmigkeit. – Mieth, Mystik, 151–162.

im Ge-heim-nis Gottes da-heim sind und so der Un-heim-lichkeit des Lebens entrinnen.[221]
Hinter der in solchen Bildern ausgedrückten Berufung, mystisch zu sein, bleibt die jeweilige konkrete Gemeinde stets zurück. Sie ist nie nur der Ort der „Praxis des Himmels“, sondern immer ein Gemenge zwischen der „Praxis des Himmels“ und der „Praxis der Welt“; sie ist nie ein Lebensraum reinen Vertrauens, sondern lebt immer bedroht durch Mißtrauen und Angst; sie ist nie lauterer „Herrschaftsbereich Gottes“, also „Reich Gottes“, sondern bekennt selbst, daß dieses in ihr nur keimhaft da ist: Die Kirche hat die „Sendung, das Reich Christi und Gottes anzukündigen und in allen Völkern zu begründen. So stellt sie Keim und Anfang dieses Reiches auf Erden dar. Während sie allmählich wächst, streckt sie sich verlangend aus nach dem vollendeten Reich; mit allen Kräften hofft und sehnt sie sich danach, mit ihrem König in Herrlichkeit vereint zu werden.“[222]
Aus dem Wissen um die Spannung zwischen dem Traum und der Wirklichkeit, der Berufung und ihrer Einlösung klagt die christliche Gemeinde unablässig ihre eigene Schuld an und weiß sich ständiger Reform bedürftig. Auch die Gemeinde ist, wie die Kirche, die sich in ihr ereignet, „ecclesia semper reformanda“.
Darauf folgt für die Gemeinde, zu Erneuerung[223] und Aufbruch bereit zu sein, ihrer Berufung zur Mystik, so gut sie es jetzt aus der Kraft Gottes vermag, nachzukommen. Es gilt, das in der heutigen Kirche verbreitete bedrohliche Mystikdefizit zu überwinden und damit den für die Wirksamkeit der Kirche letalen „ekklesialen Atheismus“ einzudämmen. Zu verhindern ist, daß das realistische „subsistit“ des Konzils als Rechtfertigung faktischer Mittelmäßigkeit und unbiblischer Anpassung an die „Praxis der Welt“ in ihren heillosen Anteilen mißbraucht wird und so noch einmal „ekklesialen Atheismus“ rechtfertigt.

[221] Hier ist auch mitgesagt, daß der Sinn eines Geheimnisses nicht darin besteht, es aufzuklären, sondern es zu bewohnen.
[222] Lumen gentium, 5.
[223] „Da die ganze Kirche missionarisch und das Werk der Evangelisation eine Grundpflicht des Gottesvolkes ist, lädt die Heilige Synode alle zu einer tiefgreifenden inneren Erneuerung ein, damit sie im lebendigen Bewußtsein der eigenen Verantwortung um die Ausbreitung des Evangeliums ihren Anteil am Missionswerk bei den Völkern übernehmen.“ Ad gentes, 35.

2.3.1.2 Kultur der Mystik

Damit ist die Frage nach einer Kultur der Mystik in der Gemeinde gestellt: Wie kann gemeindliches Leben und Handeln gestaltet werden, damit der mit ihr ziehende „Gott mit uns“ in ihr „aufgenommen“ wird (Joh 1,12) und deshalb „vorkommen“ kann, damit die Gemeinde – weil sie Gott aufgenommen hat – das Gerücht von Gott glaubhaft wachhalten kann?

1. Für eine solche gemeindliche Mystikkultur konstitutiv ist die Grundbewegung *empfangen-loben-austeilen*.[224] Gottverwurzelt kann eine Gemeinde nur sein, wenn sie sich dem Entgegenkommen Gottes nicht verschließt. Dieses Entgegenkommen Gottes ereignet sich in vielfachen Erfahrungsweisen: im Inneren eines jeden Menschen[225], in der Freiheitsgeschichte der Menschheit[226], im verläßlichen Glaubenswort der Bibel[227], leibhaftig und in unüberbietbarer Weise in Jesus von Nazaret. Das *Aufnehmen* Gottes geschieht somit auf vielfältigen Wegen: in der Stille der Meditation und im Schweigen vor Gott, im Hineinhorchen in die eigenen Tiefen der Seele, auf deren Grund Gott selbst wohnt; in der Begegnung mit dem Nächsten, besonders den Armgemachten (Mt 25,31–46); es geschieht im Hinhorchen auf die überlieferten Glaubensworte der Bibel, im persönlichen und gemeinschaftlichen[228] Lesen des Wortes Gottes, es vollendet sich in der mystischen Begegnung mit Jesus, dem Christus, in der Feier der Eucharistie, in der wir uns den Leib Christi „einverleiben“, um so als Gemeinde sein Leib zu werden.[229]

2. Die erste Antwort auf das Entgegenkommen Gottes ist der Applaus, das *Gottes-Lob*. Der Dienst Gottes an uns Menschen wird zum Dienst der Menschen an Gott. Das Wort „Gottesdienst“ kann ja in einer doppelten Bewegung gelesen werden: Gott dient den Menschen, Menschen dienen Gott. Der Grundton solchen Gotteslobes ist die Dankbarkeit für Gottes zuvorkommende Liebe und seine Gaben: für die Schöpfung, das Leben, die Mitmenschen, vor allem aber für die Gabe schlechthin: Gott selbst, der angefangen hat, sich als die

[224] Brandner u. a., Lebe, 22–37.

[225] Drewermann hält den Traum für den wichtigsten persönlichen Erfahrungsort für Gottes Entgegenkommen: Drewermann, Wahrheit der Formen.

[226] Für Karl Rahner ist die Freiheitsgeschichte identisch mit der Geschichte des Offenbarwerdens Gottes; hier wird allerdings ein weiter Offenbarungsbegriff verwendet: Rahner, Grundkurs, 157–177.

[227] Die Heilige Schrift im Leben der Kirche: Dei Verbum, 21–26.

[228] Zum gemeinsamen Lesen der Bibel in der Gemeinde: Bibel teilen.

[229] Zur Rolle des Festes unter den Augen Gottes für die Bildung des Volkes Gottes: Braulik, Freude des Festes, 161–218.

Gnade und das Heil der Menschheit in Jesus aus Nazaret unwiderruflich zu übereignen (vgl. Röm 8,32). Der gemeindliche Lobpreis Gottes ist in seinem Grundton österlich: Applaus dafür, daß Gott sich durch nichts und niemanden abbringen ließ von seiner Urabsicht, sich der Schöpfung zu übereignen, die er ex amore geschaffen hat; daß er angefangen hat, in seiner Menschwerdung und in der Auferstehung des neuen Adam damit unwiderruflich ans Ziel zu kommen, und daß er dabei ist, das in Jesus Begonnene an der ganzen Schöpfung zu vollenden.

Dieser österliche Lobpreis der Gemeinde kennt selbst wieder vielfältige Variationen. Seinen Höhepunkt findet er in der Feier des Leidens, Sterbens und Auferstehens Jesu in den Kartagen und am Osterfest. Doch gibt sich die Kirche mit dem einen großen Fest der Auferstehung nicht zufrieden. Sonntag um Sonntag versammeln sich die Christen zu einem kleinen Osterfest, um den Tod des Herrn zu verkünden und seine Auferstehung zu feiern.[230] Auch in den Sakramenten erklingt das österliche Grundthema. Das Stundengebet der Kirche gipfelt am Morgen und am Abend in alten Lob-Gesängen von der Rettung des Menschen durch Gott, dem Benedictus des Zacharias und dem Magnifikat Mariens. Im Stehen werden sie gesungen, um auch in der Haltung noch darzustellen, daß wir uns selbst einbezogen wissen in die Kraft der Auferstehung.

Reich sind also die Formen einer mystischen Kultur in einer christlichen Gemeinde. In all diesen Formen geht es darum, der Begegnung mit dem lebendigen Gott nicht auszuweichen: nicht in dem, was wir leben, nicht in dem, wovon wir reden, und nicht in dem, was wir feiernd begehen.[231] Die erste Antwort derer, die Gott aufnehmen, ist „laus“, beracha, Lobpreis.

2.3.1.3 „Früchte der Mystik“

Eine Gemeinde, deren „Lebensbaum“ im beziehungsreichen Bundesgott verwurzelt ist, trägt vielfältige Früchte (vgl. Mt 6,33). Von Gott ergriffen (Phil 3,12), ist sie aus einer inneren Lebensbewegung heraus ermächtigt, in einer gottgemäßen Weise zu leben und zu handeln. Den mystisch in Gott Einwurzelnden wird von Gott ein neues Herz gegeben (Ez 36). Die Gemeinde kann dann nicht mehr anders, als in der „Art Gottes“ zu leben und zu handeln. Gottes Art, mit den

[230] Unsere Verantwortung für den Sonntag, 8.

[231] Zu diesen drei Erfahrungsebenen: Beguérie, Liturgie und Leben, 304–308. – Zimmermann, Leben, 5–59.

Menschen zu sein, springt aus der mystischen Einheit der Gemeinde mit Gott – hat sie ihn wirklich aufgenommen – über auf ihre Praxis. Gemeindepraxis ist dann spurenhaft „Theopraxis", Leben und Handeln in der Art Gottes, wie dieser in Jesus anschaulich Mensch geworden ist.

(a) Heiligung und Heilung

Eine erste Frucht der Mystik (des Einwurzelns des Glaubenden und der glaubenden Gemeinde in den entgegenkommenden Gott) ist die Umwandlung des Menschen. Die spirituelle Erfahrung hat dafür mehrere Bildworte bereit: Heiligung und Heilung des Menschen geschieht. „Das ist Gottes Wille, eure Heiligung." (1 Thess 4,3; Eph 1,4)

Das Zweite Vatikanische Konzil hat sich ausführlich zur Berufung der Kirche und der Christen zur Heiligkeit geäußert[232]: „Alle Christgläubigen sind (also) zum Streben nach Heiligkeit und ihrem Stand entsprechender Vollkommenheit eingeladen und verpflichtet."[233] Diese Heiligung des Gläubigen wirkt Christus und ereignet sich in der mystischen Vereinigung des Glaubenden mit ihm: „Die Anhänger Christi sind von Gott nicht kraft ihrer Werke, sondern auf Grund seines gnädigen Ratschlusses berufen und in Jesus Christus dem Herrn gerechtfertigt, in der Taufe des Glaubens wahrhaft Kinder Gottes und der göttlichen Natur teilhaftig und so wirklich heilig geworden. Sie müssen daher die Heiligung, die sie empfangen haben, mit Gottes Gnade im Leben bewahren und zur vollen Entfaltung bringen. Vom Apostel werden sie gemahnt, zu leben, ‚wie es Heiligen geziemt' (Eph 5,3), und ‚als von Gott erwählte Heilige und Geliebte herzliches Erbarmen, Güte, Demut, Milde, Geduld' anzuziehen (Kol 3,12) und die Früchte des Geistes zur Heiligung zu zeitigen (vgl. Gal 5,22)."[234]

Daß durch die mystische Verwurzelung des menschlichen Lebensbaumes in Gott dieser von der Wurzel her heil wird, ist Grundüberzeugung vieler kirchlicher Gruppen und Bewegungen. Vor allem die charismatische Bewegung hat sich mit der Heilung durch den Geist ausführlich befaßt.[235] Auch der tiefenpsychologische Ansatz von Eugen Drewermann sieht im Geheiltwerden des Menschen aus der tie-

[232] Einen Überblick über die einschlägigen Texte gibt: Deretz u. a., Konkordanz, 238–242.

[233] Lumen gentium, 42.

[234] Lumen gentium, 40.

[235] McNutt, Beauftragt. – McManus, Kraft der Sakramente. – Lohfink, Jahwe, 11–73. – Zerfaß, Menschliche Seelsorge, 98–111. – Mehr dazu in: Zulehner u. a., Fundamentalpastoral, Teil I.

fen Daseinsangst durch Gott die erfahrbare Seite einer mystisch konzipierten Erlösung.[236]

(b) Verkündigung

Zu den Früchten der gemeindlichen Mystik gehört der Wunsch weiterzuerzählen, was Gott an uns vor allem in Jesus getan hat. Die Gemeinde hält daher erzählend in Erinnerung, was ihr selbst von Jesus her überliefert ist. Die *Verkündigung* der gläubigen Erfahrungen des Anfangs, wie sie in den biblischen Berichten aufgehoben sind, aber auch der im Lauf der Jahrhunderte gemachten Erfahrungen der Gemeinden mit Gott[237] zählen daher zu den zentralen Lebensäußerungen einer christlichen Gemeinde. Gemeinden stellen sicher, daß möglichst alle Menschen an Ort und Stelle erfahren können, wer Gott ist und was er, seit es diese Schöpfung gibt, für uns getan hat. Vor allem aber halten sie verkündigend in Erinnerung, daß in einem von uns, Jesus aus Nazaret, Gott mit seiner Sehnsucht nach der Schöpfung angefangen hat, ans Ziel zu gelangen. Darin halten sie den Blick der Menschen frei auf den Ausgang der Geschichte der einzelnen und der Schöpfung, auf die Vollendung der Welt am Ende der Tage.

Viele Gemeinden erfahren sich heute ratlos angesichts ihrer Berufung, in Erinnerung zu halten, was Gott Großes an uns getan hat. Sie erleben, wie immer mehr Menschen ihr Wort nicht mehr hören wollen. Die nächste Generation, so wird in weiten Kirchengebieten der reichen Länder geklagt, nehme die Botschaft nicht mehr auf: Die „Weitergabe des Glaubens“ wird zu einem sorgenvollen Thema vieler Beratungen.

In einer solchen Lage raten viele, wieder mehr, umfassender und weniger verstohlen, ohne „Bekenntnisscheu“ (Renate Köcher) von Gott zu reden. Katechismen werden gedruckt und den Gemeinden in die Hand gegeben. Katecheten werden geschult, die Medien in Dienst genommen für katechetische Arbeit, Bildungswerke mühen sich um Glaubenskurse. Und doch haben nicht wenige das Gefühl, auf der Stelle zu treten. Vielleicht gelingt es auf diesem Weg, die Verdunstung des kulturellen Wissens um Gott[238] zu verlangsamen. Insgesamt bleibt aber das lebensrelevante Wissen um den christlichen Gott sozial eingegrenzt, und zwar selbst innerhalb der Pfarrgemeinde auf einen kleineren, zudem schrumpfenden Kreis von Mitgliedern. Die

[236] Drewermann, An ihren Früchten, 39–77, 135.
[237] Vgl. Lohfink, Gottes Taten.
[238] In Europa glaubt immer noch eine Mehrheit der Bürger an Gott, was gewiß Erbe aus ehedem „christentümlichen“ Zeiten ist. Untersuchungsdaten dazu aus der Internationalen Wertestudie 1981/82 in: Noelle-Neumann u. a., Nation, 172.

Verkündigung des lebensspendenden Wortes Gottes ist also in eine tiefe Krise geraten.
Wer ist daran schuld, fragen viele Verantwortliche in den Gemeinden? Sind es die Menschen, deren Aufmerksamkeit im Alltagsleben auf die engen Themen des Habens und Leistens konzentriert wird? Sind die Verkündiger schlecht ausgerüstet, ist die Predigt schlecht, die Katechese dürftig, zu wenig professionell? Oder liegt es gar daran, daß die Verkündiger gut bezahlt sind, was die Bürger veranlaßt, das Zeugnis „bezahlter Propheten" nicht ernst zu nehmen?[239] Ist womöglich das Wort allein heute nicht tragfähig genug? Die Gemeinden wären dann in einer Lage, in die auch Jesus bei seiner Gottesverkündigung geraten ist: Als die Menschen seinen Worten keinen Glauben schenkten, verwies er sie auf seine Taten (Joh 14,11). Liegt also hier die Schwäche der Gottesrede durch die Gemeinden: daß wir viele Worte über Gott reden, die aber durch unser Leben und unsere Taten nicht gedeckt sind?[240] Bringt vielleicht die Mystik zwar Worte hervor, aber zu wenige Taten? Reden die Gemeinden zwar viel von Gott, leben aber nicht aus seinem Geist? Dann wären die Gemeinden wie Wegweiser, die einen Weg zeigen, ohne ihn zu gehen; und es wäre nicht überraschend, würden dann die Menschen sagen: Was zählt schon euer Wort, wenn ihr euch selbst nicht daran haltet? Die Krise der Verkündigung in den Gemeinden ist somit eine Krise des „Wortes allein".[241] Überwunden kann diese Krise nur werden, wenn die Gemeinden auch andere „Früchte der Mystik" hervorbringen. Dazu zählen seit alters die Art, wie Christen in den Gemeinden miteinander leben und was sie füreinander und für die Menschen in ihrer Umgebung tun. Die Tradition nennt diese zwei Früchte der Mystik die Koinonia und die Diakonia.

[239] 59 % der 1970 in Oberösterreich befragten Personen stimmten dem Satz zu: „Ich glaube oft, ein Priester würde ganz anders reden, wenn ihm die Kirche nicht alles so genau vorschreiben würde." Zulehner, Kirche und Priester, 262.

[240] „Den Baum erkennt man an seiner Frucht (vgl. Mt 12,33). So werden auch alle, die sich als Jünger Christi bezeichnen, an ihren Werken erkennbar. Denn jetzt entscheidet nicht das (Lippen-)Bekenntnis, sondern der endgültige Erweis kraftvollen Glaubens, bis zur Vollendung. Besser ist Schweigen und Sein als Reden und Nicht-Sein. Lehren ist gut, wenn der Lehrer tut, was er sagt. Einer ist Lehrer, und der sprach, und sogleich geschah es. (Ps 33,9) Was er schweigend getan hat, ist des Vaters würdig. Wer das Wort Jesu besitzt, kann wirklich auch seine Stille hören. Er wird vollkommen sein und durch sein Tun sprechen und an seinem Schweigen erkannt werden." Ignatius von Antiochien, Brief an die Epheser, 19.

[241] Diese Formulierung übersieht nicht, daß es in den gläubigen Vollzügen der christlichen Gemeinde jenes unfehlbare Wort gibt, das in der Verkündigung des Wortes und in den sakramentalen Handlungen gesprochen wird und dort bewirkt, was es ankündigt: „Und eine solche Gewalt und Kraft west im Worte Gottes, daß es für die Kirche Halt und Leben, für die Kinder der Kirche Glaubensstärke, Seelenspeise und reiner, unversiegelter Quell des geistlichen Lebens ist." Dei Verbum, 21.

2.3.2 Koinonia

2.3.2.1 Gemeinschaft mit Gott und daher untereinander

„Treu ist Gott, durch den ihr berufen worden seid zur Gemeinschaft mit seinem Sohn, Jesus Christus, unserem Herrn" (1 Kor 1,9): Darin kommt die zunächst mystische Bedeutung des griechischen Begriffs „Koinonia" zum Ausdruck. Gemeint ist die innige Gemeinschaft der Menschen mit Christus, in der die Gemeinschaft mit Gott (1 Joh 1,3.6f) erschlossen ist.[242]

Solche Koinonia des Glaubenden mit Gott ist der Grund für die Koinonia der Glaubenden untereinander. In der Gemeinschaft mit Gott werden die Glaubenden zu dem einen Leib Christi zusammengefügt. Die Teilhabe an Leib und Blut Christi führt daher in einer inneren Bewegung zur Einheit der Gemeinde (1 Kor 10,16; Apg 2,42), die sich wiederum im bereitwilligen Anteilgeben konkretisiert: an den eigenen Gütern (1 Kor 9,11), an der persönlichen Trübsal (Phil 4,14). Teilhabe an Christus wird zur Teilhabe aneinander. Mystik wird zur Koinonia untereinander. Die Koinonia ist eine Frucht der Mystik. „Gib, daß alle, die Anteil erhalten an dem einen Leib und dem einen Kelch, ein Leib werden im Heiligen Geist", so das zweite Hochgebet der katholischen Kirche.

Hinter dieser Theologie der Koinonia steht die Erfahrung von Christen aller Zeiten, daß in der Nachfolge Jesu vielfältige Gemeinschaften entstanden sind. Viele, die Jünger Jesu wurden, verließen ihre Herkunftsfamilie und wurden eingegliedert in eine Jüngergemeinde, die sich als die neue „Familie Gottes" verstehen lernte (vgl. Mk 10, 28–30). Sie wußten sich als Söhne und Töchter des einen Vaters im Himmel und beanspruchten deshalb das Kosewort das Vertrauens in Gott: „Kinder Gottes". Als Kinder des einen und einzigen Gottes begriffen sie sich untereinander als gottverwandte „Brüder und Schwestern". „Brüderlichkeit" wird so zum Wesensmerkmal einer christlichen Gemeinde. Diese anfangs auch sehr bewußt gelebte „Brüderlichkeit" wurde im Verlauf der Kirchengeschichte zunehmend verdunkelt.[243] Das Zweite Vatikanische Konzil gab ihm aber für die Gestaltung des kirchlichen Lebens seine Bedeutung zurück: „Erstgeborener unter vielen Brüdern, stiftete er (Christus) nach seinem Tode und seiner Auferstehung unter allen, die ihn im Glauben und in der Liebe annehmen, durch das Geschenk seines Geistes eine

[242] Neuenzeit, Koinonia, 368f. – Schnackenburg, Die Einheit der Christen, 88–118.
[243] Ratzinger, Brüderlichkeit.

neue brüderliche Gemeinschaft in seinem Leid, der Kirche, in dem alle einander Glieder sind und sich entsprechend der Verschiedenheit der empfangenen Gaben gegenseitig dienen sollen."[244]
Das, was das Konzil mit Brüderlichkeit meinte, wird heute von vielen Christen als „Geschwisterlichkeit" bezeichnet und gefordert als der Versuch, dem wachsenden Selbstbewußtsein von Frauen auch in der Kirche sprachlich besser gerecht zu werden. Wir werden daher fortan Koinonia als Geschwisterlichkeit verdeutschen.

2.3.2.2 Kultur der Koinonia

Das Bekenntnis zu einer mystisch begründeten Geschwisterlichkeit fällt nicht schwer. Mühsamer ist da schon eine geschwisterliche Alltagskultur. Einige Elemente zu einer solchen werden hier zusammengetragen. Sie sind Prüfworte für den realen Gemeindealltag.

(a) Würde
„Wenn auch einige nach Gottes Willen als Lehrer, Ausspender der Geheimnisse und Hirten für die anderen bestellt sind, so waltet doch unter allen eine wahre Gleichheit in der allen gemeinsamen *Würde* und Tätigkeit zum Aufbau des Leibes Christi."[245] Das Zweite Vatikanische Konzil beseitigt durch eine solche Aussage nicht die Unterschiede, die es in der Aufgabe zwischen den einzelnen Christen gibt. Doch betont es, daß die Unterschiede in der Tätigkeit keine Ungleichheit in der Würde mit sich bringen. Dies ist ein erstes Element der konkreten Geschwisterlichkeit im Umkreis Gottes: Alle sind an Würde gleich.
Grundlage für eine solche Gleichheit an Würde ist die eine und gleiche Berufung aller zum heiligen, priesterlichen und königlichen Gottesvolk (1 Petr 2,5.9). Die Eingliederung in dieses ereignet sich in der Taufe, in der die Getauften in Christus wiedergeboren werden. Die gemeinsame Teilhabe an Christus begründet also die wahrhafte Gleichheit an Würde aller Gemeindemitglieder.
Das Konzil bekennt sich in diesem Text zu einem Anliegen, das die Freiheitsgeschichte der Neuzeit durchzieht: die Subjektwerdung aller Menschen. Dieses Anliegen wird nicht nur aufgegriffen, sondern in

[244] Gaudium et spes, 32. – Weitere Texte bei Deretz u. a., Konkordanz, 68–72.
[245] Lumen gentium, 32. – Im Anschluß daran CIC, cn.208: „Inter christifideles omnes, ex eorum quidem in Christo regeneratione, vera vigat quoad dignitatem et actionem aequalitas, qua cuncti, secundum propriam cuiusque condicionem et munus, ad aedificationem Corporis Christi cooperantur."

der Taufmystik theologisch untermauert.[246] Doch wie in der profanen Geschichte, gilt auch für die Kirche: Das Bekenntnis zur Würde aller ist noch keine Garantie dafür, daß alle Menschen auch ein Bewußtsein ihrer Würde haben. Es bietet auch noch keine Gewähr dafür, daß die Würde aller auch in der Kirche und ihren Gemeinden immer geachtet und gefördert wird. Zu einer Kultur der Koinonia in der Gemeinde gehören daher Bemühungen, die „Subjektwerdung unter den Augen Gottes“[247] zu fördern.

– Subjektwerdung in der christlichen Gemeinde verlangt nach der Förderung des Bewußtseins der Würde bei allen Mitgliedern, zumal bei den sogenannten „Laien“, den einfachen Gemeindemitgliedern, bei jenen, die in den Augen der Welt als die „kleinen Leute“ gelten. Es muß für sie erfahrbar werden, daß sie alle Ansehen genießen. Ansehen wird, buchstäblich genommen, vermittelt, wenn Gemeindemitglieder einander ansehen und dazu sich begegnen. Die Förderung der Würde, gläubige Subjektwerdung braucht daher Räume der Begegnung gerade für die Unansehnlichen, die Übersehenen. Dieses gegenseitige Ansehen, das Gemeindemitglieder einander gewähren, wäre ein Vorgang, in dem das von Gott gewährte Ansehen spurenhaft, „sakramental“ erlebt wird. Denn der letzte Grund für das Bewußtsein von Würde ist für den Christgläubigen die Gewißheit, daß – mit den Worten des Magnifikat – „Gott ansieht seine niedrige Magd“ (Lk 2,48).[248]

– Die Förderung des Bewußtseins der Würde aller Gemeindemitglie-

[246] Johann Baptist Metz gelingt der Nachweis, daß dieses neuzeitliche Anliegen immer auch schon das Anliegen der jüdisch-christlichen Religion war: „Die Geschichte der biblischen Religion ist eine Geschichte der Subjektwerdung eines Volkes und des einzelnen in ihm, im Angesicht seines Gottes. ‚Subjekt‘ ist hier nicht etwa der isolierte einzelne, die Monade, die sich erst im nachhinein ihrer Koexistenzen mit anderen Subjekten vergewissert. Solidarisch-antagonistische, befreiend-beängstigende Erfahrungen mit anderen Subjekten gehören von vornherein in die Konstitution des religiösen Subjekts, und die Frage nach dem Verhältnis des einzelnen Subjekts zu anderen wirkt hier eher angesonnen und als Produkt einer späten Abstraktion... Die Glaubensgeschichten des Alten Testaments und des Neuen Testaments treten nicht zu einer in ihrem Subjektsein bereits konstituierten Menschheit hinzu, als Überbau oder feierliches Akzessorium. Sie sind vielmehr Geschichte der dramatischen Konstitution des Subjektseins der Menschen – eben durch ihr Gottesverhältnis. Menschen werden herausgerufen aus archaischen Gesellschaften; sie sollen zu Subjekten einer neuen Geschichte werden. Die Bestimmungen ihres Subjektseins haben dynamischen Charakter; Angerufenwerden in der Gefahr, Herausgerufenwerden aus der Angst, Exodus, Umkehr, Erheben des Hauptes, Nachfolge... Religion ist kein zusätzliches Phänomen, sondern ist am Aufbau des Subjektseins beteiligt. Alttestamentlich wird das deutlich an der Subjektwerdung Israels im Exodus.“ Metz, Glaube, 57f. – Ders., Unterbrechungen.

[247] Johannes Paul II., Redemptor hominis. – Peukert, Wissenschaftstheorie. – Stenger, Verwirklichung. – Zottl, Menschwerden durch Gottesliebe.

[248] Ansehen ist ein Wort, in dem in heutigem Sprachbewußtsein gut zum Ausdruck gebracht werden kann, was „Gnade“ ist: Hensel, Zu neuem Ansehen.

der, des Stolzes über die Berufung zum Volk Gottes, die Freude darüber, den Ehrennamen einer Christin und eines Christen zu tragen, setzt aber auch voraus, daß jene, denen im Lauf der Kirchengeschichte eine höhere Würde zugeteilt wurde, auf diese in Sprache und Handeln wieder verzichten. Die Reinigung der kirchlichen Sprache von Wortgebilden, die ein Mehr an Würde einzelner Personen und Stände andeuten, mag manchen unwichtig erscheinen; doch weil Sprache Wirklichkeit abbildet und festschreibt[249], ist eine solche Arbeit an der Sprache nicht unwichtig. Wörter wie „hochwürdig", „ehrwürdig", „Exzellenz" oder „Eminenz" sollen in Wort und Schrift tunlichst vermieden werden. So wichtig die Sprache aber ist, sie allein reicht nicht aus. Vielmehr ist vor allem von den Amtsträgern in der Kirche, denen traditioneller Weise ein Vorrang an Würde zugewiesen wurde[250], ein Amtsstil zu erwarten, der das Bewußtsein der Würde bei den übrigen Gemeindemitgliedern fördert statt hindert. Die Würde der amtlichen Gemeindemitglieder beruht nicht auf einer Entwürdigung der übrigen Gemeindemitglieder. Aus der Ordination der einen darf keine Subordination der anderen abgeleitet werden.

(b) Die Gemeinde und der Einzelne

Ob die Subjektwerdung unter den Augen Gottes unumstößliches Anliegen einer Gemeinde ist, das zeigt sich im praktischen und theoretischen Verhältnis *zwischen der Gemeinde und dem Einzelnen.*[251] Es gibt Gemeindemodelle, in denen dieses Verhältnis nicht dialektisch, sondern tendenziell zu Gunsten eines Poles des Spannungspaares bestimmt wird.

– Individualistische Ansätze gehen davon aus, daß sich der Einzelne im Vorgang einer unbezogenen Selbstverwirklichung fördern lasse. Gemeinde ist dann nur eine lose Ansammlung religiöser Individuen. Wo der Einzelne individualistisch konzipiert wird, kommt es zu einem Mangel an Verbindlichkeit.

– Es gibt aber auch Gemeindemodelle, die den Einzelnen dem Gemeindeganzen unterordnen. In solchen Gemeinden kommt es dann zu einem Ausfall an Individualität und persönlicher Eigenständigkeit.

[249] Berger u. a., Konstruktion, 36–48.

[250] Das Kirchenlexikon aus dem Jahr 1884 sagt vom Priester: „Die Würde des Clerikers steht im Verhältnis zu der ihm übertragenen Amtsgewalt. Dogmatisch betrachtet ist die priesterliche Würde die denkbar höchste, eine durchaus eigenartige und wunderbare. Der Priester müßte bei abstracter Betrachtung seiner Würde notwendig stolz werden. Im Individuum wird die Würde gemäßigt einmal durch in der Person gelegene Umstände, dann aber durch das Mehr an Jurisdictionsgewalt, welches andere Cleriker im Vergleich zu ihm genießen."

[251] „Es ist der Ort des Einzelnen, an dem sich das Gesamtbild der Kirche entscheidet." Drewermann, An ihren Früchten, 142.

Nonkonformismus lebensmäßiger und theoretischer Art gilt dann als Verrat an der Gemeinde. „Wenn die Kirche etwas vom Geiste Jesu atmen soll, dann wird es durch Menschen ermöglicht werden, die sich als Einzelne weigern, die kirchliche Variante der Maxime von der ‚Partei, die immer recht hat', nachzubeten und mitzumachen, und die sich nicht ‚ausrichten' lassen. Nötig sind heute mehr denn je die Menschen, die etwas von Hermann Hesses Mut zum Eigensinn besitzen. Sie sind der Einstellung Jesu sehr nahe. Aus ihrem Holze schnitzt Gott seine Propheten."[252]

(c) Partizipation

Zu der Kultur der Geschwisterlichkeit gehören praktische Möglichkeiten der *Partizipation*. Wer wirklich im Glauben gründendes Subjekt ist und um die mystisch begründete Würde weiß, nimmt Verantwortung wahr für sein eigenes Lebensschicksal, läßt sich aber auch von Gott beanspruchen, dazu beizutragen, daß das Volk Gottes lebt und handeln kann. Teilnahme, Partizipation ist mit Würde untrennbar verbunden. Die Würde der Menschen wird auch in der Kirche nicht ernst genommen, wo Menschen nicht auch in ihren religiösen Belangen für sich selbst sprechen dürfen und ihnen die Möglichkeit verwehrt bleibt, das Leben jener Gemeinde mitzugestalten, der Gott sie „hinzugefügt" (Apg 2,47) hat.

Partizipation ist eine Grundforderung der Katholischen Soziallehre. Der Einsatz für die verantwortliche Beteiligung aller Menschen ist eine der Hauptaufgaben der Kirche, die ihre Sendung zeitgemäß erfüllen will: „Eine Welt von Gerechtigkeit und Frieden kann nicht durch Worte allein geschaffen werden, und sie kann auch nicht durch äußere Kräfte auferlegt werden: Sie muß gewollt herbeigeführt werden durch die Mitarbeit aller. Es gehört wesentlich zum Menschen, einen Sinn für Mitwirkung zu haben, um teilzunehmen an den Entscheidungen und Bemühungen, die das Geschick der Welt bestimmen. Gewalt und Ungerechtigkeit haben in der Vergangenheit oft ihre tiefsten Ursachen im Gefühl der Menschen gehabt, des Rechtes beraubt zu sein, ihr Leben selbst zu gestalten. Und auch in Zukunft lassen sich Gewalt und Ungerechtigkeit nicht vermeiden, wenn und wo das Grundrecht auf Mitwirkung in den gesellschaftlichen Entscheidungen bestritten wird."[253]

Verantwortliche der Kirchen im Kontext der Unterdrückung haben,

[252] AaO., 164f.

[253] Johannes Paul II., Weltfriedenstag 1985, 9.

wie im 19. Jahrhundert die sozialistische Arbeiterbewegung[254], daraus den Schluß gezogen, daß es Aufgabe der Kirche sei, zumal die Armgemachten und Unterdrückten als Subjekte eines Gesellschaftsumbaus zu fördern, der zu einer gerechteren Verteilung der Lebenschancen führt. Die Fähigkeit zur Partizipation müsse dazu auf dem Boden der Kirche, zumal in den Basisgemeinden, erworben werden. Dies setze voraus, daß die Mitglieder in den kirchlichen Gemeinden auch an deren Entscheidungen teilnehmen. Basisgemeinden werden so zu einer Möglichkeit in der Kirche, „durch die einfache Christen ... Gleichheit und Mitbestimmung in der Kirche erlangen können"[255].
Die katholische Kirche hat auf dem Zweiten Vatikanischen Konzil Strukturen für die Mitbestimmung geschaffen: der Bischöfe am Geschehen der Gesamtkirche, der Priester und Laien am Leben der Ortskirche und der Ortsgemeinden. Seelsorgeräte wurden eingerichtet, denen es obliegt, „alles, was die Seelsorgearbeit betrifft, zu untersuchen, zu beraten und daraus praktische Folgerungen abzuleiten"[256]. Seitdem ist in den Gemeinden von Partizipation viel die Rede, die Gremien tagen, der Ablauf der Entscheidungsvorgänge hat sich aber oft nur wenig geändert. Trotz der partizipatorischen Strukturen kommt wirkliche Partizipation nur schwer auf. In den Gemeinden und deren Gremien verbreiten sich Enttäuschung und Ernüchterung, eine Gremienmüdigkeit wächst. So aber „stellt die Kirche kein wirkliches Zeichen der Hoffnung für die Welt dar und kommt ihrem Auftrag noch immer ungenügend nach".[257] Es hat also nicht genügt, daß Strukturen der Partizipation geschaffen wurden; es braucht dazu eine entsprechende Grundhaltung bei allen Beteiligten und aus Erfahrung gewonnene praktische Regeln. Man muß wissen, was mit der erstrebten Partizipation möglichst vieler nicht vereinbar ist und was diese fördert.
Mit Partizipation *nicht vereinbar* ist: für die anderen denken und diesen lediglich die Ausführung der über ihre Köpfe hinweg getroffenen Entscheidungen überlassen. Hinderlich für Partizipation ist das Streben nach „Einheit um jeden Preis". Wer Teilnahme wirklich will, rechnet mit langen Prozessen, an deren Ende Kompromisse stehen. Wer rasch ans Ziel kommen will, untergräbt Partizipation. Es ist auch zu wenig, die anderen nur um ihre Meinung zu fragen. Und Partizipation wird auch zerstört, wenn man den Dingen einfach ihren Lauf

[254] Zulehner, Kirche und Austromarxismus.
[255] Labayen, Basisgemeinden, 59.
[256] Christus dominus, 27.
[257] Crausaz, Partizipation, 4.

läßt. Der Verzicht auf Leitung und Vorbereitung hindert Partizipation ebenso, wie wenn man jeden für alles zuständig macht.[258]
Förderlich für Partizipation hingegen ist es, wenn man an die Menschen glaubt und ihnen etwas zutraut, ihre Interessen in den Mittelpunkt stellt, zur Selbständigkeit ermuntert, informiert, die Meinungsäußerung fördert, Vielfalt positiv bewertet, die Bereitschaft entwikkelt, partizipativ entstandene Entscheide auch solidarisch mitzutragen, wenn man mithin damit rechnet, daß Partizipation Zeit fordert und daß Fehler gemacht werden, aus denen man freilich lernen kann.[259]
Partizipation ist zumal für die Kirche selbst in heutigen Gesellschaften unverzichtbar. *Denn Identifikation mit der Gemeinde wächst durch Partizipation.* Die Folgen einer Nichtbeteiligung sind auch für die Gemeinde dementsprechend katastrophal. Ein Organisationsberater hat seine mehrjährigen Erfahrungen mit Partizipation so zusammengefaßt:
„Gelingt es, daß in dem Beratungsprozeß alle Beteiligten
– das Problem verstehen
– Zusammenhänge und Hintergründe von Entscheidungen erkennen
– die Möglichkeit haben, ihre Meinung zu äußern, auch wenn sie Minderheiten angehören
– Lösungen finden, bei denen sich niemand als Verlierer fühlt
– an der Planung, Entscheidung und Durchführung der Aufgabe beteiligt sind,
dann ist die Chance groß, daß sich Vertrauen entwickelt und die Teilnehmer die gefundene Problemlösung akzeptieren bzw. mitverantworten. Damit ist eine emotionale und sachliche Basis geschaffen, auf der tragfähige Veränderungsprozesse erfolgen können. Diese so simplen Voraussetzungen helfen, Energien zu bündeln, Kräfte zu konzentrieren und so jede Organisation langfristig leistungsfähiger, humaner und lebendiger zu machen.
In Organisationen, in denen
– nur wenige ‚das Sagen' haben
– viel verschleiert, wenig informiert wird
– die Mitarbeiter nicht um ihre Meinung gefragt werden
– Kritik als Demotivation abgewertet oder sogar bestraft wird
– die Mitarbeiter nur auf der Sachebene Kontakt miteinander haben,
kann keine vertrauensvolle Beziehung zwischen Menschen entstehen. Dies hat in der Regel zur Folge, daß auf der Sachebene Entscheidungen

[258] AaO., 9f.
[259] AaO., 13f.

boykottiert werden, indem die Mitarbeiter oftmals passiven Widerstand leisten.
Solche Organisationsstrukturen blockieren und demotivieren die Mitarbeiter und behindern die Leistungsfähigkeit einer Organisation. Unter solchen Bedingungen werden Energien zum Teil nutzlos verschleudert oder überhaupt nicht frei. Es wird Mißtrauen und Angst ausgelöst, was angepaßtes Verhalten und Lustlosigkeit verstärkt.
Die Kreativität und das vorhandene Potential des Einzelnen werden so nicht genutzt, wodurch das Wachstum aller Betroffenen und somit auch der Organisation behindert bzw. verhindert wird.“[260]

(d) Verbindlichkeit
Ein weiteres Element der Koinonia-Kultur ist Verbindlichkeit, die aus gläubiger Verbundenheit entspringt. Viele redlich engagierte Christen fragen heute, wieviel lebensmäßige Verbindlichkeit einer solchen gläubigen Verbundenheit angemessen ist. Manche Gemeinden nennen sich ausdrücklich „integriert“ und wollen damit kritisieren, daß es in den meisten herkömmlichen Ortsgemeinden (Pfarreien) einen Mangel an Verbindlichkeit gebe, und stecken sich zugleich selbst das Ziel, ihr ganzes Alltagsleben in das Leben der Gemeinde einzubinden.
Die Forderung nach Integration des Alltagslebens in die Gemeinde wird mit biblischen Erfahrungen begründet. Zwar wird exegetisch durchaus nicht geleugnet, daß Jesus einigen, die sich ihm anschließen wollten, dies verwehrt hat; er wünschte sogar, daß sie zunächst nicht einmal in die bürgerliche Gesellschaft zurückkehrten (vgl. Mk 7,33). Kritiker eines Defizits an Integration der Kirchenmitglieder in eine konkrete Gemeinde stützen sich vor allem auf jene Berichte, nach denen sich Personen – von Jesus angezogen oder berufen – dem engeren Jüngerkreis anschlossen, dabei ihren alten Lebensort („Haus“, Brüder, Schwestern, Vater, Mutter, Kinder und Äcker) verließen, um in einen neuen Lebensort, in eine neue Familie einzusiedeln, die wiederum Häuser und Äcker besaß und die von Brüdern, Schwestern, Müttern und Kindern besiedelt wurden (Mk 10,28–30); nur Väter gab es keine, weil die Stelle des schützenden Vaters nunmehr der „Vater im Himmel“ einnahm (Mt 23,8). In dieser neuen „Familie Gottes“ herrschten neue Lebensregeln, die sich an der Bergpredigt orientierten.[261] Im Umkreis Jesu entstanden somit „Bruderschaften“ mit einer hohen lebensmäßigen Verbindlichkeit:

[260] Birmelin, Struktur, 118f.
[261] Lohfink, Wie hat Jesus Gemeinde gewollt?, 42–62.

„Und alle, die gläubig geworden waren, bildeten eine Gemeinschaft und hatten alles gemeinsam. Sie verkauften Hab und Gut und gaben davon allen, jedem so viel, wie er nötig hatte. Tag für Tag verharrten sie einmütig im Tempel, brachen in ihren Häusern das Brot und hielten miteinander Mahl in Freude und Einfalt des Herzens. Sie lobten Gott und waren beim ganzen Volk beliebt. Und der Herr fügte täglich ihrer Gemeinschaft die hinzu, die gerettet werden sollten." (Apg 2,43–47)
„Die Gemeinde der Gläubigen war ein Herz und eine Seele. Keiner nannte etwas von dem, was er hatte, sein Eigentum, sondern sie hatten alles gemeinsam. Mit großer Kraft legten die Apostel Zeugnis ab von der Auferstehung Jesu, des Herrn, und reiche Gnade ruhte auf ihnen allen. Es gab auch keinen unter ihnen, der Not litt. Denn alle, die Grundstücke oder Häuser besaßen, verkauften ihren Besitz und brachten den Erlös und legten ihn den Aposteln zu Füßen. Jedem wurde davon so viel zugeteilt, wie er nötig hatte." (Apg 4,32–35)
1. Gemessen an dieser Form des Lebens in der Jerusalemer Urgemeinde leben heute viele Gemeinden in gegensätzlicher Unverbindlichkeit. Viele, die sich selbst als gute Christen sehen, betrachten sich lediglich als *„Kirchenbesucher"*, ein Wort, das Unverbindlichkeit eines Gastes konnotiert. Unter den Bedingungen des mittelalterlichen Pfarrbanns, der zugrunde liegenden schwachen Mobilität der Bevölkerung und der soziokulturellen Stützung des christlichen Lebens wirkte sich ein solches „Besucher-Verhältnis" nicht allzu nachteilig auf das gemeindliche Leben aus. Das ist heute anders. Großstadtgemeinden klagen darüber, daß sie zumal zu den hohen Festtagen (wie Ostern, Weihnachten, Pfingsten) kaum noch in der Lage sind, einen würdigen und feierlichen Gottesdienst zu begehen. Wer einigermaßen mobil und finanzkräftig ist, verläßt in den Urlaubstagen die Stadt; solche mobilen Städter „besuchen" dann am Urlaubsort den Gottesdienst; in der Heimatgemeinde hingegen gibt es Gottesdienst auf Sparflamme: ohne Kirchenchor, ohne MinistrantInnen, ohne sangeskräftige SängerInnen im Volk, ohne LektorInnen. Der verbreitete „Sakral-Tourismus" ist Symptom mangelnder Verbindlichkeit. Gegenläufig dazu gibt es heute wieder Christen, die erkannt haben, daß sie der Gemeinde fehlen, wenn sie zu den großen Festen verreisen; sie fühlen sich verantwortlich dafür, daß in jener Gemeinde, zu der Gott sie hinzugefügt hat, Gottesdienst würdig gefeiert werden kann. Sie sind dabei, aus „Kirchen-Besuchern" „Kirchen-Bewohner" zu werden. Und das ist auch der innere Sinn der kirchlich gebotenen Sonntagspflicht: Sie ist ein praktisches Moment an der Berufung von Christen, das Leben und Wirken einer Ortsgemeinde zu ermöglichen. Von hier aus wird auch verständlich, daß es nur wenig

nützt, die Sonntagspflicht über das Gebot autoritär einzumahnen. Es käme vielmehr darauf an, aus Kirchenbesuchern Kirchenbewohner zu machen, also die der Kirchenberufung innewohnende Verbindlichkeit zu fördern. Das aber ist ein spiritueller und kein autoritärer Vorgang.

2. Das Thema der Verbindlichkeit wird akut auch in der Frage, in welchem Verhältnis die (bürgerliche) *Ehe zur Kirchengemeinde* steht. Die biblischen Berichte kennen eine uns heute befremdliche Relativierung der Ehe zugunsten der Kirchengemeinde. Heiraten wurde als Moment an einer vergehenden Welt relativiert (1 Kor 7,29–32). In der kommenden Welt, im Himmelreich, werde nicht mehr geheiratet (Lk 20,27–40): Spuren solcher „Praxis des Himmels" werden aber schon jetzt in der Gemeinde wirklich. Dies ist die Wurzel der evangelischen Räte, wie sie nicht nur in den Orten jenseits der Gemeinden, sondern ursprünglich auch in den Gemeinden gelebt wurden.[262] Bis heute gilt, daß seine Ehe verlassen kann, wer im Einvernehmen mit dem Partner in einen Orden eintreten will. Paulus gab darüber hinaus die Anweisung, daß niemand an eine heidnische Ehe gebunden sei, wenn dadurch die gläubige Existenz in der Gemeinde bedroht werde (1 Kor 7,8–16), eine Regel, die auch heute noch als Privilegium Paulinum im Kirchenrecht festgeschrieben ist.

Feststeht also, daß auf jeden Fall die „nichtkirchliche Ehe" mit einem Heiden, darüber hinaus aber auch die Ehe unter Christen auf die gläubige Existenz in der Gemeinde hin relativiert waren. Die Grundzugehörigkeit des Christen bezog sich auf die Gemeinde, nicht auf die Ehe. Sakramententheologisch drücken wir dies darin aus, daß die Taufe das Fundament christlichen Lebens in einer Gemeinde ist und gegenüber diesem Fundament die anderen Sakramente nachgeordnet (wenngleich natürlich nicht abgewertet) sind. Niemand kann nämlich eines der übrigen Sakramente empfangen, wenn er nicht getauft ist. Das Wissen um die grundlegende Bedeutung der Taufe ist im Lauf der Kirchengeschichte praktisch vielfach verloren gegangen. Amtsträger besitzen primär eine an der Weihe ausgerichtete Spiritualität, Eheleute orientieren sich spirituell am Sakrament der Ehe. Die Taufe spielt dabei kaum eine Rolle. Allerdings kommt es heute zu einer Erneuerung des Taufbewußtseins: bei den „Laien" ganz allgemein, aber auch bei Priestern und nicht zuletzt auch bei Eheleuten. Sie erle-

[262] Würden auch heute nicht alle, die nach den drei „Losigkeiten" leben, aus den Ortsgemeinden abgezogen, könnten sie leichter bezeugen, daß sie schon jetzt, inmitten der Welt, etwas von der Praxis des Himmels leben. Es reicht dazu auch nicht aus, den Amtsträgern der Gemeinde diese Lebensform zuzuweisen. Zulehner, Leibhaftig glauben, 81–89.

ben sich dann zunächst als Brüder und Schwestern in einer christlichen Gemeinde. Und erst auf dieser Basis wissen sie sich als Amtschristen oder als Ehechristen.

Es ist nun wieder schwer zu sagen, was aus einer solchen theologischen Überlegung über das Verhältnis von Gemeinde und Ehe für das praktische christliche Leben folgt. Wie wird die Zeit zwischen beiden sozialen Bereichen verteilt, wie Phantasie und Geld? Es wird zunächst darauf ankommen, daß die betroffenen Eheleute selbst bestimmen, wie sie eine schöpferische Balance zwischen Ehe und Gemeinde halten. Von außen her kann das nicht verordnet werden. Dabei spielt gewiß eine Rolle, daß die Gemeinde daran interessiert ist, daß ein „Bruder und eine Schwester", die ihre Lebensgeschichten miteinander gläubig verknüpft haben, um in Frieden miteinander alt zu werden, in ihrer Ehe anschaulich machen, wofür die Gemeinde als ganze steht: daß nämlich im Umkreis Gottes Vertrauen und daher „freie Treue aus dem Glauben" möglich ist. Dazu nimmt die Kirchengemeinde Eheleute bei der Trauung in Dienst. Andererseits ist nicht zu übersehen, daß im Zuge der Privatisierung des Lebens in den hochkomplexen modernen Gesellschaften sich die „kleinen Lebenswelten" immer mehr abschließen, was auch die Beziehung zur Kirchengemeinde betrifft. Dabei wäre es ein „Segen" für die viel zu kleinen Familien, würden sie sich auf die Gemeinde hin öffnen. In guten Tagen der Familie könnte die Einnetzung in die Gemeinde die Familie anreichern und fördern; in bösen Zeiten (wie etwa bei einer Scheidung oder beim Verlust eines Partners durch frühzeitigen Tod) könnte die Gemeinde die Hinterbliebenen auffangen. Es wäre auch leichter möglich, Geschiedenen die Weisung Jesu zuzumuten, allein leben zu lernen, doch wäre ein solches Alleinleben inmitten eines reichen Gemeindelebens menschlich eher erträglich.[263]

3. Die Forderung nach mehr Verbindlichkeit und damit Einbindung des alltäglichen Lebens in das Leben der Gemeinde wird heute mit der Vorstellung verknüpft, die Kirche müsse in ihren Gemeinden eine *„Kontrastgesellschaft Gottes"* sein.[264] Sie sei berufen, eine Alternative zum Leben in den profanen Gesellschaften zu leben.

Solch ein Sprachbild hebt wichtige Aspekte der Berufung der Kirche auf. Es richtet sich gegen eine Verkürzung des Christentums auf eine rein innerliche und private Angelegenheit. Der Gemeinschaftswille Jesu, damit die innere Bezogenheit des Glaubenden auf die Mitglaubenden und die übrigen Menschen wird durch den Wortteil „Gesell-

263 Dazu: Zulehner, Scheidung.
264 Lohfink, Wie hat Jesus Gemeinde gewollt?, 181–187. – Lohfink, Orden, 31–54.

schaft" unterstrichen. Zudem soll ausgedrückt werden, daß sich das Evangelium auf die Gestaltung weltlicher Lebensvorgänge auswirkt: auf die gewaltlose Sorge um den Frieden, die Bewahrung der Schöpfung, das Austragen von Konflikten, auf den Umgang miteinander.

Unabhängig von der Frage, was sich die Erfinder dieses Leitbildes konkret unter einer christlichen Gemeinde vorstellen, die eine „Kontrastgesellschaft" ist, werden hier Konsequenzen benannt, die der Begriff nicht haben dürfte:

– Der Begriff „Kontrastgesellschaft" könnte im Wortteil „Kontrast" zum ererbten Vorurteil zurückführen, daß die kirchliche Gesellschaft gut und die weltliche Gesellschaft schlecht ist. Hier Heil, dort Unheil. Hier Licht, dort Finsternis. Es würde übersehen, daß es in der weltlichen Gesellschaft sehr viele Vorgänge gibt, die „wahr und gut" sind, worin sich zeigt, daß Gott am Werk ist.[265] Gottes Geist weht, wo er will; er ist es, der das Angesicht der Erde erneuert. Und wenn das Konzil und die Päpste von den Zeichen der Zeit sprechen, dabei etwa an den wachsenden Wunsch der Menschen nach Freiheit, an die Entschlossenheit der Frauen nach Anerkennung ihrer Würde und nach einem gerechteren Anteil am gesellschaftlichen Leben erinnern, dann unterstellen sie, daß sich auch außerhalb der kirchlichen Kontrastgesellschaft Gutes entwickelt. Die Bewahrung der Schöpfung, die Sorge um den Frieden, das Engagement für die Unterdrückten ist in vielen gesellschaftlichen Bewegungen nachweislich besser aufgehoben als in der kirchlichen Kontrastgesellschaft.

– Nun könnten die Verfechter des Konzepts der Kontrastgesellschaft einwenden, dieses sei ein biblisch begründetes Leitbild, das nicht die Wirklichkeit der Kirche und ihrer Gemeinden beschreibe, sondern eher eine Vision darstelle, die die vorfindbare gemeindliche Wirklichkeit kritisiere, zugleich aber eine Entwicklung der Gemeinden in Richtung der Vision anregen möchte. Dann aber bleibt immer noch die Frage, warum mit einem Ideal von Gemeinde die Realität der profanen Gesellschaft gemessen und kontrastierend verurteilt wird. Warum nimmt man nicht auch das Ideal der profanen Gesellschaft zum Vergleich her? Wer sagt denn auch, daß jede Gesellschaft von vornherein nur heil- und gottlos sein müsse? War es so zur Zeit der mittelalterlichen Christianitas? Der profanen Wirklichkeit wird – wie der konkreten Kirche – also nur gerecht, wer Heils- und Unheilsanteile zu unterscheiden vermag. Geschieht dies nicht, dann liegt der Verdacht nahe, die Welt müsse dazu schlechter gemacht werden, als sie ist, um die Berufung der Kirche und ihren missionarischen Auftrag

[265] Lumen gentium, 16.

besser begründen zu können. Theologisch ist dies nicht nötig, psychologisch aber praktisch. Dann kann nämlich das idealisierte Kirchenbild von der Kontrastgesellschaft auf die real existierende Kirche übertragen und kann deren erforderliche Kritik abgeblockt werden.

– Dazu kommt, daß die Kirche für alle gesellschaftlichen Aufgaben gar nicht allein zuständig sein kann: nicht für die weltweite Abrüstung, nicht für den verantwortlichen Umgang mit der Gentechnologie, nicht für die neue wirtschaftliche und soziale Revolution, die im Zuge des Übergangs von der Industrie- zur Informationsgesellschaft vor unseren Augen stattfindet. Kirchliche Kontrastgesellschaft kann den Nord-Süd-Konflikt nicht auf eigenem Boden lösen, weil dieser in der kirchlichen Kontrastgesellschaft gar nicht anzusiedeln ist. So ist es auch sozialwissenschaftlich fragwürdig, die Kirche doch wieder eine „societas perfecta“ zu nennen. Die auf dem Konzil gefundene Bescheidenheit, die sich in einem Bekenntnis zu einer relativen Autonomie weltlicher Sachbereiche niederschlug[266], scheint durch den triumphalistischen und integralistischen[267] Begriff der Kontrastgesellschaft wieder aufgelöst zu werden. Es scheint nunmehr erneut (wie in der Zeit der Romantik im vergangenen Jahrhundert) zu gelingen, eine „christliche Wirtschaft“, ein „christliches Bankwesen“, ein „christliches Krankenhaus“ und „ein christliches Schulwesen“ zu entwerfen. Natürlich wird in der Kritik, die wir hier skizzieren, nicht behauptet, daß das Christliche auf die Gestaltung all dieser weltlichen Bereiche keinen Einfluß habe. Zudem wird nicht geleugnet, daß es aus der Kraft des Evangeliums nicht möglich sei, Modelle für pädagogische, wirtschaftliche oder finanzielle Praxis zu entwerfen. Solche Modelle sind aber stets vorläufig und können kaum den Anspruch erheben, für das Handeln eines jeden Christen und einer jeden Gemeinde allgemein verbindlich zu sein.

– Das Bild von der Kontrastgesellschaft enthält zumeist noch die Praxisanleitung, daß ihre Wirksamkeit in der Kraft des gelebten Beispiels, nicht aber durch die Mitarbeit von Christen in weltlichen Bereichen zu geschehen habe. Die Mitarbeit von Christen in der Regierung Nicaraguas wird dann bildhaft kritisiert als Ausbessern der Straßen in „Ägypten“, anstatt daß inmitten Nicaraguas Christen in ihren Gemeinden (also in „Kanaan“) Gottes Kontrastgesellschaft aufbauen, an der sich dann die profane Gesellschaft des Landes orientieren werde. Solch eine Konzeption von politischer Diakonie der Chri-

[266] Gaudium et spes, 36.
[267] Von Balthasar, Integralismus, 737–747.

sten trägt sehr viel Bedenkenswertes an sich. Christen sollten nicht von anderen verlangen, was sie nicht selbst ansatzhaft zu leben versuchen. Es ist unsinnig, von weltlichen Arbeitgebern Gerechtigkeit zu fordern, wenn der kirchliche Arbeitgeber diese nicht ausreichend praktiziert. Das in der Idee der Kontrastgesellschaft enthaltene Konzept politischer Diakonie eignet sich zudem in Fragen, für deren Lösung Zeit zur Verfügung steht. Was aber, wenn neben der Christengemeinde in Mauthausen ein Konzentrationslager ist, in dessen Steinbruch Juden, Sozialisten und Christen zu Tode kommen? Was, wenn die Lebensverhältnisse der Schwarzen in den zwangsweise errichteten Homelands Südafrikas zum Himmel schreien? Reicht dann eine solche beschauliche Politik des Vorlebens von Alternativen aus? Es muß dann wohl andere Formen der Einmischung von Christen in die weltlichen Verhältnisse geben. Gewiß: Jesus verwendet die Bilder von der Stadt auf dem Berg und vom Licht der Welt (Mt 5,14); er redet aber auch vom Sauerteig, und der muß unter das Mehl gemischt werden (Mt 13,33). Er spricht vom Salz, das in die Suppe gehört (Mt 5,12). So haben es denn Christen immer verstanden und halten sich auch in der weiten Weltkirche daran, daß sie die Mühsal auf sich zu nehmen haben, in politischen Bewegungen und Parteien mitzuarbeiten, in Nord-Süd-Kommissionen zu sitzen, bei der UNO zu arbeiten und Entwicklungshilfe zu betreiben. Solche Christen setzen in ihrer Praxis etwas vom Geheimnis Jesu fort, der sich eingemischt hat in die menschliche Geschichte, um sie von innen her nach und nach zu verändern. Diese Praxis macht das Konzept einer Kontrastgesellschaft nicht sinnlos, sprengt es aber an einem entscheidenden Punkt auf.

(e) Ökumene

Ein Aspekt der Koinonia zwischen den Kirchen, aber auch zwischen den Gemeinden ist die „Brüderlichkeit“ zwischen den verschiedenen Konfessionen. Die Ökumene spielt sich ja auf verschiedenen Ebenen ab: auf jener der Kirchenleitungen, dann auf jener der Theologen, schließlich zwischen den einfachen Kirchenmitgliedern in den verschiedenen Gruppen und Gemeinden. Ein besonders wichtiges Feld ökumenischer Begegnung stellen die Mischehen dar.

„Die Sorge um die Wiederherstellung der Einheit ist Sache der ganzen Kirche, sowohl der Gläubigen wie auch der Hirten, und geht einen jeden an... Diese Sorge macht schon einigermaßen deutlich, daß eine brüderliche Verbindung zwischen allen Christen schon vorhanden ist; sie ist es, die schließlich nach dem gnädigen Willen Gottes zur vollen und vollkommenen Einheit hinführt."[268] Auch die ökumenische Koinonia wird nur dann, so das Konzil, wachsen, wenn sie aus der Koinonia aller Beteiligten mit dem dreifaltigen Gott hervorgeht: „Je inniger die Gemeinschaft ist, die sie (die Christgläubigen) mit dem Vater, dem Wort und dem Geist vereint, um so inniger und leichter werden sie imstande sein, die gegenseitige Brüderlichkeit zu vertiefen."[269]

Im Rahmen der vorliegenden Gemeindepastoral werden wir nicht alle ökumenischen Bemühungen besprechen können, auch nicht jene, die auf Gemeindeebene stattfinden. Zwei Fragen, die viele Gemeinden beschäftigen, greifen wir auf: die Mischehenpastoral und die ökumenischen Gottesdienste. Auf diesem praktischen Hintergrund soll die derzeitige „flaue" Situation der Ökumene von religionssoziologischer Warte aus beleuchtet werden. Schließlich stellen wir zusammen, was die verschiedenen christlichen Gemeinden in der nächsten Zeit auch dann schon voneinander lernen können, wenn die Einigung der Kirchen noch nicht erreicht ist. Dabei gehen wir davon aus, daß für die Einigung nicht das Modell der Uniformität, sondern das der versöhnten Verschiedenheit[270] handlungsleitend sein wird, also die verschiedenen Kirchen und ihre Gemeinden den Reichtum ihres Erbes weithin bewahren und so der geeinten Christenheit zur Verfügung halten werden.

1. Mischehen

Jahrhundertelang hatten die verschiedenen christlichen Kirchen erfolgreich eine „konfessionelle Endogamie" gefördert: Nur Mitglieder aus der eigenen Konfession sollten einander heiraten.[271] Nach dem Wegfall der dafür günstigen „christentümlichen Verhältnisse" in europäischen Ländern konnten sich die Kirchen mit ihrer endogamen Ehepolitik nicht mehr behaupten. Immer mehr Bürger heirateten einen Partner mit einer anderen Konfession. Ein solcher Schritt, gegen den erklärten Willen der eigenen Kirche getan, führte zumeist zu einer Entfremdung von dieser. Auch das Umgekehrte trifft zu: Je mehr Kirchenmitglieder dem Leben und Glauben ihrer Kirche entfremdet waren, desto wahrscheinlicher wurden konfessionsverschiedene Ehen.[272] Die erzwungene Bevölkerungsverschiebung nach dem

268 Unitatis redintegratio, 7.
269 AaO.
270 Neuner, Handbuch der Ökumene, 170–177.
271 Zur Frage konfessionell verschiedener Ehen: Neuner, Geeint im Leben.
272 Zum statistisch engen Zusammenhang zwischen Kirchlichkeit und Mischehe: Schmidtchen, Zwischen Kirche und Gesellschaft, 149–155.

Zweiten Weltkrieg mischte zudem die einst konfessionell einheitlicheren Gebiete Europas, was die Voraussetzung für Mischehen noch vergrößerte.
Die Erkenntnis, daß sich Mischehen nicht mehr verhindern ließen und diese zudem nicht nur Ausdruck, sondern auch Ursache für eine Entfremdung von Kirchenmitgliedern von ihrer Kirche wurden, ließ die christlichen Großkirchen ihre „Ehepolitik" ändern.[273] Eine Mischehenpastoral wurde entwickelt, die einem, wenn auch späten Arrangement mit einer unerwünschten, aber nicht verhinderbaren Entwicklung gleichkam. Heute existiert für Mischehen eine Reihe pastoraler Möglichkeiten:

– *Schon die Vorbereitung, das Traugespräch, kann unter Beisein der amtlichen Vertreter beider Konfessionen gehalten werden.*[274]

– *Die Trauung des Mischehepaares kann „ökumenisch" durchgeführt werden, wobei der Begriff „ökumenische Trauung" nicht zutreffend ist: Vielmehr ist es eine Trauungsfeier entweder in einer katholischen oder einer evangelischen Kirchengemeinde, und dies unter Beisein der Amtsträger einer oder beider Konfessionen, wobei die Feier so gestaltet werden soll, daß die Teilnehmer aus beiden Konfessionen der Trauungsfeier leicht folgen können und liturgische Elemente aus beiden Konfessionen vorkommen.*[275]

– *Im Vergleich zu früheren Zeiten, in denen sich der nichtkatholische Partner zur Taufe und Erziehung der Kinder in der katholischen Kirchengemeinde verpflichten mußte, wird heute eine gemeinsame Entscheidung der Eltern erwartet.*

Solche Regelungen stellen zwar einen großen Sprung in der ökumenischen Entwicklung dar und sind nur auf dem Hintergrund des Ökumenismusdekrets des Zweiten Vatikanischen Konzils[276] verständlich. Sie lösen aber keineswegs alle auftretenden Probleme.
So gibt es bezüglich der religiösen Erziehung der Kinder nach wie vor viele praktische Fragen: In welcher Kirchengemeinde sollen die Kinder getauft werden? Wie sollen sie zu jener ökumenischen Grundhaltung erzogen werden, die sie die verschiedenen Ausformungen des christlichen Glaubens ihrer Eltern verstehen lassen? Soll es vielleicht zu einer

[273] Maßgeblich für die neue Haltung der katholischen Kirche zur Mischehe wurden die Dokumente aus den Jahren 1966 (Martrimonii sacramentum vom 18.3.1966) und 1970 (Paul VI., Matrimonia mixta vom 31.3.1970).

[274] Traugespräch.

[275] Falls die Trauung in einer evangelischen Kirchengemeinde stattfindet und nicht der katholische Pfarrer das Ja-Wort erfragt, braucht der katholische Teil eine Dispens von der Formpflicht. – Ökumenische Trauung.

[276] Unitatis redintegratio.

Taufe und damit einer Eingliederung der Kinder in zwei Konfessionen kommen?[277] *Sollen die Kinder dann wechselweise am Gottesdienst und gemeindlichen Leben beider Kirchen teilnehmen? Soll es einen gemeinsamen, „konfessionell-kooperativen“*[278] *Religionsunterricht geben?*

An praktischen Fragen dieser Art wird deutlich, daß die Mischehen in einer sehr bedrängenden Weise die Folgelasten der Kirchenspaltung tragen. Allerdings unterstützen sie die Kirchen dabei heute bereits. In den Kirchengemeinden gibt es darüber hinaus auch Mischehepaargruppen, in denen die Betroffenen einander beistehen und fachliche Beratung gegeben wird. Es ist auch nicht zu leugnen, daß bei einigen Mischehepaaren eine Ökumene gelebt wird, von der die meisten Kirchengemeinden und auch die Kirche insgesamt noch weit entfernt sind. Insofern leisten diese Paare einen unersetzlichen Beitrag zur ökumenischen Bewegung.[279] Doch kann auch nicht übersehen werden, daß dies alles nur bei wenigen Paaren geschieht, die eng mit ihrer Kirche verbunden sind, eine hohe Standfestigkeit in ihrer konfessionellen Tradition haben und sich zugleich tolerant erweisen.[280] Für die Mehrzahl ist der Eintritt in eine Mischehe ein Schritt weiter weg von der konkreten Kirche. Zudem kann auch nicht ausgeschlossen werden, daß in kritischen Zeiten konfessionelle Konflikte und Paarkonflikte vermengt werden und einander aufschaukeln. Vor allem aber ergeben sich gerade für die engagierten Mischehepaare Probleme in der Frage des Sonntagsgottesdienstes.

2. Eucharistische Gastfreundschaft

Grundsätzlich sind heute ökumenische Gottesdienste möglich und haben sich für bestimmte Zeiten auch eingebürgert.[281] Zumeist han-

277 Gegen eine solche Praxis nimmt Stellung: Taufe und Kirchenzugehörigkeit. – In dieser Orientierungshilfe wird für eine „double participation“, nicht aber für eine „double partenance“ plädiert. Offenheit unter gleichzeitiger eindeutiger Zugehörigkeit gilt als praktisches Prinzip.

278 Ökumene in der Schweiz, 32.

279 Dies wird auch in öffentlichen Dokumenten anerkannt und gewünscht: So Johannes Paul II., Familiaris consortio, 78.

280 Solche Eigenschaften werden von den Partnern als akzeptable Beweggründe für eine „ökumenische Trauung“ erwartet: „Ein ökumenischer Trauungsgottesdienst ist immer angebracht, wenn die Brautleute damit ein Zeichen setzen wollen, daß sie in der Ehe alle religiösen Probleme gemeinsam und unter Wahrung der Glaubensüberzeugung des anderen Partners zu lösen suchen und sich für die Einheit der Christen einsetzen wollen.“ Ökumenische Trauung, 14.

281 Als solche Zeiten gelten: die Gebetswoche für die Einheit der Christen (18.-25.1.); die Gebetswoche der „Evangelischen Allianz“ (erste volle Woche im Januar); der Weltgebetstag (am ersten Freitag im März), die Zeit von Himmelfahrt bis Pfingsten; an besonderen Tagen wie in der Schweiz am 1.August, dem Eidgenössischen Bettag, zur Jahresschluß-

delt es sich um Wortgottesdienste. Ökumenische Eucharistiefeiern wurden versucht

– *als Inter- oder Konzelebration (Amtsträger und weitere Kirchenmitglieder feiern gemeinsam nach einem Ritus, sie kommunizieren auch),*

– *als simultane, verbundene Eucharistiefeier (Amtsträger verschiedener Konfessionen feiern nach einem gemeinsamen Wortgottesdienst miteinander die Eucharistie, unter Umständen an verschiedenen Tischen, wobei sie abwechselnd Teile aus der Abendmahlsliturgie je ihrer Kirche sprechen, und die Leute kommunizieren getrennt bei „ihren" Amtsträgern), sowie*

– *als sukzessive, verbundene Eucharistiefeiern (Amtsträger verschiedener Konfessionen feiern nach einem gemeinsamen Wortgottesdienst nacheinander die Eucharistie, unter Umständen an verschiedenen Tischen, wobei jeder dem Abendmahlritus seiner Kirche folgt, und die Leute kommunizieren getrennt bei „ihren" Amtsträgern).*

Solchen ökumenischen Eucharistiefeiern wird nachgesagt, daß sie entweder bei der Interzelebration eine Einheit vortäuschen, die nicht gegeben ist (wobei andere sagen, auf diesem Wege werde die Einheit, die leider noch nicht da ist, endlich vorangebracht); oder aber sie zelebrieren weniger die Einheit als die Gespaltenheit der Kirchen, weil sie eben nicht in der Lage sind, im zentralen Tun, dem Herrenmahl, gemeinsam zu feiern. Für Mischehepaare und viele andere ökumenisch engagierte Christen ist die „ökumenische Gastfreundschaft" ein dringliches Anliegen. Wenn sich nämlich beispielsweise Partner aus einer Mischehe regelmäßig und gemeinsam am Gottesdienst beteiligen, und dies aus Achtung vor dem Partner einmal in der einen und dann in der Kirche des anderen tun, stellt sich ja die Frage, ob sie dann auch zum Abendmahl / zur Kommunion gehen können. In dieser Frage haben bislang die Kirchen anders entschieden:

– *Der Reformierte Weltbund erklärte 1954: „Als reformierte und presbyterianische Kirchen bezeugen wir unseren Mitchristen, daß wir uns verpflichtet wissen zur gegenseitigen Anerkennung des Amtes, der Sakramente und der Mitgliedschaft aller Kirchen, welche nach der Schrift Jesus Christus als den Herrn und Heiland bekennen. Wir laden die Glieder aller dieser Kirchen zum Tische unseres gemeinsamen Herrn ein und heißen sie freudig willkommen."*[282]

feier; wöchentlich oder monatlich als Mittags- und Abendgebet; bei Zusammenkünften von Mischehegruppen und ähnlichen Anlässen: Ökumene in der Schweiz, 22.

[282] Bericht der Vollversammlung in Princeton, Kommission 1: zit. nach: Ökumene in der Schweiz, 23.

– Die katholische Kirche hingegen hat auf dem Zweiten Vatikanischen Konzil eine differenziertere Position festgelegt, die darauf hinausläuft, daß für gewöhnlich evangelische Christen unter bestimmten Voraussetzungen in der katholischen Eucharistiefeier kommunizieren können, katholische Christen umgekehrt aber – was viele evangelische Christen sehr kränkt – zum evangelischen Abendmahl (wegen des „defectus ordinationis“ und unterschiedlicher Auffassungen hinsichtlich der Gegenwart Christi in den eucharistischen Gestalten) nicht hinzutreten dürfen.[283]

– Diese Regelung für katholische Christen, zum evangelischen Abendmahl nicht gehen zu dürfen, wurde allerdings auf der Schweizer Synode '72 modifiziert: „Falls ein Katholik in einer Ausnahmesituation und nach Abwägung aller Gründe zur Überzeugung kommt, daß er nach seinem Gewissen zum Empfang des Abendmahls (in einer evangelischen Kirche) berechtigt sei, kann ihm dies nicht notwendigerweise als Bruch mit der eigenen Kirchengemeinschaft ausgelegt werden, wenn auch eine gemeinsame Teilnahme an der Eucharistie (einer anderen Kirche) problematisch bleibt, solange die Kirchentrennung andauert.“[284]

Die Lage ist für die betroffenen Personen in Mischehen also in vielfacher Hinsicht ebenso wenig befriedigend, wie auch die ökumenischen Bemühungen zwischen den Gemeinden verschiedener Konfessionen oftmals auf herbe Schwierigkeiten stoßen. Gerade von Christen, die von der Kirchenspaltung betroffen sind, wird daher der gegenwärtige Zustand der ökumenischen Entwicklung als höchst unbefriedigend eingeschätzt. Stagnation wird beklagt. Was in dieser Lage geschieht, soll nun mit religionssoziologischen Hilfsmitteln dargestellt und analysiert werden.

[283] Die Synode '72 in der Schweiz legte nicht-römisch-katholische Christen betreffend fest: „Ein Christ, der aus dem gleichen eucharistischen Glauben lebt wie die katholische Gemeinde, aber in einer Gemeinschaft geboren wurde, die von der vollen Gemeinschaft mit der katholischen Kirche – oft nicht ohne Schuld der Menschen auf beiden Seiten – getrennt ist, dem daher die Schuld der Trennung nicht zur Last gelegt werden darf und dem die katholische Kirche in brüderlicher Achtung und Liebe begegnet (Dekret über den Ökumenismus, 3), ein solcher Christ muß zum eucharistischen Mahl zugelassen werden, wenn seine Bitte einem wahren geistlichen Bedürfnis entspricht und er wegen physischer oder moralischer Unmöglichkeit die Kommunion in der eigenen Gemeinde nicht empfangen kann. ‚Ohne rechtmäßigen Grund soll ein Glaubender nicht der geistlichen Frucht der Sakramente beraubt werden‘ (Ökumenisches Direktorium). Nach der Interpretation des Einheitssekretariates darf diese Unmöglichkeit in einem weiten Sinn gefaßt werden, da sie auch Christen in der Diaspora einschließt, die nur ‚mit großer Mühe‘ ihre eigene Gemeinde aufsuchen können (Instruktion vom 1. Juni 1972).“ Zit.nach: Ökumene in der Schweiz, 24.

[284] AaO., 24.

3. Kartellierung und Markenabgrenzung

Die Analyse von Texten, die in der letzten Zeit gemeinsam von zwischenkirchlichen Kommissionen beschlossen wurden, belegen folgende Situation:

1. Angesichts der zunehmend schwierigen Lage des Christentums in den modernen Gesellschaften müssen die Religionen zusammenrükken, um ihre soziale Präsenz zu verbessern; auch gegenüber dem säkularen Staat sind zusammengeschlossene Kirchen durchsetzungsfähiger.[285] Ein religiöses Kartell wird gefordert und in der ökumenischen Bewegung aufgebaut.

2. Gegen solche Kartellierungsprozesse regen sich Widerstände. Es wird befürchtet, daß die Eigenständigkeit der Institutionen verlorengeht, eine stärkere Kirche die schwächeren aufsaugt oder gar ihre Unterordnung verlangt (wie dies manchmal der katholischen Kirche vorgeworfen wird). Der Verlust geschichtlich gewachsener reicher Formen durch Uniformierung wird befürchtet. Zugleich wird die Ansicht vertreten, daß ein plurales Christentum heute in der Lage ist, mehr Menschen zu binden als ein uniformes.[286] Trotz ökumenischen Zusammenrückens gibt es die Sorge um die Wahrung von Marktanteilen. Die Wanderung zwischen Konfessionen (vor allem von Amtsträgern) wird ebenso beargwöhnt, wie die Befürchtung geäußert wird, daß eine Kirche von der anderen Mitglieder abwerben könne.[287] Gegen ein solches Abwerben – „Proselytismus" genannt – wird wachsam gekämpft.[288]

Das Ziel könne also nicht ein uniformes religiöses Kartell sein, sondern nur ein Verband eigenständiger Kirchen, die bei begrenzten Aufgaben zusammenwirken. Ein Modell der „versöhnten Verschie-

[285] – „Angesichts der Säkularisierung und Entchristlichung gilt es, gemeinsam zu handeln, gemeinsam zu sprechen, gemeinsam Versöhnung zu zeigen."
– „Er (der ökumenisch gestaltete diakonische Dienst) ermöglicht die Zusammenarbeit von Christen verschiedener konfessioneller Angehörigkeit aus christlicher Motivation im säkularen Raum": Ökumene in der Schweiz, 61.
– „Für das diakonische Zeugnis der Kirchen in der Öffentlichkeit wesentlich ist ein gemeinsames Auftreten kirchlicher Hilfs- und Sozialwerke für die Wahrnehmung bestimmter sozialer Aufgaben im In- und Ausland, die Vertretung gemeinsamer sozialer Anliegen gegenüber dem Staat..." AaO., 66.

[286] Kaufmann, Kirche begreifen, 54–81.

[287] Im Zuge umstrittener Bischofsernennungen in Österreich sagte ein evangelischer Kirchenführer, daß seine Konfession die Arme für unzufriedene Katholiken weit ausstrecke. Dies löste vorhersehbare Verstimmung bei katholischen Bischöfen aus. Kathpress 14 und 15/1989 vom 20.und 23.1.1989.

[288] „Jedes missionarische Zeugnis steht in Gefahr, zum Proselytismus zu werden... Folgende Forderungen sind an ein ökumenisches missionarisches Zeugnis zu richten:
– Im Umgang von Christen und Kirchengemeinden verschiedener Konfessionen miteinander muß das Recht des anderen auf sein eigenes Bekenntnis respektiert werden.

denheit“ wird an die Stelle eines „Einheits-Modells“ gesetzt. In einer solchen Situation ist es nicht willkommen, wenn gemischte Kommissionen[289] oder Theologen[290] zum Ergebnis kommen, der Kircheneinheit stünde theologisch nichts mehr im Weg. Es wird dann viel Anstrengung investiert, um aufzuzeigen, daß es immer noch ausreichend viele Gründe gibt, die gegenseitig ausgesprochenen Verwerfungen nicht zurückzunehmen. Der ökumenische Prozeß wird durch die Kirchenleitungen mit dem Ziel, Markenidentität und Marktanteile zu erhalten, faktisch gestoppt.

3. In dieser Lage entwickeln Betroffene und Engagierte eine „Graswurzel-Ökumene“[291] jenseits des Einflußbereiches der Kirchenleitungen. Gruppen und Gemeinden wollen nicht mehr den mühsam-langsamen Weg zur Einheit gehen, sondern setzen handelnd Einheit. Theologisch stützen sich solche Gruppen auf die gegenseitige Anerkennung der Taufe, die faktisch alle Christen in eine gemeinsame Kirche eingliedere; manche Mischehepaare bringen das symbolisch dadurch zum Ausdruck, daß sie ihre Kinder in beiden Kirchen eintragen lassen und daß sie auch selbstverständlich am eucharistischen Gottesdienst und Herrenmahl anderer christlichen Kirchen teilnehmen.[292]

– Wo Christus und Gemeinden Anhängern einer anderen Religion oder Weltanschauung begegnen, soll das Zeugnis ihnen gegenüber immer die freie Entscheidung und Würde derer achten, an die das Zeugnis ergeht. Moralischer Zwang, psychischer Druck, ein offenes oder verstecktes Anbieten eines zeitlichen oder materiellen Vorteils für einen Wechsel der Kirchen- oder Religionszugehörigkeit sollen immer vermieden werden.
– Wo bei der Verkündigung des Evangeliums der Adressat sich in einer Notlage oder Schwäche (z. B. gesundheitlich oder materiell) befindet, sollte eine solche Situation nie ausgenützt werden, um ihn zum Glauben oder zum Wechsel der Konfession zu veranlassen.
– Wo Christen einer bestimmten Konfession sich in der Mehrheit befinden, könnten sie versucht sein, diese Situation für ihre Kirche oder ihre Gemeinde sozial, wirtschaftlich oder politisch auszunützen und religiöse oder kirchliche Minderheiten zu benachteiligen. Hier hat sich zu bewähren, ob das Zeugnis dem Evangelium dienstbar ist oder ob religiöse Machtziele verfolgt werden.“ Ökumene in der Schweiz, 45.

289 Bemerkenswert ist das Schicksal der Konvergenzpapiere über Taufe, Amt und Eucharistie, die sogenannten „Limapapiere“: Taufe, Eucharistie und Amt.

290 Fries u. a., Einigung.

291 Lüssi, Konfessionsverbindende Ehe, 11.

292 In einem hektographierten Rundbrief der Arbeitsgemeinschaft konfessionsverbindender Ehepaare in Österreich (o. J.) wird von einer gemischt-konfessionellen Ehepaargruppe berichtet,
– „daß die Katholiken unter uns nur dann eine sinnvolle Glaubenspraxis in der Partnerschaft leben können, wenn sie sich über die in manchen Fragen intolerante Haltung ihrer Amtskirche hinwegsetzen. Insbesonders der Besuch des evangelischen Abendmahls und die für uns erlebbar gewordene Gleichbewertung des evangelischen Gottesdienstes (z. B. als Erfüllung der Sonntagspflicht) entsprechen nicht der Lehrmeinung der Amtskirche.
– daß der hoffnungsvolle Weg, den die Konvergenzpapiere von Lima aufzeigten, von keiner der Amtskirchen weiter beschritten wurde bzw. diese Schritte sich nicht bemerkbar

Diesen Gruppen ist weder die Interkommunion der Leute noch die Interzelebration der Amtsträger fragwürdig. Theologisch wird dabei auch betont, daß das Entscheidende, was stattzufinden habe, das ist, was Jesus zu tun aufgetragen hat. Vorrang habe also die Praxis vor deren theologischer und kirchenamtlicher Interpretation. Wenn sich die Kirchenleitungen und die Theologen in der Deutung uneins seien, bedeute dies keineswegs zwingend, daß sich nicht in allen Kirchen, die tun wollen, was Christus aufgetragen hat, dasselbe ereignet. Was man bei der Taufe also schon anerkannt habe, geschehe, ohne daß es bislang öffentlich zugegeben werde, auch bei anderen umstrittenen Sakramenten wie Ordo und Eucharistie. In diesem Zusammenhang wird darauf hingewiesen, daß es sogar wünschenswert wäre, gingen schon heute katholische Christen zum evangelischen Abendmahl, um den verantwortlichen Amtsträgern und Theologen der evangelischen Kirche nahezulegen, darüber nachzudenken, daß in ihrem Herrenmahl sich doch mehr ereigne, als sie zu wissen zugeben.

Kurz: Trotz oder ausgelöst durch amtlich gestützte ökumenische Stagnation gibt es heute eine beschleunigte Graswurzel-Ökumene.[293] Dies hat auch zur Folge, daß es zwischen den getrennten Kirchenleitungen einerseits und ökumenisch aufgeschlossenen Gruppen und Gemeinden andererseits zu einem neuartigen „ökumenischen Schisma" kommt.

4. Hier entsteht für die Kirchenleitungen ein neuartiger ökumenischer Handlungszwang. Sie müssen mit allen Mitteln versuchen, die ökumenische Entwicklung wieder unter Kontrolle zu bringen. Daß dies nur unter dramatisch zu nennenden Widerständen und auch da nur teilweise gelingt, zeigt die Bemühung der Schweizeri-

machten. Zwar gab es einige Seminare für Fachtheologen und Insider, doch ist die Existenz dieser Papiere in weiteren Kreisen ungekannt.
– daß wir gemeinsam Gottesdienste gefeiert haben, in denen die Grenzen der Konfessionen nicht mehr spürbar waren."

[293] „Ökumene ist eine vorrangige Aufgabe der Pastoral in der katholischen Kirche und für alle Christen. Dies ist oft gesagt worden, aber es muß immer neu gesagt werden. Wir alle, in allen Bereichen der Kirche, müssen darum besorgt sein, daß das Ziel einer sichtbaren Einheit nicht aus den Augen verloren und daß jeder legitime Weg zu diesem Ziel beschritten wird... Viele Fortschritte sind schon gemacht worden, dafür sind wir dankbar. Wir müssen Sorge tragen, daß weitere ökumenische Bemühungen stattfinden. Es darf keinen Rückschritt geben. Wir müssen vorwärts gehen. Ich glaube, jeder ernsthafte Versuch zum Dialog mit der Absicht, Grenzen zu übersteigen, welche die Christen trennen, ist eine Antwort auf das Wirken des Heiligen Geistes." Auf solche Aussagen Johannes Pauls II. können sich aufbrechende Gruppen und Gemeinden stützen, wenn sie sich mit der ökumenischen Stagnation nicht zufriedengeben, sondern sich als treibende Kraft erweisen. Da aber eine so erwünschte Dynamik die Kirchenleitungen nicht zu bewegen vermag, verselbständigt sie sich.

schen Bischofskonferenz, „ihre" Ordnung in die „eucharistische Gastfreundschaft" zwischen Kirchengemeinden zu bringen.[294] Um also künftig neuartige unerwünschte ökumenische Schismen zu verhindern, ist es dringend erforderlich, daß die Kirchenleitungen mit den Angehörigen der Graswurzel-Ökumene kooperieren. Nur durch *Kooperation* kann die Einheit der ökumenischen Bewegung selbst gewahrt bleiben. Durch autoritative Restriktion hingegen wird die Isolation von Kirchenleitungen aus der sich rascher entwickelnden Graswurzel-Ökumene nur noch verstärkt werden.

4. Voneinander lernen

Von einer solchen Warte aus stellt sich die Frage, was denn heute schon von den einzelnen Kirchen voneinander gelernt werden kann, um wenigstens einige konkrete Schritte auf dem Weg zur Einheit in Vielfalt voranzukommen.[295]

(a) Katholiken könnten von den Protestanten lernen,

– die Wertschätzung und die Bedeutung des Wortes Gottes für das alltägliche christliche und kirchengemeindliche Leben; es wäre beispielsweise gut, gäbe es auch für katholische Christen gemeinsame Losungen aus der Schrift;

– Katholiken könnten lernen, was die Freiheit des Christenmenschen und die Unvertretbarkeit des persönlichen Gewissens bedeuten, läßt sich doch heute die Tendenz beobachten, das Gewissen so sehr kirchenamtlichen Äußerungen und der Macht von Amtsträgern zu unterwerfen, daß faktisch die Freiheit aufgehoben und jeder kritische Gehorsam als Ungehorsam und Rebellion denunziert wird;

– Katholiken könnten lernen, was gemeinsames Priestertum ist, wobei Katholiken und Protestanten gemeinsam daran arbeiten könnten, daß das Kirchenvolk aus seiner Passivität und Betreutenmentalität heraustritt und auch die amtlich Verantwortlichen der Versuchung einer entmündigenden Expertokratie[296] widerstehen;

– Katholiken könnten von den Protestanten lernen, daß zum Amt stets das Wort gehört, und daß es dem Evangelium nicht zuwiderläuft, wenn verheiratete Männer und auch Frauen amtliche Aufgaben, z. B. als Diakonisse, übernehmen;

– Katholiken könnten von den Protestanten lernen, daß die Ehe auf die gläubige Gemeinde hin relativ ist und daß es eine verantwortete

[294] Solches geschah in der Schweiz, wo die Bischöfe mit ihrem Schreiben zur eucharistischen Gastfreundschaft nicht nur zur Beruhigung beigetragen haben. Zur eucharistischen Gastfreundschaft auch: Neuner, Handbuch, 159–165.

[295] Zulehner, Eine bewohnbare Kirchenvision, 66–70.

[296] Illich, Expertokratie.

Scheidungspraxis gibt, die anders aussieht als die der katholischen Tradition, die aber nicht als unchristlich verworfen werden darf;
– Katholiken könnten schließlich von den Protestanten lernen, daß die Kirche eine „ecclesia semper reformanda“ ist, der ständigen Reform an Haupt und Gliedern bedarf.
(b) Protestanten könnten schon heute von Katholiken lernen,
– die Bedeutung von Symbolen, Zeichen, Ritualen, Sakramentalien und Sakramenten für das Leben des Menschen;
– Protestanten könnten dann beispielsweise von Katholiken lernen, daß die vom Evangelium geforderte Umkehr in sakramentalem Vollzug eine dichte Erfahrungsgestalt erlangen kann;
– Protestanten könnten von Katholiken lernen, daß Momente des Heidnischen, damit der Religion der Leute, mit dem Evangelium versöhnbar sind; dies würde Protestanten auch einen Zugang zu überlieferten Formen der Volksfrömmigkeit erschließen;
– Protestanten könnten von Katholiken lernen, daß nicht nur die rationale Vernunft, sondern auch das Gefühl konstitutiv ist für den ganzheitlichen Vollzug christlichen Glaubens; warum sollte bei einer evangelischen Abendmahlfeier keine Mozartmesse mit den Wiener Sängerknaben erklingen?
– Protestanten könnten von Katholiken lernen, daß die evangelischen Räte Jesu von drei „Losigkeiten“ ein wertvolles Gegengewicht gegen einen verbreiteten „katastrophalen Mangel an Folgen“ eines verbürgerlichten Evangeliums sind; sie würden dann auch mehr Sinn für die christlichen Orden entwickeln, einschließlich der Ehelosigkeit unter katholischen Amtsträgern;
– Protestanten könnten von Katholiken lernen, daß die Kirche mehr ist als die nachträgliche Versammlung von gottunmittelbaren Gläubigen; Kirche könnte begriffen werden als das universelle Sakrament des Heils der Welt;
– Protestanten könnten von Katholiken lernen, was Weltkirche ist; dabei könnte sich herausstellen, daß die Verbundenheit aller Kirchen in der einen Weltkirche nicht nur ein Dienst an der Einheit der Menschheit ist, sondern zugleich die Kirchen weniger erpreßbar macht von nationalen Unrechtssystemen;
– Protestanten könnten von Katholiken lernen, daß eine solche Weltkirche durchaus ein Amt universeller Einheit braucht, das den Vorsitz im Liebesbund der Kirchen einnimmt;
– Protestanten könnten von Katholiken lernen, daß die Kirchenbindung der Mitglieder heute auch schon deshalb unentbehrlich ist, weil ohne Bindung an eine konkrete kirchliche Gemeinde christlicher Glaube in einer nachkonfessionell-nachchristlichen Gesellschaft un-

weigerlich verdunstet; wegen der Unterschätzung dieser praktischen Kirchenbindung ist der Glaubenszustand der Mitglieder der evangelischen Kirchen, aber auch die Fähigkeit, in Städten würdig Gottesdienst zu feiern, bedrohter als in der katholischen Kirche;

– Protestanten könnten von Katholiken lernen, die Feier des Abendmahls höher als bisher einzuschätzen; vielleicht wäre es in diesem Zusammenhang gut, wenn irgendeinmal – ein Traum – Katholiken am Abendmahl in protestantischen Kirchen teilnehmen könnten;

– Protestanten könnten in diesem Zusammenhang von Katholiken – zumindest aus ökumenischer Verantwortung – auch lernen, anders mit den übrig gebliebenen „Species" umzugehen. Katholiken und Protestanten sollten gemeinsam praktizieren, daß die heiligen Gestalten nach Möglichkeit konsumiert werden. Wenn sie schon aufbewahrt werden, dann in erster Linie zur Spendung der Wegzehrung an Kranke und Sterbende, und untergeordnet für die Austeilung außerhalb der Messe und zur Anbetung.[297]

(c) Protestanten könnten schließlich mit den Katholiken zusammen lernen,

daß christlicher Glaube eine lebendige Tradition ist, die durch unablässiges Handeln Gottes an seinen Kirchen wachgehalten wird. Wir sollten gemeinsam lernen, daß heute, so wichtig die Verkündigung des rettenden Wortes Gottes ist, diese allein für die Tradierung des christlichen Glaubens nicht ausreicht, sondern Gottes Handeln nicht nur in Worten, sondern in Taten aufzuscheinen hat. Unsere Kirchen werden dann nicht nur ein Hoffnungswort verkündigen, sondern selbst sich von Gott zu einem Hoffnungsort formen lassen; sie werden nicht nur ein Gotteswort mit sich tragen, sondern selbst ein Gottesort sein; und weil sie dies sind, werden sie auf morgen für Menschen Orte eines „Lebens in Frieden" und Asylstätten für die vielen Niedergedrückten, Entrechteten und Erfolglosen sein. Diese werden aufatmen (Apg 3,20) und das Haupt erheben können (Lk 21,28). Wie groß dann das von Gott selbst gesammelte Hoffnungs-Volk sein wird, hängt nicht allein von uns ab, sondern davon, wieviele Menschen uns Gott hinzufügen wird. Wer Gott traut, wird davon ausgehen, daß er uns soviele hinzufügen wird, wie Er braucht, damit es mit seinem Volk gut weitergeht.

[297] „Der erste Hauptzweck der Aufbewahrung der heiligen Gestalten in der Kirche außerhalb der Messe ist die Spendung der Wegzehrung. Untergeordnete Zwecke sind: Austeilung der Kommunion in der Kirche außerhalb der Messe und Anbetung unseres Herrn Jesus Christus, der in der Brotgestalt verborgen ist." AAS 31(1949), 509.

2.3.3 *Diakonia*

2.3.3.1 „Sünde, die zum Himmel schreit"

„Clamitat ad coelum vox sanguinis et Sodomorum,
vox oppressorum, merces detenta laborum."

Mit diesem Merkvers faßte Petrus Canisius in seinem 1560 erschienenen „Catechismus" die „himmelschreienden Sünden" zusammen.[298] Es handelt sich um Sünden, durch die soziale Beziehungen aufs schwerste gestört werden.[299] Immer geschieht soziales Unrecht, Lebenschancen werden gemindert oder vernichtet:

„Der Herr sprach: Was hast du getan? Das Blut deines Bruders schreit zu mir vom Ackerboden." (Gen 4,10)

„Der Herr sprach also: Das Klagegeschrei über Sodom und Gomorra, ja, das ist laut geworden, und ihre Sünde, ja, die ist schwer. Ich will hinabgehen und sehen, ob ihr Tun wirklich dem Klagegeschrei entspricht, das zu mir gedrungen ist." (Gen 18,20f.)[300]

„Der Herr sprach: Ich habe das Elend meines Volkes in Ägypten gesehen, und ihre laute Klage über ihre Antreiber habe ich gehört." (Ex 3,7)

„Ihr sollt keine Witwe und Waise ausnützen. Wenn du sie ausnützt und sie zu mir schreit, werde ich auf ihren Klageschrei hören." (Ex 22,21f.)

„Du sollst den Lohn eines Notleidenden und Armen unter deinen Brüdern oder unter den Fremden, die in deinem Land innerhalb deiner Stadtbereiche wohnen, nicht zurückhalten. An dem Tag, an dem er arbeitet, sollst du ihm auch seinen Lohn geben. Die Sonne soll darüber nicht untergehen; denn er ist in Not und lechzt danach. Dann wird er nicht den Herrn gegen dich anrufen, und es wird keine Strafe für eine Sünde über dich kommen." (Dtn 24,14f.)

„Aber der Lohn der Arbeiter, die eure Felder abgemäht haben, der Lohn, den ihr ihnen vorenthalten habt, schreit zum Himmel; die Klagerufe derer, die eure Ernte eingebracht haben, dringen zu den Ohren des Herrn der himmlischen Heere." (Jak 5,4)

[298] Canisius, Catechismus. – Stelzenberger, Lehrbuch der Moraltheologie, 114. – Märzinger, Das Verschwinden der himmelschreienden Sünden.

[299] Scholz, Sünde, 1183. – Es fällt auf, daß in diesem Lexikon, das im Kontext reicher Länder entstanden ist, der himmelschreienden Sünde kein eigenes Stichwort gewidmet ist. – Gerster, Realkonkordanz, 527.

[300] Diese sodomitische Sünde war mehr als nur das, was man heute Homophilie oder Homosexualität nennt, es war „Mangel an Barmherzigkeit gegen Arme und rohe Beschimpfung der Fremden, um dem Zuströmen der Fremden Einhalt zu tun". – Linsenmann, Lehrbuch, 180f.

In all diesen Texten wird der biblische Gott charakterisiert. Sein Verhältnis zum sozialen Unrecht kommt zur Sprache. Der in der heutigen Weltkirche am meisten zitierte Text über die himmelschreiende Sünde, der Bericht über den Auszug aus der Sklaverei in Ägypten, läßt folgende Merkmale Gottes erkennen:

(a) Gott ist aufmerksam, „Aug und Ohr". „Gesehen, ja gesehen habe ich"; „gehört, ja gehört habe ich": Sehen und Hören wird Gott bildhaft zugewiesen. Gott ist in der Bibel also nicht der entfernt uninteressierte Gott der Aufklärung, sondern einer, den das Leid der Menschen anrührt, be-Leid-igt. Noch mehr: Gott ist geradezu „intim" mit dem Leid seines Volkes. „Ich kenne ihr Leid."

(b) Das Leid, das Gott anrührt, wird als Unterdrückung (Ex 3,9) beschrieben. Auch von Ausbeutung ist die Rede (Ex 22,21). Dies sind Analysen, die durchschnittliche Christen heute nur im Umkreis des Marxismus vermuten. In Wahrheit ist es aber die Sprache der Bibel, die freilich aus dem Raum der Religion in den Marxismus ausgewandert ist, weil die Christen in ihrer pietistischen Innerlichkeit zu fühllos waren für die Unterdrückung der Menschen.

(c) Gott bleibt gegen wahrgenommenes Unrecht nicht neutral. Er „optiert", so ließe sich in Anlehnung an Formulierungen der lateinamerikanischen Kirchenversammlungen in Medellin und Puebla sagen. Er trifft eine Entscheidung zu Gunsten der Armgemachten. Bildlich gesprochen: Gott „steigt herab", „führt heraus"; er handelt also zu Gunsten derer, die zu ihm schreien, er hört sie, sein Zorn entbrennt (Ex 22,23).

(d) Dieses Handeln Gottes geschieht nicht in mythischer Weise, sondern durch Menschen, durch sein Volk. Als er das Volk aus Ägypten herausführt, beruft er dazu Mose: „Geh, ich sende dich zum Pharao. Führe mein Volk, die Israeliten, aus Ägypten heraus!" (Ex 3,10).

Wer Politik in der Tradition der Katholischen Soziallehre versteht als ein sich Starkmachen zu Gunsten einer gerechteren Verteilung von Lebenschancen in der einen Welt, der wird in diesem Sinn Gott selbst „politisch" nennen. Die überkommene Kluft zwischen Gott und politisch, daher auch zwischen Frömmigkeit und Politik, Mystik und Politik wird so an der Wurzel überbrückt. Die Regel kann dann nur heißen: Je mystischer ein Mensch, je mystischer eine Gemeinde ist, desto politischer sind sie. Wer in Gott eintaucht, kann gar nicht anders, als in seiner Art für die Armgemachten und Unterdrückten zu optieren. Wenn also eine christliche Gemeinde sich rühmt, Gott sei in ihr, dann zeigt sich das eben daran, daß Gottes Leidenschaft zu Gunsten der Unterdrückten und Armgemachten auf die christliche Gemeinde überspringt.

In der theologischen Tradition wird dieser politische Dienst mit dem Begriff der Diakonie belegt. Solch politische Diakonie zielt stets auf Zweierlei ab:

– *Auf der einen Seite sollen die Opfer des Unrechts versorgt werden; es ist dem zu helfen, der unter die Räuber fiel (Lk 10,25–37); diese politische Diakonie nennen wir Caritas.*

– *Auf der anderen Seite wird versucht, jene Strukturen des gesellschaftlichen Lebens zu verändern, die Unrechtsopfer verursachen, mit dem Ziel, daß niemand mehr unter die Räuber fällt; dieser Zweig der politischen Diakonie soll Politik heißen.*

2.3.3.2 Kultur der Diakonia

(a) Politik

Eine politische Kultur in Gemeinden wird sich an der mit Hilfe des Exodusberichtes skizzierten „Politik Gottes" ausrichten. Folgende Elemente charakterisieren dann die politische Kultur einer christlichen Gemeinde:

1. In den Gemeinden wird Bewußtseinsbildung stattfinden, um die Opfer der Unterdrückung und die ihr zugrunde liegenden „Strukturen" kennenzulernen. Die Aufmerksamkeit der Gemeindemitglieder ist zu schärfen. Christen lernen, in der Art Gottes Aug und Ohr zu sein. Sie werden vertraut mit der langen Liste der ungerechten Verteilung der Lebenschancen zwischen den armen und reichen Nationen, lernen den Zusammenhang zwischen Frieden und Gerechtigkeit kennen, gewinnen Einblick in die Bösartigkeit des Apartheid-Systems, befassen sich mit der ungerechten Verteilung der Lebenschancen zwischen den Geschlechtern, den Generationen, den Geborenen und den Ungeborenen, den Arbeitsplatzlosen und den Arbeitsplatzbesitzenden. Frieden, Bewahrung der Schöpfung, Gerechtigkeit werden Themen der gemeindlichen Bildungsarbeit und auch der Predigt. Gruppen entstehen, die sich für bestimmte Themen interessieren. Dabei ist entscheidend, die Welt aus den Augen der Opfer sehen zu lernen. Bewußtseinsbildung vollzieht sich nicht durch Information über die Opfer, sondern durch Eintauchen in die Welt der Opfer. „Immersion", Leitwort vieler Basisgemeinden auf den Philippinen, geschieht auch in europäischen Gemeinden, die in der Art Gottes Aug und Ohr, ja intim werden wollen mit dem Leid der Unterdrückten und Armgemachten.

2. Eine solche Optik wird zur Option. Wer die Welt mit den Armgemachten anschaut, verbündet sich mit diesen, um mit ihnen zusammen Unrecht einzudämmen. Dabei ist es keineswegs immer einfach,

genau zu wissen, auf welchem praktisch-politischen Weg Unrecht vermindert werden kann. Doch wenn Christen in den Gemeinden auch nicht immer wissen, wie der Weg aussieht, sie sollten keinen Zweifel daran lassen, auf wessen Seite sie stehen: auf der Seite der Unterdrückten, Entrechteten und Armgemachten. „Die Kirche muß die Ungerechtigkeiten beim Namen nennen; die Ausbeutung des Menschen durch den Menschen oder die Ausbeutung des Menschen durch den Staat, die Institutionen, das Räderwerk der Wirtschaftssysteme... Sie muß jede soziale Ungerechtigkeit, jede Diskriminierung, jede Gewalt gegen den Menschen, gegen seinen Körper, seinen Geist, sein Gewissen oder seine Überzeugungen beim Namen nennen."[301]

3. Bei der Suche nach genauen Analysen und nach Optionen wird es unter Christen – trotz gemeinsamer Option – zu unterschiedlichen Standpunkten kommen. Das Zweite Vatikanische Konzil hat dazu formuliert:

„Oftmals wird gerade eine christliche Schau der Dinge den Christen eine bestimmte Lösung in einer konkreten Situation nahelegen. Aber andere Christen werden vielleicht, wie es häufiger, und zwar legitim, der Fall ist, bei gleicher Gewissenhaftigkeit in der gleichen Frage zu einem anderen Urteil kommen. Wenn dann die beiderseitigen Lösungen, auch gegen den Willen der Parteien, von vielen anderen sehr leicht als eindeutige Folgerung aus der Botschaft des Evangeliums betrachtet werden, so müßte doch klar bleiben, daß in solchen Fällen niemand das Recht hat, die Autorität der Kirche ausschließlich für sich und seine eigene Meinung in Anspruch zu nehmen. Immer aber sollen sie in einem offenen Dialog sich gegenseitig zur Klärung der Frage zu helfen suchen; dabei sollen sie die gegenseitige Liebe bewahren und vor allem auf das Gemeinwohl bedacht sein."[302]

Dieser Leitsatz des Konzils wird im kirchlichen Alltag nicht selten dazu benützt, Standpunkte von Gruppen und einzelnen Christen praktisch lahmzulegen. Manche verwechseln die Vielfalt von Standpunkten mit Standpunktlosigkeit. Vielfalt meint hier aber dynamische Vielfalt. Es ist daher auch wichtig, daß Gegner nicht zu Feinden werden.[303] Das aber wird verhindert, wenn die verschiedenen Standpunkte in einer Gemeinde einander kritisieren und fortentwickeln,

[301] Johannes Paul II., Generalaudienz vom 21.Februar 1979.

[302] Gaudium et spes, 43.

[303] „Innerhalb der grundsätzlichen Gemeinsamkeiten kann es unter Christen durchaus unterschiedliche Standpunkte geben. Hier stellt sich der christlichen Gemeinde die Aufgabe, unterschiedliche Standpunkte in ihrer Mitte zu ertragen und das gegenseitige Gespräch zu fördern. Auch das ist ein christliches Zeugnis, das die kirchliche Gemeinde einer politi-

damit Christen mit zunehmender Gemeinsamkeit handeln können, was diesem Handeln größere gesellschaftliche Wirksamkeit verleihen wird.
Eine von vielen Gemeinden und deren Verantwortlichen verbreitete Sorge ist, daß die „legitime Vielfalt“ von Standpunkten die Einheit der Gemeinde zerreißt, und sie schließen daraus, daß um des innergemeindlichen Friedens willen politische Themen aus dem Gemeindealltag, insbesondere aus dem Gottesdienst, auszuklammern seien.
Diese „Sorge über zunehmende Konfrontation“ teilten auch die katholischen Pfarrer des Dekanates Schwandorf und gaben daraufhin folgende Erklärung zur Errichtung einer Wiederaufbereitungsanlage in Wackersdorf ab:
„Mit großer Sorge sehen wir katholischen Pfarrer die wachsende Auseinandersetzung um die geplante Wiederaufbereitungsanlage.
Unsere Erklärung soll nicht als einseitige Parteinahme verstanden werden. Wir sind Pfarrer für alle, für Befürworter und Gegner dieses Großprojektes.
In der gemeinsamen Erklärung des Bischofs von Regensburg, Manfred Müller, und des evang.-luth. Kreisdekans, Theodor Heckel, heißt es: ‚Unter den Gläubigen gibt es verschiedene Meinungen. Gelegentlich wird der Versuch unternommen, kirchliche Lehre und kirchliche Autorität für oder wider eine Meinung in Anspruch zu nehmen.‘
Kirchliche Gruppen, welche in ihrer Argumentation den Eindruck erwecken, nur ihre Meinung wäre mit einem christlichen Gewissen vereinbar, können dies nicht mit der christlichen Schöpfungslehre begründen.
Die verschiedenen Meinungen in den uns alle berührenden Fragen der Umwelt und Sicherheit dürfen nicht zur unchristlichen Herabsetzung des anderen führen. Man kann nach seinem Gewissen zu einem unterschiedlichen Urteil kommen. Einem verantwortbaren Gewissensurteil muß allerdings das sorgfältige Studium und Abwägen der Argumente beider Seiten vorausgehen. Das unkritische Wiederholen von Schlagworten ist dem Ernst der Sache nicht angemessen.
Wir erwarten Toleranz und Bereitschaft, einander zu verstehen und ernst zu nehmen. Als Christen wissen wir uns dazu vom Worte Gottes her verpflichtet: ‚Seid einander in brüderlicher Liebe zugetan, übertrefft euch in gegenseitiger Achtung‘ (Röm 12,10).
Wir bedauern, daß in der Wortwahl oft maßlose Übertreibungen erfolgen, und erwarten mehr Verantwortungsbewußtsein in der verbalen

schen Öffentlichkeit schuldet: daß Gegner nicht zu Feinden werden.“ Kempf, Für euch und für alle, 263f.

Auseinandersetzung. Es werden sonst noch mehr Emotionen entfacht, die der Sache keinen guten Dienst erweisen. Die geforderte und versprochene Gewaltfreiheit kann dann schwerlich durchgehalten werden.
Das Verschmieren von Hauswänden und auch von Kirchen, ein versuchter Brandanschlag, sogar Morddrohung sind alarmierende Zeichen, die jeden mit Sorge erfüllen sollten. Solche Methoden muß man öffentlich bedauern und sich von ihnen klar distanzieren.
Diese Art ‚Hilfe von außen' wird sich jeder Schwandorfer und Wackersdorfer energisch verbieten.
Wir Seelsorger nehmen die Sorgen vieler gegenüber diesem Projekt ernst und betonen auch ‚die Verpflichtung, alles zu tun, daß die Gefahren für Leben und Gesundheit der Menschen möglichst vermieden und abgewendet werden'. (Bischöfl. Erklärung)
Wir sehen aber auch die Hoffnung vieler auf Arbeit und auf einen wirtschaftlichen Aufschwung der Region. Weder naive Fortschrittsgläubigkeit noch Angst und Mißtrauen allein werden den Anforderungen der Zukunft gerecht werden.
Wir bitten den Arbeitskreis ‚Theologie und Kernenergie', die KLJB und den BDKJ, diese Position mitzutragen.
Die Pfarrer des Dekanates Schwandorf: NN."[304]
4. Christliche Gemeinden werden auch handeln. Die Aktionen, die von ihr als ganzer oder von Gruppen in ihr gesetzt werden, sind der Gewaltlosigkeit Jesu verpflichet. Ziel gewaltloser Aktionen ist die Überwindung von Unrecht und nicht der Kampf gegen den Gegner; sie sind auf eine breite Beteiligung angewiesen und setzen insbesondere eine gewaltlose Grundhaltung bei den Beteiligten voraus. Das Erlernen gewaltfreien Handelns ist ein Teil der christlichen Metanoia, des Einstimmens in die Gewaltlosigkeit Jesu.
Als gewaltlose Aktionen gelten:
– der Dialog, in dem die Wahrheit des Gegners erkundet, die eigene Mitschuld am Unrecht aufgedeckt, die Wahrheit über das Unrecht bezeugt und konstruktive Vorschläge zur Eindämmung des Unrechts gemacht werden.
– Die direkte Aktion, durch die der Dialog in die breite Öffentlichkeit verlagert wird; Formen sind: „Kundgebungen durch Massenmedien (Radio, Fernsehen, Presse – in demokratischen Staaten begrenzt möglich), Flugblätter, Wandzeitungen, Demonstrationen, Schweigemärsche, Mahnwachen, Transparente, Straßentheater; die Bürgerrechtsbewegung in den USA entwickelte Sit-ins und Walk-ins (das

[304] Erklärung vom 20.2.1985. – Dazu auch: Auer, Das Kreuz mit der WAA, D15.

gemeinsame Betreten von Lokalen, die der Rassentrennung unterworfen sind, durch Schwarze und Weiße); in Lateinamerika werden verschiedene Formen der Darstellung der Problematik durch Gesten und Handlungen der betroffenen Bauern und Arbeiter im Kampf um Land, Wasser, Schulen, Straßen und so fort angewandt."[305]
– Ziviler Ungehorsam und Verweigerung der Kooperation in der Form von Streiks, Boykotts, Fasten usw. mit dem Ziel, die Handlungsfähigkeit des Unrechtssystems zu lähmen;
– Entwicklung konstruktiver Programme etwa für soziale Verteidigung.
5. Gemeinden, die eine solche politische Kultur entwickeln, werden damit zu rechnen haben, daß sie in ihrer Tätigkeit mit Aufmerksamkeit oder mit Repression verfolgt werden. Die vielen Basisgemeinden auf der Welt, die sich zu Gunsten der Armgemachten engagiert haben, mußten wie ihre Kirchenleitung einen grausamen Blutzoll entrichten. Eine gewaltfrei politisch handelnde Kirche macht sich nur bei den Unterdrückten, nicht bei den Unterdrückern Freunde.
Liebt aber Gott nicht alle, so fragen viele reiche Christen auch bei uns? Er liebt alle, aber in einer eigenen Art. Will er doch die Reichen – ihnen entgegenkommend – „auflieben", um sie (wie Jesus den Zachäus: Lk 19,1–10) zu gewinnen, mit ihm auf die Seite der Armen zu treten. Vermag er dies aber nicht, weil unser Herz im Reichtum verhärtet ist, droht uns Reichen das Gericht: als einzelnem, aber auch uns, den reichen Völkern.[306]

(b) Caritas

Politik zielt auf die Veränderung der Strukturen. Eine solche möglichst gewaltarme Strukturveränderung aber braucht Zeit. Bis dahin werden Menschen zu Opfern von Unrechtsstrukturen. Ihnen beizustehen, mit ihnen zusammen nach Minderung des ihnen angetanen Unrechts zu suchen, das ist Aufgabe einer anderen Weise der Diakonie, die wir Caritas nennen. Dazu kommen die vielen Menschen, die „unverschuldet" (durch Unfall, Behinderung seit Geburt) – gemessen an den Lebensmöglichkeiten der meisten Menschen – beeinträchtigte Lebenschancen besitzen. Es geht also um Menschen, die „unter die Räuber fielen" oder die „keinen Boden unter den Füßen haben"[307].
Christen haben auf solche Notlagen von Mitmenschen immer schon

[305] Goss-Mayr, Der Mensch vor dem Unrecht, 79.
[306] Brown, Bibel, 120–134.
[307] Bach, Boden unter den Füßen. – Ders., Kraft in leeren Händen.

aufmerksam reagiert. Die „Liebe Christi drängt uns" (2 Kor 5,14). Das Bewußtsein war da, daß sich in den Leidenden der Welt Gott selbst offenbart. Eine handfeste Liebe zu den Leidenden in der Nachfolge Christi galt von allem Anfang an als Erkennungsmerkmal dafür, selbst dem Tod entronnen zu sein. Liebe ist charakteristisch für das Bewußtsein, erlöst, vom Tod zum Leben übergegangen zu sein (1 Joh 3,14). Liebend in der Art Gottes mit dem Menschen zu sein ist Ausdruck dafür, selbst in Gott seine Lebenswurzeln zu haben. Liebe ist so die Zwillingsschwester wahrer Mystik, ist Frucht christlichen Glaubens: Ohne die Werke der Liebe ist der Glaube tot (Jak 2,17).

1. Organisierte Caritas

Heute ist in den geldreichen Kirchen Liebe in einem hohen Maß organisiert und auf solche Weise auch wirksam. Vor allem in der Notzeit der Sozialen Frage des 19. Jahrhunderts haben sich eine Reihe von caritativen Organisationen entwickelt, die den Notleidenden aus der arbeitenden Bevölkerung zu Hilfe kamen.[308] Christen kümmerten sich vor Ort um die verwahrlosten Kinder (Kindergartenbewegung), die Kranken, Behinderten und Alten (Krankenhäuser- und Heimgründungen) und um das Schicksal der ungebildeten Frauen (Nähschulen, Vereine für Dienstmägde, Fürsorge für Prostituierte und Strafgefangene). Der Kontakt zu den Pfarrgemeinden war eng. Zudem entwickelten sich um charismatische Personen auf der Grundlage des bürgerlichen Vereinsrechts eigene freie, von einzelnen Christen und Gemeinschaften getragene Einrichtungen.

Einen spürbaren Entwicklungsschub gab es für diese Form der Caritas zumal in der Bundesrepublik Deutschland, als in der Sozialgesetzgebung des Jahres 1961 den „freien Trägern" die Möglichkeit eröffnet wurde, sozialtherapeutische Aufgaben mit staatlicher Finanzierung bei einem Selbstbehalt von 10–20 Prozent zu übernehmen. Das führte dazu, daß heute der Deutsche Caritasverband der zweitgrößte Arbeitgeber der Bundesrepublik Deutschland ist; die Großkirchen bilden zusammen einen ansehnlichen „Wohlfahrtskonzern", wobei der Caritasverband einen „Marktanteil" von 46,3 Prozent und ein Jahresbudget von ca. 10 Milliarden DM aufweist.[309]

Solche organisierte Caritas wird – nach zu langer theologischer Zurückhaltung – heute kritisch reflektiert. Beanstandet wird, daß die ökonomischen Sachzwänge wichtiger sind als der notleidende Mensch; daß kirchliche Interessen (wie etwa die Ausnützung bereit-

[308] Geschichte der organisierten Caritas, 24–106.

[309] Deufel, Sozialstaat, 166–169.

stehender Mittel; die Durchsetzung von Ehenormen unter den MitarbeiterInnen) wichtiger sind als die Interessen der Betroffenen; beklagt wird die Professionalisierung, die zu einer Entmündigung der Bürger auch in ihrer Fähigkeit, den Mitmenschen unmittelbar beizustehen, führt.[310] Vor allem aber sei die Entwicklung der organisierten Caritas mit ein Grund, daß in vielen Ortsgemeinden die diakonale Dimension sich weithin auflöste. Das Thema ist dann nur noch an wenigen Tagen gegenwärtig, vor allem dann, wenn für die organisierte Caritas Geld gesammelt wird. So wird das Verhältnis zwischen dem Caritasverband und der Ortsgemeinde zu einem eminent wichtigen praktisch-theologischen Thema.[311]

2. Gemeindliche Caritas

Im „Testamentum Domini", einer syrischen Kirchenordnung aus dem 5. Jahrhundert[312], wird der Diakon „das Auge der Kirche" genannt. Er stellt also von amtswegen und in Person sicher, daß die Gemeinde aufmerksam bleibt für die Armen in ihrer Mitte. Mit dem Elend der Menschen vertraut und ohne fromme Hintergedanken, empfängt er in einem Hospiz gleich hinter der Kirche die Fremden, besucht in den Häusern mit dem Priester zusammen die Kranken, sucht die Ufer nach angeschwemmten Leichen ab und bestattet sie, begräbt die Fremden, nimmt sich derer an, die ihre Heimat verlassen haben oder aus ihr vertrieben wurden. Auf Grund seiner Kenntnis der Not ist er „Ratgeber des ganzen Klerus und so etwas wie ein Sinnbild der Kirche"[313].

Mit oder ohne Diakon hat die Ortsgemeinde eben diese Aufgabe: Aug und Ohr zu sein für jene, um deren Lebenschancen es schlecht bestellt ist, die schlecht bei Fuß sind, keinen Boden unter den Füßen haben, für die Erfolglosen und die Gescheiterten, für jene, die mit ihrem Leben nicht allein zu Rande kommen. Vielleicht sind es einzelne Personen, die dafür eine herausragende Begabung besitzen und zu Gunsten der Gemeinde diese „diakonale Aufgabe" wahrnehmen. Auch der „Caritas-Ausschuß" eines Pfarrgemeinderates wird sicherstellen, daß die diakonale Aufmerksamkeit nicht erlischt. Doch sollte es niemanden in der Gemeinde geben, der nicht in irgendeiner Weise diakonal wirkt. Denn „hätte ich die Liebe nicht, es nützte mir nichts" (1 Kor 13).

[310] Zerfaß, Organisierte Caritas, 321–348 (hier weitere Literatur).
[311] Lehmann, Caritas und Gemeinde. – Zerfaß, Caritasverband. – Steinkamp, Diakonie.
[312] Zit. nach Zerfaß, Wenn Gott aufscheint, 95–97.
[313] Zerfaß, Wenn Gott aufscheint, 96.

Die diakonalen Aufgaben, die sich heute einer Gemeinde stellen, sind zum Teil die gleichen wie einst in Syrien; auf Grund der veränderten Lebenssituation der Menschen sind neue hinzugekommen. Wer die verschiedenen caritativen Aufgaben überblickt, wie sie heute in den Pfarreien wahrgenommen werden, stößt so auf viele Personengruppen, mit denen zusammen diakonale Aufgaben angegangen werden: Alleinerziehende, Geschiedene, Arbeitsplatzlose, Trauernde, Kinder, deren Eltern für sie wenig Zeit haben, Obdachlose, Asylanten, Kranke und Sterbende, vereinsamte alte Menschen.

3. Seelsorge

„In welcher Notlage erwarten Sie die Hilfe der Kirche?" So waren 1970 Österreicher befragt worden. 75% der Befragten entschieden sich für seelische Notlagen, 19% für materielle.[314] Von der Kirche wird also „Seelsorge" erwartet. Zumal in unseren materiell reich ausgestatteten Gesellschaften, in denen es immer noch herkömmliche und auch neue Formen der Armut gibt, ist der Wunsch der Menschen nach jenem diakonalen Tun der Kirche ausgeprägt vorhanden. Eine europäische Befreiungspraxis wird sich gerade im Umkreis jener Personen entwickeln, die von Krankheit oder Kränkung belastet sind.[315]

Eine solche seelsorgliche Praxis kann sich auf Jesu Beispiel stützen. Viele Einzelgeschichten und eine Reihe von Sammelberichten (z. B. Mk 1, 32–34; 7, 7–21) zeigen uns Jesus als heilend.[316] Diese Heilungen wollte er als Hinweis darauf wissen, daß in ihm Gott angefangen hat, einen für den niedergebeugten, aussätzigen, todverfallenen Menschen heilsamen Lebensraum inmitten der Welt zu schaffen: „Wenn ich mit dem Finger Gottes die Dämonen austreibe, dann ist das Reich Gottes schon zu euch gelangt." (Lk 11,20) Und die er aussandte, beauftragte er nicht nur, vom Reich Gottes zu reden, sondern – ihm gleich – Menschen zu heilen (Lk 9,2.6).

Erwartung der Menschen und Auftrag Jesu konvergieren in hohem Maß. Und doch fristet „Seelsorge" heute in der Kirche ein Randdasein.[317] Dafür gibt es mehrere Gründe:

1. Seelsorge wird auf Wortverkündigung eingeengt. „Seelsorge wird

[314] Zulehner, Kirche und Priester, 60f. – Schmidtchen, Zwischen Kirche und Gesellschaft, 25.
[315] Drewermann, An ihren Früchten, 134.
[316] Schnider, Heilsverkündigung Jesu, 51–90.
[317] Eine Zeitlang wurde das Wort auch gemieden, wohl deshalb, um den Bezug des Heils zum ganzen Menschen sicherzustellen und eine Spiritualisierung zu verhindern. Aber auch das Wort „Heilssorge" erwies sich als wenig zielführend, weil damit das Problem nur verlagert wurde: Denn auch das Wort Heil war heillos spiritualisiert und verjenseitigt.

verstanden als ein großangelegter ‚Religionsunterricht für alle‘, in dessen Mittelpunkt Katechismuswissen und theologisch-rationale Behandlung von Glaubensthemen stehen.“[318]

2. Seelsorge wurde zur ausschließlichen Domäne des Klerus. Die Gemeinde als ganze und die „Laien“ in ihr verloren ihre „seelsorgliche“ Kompetenz. Wo immer sich dann die vom Klerus verantwortete Seelsorge vor allem auf die amtlichen Handlungen (wie Liturgie, Sakramente, Verkündigung) konzentrierte, wurde die Sorge um den einzelnen Menschen und seine Seele an den Rand gedrängt. So wurde auch der Seelsorge-Klerus in einer eigentümlichen Weise „seelsorglich“ inkompetent. „Seelsorge“ wanderte aus der Kirche aus. Sie wird heute nicht mehr im Beichtstuhl, sondern auf der Couch betrieben. Profane Seelsorge (Psychotherapie) wurde zu einer tragischen Konkurrenz zum kirchlichen „therapeuein“, das bei Jesus und in den frühchristlichen Gemeinden ein zentrales Moment kirchlichen Lebens war. Im Lauf der Jahre wurde durch unbedankte Pioniere versucht, Brücken zu schlagen. Es ist gelungen, ein Netz von therapeutischen Diensten in den geldstarken Großkirchen zu knüpfen. Aber diesen „Laienseelsorgern“ ist es verwehrt, sich selbst „Seelsorger“ zu nennen, ist doch dieser Begriff amtlich immer noch vornehmlich für das sakramental-priesteramtliche Tun reserviert.[319] Das, was Therapeuten im Raum der Kirche tun, wird von der „eigentlichen Seelsorge“ abgetrennt, was zur Folge hat, daß therapeutische Dienste in der Kirche nur nebenbei geschehen, daß aber das, was Seelsorge in der Kirche ausmacht, in einer tragischen Weise untherapeutisch ist. Die von Priestern verantwortete Seelsorge wird daher als erschreckend erfahrungsleer und unglaubwürdig kritisiert.[320]

3. Daß die von Priestern getragene „eigentliche Seelsorge“ so wenig „seelsorglich-therapeutisch“ ist, hat auch damit zu tun, daß zum Priesteramt heute Personen drängen, die nicht immer nur günstige Voraussetzungen für eine therapeutische Seelsorge mitbringen.[321] Das

[318] Baumgartner, Heilende Seelsorge. – Ders., Psychologie und Glaube.

[319] Amtsblatt der Diözese Regensburg vom 3.7.1984.

[320] Matussek, Seelsorge heute, 91–107.

[321] Der Pastoraltheologe und -psychologe Isidor Baumgartner hat in einer Studie folgende Merkmale gehäuft bei Priesteramtskandidaten aufgedeckt:
– Seelsorger sind mehr introvertiert – mit geringerem Bedürfnis nach sozialem Kontakt.
– Sie erleben in der Gegenwart von anderen Menschen ein vergleichsweise starkes Ausmaß von Angst in Form von Fehlschlag- und Kritikangst.
– Sie neigen zu Gehemmtheit, Überhöflichkeit und Nachgiebigkeit.
– Sie tun sich schwer, ‚nein‘ zu sagen und von anderen etwas zu fordern.
– Bei sozialen Konflikten des Alltags reagieren sie verstärkt mit personneutralen und personfernen Verhaltensweisen.
– Sie können kleine Schwächen und Fehler bei sich nur mit Mühe wahrnehmen und vor anderen offen eingestehen.

wäre noch keine Tragik, wären diese Personen bereit, an ihrer therapeutischen Kompetenz ausreichend zu arbeiten. Häufig werden aber diese Persönlichkeitsmerkmale durch „kolludierende“[322], durch vorherrschende „Priesterbilder“ sowie durch Erwartungen aus der Kirchengemeinde verfestigt.[323]

4. Am Verlust der therapeutischen Dimension der Seelsorgspraxis ist auch die Überwertigkeit der Gemeindeidee mitbeteiligt. Wir sprechen ausdrücklich von „Überwertigkeit“, um den Wert der Gemeinde für christliche Existenz und auch für die therapeutische Dimension der Kirchenpraxis nicht sprachlich zu gefährden. Könnte es nicht sein, daß der einzelne und einmalige Mensch von Gemeinde-Theologen „der Gemeinde“ geopfert wird?[324] Ging es Jesus wirklich um Gemeinde? Müßte nicht die Frage „Wie hat Jesus Gemeinde gewollt?“ umformuliert werden und seiner therapeutischen Praxis gemäß lauten: „Wie hat Jesus den Menschen gewollt?“ Jesus geht es um die Subjektwerdung des Menschen. Diese aber ereignet sich stets in intersubjektiver Begegnung. Gemeinde und einzelne Personen stehen also in einer unaufhebbaren Spannung zueinander, die befruchtend ist, ist die Gemeinde ein „heilender Raum“ für den einzelnen Menschen, was wiederum voraussetzt, daß die Gemeinde aus ausreichend vielen Menschen gebildet wird, die einigermaßen heil geworden sind. Beides geschieht dann in der Gemeinde: Heilwerden, um heilsam zu sein für andere. Beides aber geschieht nicht in einem unmittelbaren Gegenüber von Einzelnem und Gemeinde, sondern indem beide sich in den heilenden Umkreis Gottes selbst begeben.

– Aggressive Impulse gegenüber anderen werden eher verdrängt und gegen die eigene Person gewendet in Form von Selbstkritik, Schuldgefühlen und Depressionsanfälligkeit. Baumgartner, Seelsorgliche Kompetenz, 265–268.

322 Jörg Willi nennt ein solches Zusammentreffen neurotisierender Tendenzen „Kollusion“: Willi,Die Zweierbeziehung. – Dazu auch Wahl, Priesterbild, 164–194.

323 Aus einer lebensgeschichtlich ererbten Mutterbindung kann dann eine einengende und kritiklose Bindung an die Mutter Kirche werden; aus einer dyadenhaften Verbindung Mutter-Kind kann eine Ausklammerung alles Fremden, der Distanzierten, der Außenseiter, der „störenden Dritten“ also, erfolgen. Ererbte Minderwertigkeitsgefühle können durch priesterliche Omnipotenzphantasien kompensiert werden. Das früh erlernte Gespür für Ordnung und Disziplin schlägt sich nieder in einem Gottesbild, das in der seelsorglichen Praxis vermittelt wird. Die Introversion kann durch die Vorstellung vom „heiligen Außenseiter“ verstärkt werden. Aus einer depressiven Opferung des Selbst werden nicht selten geistlicher Aktionismus, Helferwahn, unerlöste Arbeitswut und totale Verfügbarkeit. Baumgartner, Heilende Seelsorge, 17–19.

324 Solches wirft Eugen Drewermann im wissenschaftlichen Streit um das Verhältnis von Tiefenpsychologie und Exegese der Integrierten Gemeinde und der dort betriebenen Bibelwissenschaft vor: Drewermann, An ihren Früchten, 119–172.

2.4 Wandel in der Teilhabe an dem einen Grundamt

Umfragen unter Katholiken belegen eindrucksvoll, daß für sie die Kirche mit den Priestern identisch ist.[325] In einem so verbreiteten Bewußtsein spiegelt sich das Erbe einer langen pastoralgeschichtlichen Entwicklung wider, die wir in knappen Zügen nachzeichnen. Das Kernthema dieser Entwicklung ist die Frage, welche Kirchenmitglieder in welcher Weise dafür verantwortlich sind, daß die Kirche ihren von Jesus erhaltenen Auftrag erfüllt.

2.4.1 Alle sind Berufene

Diese Frage wurde in den frühchristlichen Gemeinden so beantwortet, daß alle Berufene sind. Die Aufgaben sollten vom ganzen Volk, von der ganzen Gemeinde wahrgenommen werden. Damit war nicht ausgeschlossen, daß nicht einzelne in der Gemeinde besondere Aufgaben wahrnahmen. Aber Unbeteiligte, Unberufene gab es nicht. Wer von Gott dem heiligen, priesterlichen Volk (1 Petr 2,5.9) hinzugefügt (Apg 2,47), ihm durch die Taufe eingegliedert war, der war erwählt und berufen, in seiner Weise das Leben und Wirken dieser Christengemeinde mitzutragen. „Jedem aber wird die Offenbarung des Geistes geschenkt", so Paulus an die Christen in Korinth (1 Kor 7,12a). Jeder ist daher ein „Geistlicher" (1 Kor 2,13).
In den neutestamentlichen Schriften wird dieses Bewußtsein, daß jede und jeder einen unvertretbaren Beitrag zur Lebendigkeit der Gemeinde beizutragen hat, bild- und lehrhaft ausgedrückt. Kein Glied am Leib der Kirche ist ehrlos oder unnütz. Der ganze Leib der Kirche lebt nur, wenn alle Glieder lebendig sind. Umgekehrt ist es die Aufgabe der Glieder, so zu leben, daß der Leib der Kirche aufgebaut wird. Oder lehrhaft: Die Geistesgaben sind dazu gegeben, „damit sie anderen nützen" (1 Kor 7,12b). Daß die Charismen also „gemeinwohl- und gemeindewohlpflichtig" sind, ändert nichts daran, daß es kein Gemeindemitglied gibt, das ohne Berufung wäre. Alle sind Berufene. Alle haben ihr eigenes Charisma. Und alle haben es unmittelbar von Gottes Geist geschenkt bekommen, haben es als Mitgift erhalten bei ihrer Eingliederung in die Gemeinde: dieser zum Wohl.
Die der Gemeinde von Gottes Geist verliehenen Charismen versetzen sie in die Lage, ihre von Gott her gegebene Aufgabe in der

[325] So werden die Erwartungen an Religion und Kirche faktisch am Priester festgemacht: Dazu Zulehner, Kirche und Priester, 67. – Fehlt dann der Priester, ist die religiöse Versorgung in der herkömmlichen Weise bedroht: Zulehner, Religion, 107–114.

Menschheit zu erfüllen. Dementsprechend gibt es caritative Charismen (Hilfe-Leisten, Geben, Sich-Erbarmen, Trösten), kerygmatische (Apostel, Lehrer, Propheten), ekstatische (Wunderheiler, Zungenreden) und organisatorische (Ordnen, Leiten, Vorstehen).
Alle diese besonderen Begabungen wären aber nutzlos und schädlich, hätten sie nicht das Grundcharisma eines jeden Christen als Fundament, nämlich die Liebe. Das ist der ekklesiologische Sinn des neutestamentlichen Hohenlieds der Liebe. Sein Hintergrund ist eine bunte und zugleich chaotische Vielfalt von Charismen; die Einheit unter den Charismatikern ist gefährdet. Paulus schafft mit amtlicher Vollmacht die Einheit nicht durch autoritären Eingriff, auch nicht durch die Beseitigung der Vielfalt und des Selbstbewußtseins der vielen Charismen. Einheit kommt nur durch die Rückbindung der Charismen an den einen Geist Gottes zustande. Der Amtsträger Paulus schafft Einheit somit durch „Evangelisierung". Ob aber ein Charisma an Gottes Geist rückgebunden, also geistvoll ist, das erkennt man daran, ob die Liebe das Fundament ist. Denn kein noch so aufsehenerrregendes und kirchenbedeutsames Charisma nützte, „hätte ich die Liebe nicht".
Darin zeigt sich, daß bei aller besonderen Berufung es auch unter den vielen Berufenen eine gemeinsame Grundberufung gibt: jene zur Liebe. Grundsinn der Kirche ist es ja, inmitten der Menschheit eine Gemeinschaft von Menschen zu sein, die – weil sie im befreienden Herrschaftsbereich Gottes lebt – menschlich leben, also lieben kann. Von hier aus ergibt sich folgerichtig, daß dort, wo Christen wirklich aus Gottes Geist leben, eine „Zivilisation der Liebe"[326] aufkommen kann. Das heißt zugleich, daß jede bibelgemäße Praxis der Kirche eine Pastoral der Liebe sein wird.
Die Grundberufung zur Liebe ist identisch mit der Grundberufung aller Christen zur Heiligkeit. Diese Berufung zur Heiligkeit ist ein Hauptthema des Zweiten Vatikanischen Konzils: „Alle Christgläubigen sind (also) zum Streben nach Heiligkeit und ihrem Stand entsprechender Vollkommenheit eingeladen und verpflichtet."[327] Auch die Bischofssynode über die „Laien" im Jahr 1987 hat die Grundberufung aller unterstrichen: „Wir sind alle dazu berufen, heilig zu sein wie der Vater im Himmel, ein jeder nach seiner Berufung. In den Herzen der Gläubigen, die den Ruf Gottes vernehmen, mit Christus zu leben und

[326] Das Dokument des lateinamerikanischen Bischofsrates „Jugend, Kirche und Veränderung" ist ausdrücklich dem Aufbau einer Zivilisation der Liebe gewidmet: Lateinamerikanischer Bischofsrat, Jugend.
[327] Lumen gentium, 42.

die Welt zu verwandeln, wächst das Verlangen nach Heiligkeit." Und besorgt darum, daß diese Berufung zur Heiligkeit in eine falsch verstandene Frömmelei umkippt, fügt die Synode in ihrer Botschaft an die Katholiken in der Welt hinzu: „Der Heilige Geist läßt uns immer klarer erkennen, daß Heiligkeit heute den Einsatz für Gerechtigkeit und die Solidarität mit den Armen und Unterdrückten erfordert. Die Umgestaltung der Gesellschaft nach dem Plan Gottes gehört zur wahren Heiligkeit des Christgläubigen."[328] Zur Liebe und zur Heiligkeit berufen zu sein, das sind somit nur zwei Aspekte der *einen* Grundberufung jedes Christen. „(Denn) die Liebe als Band der Vollkommenheit und Fülle des Gesetzes (vgl. Kol 3,14; Röm 13,10) leitet und beseelt alle Mittel der Heiligung und führt sie zum Ziel. Daher ist die Liebe zu Gott wie zum Nächsten das Siegel des wahren Jüngers Christi."[329]

Sowohl der biblische Befund wie heute gültige kirchenamtliche Texte rechtfertigen die Grundthese, daß es in der Kirche keine Unberufenen gibt. Alle sind Berufene. Alle haben daher am Grundamt der Kirche teil. Alle sind „Subjekte" mit unvertretbarer Eigenverantwortung.[330]

2.4.2 Das pastorale Grundschisma

Zwischen dem in frühchristlicher Zeit gegebenen Bewußtsein und den amtlichen Aussagen der heutigen Kirche liegt eine Entwicklung, an deren Überwindung wir mit großer Anstrengung und wechselndem Erfolg arbeiten. Am besten wird diese Entwicklung charakterisiert durch den Begriff des „pastoralen Grundschismas". Dieser Begriff will die Sozialform einer Kirche fassen, in der es nicht nur Berufene, nicht nur Subjekte gibt, sondern Berufene und Unberufene, Subjekte und Objekte, solche, die sich sorgen, und andere, die versorgt werden, eine lehrende und eine hörende Kirche, eine kirchliche Obrigkeit und „geistliche Untertanen", Betreuer und Betreute. In die Reihe solcher Gegensatzpaare gehört auch das Paar „Klerus und Laien".

Zu dieser Entwicklung kam es aus mehreren Gründen:

1. Die Kirchengemeinden wuchsen zahlenmäßig. Rein aus organisationssoziologischen Gründen ändert sich in einem solchen Wachstumsprozeß die Art der Teilnahme. Wir kennen Beispiele dafür aus

[328] Von der Würde.
[329] Lumen gentium, 42.
[330] Gemeinsame Synode, Die pastoralen Dienste, Synode 602.

dem heutigen Gemeindeleben. In einem Großgottesdienst mit fünfhundert Kirchenmitgliedern sieht die Beteiligung der einzelnen anders aus als bei einer Eucharistiefeier in kleinem Kreis. Die Möglichkeit, daß alle ihren Glauben im Gottesdienst bezeugen, ist im Großgottesdienst anders als in einer überschaubaren Gottesdienstgemeinschaft. Auch die Christengemeinde in Korinth stand ja schon vor diesem Problem, daß die mit der Glossolalie begabten Gemeindemitglieder offenbar ungeordnet durcheinander bezeugten und niemand etwas davon hatte. Paulus rät den Korinthern, ein wenig Ordnung ins „Charismenchaos" zu bringen.

2. Eine Änderung in der Art der Teilhabe muß keineswegs identisch sein mit dem Verlust der Teilhabe. Dennoch trat das faktisch ein. Beschleunigt wurde diese Entwicklung dadurch, daß nach Beendigung der Verfolgung der Christen im Römischen Reich und später beim Einzug des Christentums in andere Völker (z. B. in den germanischen Raum) die „Heiden" rasch und ohne ausreichende Vorbereitung mit ihren Fürsten zusammen getauft wurden. Es entstand ein Zustand der Kirche, den Silvianus von Marseille im fünften Jahrhundert folgendermaßen beschrieb:

„Verschwunden und längst vorüber ist jene herrliche, alles überragende, beseligende Kraft der Frühzeit deines Volkes, Kirche, da alle, die sich zu Christus bekannten, den vergänglichen Besitz an irdischem Vermögen in die ewigen Werte himmlischer Güter verwandelten... Denn als sich die Masse der Gläubigen vervielfachte, war der Glaube selbst verringert, und mit dem Wachstum ihrer Kinder wird die Mutter krank. Und so bist du, Kirche, durch deine gesteigerte Fruchtbarkeit schwächer geworden, bist durch die Mehrung zurückgesunken und hast an Kräften abgenommen.

Gewiß: Du hast über die ganze Welt hin die Glieder ausgesandt, die zwar dem Namen nach den Glauben haben, aber keine Glaubenskraft, und so begannst du reich zu werden an Scharen, aber arm an Glauben; du wurdest weiter dem Leibe nach, aber verkümmertest an Geist. Du bist, möchte ich sagen, zu gleicher Zeit in dir größer und in dir kleiner geworden – eine fast nie dagewesene, unerhörte Form von Fortschritt und Rückschritt in einem, indem du zugleich zunahmst und abnahmst.

Denn wo ist jetzt deine ehemalige wundervolle Gestalt, die Schönheit deines ganzen Leibes? Wo gilt noch jenes Zeugnis der Heiligen Schrift, das da von deinen lebendigen Tugenden rühmt: ‚Die große Zahl der Gläubigen war ein Herz und eine Seele, und nicht einer bezeichnete etwas von dem, was er besaß, als sein Eigentum' (Apg 4,32)? Von diesem Zeugnis – Gott sei es laut geklagt! – besitzest du nur mehr die ge-

schriebenen Worte, nicht mehr die innere Kraft; nur mehr durch dein Wissen stehst du ihm nahe, im Gewissen stehst du ihm fern."[331]
Das ist die Zeit, in der Augustinus seine Anweisung zur katechetischen Unterweisung der „rudes" schreibt, mit dem Ziel, daß die rasch getauften Heiden auch auf dem Weg der persönlichen Glaubenseinführung vorankämen.[332] Zugespitzt formuliert: Waren die Heiden anfangs außerhalb der Kirche und lag die Trennungslinie zwischen Berufenen und Unberufenen zwischen den Kirchenmitgliedern und den Nichtmitgliedern (den Heiden), also zwischen Volk und Nichtvolk, so verschob sich mit der Ausweitung der Mitgliedschaftsgrenzen die Trennungslinie in die Kirche hinein und lag nunmehr – der heutigen großkirchlichen Situation auffallend ähnlich – zwischen den engagierten Christen und den übrigen Kirchenmitgliedern: Schon damals gab es viele Katholiken und darunter viele „rudes". In dieser Zeit wandelt sich der Begriff „laós": Er bezeichnet nicht mehr im alt- und neutestamentlichen Sinn das ganze Gottesvolk im Gegensatz zu den Heiden, sondern meint jetzt die „einfachen Kirchenmitglieder". Für sie bürgerte sich nunmehr auch – und dies wiederum in Absetzung vom Sprachgebrauch des Neuen Testaments – der Begriff Priester ein. Und noch einmal gegen den neutestamentlichen Sprachgebrauch, wo „klerós" einfach die christliche Gemeinde meint (1 Petr 5,3), werden die führenden Kreise unter dem Begriff „Klerus" ständemäßig zusammengefaßt. Die Kirche kam so auf dem Weg von der Bruderschaftskirche (vgl. Mt 23,8) zu einer Priester- und Kleruskirche voran. Es gibt nunmehr in dem einen „laós" nicht mehr verschiedene Charismen, darunter auch amtliche, sondern es gibt neben dem Klerus „Laien".

3. Zur Ausbildung des pastoralen Grundschismas trugen gnostische Ansichten bei, die sich auch unter Christen breitmachten. So betonte die Gnosis, daß alles, was mit Gott zu tun habe, eine leiblos-geistige Wirklichkeit sei. Gnostiker beanspruchten auch, Zugang zu einem geheimen Wissen zu besitzen. Was durch die Gnosis gefährdet war, war die Sichtbarkeit des Heils, war die Menschwerdung Gottes, die Inkarnation. Zugleich war der wissende Gnostiker nicht mehr auf die heilige Überlieferung angewiesen. Dagegen insistierte die Kirche auf Inkarnation und lückenlose Überlieferung. Festgemacht wurde die zum Schutz der christlichen Tradition betonte Sichtbarkeit am kirchlichen Amt. In ihm ist Christus leibhaft da, und wo der Bischof ist, ist die Kirche. Wo der Bischof ist, ist auch die verläßliche, lückenlos

331 Zit. nach Pesch, Zwischen Karfreitag und Ostern, 90f.
332 Augustinus, De catechizandis rudibus. – Dazu Zerfaß, Last des Taufgesprächs.

überlieferte Tradition. Die Nebenwirkung solcher antignostischen Aktivität (etwa bei Ignatius von Antiochien oder Irenäus von Lyon) war eine Hervorkehrung des kirchlichen Amtes, neben dem die übrigen Kirchenmitglieder verblassen mußten. Allerdings war in dieser Zeit die Betonung des Amtes noch nicht gegen die Laien, sondern gegen die Gnosis gerichtet.[333]

4. Im Grunde bestand trotz der Unterscheidung von Klerus und Laien zwischen beiden Ständen der Kirche Harmonie. Beide „ordines"[334] wußten sich innerhalb der einen „ecclesia universalis" aufeinander angewiesen. Das Wohl und die Einheit der Kirche war das große Anliegen der Kaiser. Die Gemeinden wirkten bei der Wahl ihrer Amtsträger in einem heute nur noch in der Ostkirche und in der Schweiz anzutreffenden Ausmaß mit.[335]

Die harmonische Beziehung zwischen den verschiedenen Ständen in der Kirche wandelte sich um die Jahrtausendwende im Investiturstreit zu einem Kampf um die Vormachtstellung. Jetzt wurden die Stände einander feind mit dem Ergebnis, daß sich in der Kirche der Klerikerstand gegenüber den Laien in langen Kämpfen[336] durchsetzte, die

[333] Zu diesen Zusammenhängen: Neuner, Der Laie, 45–50.

[334] Der Begriff des „ordo" wurde der gesellschaftlichen Ordnung des Römischen Imperiums entlehnt. Dort gab es den Ordo der Senatoren, der Ritter und die plebs, das gemeine Volk. Plebs wird jetzt auch zum Fachbegriff für die „Laien" in der Kirche, die einfachen Leute, die keinem kirchlichen „ordo" besonderer Art angehörten. Dazu Bauer, Wortgeschichte, 225.

[335] „Der erste Klemensbrief... spricht davon, daß Amtsträger mit der Zustimmung der ganzen Gemeinde eingesetzt werden. (44,3) In der wenig jüngeren Didache lautet die Anweisung: ‚Wählt euch Bischöfe und Diakone, würdig des Herrn.' (15,1) Aus dem dritten Jahrhundert haben wir klare Zeugnisse für ein Stimmrecht aller Gemeindemitglieder beispielsweise bei der Wahl des römischen Bischofs. Bei Hippolyt von Rom heißt es um das Jahr 230: ‚Man ordiniere zum Bischof den, der vom ganzen Volk erwählt worden ist... mit der Zustimmung aller, und die Bischöfe mögen ihm die Hand auflegen.' Cyprian von Karthago erachtete die Wahl durch das Volk und die Zustimmung der Nachbarbischöfe als Zeichen für die Erwählung des Kandidaten durch Gott. Nach seiner Überzeugung ist es ein Grundsatz göttlichen Rechts, daß niemand zum Bischof geweiht werden darf, der nicht vom Volk gewählt und von den Bischöfen der Kirchenprovinz akzeptiert worden ist. Nach Ambrosius sind zur rechtmäßigen Bestellung eines Bischofs die Wahl durch die Gläubigen der Stadt und die Anerkennung durch die Bischöfe der Provinz zusammen mit den Metropoliten erfordert. Die Anwesenheit der Nachbarbischöfe bei der Ordination wurde als unerläßlich erachtet. Die Gemeinde am Ort und die Bischöfe der Provinz sind die Rechtssubjekte, deren Zustimmung für die Bestellung eines Bischofs als unabdingbar galt. Abschließend seien noch zwei päpstliche Stimmen angeführt: Papst Coelestin I. erklärte: ‚Man zwinge dem Volk nicht jemanden, der ihm nicht genehm ist, zum Bischof auf.' Und Papst Leo I. schrieb im Jahr 458/459 vor: ‚Man ordiniere niemanden zum Bischof gegen den Willen der Christen und ohne ihre ausdrückliche Bitte'; denn ‚Wer allen vorstehen soll, soll von allen gewählt werden.'" Neuner, Der Laie, 53f. – Dazu auch: Kottje, Die Wahl der kirchlichen Amtsträger. – Legrand, Bischofswahl.

[336] Dramatische Phasen in der Auseinandersetzung zwischen Klerus und Laien waren die Armutsbewegung (Neuner, Der Laie, 72–84) sowie die Reformation und die darauf bezogene Tridentinische Kirchenreform, in der gegen die lutheranische Betonung der Einheit der

„christianitas" sich aufzulösen begann und die „Laien" sich außerhalb der Kirche einen eigenen „Machtbereich" aufbauten, wo sie sich dem Machtanspruch der Kleriker entziehen konnten.

2.4.3 *Krise der Kleruskirche*

Der Sieg der Klerus innerhalb der Kirche[337] verfestigte nicht nur innerkirchlich das pastorale Grundschisma, sondern trug zum Entstehen einer profanen „laizistischen" Welt bei. In einem langsamen, aber tiefgreifenden gesellschaftlichen Umwandlungsprozeß verlor das Christentum nach und nach seine soziokulturelle Unterstützung. Dies wiederum löste – zusammen mit anderen Ursachen[338] – jene Tradierungskrise des Christentums aus, in der es heute schon seit Jahrzehnten steckt. Die Klerus- und Priesterkirche erweist sich mit ihrem pastoralen Grundschisma zunehmend als unangemessene Sozialform der Kirche zumal in pluralistischen Gesellschaften mit den vielfältigen „kollektiven Gegenstimmungen" gegen das Christentum.

In solch kritischer Lage sind die christlichen Kirchen in Europa nach wie vor entschlossen, „Großkirchen" bleiben zu wollen. Nach dem Wegfall der soziokulturellen Stützung durch eine einheitlich „christentümliche Welt" stellt dieses „großkirchliche Projekt" enorme Anforderungen an die Eigentätigkeit der Kirche: Ererbte Kirchlichkeit von Bürgern gilt es ebenso zu stützen, wie sich neue missionarische Aufgaben in jenen Bevölkerungskreisen stellen, die sich aus vielfältigen (kulturellen, sozialen oder politischen) Gründen von der Kirche innerlich distanziert oder sie auch aktenkundig verlassen haben.

Um also Großkirche inmitten einer „laizistischen Welt" bleiben zu können, werden pastorale Modelle entworfen. Zwei lassen sich deutlich voneinander abgrenzen; es sind Modelle, die auch heute noch miteinander konkurrieren.

Kirche und der Gleichheit aller der Graben zwischen Klerus und Laien als zwei ungleichen Ständen in der Kirche noch vertieft wurde (Neuner, Der Laie, 84–92).

337 Marksteine auf dem Siegeszug des Klerus sind der Dictatus papae Gregors VII. (1075) sowie die zwei Schwerter-Theorie der Bulle Unam sanctam von Bonifaz VIII. (1122), in der festgestellt wird, es sei für alle Menschen unbedingt heilsnotwendig, sich dem römischen Papst zu unterwerfen.

338 Vgl.dazu Zulehner u. a., Fundamentalpastoral, Abschnitt II.2.

2.4.4 Mitarbeiter des Klerus

In einem ersten Modell begibt sich die Kirche (das sind die in ihr verantwortlichen Kleriker) auf die Suche nach Personen, die bereit sind, an diesem pastoralen Projekt mitzuarbeiten. Verantwortung dafür trägt nach wie vor der Klerus. Da es der Kirche aber nicht gelingt, für die zugewachsenen Aufgaben genügend Kleriker zu gewinnen, und ihr dies auch nichts nutzen würde, weil die Kleriker ja in der „laizistischen Welt" nicht ausreichend wirksam werden könnten, suchen sie im Kreis der bislang betreuten Laien nach Mitarbeitern.

So heißt es in einer Predigt, verfaßt im Jahr 1955 (!), unter Hinweis auf einen Ausspruch des Pfarrers von Ars, Johannes Vianney („Sie wissen nicht, was es heißt, aus einem Pfarrhof vor das Angesicht Gottes zu treten! Ich wäre der glücklichste Priester, wenn nicht der Gedanke wäre, ich habe als Pfarrer vor dem Richterstuhl Gottes zu erscheinen."): *„Hinter diesen Worten steht ein Wissen um die Verantwortung eines Pfarrers. Aus dieser Verantwortung heraus strecken wir bittend die Arme aus nach Laien, die uns helfen. Die uns helfen, die Arbeit, die uns längst über den Kopf gewachsen ist, zu leisten. Die uns helfen, die Verantwortung, die wir allein nicht mehr tragen können, mitzutragen... Laßt eure Seelsorger nicht allein! Steht ihnen bei! Opfert eure Zeit! Dann erst habt ihr den Ruf Christi in unserer Zeit recht verstanden."*[339]

In dieser Zeit, in der den Klerikern der Zugang zur „laizistischen" Welt versperrt ist, wurde die Katholische Aktion geschaffen. Sie wird als „verlängerter Arm der Hierarchie"[340] verstanden, mit dem die Kirche verlorene („e-man-zipierte") Bereiche der „Welt" wieder „in die Hand bekommen" soll. „Am wichtigsten ist heute, daß man in jeder Pfarrei über eine Gruppe von erleuchteten, tugendhaften, entschlossenen und wirklich apostolischen Laien verfügen kann." Laien, wohlgemerkt, die nicht aus eigener Initiative, sondern die – anders als die Christen in den Verbänden[341] – im Auftrag und nach der Anweisung, in Gehorsam und voller Unterwerfung apostolisch tätig sind.

[339] Brosseder, Priesterbild, 252.

[340] So formulierte es Pius XII.: Klostermann, Das christliche Apostolat, 607.

[341] Angesichts der bedrängenden Sozialen Frage des 19. Jahrhunderts verbanden sich in Amerika, Frankreich, in der Schweiz, in Deutschland und Österreich Katholiken, die – um gesellschaftlich sachgerecht wirksam sein zu können – eine geschichtlich unerhörte Unabhängigkeit vom Klerus anstrebten. Diese Form der Laienaktivität wurde vom hohen Klerus mit ererbtem Argwohn betrachtet und wiederholt verurteilt. So wurde der Begründer der Democrazia cristiana italiana (DCI), der sozial gesinnte Priester Romolo Murri, verurteilt. Pius X. verfügte 1906: „Um einen festen Damm der Überflutung durch solche Ideen und der Verbreitung des Unabhängigkeitsgeistes entgegenzusetzen, verbieten Wir kraft Unserer Autorität von heute an absolut allen Klerikern und Priestern, irgendeiner Gesell-

2.4.5 *Von der Klerus- zur Expertenkirche*

Die wirtschaftliche Prosperität der Nachkriegsjahre hat, in Verbindung mit der in der nationalsozialistischen Unzeit verordneten Kirchensteuer, europäischen Großkirchen die Möglichkeit aufgetan, „Laien“ als Mitarbeiter des Klerus nicht nur ehrenamtlich, sondern auch hauptamtlich zu gewinnen. „Laien“ wurde der Zugang zu den theologischen Fakultäten eröffnet; neue theologische Ausbildungsinstitutionen (Fachhochschulen, Seminare für kirchliche Berufe) wurden errichtet. Eine Reihe kirchlicher „Laienberufe“ wurde in kurzer Zeit geschaffen: Für die einen wurde dieselbe Ausbildung verlangt wie für Priesteramtskandidaten; zu anderen kirchlichen Berufen führt der Weg über eine stärker praxisorientierte Ausbildung. Zu solchen „Pastoralarbeitern“ mit theologischer und praktischer Ausbildung gesellten sich noch Personen mit human- und sozialwissenschaftlicher Kompetenz, die hauptamtlich in professionalisierten Tätigkeitsfeldern der Kirche unterkommen konnten: in der Jugendarbeit, in Beratungsdiensten, in der Erwachsenenbildung. Die geldstarken Kirchen Westeuropas und Nordamerikas hatten im Lauf ihrer Geschichte noch nie so viele hauptamtliche Personen wie heute.

Der Höhepunkt dieser Entwicklung scheint allmählich erreicht. Denn trotz enormen Einsatzes hauptamtlich tätiger pastoraler Experten gelingt es offenbar den Großkirchen lediglich, die Verdunstung der Kirchlichkeit zu verlangsamen. Und wegen der offensichtlich mangelnden Effizienz, noch mehr aber aus theologischen Gründen wird dieses erste Modell zunehmend in Frage gestellt.[342]

1. Dieses Modell stellt lediglich eine Modernisierung des überkommenen Modells der Klerus- und Priesterkirche dar. Aus der Kleruskirche wurde eine Expertenkirche. Der Großteil der Kirchenmitglieder zählt nach wie vor zu den „Laien“, für welche die Kleriker und Experten arbeiten. Es haben lediglich einige „Laien“ ihren sozialen Ort gewechselt; sie sind über den Graben des pastoralen Grundschismas auf die Seite des Klerus übergewechselt. Die Mehrzahl der „Laien“ hat aber ihren Platz diesseits des Grabens behalten. Soziologisch besteht somit heute die Kirche nicht mehr aus Klerus und „Laien“, sondern aus Klerus und „Laien“ auf der einen und Leuten auf der anderen Seite.

schaft, die nicht von den Bischöfen abhängig ist, beizutreten.“ Zit. nach Schroeder, Aufbruch und Mißverständnis, 291.

[342] Zulehner u. a., Priestermangel, 48–50.

2. Vielen Menschen ist dieser Platz in der religiösen Gemeinschaft auch willkommen. In der Art, wie sie „religiös" sind[343], suchen sie nicht nach Verantwortung für das Leben und Wirken einer christlichen Gemeinde, sondern nach Befriedung ihrer tiefmenschlichen religiösen Wünsche und Bedürfnisse. Sie wollen dazu mit Vorliebe von Priestern oder ihnen ähnlichen Personen[344] religiös „versorgt" werden.[345]
3. Vielen pastoralen Experten kommt eine solche Erwartungslage religiöser Leute entgegen. Es erleichtert ihnen, im pastoralen Beruf jene Anliegen zu befrieden, die Menschen ganz allgemein an einen Beruf herantragen: Sie finden soziale Anerkennung, erfahren sich als sozial mächtig, können in Grenzen ihr (Familien-)Leben ökonomisch absichern. Das wird auf dem Weg religiöser Dienstleistungen[346] erreicht, die die Leute in Anspruch nehmen. Werden die angebotenen Dienstleistungen nicht in erwünschtem Maß gefragt, wird notfalls die Nachfrage selbst künstlich gefördert.
4. Solche berufsinternen Ziele erreichen die Träger neuer pastoraler Berufe nicht ohne Schwierigkeiten. Im Gegensatz zu den Klerikern müssen sie als sozial junger und mit religiöser Aura (Kleidung, Weihe, abweichender Lebensstand) nur schlecht ausgestatteter Beruf ihr soziales Ansehen durch außergewöhnliche Leistung erreichen, und dies häufig auf kirchlichen Handlungsfeldern, die für die Mehrzahl der Leute eher peripher sind. Wegen des bedrängenden Priestermangels, der kurzschlüssig auf eine Konkurrenz zwischen dem ehelosen Priesterberuf und den verheirateten hauptamtlichen Laien zurückgeführt wird, werden „Laien" zunehmend wieder aus Tätigkeiten hinausgedrängt, die innergemeindliches Ansehen vermitteln: so die Predigt.[347] Untersuchungen über Erfahrungen in den jungen pastoralen Berufen zeigen denn auch, daß das Hauptkonfliktfeld zwischen den klerikalen und laikalen hauptamtlichen Experten liegt. Es ist ein Streit um die „Schlüsselgewalt". Das zeigt, wie sehr praktisch die hauptamtlichen „Laien" auf die Seite des Amtes gehören und sich in einer kaum noch haltbaren Weise „Laien"

343 Dazu Zulehner, Leutereligion.

344 Hauptamtliche Laien tun sich in einem solchen „leutereligiösen Kontext" schwer; am meisten unerwünscht sind Frauen: bei diesen scheint die ererbte Gegensätzlichkeit zwischen dem Heiligen und dem Weiblichen wirksam zu sein. Dazu: Zulehner, Neuformung, 138–151.

345 Zulehner, Von der versorgten zur sorgenden Gemeinde, 52–68.

346 Profane Statistiken zählen nicht zu Unrecht die Kirchen zu den Dienstleistungsbetrieben.

347 Es fällt auf, daß hauptamtliche Laien im theoretisch verlorenen Streit um die „Laienpredigt" sich mit den Klerikern messen, sich aber beispielsweise nicht darum sorgen, wie denn auch sonstige begabte Christen in der Gemeinde verkündigend zu Wort kommen könnten.

nennen. Zugleich bestätigen solche Studien, daß sich an der überkommenen Sozialform der Kirche durch die Einstellung vieler Hauptamtlicher noch nicht viel geändert hat. Die Leute sind geblieben, was sie in den letzten Jahrhunderten waren: „Objekte" der Seelsorge, nun nicht mehr nur des Klerus, sondern auch sogenannter hauptamtlicher „Laien".

Diese Analyse wird dem Selbstverständnis vieler Hauptamtlicher gewiß nicht gerecht. Sie bietet auch keine Grundlage dafür, gut ausgebildete pastorale Experten in der heutigen Zeit für überflüssig, ja schädlich anzusehen. *Die Kirche braucht Dienstleistungen, sie darf aber nicht als ganze ein Dienstleistungsbetrieb werden.* Sie braucht Experten: Aber gerade wenn sie diese hat, droht auch in der Kirche eine schädliche „Expertokratie".[348] Unbeschadet eines anderen theoretischen Selbstverständnisses bei Hauptamtlichen, das auch handlungsrelevant wird, bleibt dennoch bestehen, daß unsere moderne Dienstleistungsgesellschaft mit ihrem Heer von Experten für alle nur erdenklichen Lebenslagen eine Sozialform von Kirche begünstigt, die spezialisiert ist auf religiöse Dienstleistungen, dazu finanziert wird und sich – weil sie das Geld der Leute nimmt – auch verpflichtet fühlt, ein ausreichend religiöses Angebot durch entsprechend geschultes Personal bereitzustellen.

2.4.6 Von der Kirche für das Volk zu einer Kirche des Volkes

Typisch für die Sozialform der Klerus- und Expertenkirche ist das pastorale Grundschisma. Kirche ist hier eine Kirche für das Volk. Das andere Modell, das inmitten der gegenwärtigen Krise der Großkirchen überlegt und auch praktiziert wird, versucht genau dieses pastorale Grundschisma zu überwinden.

In dichter Sprache hat das Anliegen die Gemeinsame Synode der Bistümer in der Bundesrepublik Deutschland so formuliert:

„Alle sind auf dieses Zeugnis lebendiger Hoffnung in der Nachfolge Jesu verpflichtet, weil alle auf diesen Weg der Hoffnung geschickt, weil alle in diese Nachfolge gerufen sind – herausgerufen zur Gemeinschaft der Glaubenden, befähigt und geführt durch den Geist Gottes, den er seiner Kirche verheißen hat (vgl. Joh 14,26; Röm 8, 14.26). Deshalb müssen eigentlich auch alle beteiligt sein und beteiligt werden an der lebendigen Erneuerung unserer Kirche. Diese Erneuerung kann ja nicht verordnet werden, sie erschöpft sich nicht in einzelnen synodalen Reformmaßnahmen. Die eine Nachfolge muß viele Nachfolgende, das

[348] Illich, Expertokratie.

eine Zeugnis viele Zeugen, die eine Hoffnung viele Träger haben. Nur so kann schließlich aus einem Erneuerungsversuch für die Kirche eine Erneuerung unserer Kirche selbst werden. Nur so kann uns in einer offensichtlichen Übergangssituation der Schritt gelingen von einer protektionistisch anmutenden Kirche für das Volk zu einer lebendigen Kirche des Volkes, in der alle auf ihre Weise sich verantwortlich beteiligt wissen am Schicksal dieser Kirche und an ihrem öffentlichen Zeugnis der Hoffnung. Nur so werden wir auch den Eindruck vermeiden, wir seien eine Kirche, die zwar noch von einem starken (nur langsam sich zersetzenden) Milieu, nicht aber eigentlich vom Volk mitgetragen ist."[349]

Auf dem Weg von einer Kirche für das Volk (für die es viele andere Namen gibt wie Betreuungs-, Versorgungs- oder Servicekirche) zu einer Kirche des Volkes[350] ist ein tiefgreifender Wandel im Bewußtsein sowohl der Kleriker und der ihnen zuzuordnenden Hauptamtlichen als auch der Leute erforderlich. Eine Angst um die Profilierung des Amtes und die Sorge um dessen Attraktivität dürfen nicht insgeheim bestimmend sein. Vielmehr ist es dringlich, das bisher stets betonte Trennende zwischen den verschiedenen Charismen zurückzustellen und entschlossen das Gemeinsame hervorzukehren.

In ihrer Stellungnahme zum Vorbereitungsdokument der Bischofssynode über die Laien im Jahr 1987 haben die deutschen Bischöfe darauf aufmerksam gemacht:

„Hier[351] geht es aber gerade darum, Kirche nicht als zusammengesetzt aus in sich stehenden Blöcken – hierarchische Amtsträger und Laien, Weltchristen und Ordenschristen – zu sehen, sondern die Unterscheidungen auf das Gemeinsame zurückzubeziehen und vom Gemeinsamen her zu lesen.

Die Ämter Christi, des Priesters, Propheten und Königs, sind auf die ganze Kirche, auf all ihre Glieder bezogen und werden je auf ihre Weise auch von allen Gliedern ergriffen und wahrgenommen (vgl. LG 10–13 und 34–36). Und so wie die kirchlichen Vollzüge von Communio und Missio wesenhaft miteinander verbunden sind und ständig ineinandergreifen, so erwächst auch aus der Teilhabe an den Ämtern Christi für alle ohne Ausnahme die Aufgabe, sowohl am Aufbau der Kirche wie auch an ihrer Sendung in die Welt mitzuwirken. Es gibt ‚kein Glied, das nicht

349 Unsere Hoffnung, Synode 103.

350 Dazu auch aus evangelischer Sicht: Bäumler, Gemeinde.

351 Gemeint ist die Kirchenkonstitution des Zweiten Vatikanischen Konzils, Lumen gentium, Kapitel 1–4.

Anteil an der Sendung des ganzen Leibes hätte'(PO 2). Alle sind – wie auch die ,Lineamenta' Nr. 20 im Anschluß an LG 33 ausdrücklich betonen – zur aktiven und verantwortlichen Beteiligung an der einen Heilssendung der Kirche aufgerufen.
Das bedeutet konkret: im gemeinsamen Hören auf das Wort Gottes, im gegenseitigen Empfangen des Glaubensverständnisses, das der Hl. Geist in den Gläubigen wirkt, in der gemeinsamen Bezeugung und Weitergabe des Glaubens, im Miteinander der liturgischen Feier, in gemeinsamer Diakonie und gläubiger Weltgestaltung: überall steht die gemeinsam empfangene Gabe und Aufgabe vor allem – noch so bedeutsamen Unterscheidenden.
Dies gerade heute wieder zu betonen, dürfte von nicht geringer Bedeutung sein. Denn hatten in unseren westeuropäischen Ländern nachkonziliare Entwicklungen, die das Besondere von geistlichem Amt und geistlicher Autorität zu nivellieren drohten, als Reaktion die pointierte Konturierung des geistlichen Amtes notwendig gemacht, so kann diese absolut legitime und von der Situation her geforderte Akzentsetzung in ihr Gegenteil umschlagen, wenn darüber die gemeinsame Basis in den Hintergrund oder gar aus dem Blickfeld gerät...
Darum ist auf der Linie des Konzils die gemeinsame Berufung aller neu ins Bewußtsein zu rufen sowie in Lehre und Praxis neu anzuerkennen. Es muß deutlich werden, daß erst auf dem Boden dieser gemeinsamen Berufung die qualitativ unterschiedenen Gnadengaben, die besonderen Aufgaben und Dienste, darunter auch die des geistlichen Amtes erwachsen."[352]
Wir werden in den folgenden Abschnitten diesem Anliegen treu bleiben. Auf der einen Seite haben wir – unter der Überschrift „Gemeindeentwicklung" – zu erkunden, welche bewährten Wege es heute in der Kirche gibt, um die vielen „geistlichen Berufungen" gerade jener Menschen zu fördern, die in den Augen der Welt „die kleinen Leute" genannt werden. Zu den entscheidenden künftigen Aufgaben in den Gemeinden wird es also gehören, das Volk Gottes zu fördern, was praktisch nur heißen kann, so mit Leuten zusammen zu sein, daß sie die Frage stellen lernen, was Gott ihnen will, damit jene Kirchengemeinde, der Gott sie hinzugefügt hat, lebt und handeln kann. Auf der anderen Seite gehen wir der Frage nach, in welchem Stil die kirchlichen Dienstämter auszuüben sind, damit die von Gott berufenen

[352] Zu diesem Gemeinsamen gehört, daß auch die Amtsträger zunächst „Laien" sind, also – wie das Konzil kurz und bündig definiert – zu den Christgläubigen zählen, die durch die Taufe Christus einverleibt sind (Lumen gentium, 4): Der Laie in Kirche und Welt, 323f.

Menschen ermutigt werden, ihren unvertretbaren Anteil zum Aufbau der Gemeinde zu leisten, und wie durch den Dienst von Amtsträgern die so wachsende Gemeinde in der Einheit der Liebe und des Glaubens bewahrt werden kann; kurz: Wie können Amtsträger ihrer Berufung gerecht werden, „Gemeinden zu gründen und zu leiten"?[353]

[353] Die deutschen Bischöfe, Zur Ordnung, 12, im Anschluß an den Synodenbeschluß „Die pastoralen Dienste in der Gemeinde", Synode 607: „Da alle Dienste in der Gemeinde Ursprung und Maß in Jesus Christus haben, müssen sie immer wieder für ihren Auftrag zugerüstet werden. Dies ist die spezifische Aufgabe des Amtes: In Person und Auftrag Christi (2 Kor 5,20) soll es die Gemeinde und ihre Glieder zu ihrem eigenen Dienst bereit und fähig machen, Gemeinden gründen und leiten, der Gemeinde neue Glieder zuführen und für deren Einheit in Christus Sorge tragen (vgl. Eph 4,12)."

3. GEMEINDEAUFBAU HEUTE (OIKODOMÉ)

Das Gemeindeprinzip gibt ein Ziel an. Der Weg zum Ziel der christlichen Gemeinde heißt Oikodomé, Aufbau des „Hauses", des Lebensraums Gottes, Gemeindeaufbau.[354] Gemeindeaufbau ist heute eine vordringliche Aufgabe, denn die nachchristliche Kultur garantiert nicht mehr die selbstverständliche Tradierung des Glaubens an die nächste Generation, damit die Ekklesiogenese mit der kommenden Generation für die Kirche von morgen. Die Taufe vieler Bürger entfaltet sich in unserer Kultur nicht mehr von selbst, und die überkommenen Pfarreien sind nicht der „soziale Mutterschoß", in dem das in der Taufe eingezeugte Glaubensleben ausreifen kann. Das hat zur Folge, daß die Kirche aus zu vielen unmündigen und in ihrer Glaubensentwicklung steckengebliebenen Mitgliedern besteht. Es fehlt also an lebensfähigen und wirksamen Gemeinden. Die Antwort auf solchen Gemeindemangel kann nur Gemeindeaufbau heißen.

Diesem Anliegen haben sich in den letzten Jahren „geistliche Bewegungen" sowie Pfarrgemeinden verschrieben. Der Unterschied zwischen beiden ist wie der von Leihmüttern und Müttern. Die „geistlichen Bewegungen" gehen zumeist davon aus, daß die ursprünglichen Glaubensmütter, die Ortsgemeinden (die Pfarrgemeinden), sich aus eigener Kraft nicht erneuern können, also der „Entwicklungshilfe" bedürfen. Dennoch gibt es eine stattliche Zahl von Pfarrgemeinden, die aus eigenen, wenn auch verschütteten Quellen sich auf den Weg der Gemeindeerneuerung eingelassen haben; einige wenige von diesen Pfarrgemeinden haben schließlich ihre Erfahrungen reflektiert und publiziert, was ihnen den Ruf von „Gemeindemodellen" eingebracht hat. Wir stellen die zwei Strömungen der Erneuerung von Gemeinden am Ort zunächst dar, um in einem dritten Schritt von einem „Grundkurs gemeindlichen Glaubens" zu berichten. Dieser ist kein pragmatisches Handlungsmodell, sondern eher eine theologische „Logik", eine Denk- und Handlungsart, eine Art und Weise, persönlichen Glauben unvertretbar Einzelner im unentflechtbaren Wechselspiel mit der lebendigen Tradition einer (Kirchen-)Gemeinde zu fördern.

[354] Aus evangelischer Sicht: Bäumler, Gemeindeaufbau.

3.1 Gemeindeentwicklung durch „geistliche Bewegungen"

Von den Bewegungen[355], die sich der Erneuerung der Pfarrgemeinden verschrieben haben, wählen wir exemplarisch drei aus: die Bewegung für eine bessere Welt und ihr „NIP", das Neokatechumenat und die Geistliche Gemeinde-Erneuerung.

3.1.1 New Image of the Parish (NIP)

Der Kirche soll ein neues Erscheinungsbild gegeben werden, und zwar insbesondere durch die Erneuerung der Pfarrgemeinden. Diese Pfarrerneuerung ist ein Baustein einer umfassenden Erneuerungsbewegung, die der Jesuit Riccardo Lombardi (1908–1979) schon vor dem Zweiten Vatikanischen Konzil ausgelöst hat. Die „Bewegung für eine bessere Welt", die Pius XII. unterstützte und die seit 1956 ihren Sitz in Rocca di Papa hat – ein Ort, den seither sehr viele Menschen zur spirituellen Erneuerung aufgesucht haben –, wurde auf dem Boden der Ekklesiologie des Konzils erweitert durch die „Bewegung für eine bessere Kirche". Denn die Kirche, berufen zum Sakrament der Heils der Welt, kann diese ihre Berufung nur dann wirksam wahrnehmen, wenn sie sich selbst erneuert. Die Kirche sollte ein neues Aussehen, ein neues „Image" bekommen.
Auf dem Boden der Communio-Ekklesiologie des Konzils entwikkelte Lombardi, der auf viele Konzilsväter einen nachhaltigen spirituellen Einfluß ausübte, das Pfarrerneuerungsprojekt NIP.[356] Jede Pfarrei sollte eine „Gemeinschaft von Gemeinschaften" werden.

3.1.1.1 „Gemeinschaft von Gemeinschaften"

Um dieses Ziel zu erreichen, wurde in Zusammenarbeit von Theologen, Psychologen und Soziologen ein auf mehrere Jahre angelegtes Pfarr-Entwicklungmodell entworfen und in der norditalienischen Pfarrei Vajont erprobt. Es wird nunmehr auch in einigen deutschsprachigen Pfarreien praktiziert.
Das Erneuerungsmodell NIP ist handlungstheoretisch gut durchdacht und theologisch fundiert. Im Gegensatz von überkommenen „Problemlösungsmodellen", die unmittelbar auf unbefriedigende Miß-

355 Les mouvements. – Valentin, Wege der Nachfolge. – Movimenti ecclesiali. – Schulze-Berndt u. a., Neue religiöse Bewegungen.

356 Literatur zum NIP: Lombardi, Kirche hat Zukunft. – Capellaro, Pfarrgemeinde der Zukunft. – Ders., Kirche der Hoffnung. – Lehrner, Pfarrgemeinde der Zukunft. – Heindler, Handbuch.

stände reagieren, betreibt NIP eine *„prospektive Planung"*[357], an deren Beginn eine Vision, ein Traum von Pfarrgemeinde steht. Dieser *Traum* ist identisch mit der Ekklesiologie des Konzils. Als Kirche am Ort lebt die Pfarrei aus der innigsten Vereinigung mit Gott, aus der heraus die Gemeinschaft der Menschen erwächst.[358] Pfarrei wird also erträumt als eine Gemeinschaft von Menschen, die der Gemeinschaft dieser Menschen mit Gott entspringt. Eine solche Vision der Pfarrei gibt den Maßstab ab, mit dem das *Grundproblem* der gegenwärtigen Krise der Pfarreien erkundet wird: Die Pfarreien sind ja kein Volk, sondern eine anonyme Masse. Außer den Klerikern haben in den Pfarreien die Mitglieder keinen Namen. Das Fehlen der Koinonia beeinträchtigt allerdings alle übrigen Vorgänge der Pfarrei, die Liturgie, die Martyria, die Diakonie.
Die Überwindung der pfarrliches Leben hemmenden Anonymität soll in *kirchlichen Basisgemeinschaften* (KBG) geschehen. In diesen schließen sich etwa 30 Personen freiwillig zusammen; sie treffen sich in den Häusern, lesen miteinander die Bibel und nehmen Aufgaben in der *Pfarrei* und darüber hinaus wahr. Solche Gemeinschaften – und nicht die Pfarrei – sind die Basisstruktur der Kirche. Letztere übt den Basisgemeinschaften gegenüber eine subsidiäre Funktion aus und eint sie zu einer Gemeinschaft von Gemeinschaften. Der Pfarrer sitzt diesem Verbund von Gemeinschaften vor, prüft die Charismen auf ihre Echtheit, weiß sich besonders für die Fernstehenden zuständig und hält die Verbindung zur Diözese lebendig.

3.1.1.2 Etappen auf dem Weg

Auf Grund des Vergleichs zwischen dem Traum und der Wirklichkeit kann schließlich der *Weg* der Erneuerung entworfen werden, auf dem sich die Pfarrei dem Ideal annähert. Drei Phasen durchläuft eine Pfarrei, die den Weg des NIP gehen will. Diesen *drei Hauptphasen* ist eine Vorbereitungsphase vorausgeschickt: Ein Koordinierungsteam wird gegründet, die Pfarrei wird in Sprengel unterteilt, ein Pfarrbrief wird verfaßt, dazu eine Redaktion eingesetzt und ein Netz von Boten geknüpft, die den Pfarrbrief persönlich an eine überschaubare Zahl von Haushalten bringen. Die prospektive Analyse wird gemacht.
1. Die erste Phase ist der Sensibilisierung für *Geschwisterlichkeit* gewidmet. Auf dem Boden der überkommenen kulturellen und religiösen Traditionen werden Menschen aus der Pfarrei zusammengebracht. Auch werden Mitarbeiter gesucht und geschult.

[357] Dieses Planungsmodell wurde entwickelt von Berger, Phénomene. – Ders., Etapes.
[358] Vgl. Lumen gentium, 1.

Am Ende dieser Phase steht eine „Woche der Geschwisterlichkeit". In ihr werden Familiengruppen zu je 20 Personen gegründet: Gruppen, die später zu Basisgemeinschaften umgeformt werden sollen.
2. Der Weg dahin führt über die Phase der *Evangelisierung*. Miteinander entdecken die Angehörigen der familiären Gruppen die heilige Schrift. Am Ende dieser Phase wird eine Pfarrsynode abgehalten. Gemeinsam wird nach dem Plan Gottes für die Gemeinschaft der Gemeinschaften in der Pfarrei gefragt. Die Mitglieder der Familiengruppen können sich jetzt entscheiden, Mitglieder von „Kirchlichen Basisgemeinschaften" zu werden.
3. In diesen folgt die Phase der *Katechese*, der Diakonie und der Politik. Das Brot wird miteinander und für andere gebrochen. Die Perspektive der Basisgemeinschaften öffnet sich auf den diakonalen und politischen Dienst. Auf dem Boden der Sammlung geschieht Sendung. Den Abschluß dieser Phase bildet ein eucharistischer Pfarrkongreß. Nach Möglichkeit sitzt ihm der Bischof vor. Ein Schlußdokument wird verabschiedet. Die Dienste, die sich in den Basisgemeinden im Lauf der Zeit herausgebildet haben[359], werden vom Bischof bestätigt.

3.1.1.3 Geplante Umkehr

Das geschilderte Pfarrerneuerungsprojekt ist theologisch bestens fundiert. Es ist in allen Momenten durchdrungen von der grandiosen Kirchenvision des Zweiten Vatikanischen Konzils. Die ererbte Kluft zwischen Klerus und Volk, der Mangel an Koinonia, die Spießbürgerlichkeit pfarrlichen Lebens sollen in einem ernsthaften gemeinschaftlichen Umkehrvorgang überwunden werden. Dabei werden human- und sozialwissenschaftliche Einsichten ernst genommen. Die Erneuerung wird auch nicht dem Zufall überlassen, Planung spielt eine bedeutsame Rolle.
Das NIP-Projekt hat seit seinem Entstehen gute Früchte getragen. 1987 hat Elfriede Lehrner mit Hilfe eines Fragebogens Pfarreien untersucht, die sich im Erneuerungsprozeß befanden. Zu diesem Zeitpunkt waren es 24. Auf die Frage, ob sich durch das Pfarrprojekt „vieles", „einiges", „wenig" oder „nichts" geändert habe, antworteten 23% „vieles", 8% zwischen „vieles" und „einiges" und 69%

[359] In jeder Basisgemeinschaft soll es einen Diakon zur Leitung geben, einen Wort- und einen Liturgiediener, einen für die Caritas, einen, der koordiniert, und einen anderen, der verwaltet. Dazu kommen jene Dienste, die für die Erfüllung bestimmter Aufgaben erforderlich sind.

„einiges". „In keiner der befragten Pfarreien blieb also die Arbeit mit dem NIP-Projekt ohne Früchte."[360] Kurz aufgelistet haben diese Pfarreien folgenden Zugewinn erfahren:
„– Mitarbeit und Mitverantwortung des ‚Volkes' ist gewachsen: Boten, Zonenleiter... ergreifen selbst die Initiative; bei allen Beteiligten steigt die Bereitschaft und Freude an der Arbeit; das Engagement vieler einzelner ist gewachsen;
– durch die Boten besteht ständiger Kontakt mit allen Pfarrbewohnern: die Pfarre ist so ständig im Bewußtsein der Leute; alle erhalten Informationen über die Vorgänge in der Pfarre; Gemeindemitglieder kommen einander näher, lernen sich kennen und gehen aufeinander zu; zu Veranstaltungen der Pfarre kommen auch ‚Neue';
– wertvolle planungs- und organisatorische Aspekte: Überschaubarkeit der pfarrlichen Arbeit durch Zoneneinteilung; Botennetz; monatlicher Pfarrbrief; Seelsorge ist koordiniert; es wird mehr als früher gemeinsam geplant und getan; sinnvolle Zukunftsperspektiven mit konkreten Handlungsschritten;
– vertiefte Spiritualität der Mitarbeiter(-innen) und in der Gemeinde;
– größeres Zusammengehörigkeitsgefühl;
– das Image der Gemeinde am Ort ist wieder gestiegen (‚Wir können uns wieder sehen lassen');
All diese Vorteile, die tatsächlich erfahren wurden, machen sicherlich Mut und geben Kraft und Hoffnung, sich auf etwas ‚Neues' einzulassen."[361]
Eine kritische Reflexion zeigt freilich bei einem solchen über mindestens fünfzehn Jahre angelegten Projekt auch Probleme:[362]
– Die *Balance zwischen Vision und Planung* kann leicht zu Ungunsten der Vision in ein technokratisches Projekt umkippen. „*Die* Grundgefahr bei der Arbeit mit dem NIP-Projekt (und sicherlich auch bei der Arbeit mit anderen Pastoralkonzepten) ist deshalb, dieses nur als technische Anleitung zu sehen, die dahinterstehende Spiritualität jedoch nicht zu beachten. Dadurch wäre das Projekt von Anfang an zum Scheitern verurteilt."[363] Erneuerung ist aber nicht menschlich machbar, sondern immer auch unberechenbare Gabe Gottes. Eine kleine Gruppe von Experten des NIP steht dann in Gefahr, das Projekt „durchzuziehen".

[360] AaO., 90.
[361] AaO., 91.
[362] Lehrner, Pfarrgemeinde d. Zukunft, 80–103.
[363] AaO., 101.

– Der Anspruch des NIP, *alle Pfarreiangehörigen* in den Erneuerungsvorgang einzubeziehen, ist grundsätzlich zu begrüßen. Diese Offenheit kann aber leicht zu einem unwirksamen Gießkannenprinzip umkippen. Die Sendung an alle muß nicht gleichbedeutend sein mit der Sammlung aller. Sich an alle zu wenden bedeutet auch, sich der Praxis des Angebots zu bedienen, das zudem primär durch unpersönliche Kommunikationsmittel (wie den Pfarrbrief) überbracht wird: wenngleich der Pfarrbrief durch Boten verteilt wird, die dem unpersönlichen Medium eine persönliche Note verleihen sollen. Eine Alternative zum breit gestreuten Angebot ist die persönliche Berufung einzelner zu einem intensiven Glaubensweg.
– Berechtigt ist die Kritik des NIP an der Spießbürgerlichkeit des durchschnittlichen Pfarrlebens. Ein Zuwachs an christlicher *Radikalität*, mehr evangeliumsgemäßer Existenz ist wünschenswert. Diese „hohen Ansprüche", das Verlangen nach „Radikalität" kann aber leicht in ein neurotisierendes Perfektionsstreben umkippen.
– In Erfahrungsberichten wird auch beklagt, daß sich die Basisgemeinden in den Pfarreien nicht selten *abschließen* und ein Ofen werden, der sich selbst wärmt.[364] Solche „in-group-Tendenzen" sind aber wohl allen Kleingruppen eigen. Es gilt daher aufmerksam zu verhindern, daß der Erneuerungsprozeß nicht im Vorgang der Sammlung, also der Bildung von Familien- und später von Basisgemeinschaften und deren Evangelisierung steckenbleibt. Die Gefahr, daß die Balance zwischen Sammlung und Sendung in eine Selbstzufriedenheit verschlossener Gruppen umschlägt, ist auch im NIP gegeben. Von hier aus stellt sich die bedrängende Frage, was mit jenen Pfarreiangehörigen ist, die auch nach einem 15jährigen Prozeß zu keiner Kirchlichen Basisgemeinschaft gehören und die sich auch dann, wenn sie zu einer solchen dazustoßen wollen, sich wegen der mangelnden Offenheit und der gruppeneigenen Gesetzlichkeit schwerer tun, in eine bestehende Gemeinschaft hineinzugelangen. Es ist dann zu wenig, die „Fernstehenden" dem Pfarrer zuzuweisen.
– Insgesamt kommt der *Mystagogie* im NIP-Projekt zu wenig Aufmerksamkeit zu. Dies zeigt sich daran, daß die Evangelisierung nicht am Beginn steht, sondern erst der zweiten Phase zugeordnet ist. Mehr Respekt vor der Geschichte Gottes mit dem einzelnen, seiner Lebens- und seiner Berufungsgeschichte konkurriert freilich mit dem Anliegen, einen gut durchdachten und durchgeplanten Weg zu entwerfen. Vielleicht liefe der Erneuerungsweg anders, wären einzelne Berufene von Anfang an Subjekte des Erneuerungsvorgangs?!

[364] AaO., 103.

3.1.2 Neokatechumenat

Der Pfarrentwicklung hat sich auch die Bewegung des Neokatechumenats[365] verschrieben. Dieses geht davon aus, daß die übliche pastorale Praxis in Pfarreien für die heutige Zeit ungenügend ist: Wortverkündigung und Sakramentenspendung im Kirchenraum reichen nicht aus. Die Mehrzahl der Bürger werde so zwar noch getauft, finde aber nach der Taufe weder in der Familie noch durch die Pfarrei im Verlauf ihres Lebens zu einer persönlichen Übernahme des Glaubens.
Diesem Mißstand könne nur durch ein Katechumenat für erwachsene Menschen abgeholfen werden: ein postbaptismales, am Ordo initiationis adultorum (Eingliederung von Erwachsenen in die Kirche) ausgerichtetes „Neo-Katechumenat" also. Im Jahr 1985 zählte man auf der Welt 2568 Pfarreien mit 7187 neokatechumenalen Gemeinschaften mit je 30–40 Mitgliedern. Das waren weltweit etwa 250000 Mitglieder in pfarrlichen Gruppen des Neokatechumenats.[366]
Die neokatechumenale Bewegung geht zurück auf den spanischen Konvertiten und Maler Francisco Arguello (Kiko), der in den Barackenvierteln am Stadtrand Madrids lebte, mit Bibel, Kreuz und Gitarre improvisierte Katechesen hielt und kleine katechumenale Gemeinschaften bildete. In diesen ersten Erfahrungen ist bereits die Grundstruktur des inzwischen überaus strukturierten und langdauernden neokatechumenalen Weges vorgezeichnet: Durch das Wort Gottes werden Gemeinschaften gebildet, in denen Menschen lernen, aus der Kraft der Auferstehung Jesu auf dem Weg persönlicher Umkehr der versklavenden Furcht vor dem Tod zu entrinnen und in der Art Jesu frei zu werden für eine Liebe bis in den Tod.

3.1.2.1 Etappen eines langen Weges

Praktisch verläuft ein Neokatechumenat in einer Pfarrei so, daß der Pfarrer (wohl im Einvernehmen mit den verantwortlichen Gremien der Pfarrei) „Itineraten-Katechisten" – sie verstehen sich selbst als „Diener am Evangelium" gemäß Kol 1,23 und Eph 3,7 – einlädt. Sie sind ein Team der weltweit organisierten Neokatechumenats-Bewegung mit Sitz in Rom. Es besteht aus einem Priester und einigen Laien. Dieses Team versucht nun, einen Prozeß anzustoßen, der sich in sechs Etappen über Jahre hinwegziehen soll.

365 Engels, Neokatechumenat, 180–185. – Nientiedt, Geistliche Aufbrüche. – Zevini, Erwachseneninitiation. – Dujarier, Brève Histoire du Catechumenat.
366 Cordes, Mitten in unserer Welt, 16f.

1. Einleitend werden aus der Pfarrei und der Umgebung Menschen zu einem kerygmatischen Kurs eingeladen, in dessen Mittelpunkt das durch die Auferstehung Christi gewirkte Heil steht: „Dadurch, daß Christus für uns stirbt, läßt er uns dem ‚alten Menschen' mit seinen Sünden absterben; in seiner Auferstehung bildet er ‚das neue Geschöpf' im Glauben, und stellt er die Gemeinschaft mit Gott und den Brüdern, einschließlich der Feinde, her."[367] Schon in diesem ersten Verkündigungsvorgang sollen Gemeinschaften entstehen, deren Mitglieder sich global für ein Leben aus dem Glauben entscheiden.

2. Das folgende „Präkatechumenat" dauert etwa zwei Jahre. Die Gemeinschaften treffen sich zweimal wöchentlich zu einem Wortgottesdienst und zu einer eigenen sonntäglichen Eucharistiefeier (zumeist am Samstagabend) und dazu monatlich einmal zu einem Gemeinschaftstag. Gemeinschaftsmitglieder bereiten die Treffen vor. Im Zentrum steht das Lesen der Bibel, das mit dem Alltagsleben in Bezug gesetzt wird. Das Ziel ist der „Übergang von einem sentimentalen Devotionsglauben zu einem neuen Verständnis des Lebens und der Geschichte als der Stätte, wo der Glaube sich bewahrheitet und vollzieht."[368] Am Ende des Präkatechumenats steht ein Skrutinium, in dem es darum geht, sich zu fragen, ob man schon bereit ist, um des Gottesreiches willen alles zu verlassen und das Kreuz auf sich zu nehmen.

3. Die Neokatechumenen sind dann bereit, in die dritte Etappe einzutreten, das eigentliche Katechumenat. Zwei weitere Jahre hindurch gehen die Gemeinschaften den Weg der Umkehr auf dem Boden des Wortes Gottes, der Liturgie und der Gemeinschaft. Die Heilsgeschichte wird noch besser kennengelernt. Gezielte Katechesen über den Reichtum decken die Abhängigkeit von modernen Idolen auf; die Überzeugung kann wachsen, daß auch aus diesen Abhängigkeiten das Wort des Herrn freimacht. Im abschließenden Skrutinium vor dem Bischof widersagt der Neo-Katechumene diesen „teuflischen Idolen", um fortan Gott in den Mittelpunkt des Lebens zu stellen. Angelpunkt des zweiten Skrutiniums ist Lk 14,33: „Keiner von euch kann mein Jünger sein, wenn er nicht auf seinen ganzen Besitz verzichtet".

4. Weitere drei Jahre übt sich dann die katechumenale Gemeinschaft, vom Katecheten begleitet, in die Einfachheit christlichen Lebens ein. Im Mittelpunkt stehen jetzt Gebet, das Apostolische Glau-

[367] Zevini, Erwachseneninitiation, 113.
[368] AaO., 114.

bensbekenntnis und das Vaterunser. Durch das Leben wird das angenommene Gotteswort verkündigt. Familien in der Pfarrei werden aufgesucht.
5. Die fünfte Etappe führt hin auf die Entscheidung. Ziel ist es, daß der Neokatechumene jetzt aus der Spiritualität der Eucharistie geformt wird, „indem man sein Leben für die Welt aufopfert in einem von Einsicht geleiteten Kult, der auf dem Altar der eigenen Geschichte dargebracht wird“[369]. So Christ zu sein, das wird dann zur großen Sendung, zu der Gott erwählt hat.
6. Nach dem langen „Weg zur Taufe“ erfolgt schließlich die Erneuerung des Tauf-Gelübdes. Christus wird nunmehr erlebt als der Fels, auf dem das Leben aufruht.

3.1.2.2 Pfarrerneuerung oder Pfarrspaltung?

Die Erfahrungen mit dem pfarrlichen Erneuerungsmodell des Neokatechumenats sind zwiespältig. Auf der einen Seite fordert die Bewegung eine Art „Kirchennoviziat“, in dem die an Säuglingen vollzogene Taufe im Erwachsenenalter (erstmals persönlich) übernommen werden kann; die Bewegung legt Wert auf die Verbindung von Glauben und Alltag. Hohe Wertschätzung genießt die Gemeinschaft als Ausdruck und Ort der Umkehr und des so wachsenden christlichen Lebens. Wertvoll ist die Sensibilität für die vielfältigen Berufungen der einzelnen. In den neokatechumenalen Gemeinschaften haben sich auch vielfältige „Laien“-Dienste herausgebildet: Ein Laie leitet jeweils die einzelne Gemeinschaft; es gibt örtliche und Wanderkatecheten, Kantoren, Lektoren und Ostiarier, die als Gastgeber die Mitglieder bei Feiern empfangen. „Witwen“ bieten den wandernden Gemeinschaftsmitgliedern nach einer Evangelisierungperiode Gastfreundschaft und Aufnahme an; Glaubenslehrer erziehen die Kinder der Ehepaare der Gemeinschaft zu Glauben und gemeinschaftlichem Leben.
Auf der anderen Seite sind Fragen zu stellen.[370] „Nichts liegt dem neokatechumenalen Weg ferner, als bei der Bildung der Gemein-

[369] AaO., 115.
[370] Die eigenartige Auffassung des Gründers des Neokatechumenats vom Amt des Papstes, das so erhaben sei, daß selbst Gott dem Papst gehorche, wirft ein Licht auf autoritäre Anteile in dieser Bewegung. So sagte am 7.1.1982 Kiko Arguello bei einer Privataudienz: „Darum möchte ich mich, Vater, wenn Sie es mir erlauben, in ihrer aller Namen vor Ihnen niederknien und alle diese Brüder mit mir als eine kleine Geste der vollkommenen Hingabe an Petrus. Denn ich habe ihnen etwas gesagt: Durch meine Erfahrung in vielen Ländern und durch das, was ich gelitten habe, habe ich verstanden, daß Gott seinen Bischöfen gehorcht. Gott selbst gehorcht ihnen. Das hat mich so stark beeindruckt, daß ich gedacht

schaft den Schwerpunkt auf psychologische und soziologische Techniken zu legen", so in einer Selbstdarstellung des Neokatechumenats.[371] Diese unerwartete Verteidigung verweist auf vorausgegangene Angriffe. Tatsächlich arbeiten die Katechetenteams in klarer Kenntnisnahme sozialpsychologischer Techniken. Glaubensdiskretion kann dabei zu kurz kommen. Die eigene Dynamik eines Glaubensprozesses kann überhört werden: Indiskrete Glaubensnötigung aber wäre häretisch, denn Gott gibt auch die Zeit der Umkehr – und nicht nur die Umkehr selbst. Es ist von hier aus auch fragwürdig, ob die so einmaligen Glaubensgeschichten sich tatsächlich in einen fünfzehnjährigen Weg zwängen lassen.

Bedenklich ist ebenfalls das Verhältnis zwischen den neukatechumenalen Gemeinschaften in einer Pfarrei und der Pfarrgemeinde. Die Gemeinschaften beanspruchen nicht nur eine hohe Selbständigkeit und viel Raum für ihr Eigenleben. Zudem feiern sie einen eigenen Sonntagsgottesdienst und benötigen dazu den Pfarrer. Das führt zu einer Abkoppelung der Gemeinschaften vom pfarrlichen Alltagsleben, besonders der pfarrlichen Eucharistiefeier. Über Jahre hinweg werden die besten pfarrlichen Kräfte gebunden, Spaltungstendenzen sind nicht vermeidbar.[372]

3.1.3 Geistliche Gemeinde-Erneuerung

NIP wie Neokatechumenat gelten als eine mehrerer Variationen der Geistlichen Gemeinde-Erneuerung.[373] Eine Strömung dieser Gemeinde-Erneuerung ist auch unter dem Begriff der „Charismatischen Bewegung" bekannt, ein Terminus, der aber im katholischen Raum wegen seiner Nähe zur Pfingstbewegung, die im Methodismus des John Wesley (1703–1791) wurzelt, gemieden wird. Die katholische Geistliche Gemeinde-Erneuerung versteht sich selbst als offen für

habe: Wenn selbst Gott ihnen gehorcht, wie werde ich ihnen nicht gehorchen, und wir alle. Nun, Vater, möchte ich mich vor Ihnen niederknien."

371 Bischof, Die neokatechumenalen Gemeinschaften.

372 Die Pfarrei St. Anton in Passau hat sich mit einem Katecheten-Team aus Rom auf den Weg gemacht. Der Pfarrer hatte es schwer, nachdem eine Spaltung der Pfarrei zu befürchten war, wegen der Hartnäckigkeit des Teams den Prozeß wieder zu beenden. Doch war die kurze neokatechumenale Zeit nicht vergeblich. Bis heute wird beispielsweise die gesamte Fastenzeit als eine Vorbereitung der Pfarrgemeinde auf die österliche Tauferneuerung gestaltet.

373 In einem amtlichen Dokument katholischer Ortskirchen aus dem deutschsprachigen Raum werden zur Geistlichen Gemeinde-Erneuerung gezählt: die Bewegung für eine bessere Welt, das Neokatechumenat, die Fokolar-Bewegung, die „Gemeinschaften christlichen Lebens" (GCL), action 365 sowie Bewegungen zur Erneuerung der Ehe- und Familienspiritualität: Geistliche Gemeinde-Erneuerung, 35–39.

eine Vielfalt geistlichen Lebens. Den vielfältigen geistlichen Wegen sind einige Grundmerkmale gemeinsam.

3.1.3.1 „Leihmütter" für unfruchtbare Glaubensmütter

1. Sie gehen aus von einer Beurteilung der Situation der Kirche, die auf den Nenner „pastorale Not" gebracht wird. Diese Not kommt daher, daß viele Getaufte in einer immer weniger religiösen Kultur zu keiner persönlichen Annahme der Taufe gelangen. Angesichts eines Bruchs religiöser Tradierung ist aber eine Entscheidung des einzelnen für Christus und seine Kirche unverzichtbar. Eine solche Entscheidung soll in einem Katechumenat für erwachsene Getaufte herbeigeführt werden. Eine „Grundentscheidung" ist zu treffen.[374] Für diese gibt es unterschiedliche Bezeichnungen: Segnung, Tauf- und Firmerneuerung, Lebensübergabe, Umkehrliturgie.[375]
2. Folge einer fehlenden Grundentscheidung bei den einzelnen Kirchenmitgliedern ist die Verschlossenheit der Kirche und ihrer vielfältigen Gemeinschaften, besonders der Pfarrgemeinden, für den Heiligen Geist. Dies führt wiederum dazu, daß das Leben der Kirche oberflächlich ist und verarmt. Denn durch Gottes Geist öffnet sich die Kirche für die Gaben des Heiligen Geistes, die vielfältigen Charismen. Ist aber die Kirche Geist-verschlossen, mangelt es ihr auch an den Geistgaben.
Die Charismen gelten neben dem Wort, den Sakramenten und dem Amt als Teil der grundlegenden Wirkungen des Heiligen Geistes in der Kirche. Sie sind „Auswirkung und Verleiblichung der Gnade Gottes in der Gemeinde und dem Gemeinschaftsgefüge, in dem der einzelne lebt (vgl. Röm 12; 1 Kor 12; Eph 4,11 f.). Sie ermöglichen eine Gemeinschaft im Geist, zu der „jeder etwas beiträgt" (1 Kor 14,26) und in der alle Glieder „sich entsprechend der Verschiedenheit der empfangenen Gaben gegenseitig dienen" (GS 32). Im Sinn des Zweiten Vatikanischen Konzils befähigen die Charismen in erster Linie zur Mitwirkung am Heil anderer (vgl. LG 4, 7, 12; PO 9; AA 3, 30; AG , 28; GS 32).[376]
3. Die einzelnen Formen der Gemeinde-Erneuerung erreichen ihr

[374] Mühlen, Grundentscheidung. – Weitere Literatur von Heribert Mühlen: Mühlen, Einübung. – Ders., Dokumente. – Ders., Erfahrungen. – Gemeinde-Erneuerung. – Jugend erfährt Gott. – Zur Gemeindeerneuerung: Kuntner u. a., Erneuerung. – Gemeindeerneuerung. – Suenens, Erneuerung im Geist. – Schönborn u. a., Charismatische Erneuerung. – Geistliche Gemeindeerneuerung.

[375] Gemeinde-Erneuerung, 23.

[376] AaO., 13f.

„Ziel" der Erneuerung bei den einzelnen Personen und damit den kirchlichen Gemeinschaften auf unterschiedliche Art und Weise:

– *Erneuerungsbewegungen rechnen mit längerer Dauer und einem komplexen Prozeß. Am Beginn wird der einzelne zumeist in eine Gruppe eingegliedert, in deren Schoß seine Erneuerung geschehen soll.*

– *Erweckungsbewegungen hingegen sind für kürzere Dauer konzipiert und erwarten Durchbrucherlebnisse bei einer großen Zahl in einem bestimmten Gebiet. Erweckte Christen schließen sich hinterher oftmals zu Gemeinschaften zusammen.*

4. Die Gemeinde-Erneuerung dient zwar der Erneuerung auch der Pfarrgemeinden. Doch wird davon ausgegangen, daß die meisten Pfarrgemeinden von sich aus nicht (mehr) die Kraft besitzen, sich geistlich zu erneuern: „Der geschichtlich handelnde Gott hat in vielen Jugendlichen und Erwachsenen das Verlangen geweckt, sich ihm ganz zu schenken. In den Pfarrgemeinden wird dem einzelnen jedoch nicht die Möglichkeit geboten, dieses Verlangen auf eine leibhafte, liturgische Weise zum Ausdruck zu bringen, die der Tiefe und dem Ernst des Taufbekenntnisses bei der Erwachsenentaufe entspricht. Auf solche Weise werden der Entscheidungscharakter des Christseins verschwiegen und die Umkehrpredigt Jesu entschärft.

Die Geistliche Gemeinde-Erneuerung versteht sich daher im Dienst der Erneuerung christlicher Gemeinschaften (beispielsweise von Orden) wie der Pfarrgemeinden. In ein zeitgenössisches Bild gesetzt: Die Geistliche Gemeinde-Erneuerung betrachtet sich als „Leihmutter", die (zumindest vorübergehend) die unfruchtbaren „Glaubensmütter", die Ortsgemeinden, ersetzt. Das geschieht vorab durch die Erneuerung einzelner Christen, die sich im „Mutterschoß" von Erneuerungs-Gruppen jenseits der Pfarreien (oder günstigenfalls auch in diesen) ereignet:

„Erneuerung aus dem Geist Gottes dringt nicht von heute auf morgen in die ganze Breite der Volkskirche ein. Wenn ein Pfarrer sich diesem Weg öffnet, ist es wichtig, daß er im Hören auf die Führung des Heiligen Geistes eine Anfangsgruppe sammelt, deren Mitglieder zum missionarischen Dienst und zu geistlichen Leitungsaufgaben geeignet erscheinen... Die Priester sollen ja ‚die Geister prüfen, ob sie aus Gott sind, und die vielfältigen Charismen der Laien, schlichte wie bedeutendere, mit Glaubenssinn aufspüren, freudig anerkennen und mit Sorgfalt fördern'. Sie sollen ‚vertrauensvoll den Laien Ämter zum Dienst in der Kirche anvertrauen, ihnen Freiheit und Raum zum Handeln lassen, ja sie sogar in kluger Weise dazu ermuntern, auch von sich aus Aufgaben in Angriff zu nehmen' (PO 9; vgl. Dienste und Ämter 5.1.1). Häufig ist

gerade Laien ein starker Impuls zur Evangelisierung geschenkt. Der Priester muß jedoch kraft seines Amtes dafür sorgen, ‚daß Bewegungen zur geistlichen Erneuerung und des Laienapostolates in das sakramentale, liturgische Leben der Kirche integriert werden‘. Er kann aber seinen Dienst für die Erneuerung nur dann ausüben, wenn er eine offene Haltung ihr gegenüber einnimmt, begründet in dem Wunsch, den er durch die Taufe mit jedem Christen teilt: hineinzuwachsen in die Gaben des Heiligen Geistes‘ (Johannes Paul II., Ansprache an die Leiter der Charismatischen Erneuerung, Mai 1981; L'Osservatore Romano 9.5.81). Er wird achten auf die gesunde Lehre, die Gemeindefähigkeit der kleinen Zellen, die Einheit der Gemeinde und darauf, daß Aufbruch und Begeisterung sich in der konkreten Nachfolge Jesu im Alltag bewähren.
Manchmal bilden sich aus dem Wunsch nach geistlicher Gemeinschaft und gemeinsamem Gebet auf dem Boden einer Pfarrgemeinde Gruppen ohne Mitwirkung des Pfarrers. Nach einer Zeit geistlichen Wachstums erkennen die Mitglieder, wann und wo sie zu einem Dienst in der Gemeinde gerufen werden. Die Liebe wird ihnen zeigen, wie sie das Vertrauen der anderen Gemeindemitglieder und des Pfarrers gewinnen können. Er sollte deshalb informiert und eingeladen werden. Ob und in welchem Maße Erneuerung in der Gemeinde auch zu einer fortschreitenden Erneuerung der Gemeinde wird, hängt auch von der Mitwirkung des Pfarrers ab.“[377]

3.1.3.2 Nur Übertreibungen?

Das amtliche Dokument zur Geistlichen Gemeinde-Erneuerung nennt selbst Gefährdungen, die dieser Weg in sich bergen kann und die es aufmerksam zu meiden gilt.
– So wird eine Übersicht über Programme zur Einführung und Vertiefung Geistlicher Erneuerung einzelner eingeleitet: „Wichtig: Es kann vorkommen, daß negative Lebenserfahrungen ins Bewußtsein treten, die unter Umständen einer weiteren seelsorglichen (oder therapeutischen) Begleitung bedürfen. Die Ehrfurcht vor der Lebensgeschichte jedes einzelnen und die bisherigen Erfahrungen veranlassen uns deshalb zu dem Hinweis: Für die Teilnahme an Seminaren ist eine normale physische und psychische Belastbarkeit notwendig.“ Diese Warnung ist insofern bemerkenswert, als vieldimensionale, vorab „innere“ Heilung des Menschen verheißen wird.[378]

[377] AaO., 30.
[378] AaO., Nr. 178–182, 26f. – McGilvray, Die verlorene Gesundheit.

– Gewarnt wird auch vor Gefährdungen in Gebetsversammlungen und Wortgottesdiensten, die deshalb „einer von der Liebe zur Kirche getragenen, wachsamen Leitung... bedürfen. Mögliche Gefährdungen sind: Überbetonung der Erfahrung, missionarischer Übereifer, Bekehrungsdruck, Selbstgenügsamkeit, Einseitigkeiten in Gebetsstil und Liedgut, unangemessenes Hervortreten einzelner."[379] Solche Gefahren, die offenkundig in der Inszenierung des Glaubensweges enthalten sind, werden nicht durch deren Abänderung zu bannen versucht; vielmehr soll der Leiter diese Nebenwirkungen unterbinden: „Die Leiter sind verantwortlich für eine ausreichende Information Hinzukommender, für eine verantwortliche Vorbereitung der Schriftauslegung, die seelsorglichen Dienste untereinander, die rechte Ausübung der Gabe der Unterscheidung, karitative und missionarische Dienste."

– Gesehen wird ferner die Gefahr, daß die an der Geistlichen Gemeinde-Erneuerung Beteiligten – wider die erklärte Zielsetzung der Bewegung – nicht zur Erneuerung der Pfarrgemeinden beitragen und auch nur wenig bewirken zur Erneuerung der Gesellschaft aus dem Geist Gottes heraus. Der Tatsache, daß zumal sogenannte („charismatische") Gebetsgruppen vielfach den Weg in die Innerlichkeit gehen und in dieser „unpolitisch" verweilen, begegnen die Autoren des amtlichen Dokuments klug-präventiv mit folgendem offensiven Hinweis an die Teilnehmer der Bewegung: „Wer glaubt, auf Grund von ‚Geisterfahrung' aus seinen beruflichen und gesellschaftlichen Verpflichtungen entlassen zu sein..., unterliegt einer verhängnisvollen Selbsttäuschung und verwechselt unter Umständen ‚fromme Gefühle' mit Gotteserfahrung (vgl. 2 Thess 3,6–12)." Wiederum ist natürlich zu fragen, ob eine solche moralische Aufforderung gegen eine gruppendynamisch erwartbare „in-group-Tendenz" spiritueller Intensivgruppen aufkommen kann.

Bei allen Gefährdungen war die Frage zu stellen, ob diese nur dadurch entstehen, daß Menschen mit einer guten Methode schlecht umgehen oder ob diese nicht doch der Methode selbst innewohnen. Liegt es an ungeeigneten Menschen oder an unlauteren Interessen einzelner, dann kann man gewiß versuchen, solche Personen fernzuhalten oder deren Absichten zu läutern. Was aber, wenn es an der „Inszenierung" des Glaubensweges selbst liegen sollte?

[379] Gemeinde-Erneuerung, 30. – Dazu auch die kritische Studie des der Charismatischen Bewegung angehörenden Rey, Gotteserlebnisse im Schnellverfahren. – Ders., Neuer Mensch.

3.2 Pfarrliche Gemeindemodelle

Daß Gemeindeentwicklung aber nicht nur durch Bewegungen ausgelöst wird, sondern daß es eine Reihe von Gemeinden gibt, die sich aus eigener Kraft auf einen Weg der Erneuerung gemacht haben, kann an der Geschichte einiger Gemeinden verfolgt werden, die heute als Modelle[380] gelten: Andere Gemeinden können von ihnen lernen. Im deutschen Sprachraum sind in den Jahren nach dem Zweiten Vatikanischen Konzil einige solcher „Gemeindemodelle" publizistisch bekannt geworden. Es sind Gemeinden, die ihre Entwicklung aufmerksam reflektiert und öffentlich zugänglich gemacht haben. Auch wir werden im Folgenden von ihnen lernen, indem Elemente herausgearbeitet werden, die bei der Entwicklung von Gemeinden am Ort (Pfarreien) bedeutsam sind.

3.2.1 Eschborn bei Frankfurt

1969 sollte die Pfarrei Christkönig in Eschborn[381] bei Frankfurt erstmals ihren Pfarrgemeinderat wählen. Um möglichst viele Pfarreimitglieder für die Wahl zu interessieren und zu gewinnen, wurden in den Wohnungen Gesprächskreise organisiert. Die guten Erfahrungen damit wollten viele nicht missen. So trafen sie sich auch nach der Wahl weiterhin dreimal im Jahr. Anderen war das zu wenig, sie kamen monatlich in Basisgruppen zusammen, um miteinander intensiver den Glauben leben zu können. Andere wiederum hatten den Wunsch, nicht so oft zusammenzukommen; diese versammelten sich sechsmal im Winterhalbjahr. Hauptzweck dieser Kreise war es, die Lebens- und Glaubenserfahrungen der unverwechselbar Einzelnen ernst zu nehmen und zur Sprache zu bringen.

In einer weiteren Phase wurden Gesprächskreise zum Evangelium gebildet. Die Leute lasen also nicht nur in ihren Lebensgeschichten, sondern in den überlieferten Glaubensgeschichten der Bibel. Wiederum verließen sie sich dabei auf ihre eigene Autorität. Nicht ein Wissen über die Bibel wurde angestrebt, sondern persönliche Betroffenheit und Nachfolge. Gemeindemitglieder übernahmen bald auch kleine Aufgaben in der Gemeinde. Durch Teilnahme wurden Passivität und Unmündigkeit überwunden. Die Gemeinde selbst wurde immer mehr Subjekt ihrer eigenen Geschichte. Das zeigte sich daran,

[380] Zur Bedeutung von Modellen für die pastorale Entwicklung: Greinacher, Theorie-Praxis-Problem, 114.

[381] Schulz, Werkstatt. – Ders., Gemeinde wird Subjekt. – Ders., Damit Kirche lebt.

daß die Katechese oder auch die Gestaltung der Eucharistiefeier zunehmend von Gemeindegliedern verantwortet wurden. In der Meßfeier gab es manchmal ein Gespräch statt einer Predigt oder eine gemeinsame Bildmeditation sowie freie Fürbitten; persönliche Glaubenserfahrungen wurden eingebracht.
Über die Lektüre des Evangeliums wurden sich die Gemeindemitglieder auch zunehmend ihrer gesellschaftspolitischen Verantwortung bewußt. Die Lebensprobleme der Ausländer, Fragen der „Dritten Welt", aber auch Probleme der bundesdeutschen Gesellschaft wurden diskutiert; Aktionen fanden statt. Solche politische Arbeit wurde allerdings nur von einem Teil der Gemeindeglieder mitgetragen; andere zeigten sich eher ärgerlich oder ängstlich.
Die Entwicklung der Gemeinde Christkönig zu Eschborn läßt einige wichtige Elemente einer Gemeindeentwicklung erkennen:
1. Gemeindeentwicklung ist ein Prozeß über Jahre hinweg. Das heißt auch, daß eine Gemeinde ihre innere Dynamik und Geschichte hat: schon allein als Sozialgebilde, noch mehr aber als eine „Ekklesiola" vor Ort, als eine Gemeinschaft von Menschen, die Gott versammelt hat und mit denen er eine Geschichte betreibt. Geschichte bedeutet aber Zeit und Geduld und verlangt nach langem Atem.
2. Solche Gemeindegeschichte lebt von den Geschichten der einzelnen. Je mehr die Glaubens- und Lebenserfahrungen der einzelnen Mitglieder ernst genommen werden, um so mehr lebt auch die Gemeinde.
3. Gemeindeentwicklung vollzieht sich nicht ohne die Vernetzung der einzelnen Mitglieder in überschaubaren Kreisen und Gruppen. Diese sind auch ein bevorzugter Ort, an dem die Glaubensentwicklung der einzelnen gestützt wird.
4. Für die Vernetzung der einzelnen stehen Kreise und Gruppen mit unterschiedlicher Treffhäufigkeit, damit auch verschiedenartiger Integration zur Verfügung. Offenbar haben die einzelnen unterschiedliche „Bedürfnisse" nach Bindung von Zeit und Lebensenergie an gemeindliche Gruppen.
5. Die Gemeinde ist um so lebendiger, je mehr einzelne an klein portionierten Aufgaben der Gemeinde teilhaben.
6. Im Verlauf der Entwicklung einer Gemeinde verlagern sich die Schwerpunkte: von der Aufmerksamkeit für die Glaubenserfahrungen der einzelnen hin auf die Lektüre des Evangeliums, von woher sich die Aufmerksamkeit neuerlich weitet auf die größere Gemeinschaft der Kirche und vor allem auf Fragen der Gesellschaft und der Menschheit.
7. Im Zuge der Entwicklung einer Gemeinde von einer traditionell-

versorgten zu einer, die Subjekt ihrer eigenen Geschichte ist, ändern sich die Rollen der Leitung, also des Pfarrers, aber auch des Pfarrgemeinderates:
– Der Pfarrer wird – unbeschadet vieler amtlicher Aufgabenanteile (wie Vorsitz bei der Eucharistie, Sakramentenspendung) – zunehmend zu einem Bruder unter Brüdern und Schwestern; er ist nicht allein Lehrender, sondern wird in den Glaubensgesprächskreisen auch selbst beschenkt. Das Amt bleibt, aber der Amtsstil ändert sich.
– Der Pfarrgemeinderat, der sich anfangs als Management der Gemeinde verstand, wurde in einer zweiten Phase zum Koordinator vielfältiger gemeindlicher Aktivitäten, um schließlich seine Hauptaufgabe darin zu sehen, die Entwicklung zu reflektieren und zu inspirieren.
8. Die gesamte Entwicklung lebt von einigen wenigen, die sie anstoßen und in Gang halten. Der Pfarrer gehört zu ihnen. Der Pfarrer von Eschborn hatte die Vision einer Gemeindeentwicklung schon in die Pfarrei mitgebracht.[382] Die Rolle einer solchen „Promotoren-Gruppe" aber verändert sich im Lauf der Entwicklung.

3.2.2 Dortmund-Scharnhorst

1967 wurde die Franziskus-Gemeinde in Dortmund-Scharnhorst errichtet. Scharnhorst war damals ein neuer Stadtteil der Ruhr-Metropole. Vorübergehend wohnten dort „über Nacht" 19000 Bürger; die Fluktuation war groß, 2000 siedelten jährlich um. Besonders bedrängend war die Jugendproblematik.
Das Franziskanerteam, das mit dem „Neubau" der Pfarrgemeinde beauftragt worden war, hatte konturierte Visionen dafür mitgebracht: „Aus der Betreuungskirche muß eine Initiativkirche werden. Kirche muß vor allem von unten her wachsen. Einzelne Christen, kleine Gruppen, überschaubare Basisgemeinden müssen entdecken, das Entscheidende haben alle gemeinsam: die Taufe, die Firmung, den Auftrag, das Evangelium weiterzusagen und vorzuleben. Wir müssen unsere Sache – wenn sie zu unserer Sache geworden ist! – selber in die Hand nehmen. Kurzum: Gemeint ist keine Kirche ‚für das Volk', sondern eine Kirche des Volkes; eine Kirche, die vom betreuten Objekt zum handelnden Subjekt wird."[383]

[382] Pfarrer Heinz-Manfred Schulz wurde von den Schriften des Pfarrers Georges Michonneau beeinflußt.
[383] Wessel, Gemeinde heißt Kontakt, 37.

An Scharnhorst läßt sich studieren, wie die Neugründung einer Gemeinde heute verlaufen kann. Zunächst wurde der Kontakt zu und zwischen Neuzugezogenen hergestellt. Dazu besuchte man die Leute in ihren Häusern. Für Familien mit Kindern wurde eine Stadtranderholung organisiert; einige Eltern verblieben in Familienkreisen. Über Kontakte wurden somit vielfältige Gruppen und Kreise geschaffen. Vermittelt durch diese Gruppen konnten einzelne anfangen, sich mit der Pfarrgemeinde zu identifizieren; in diesen konnte dann auch nach und nach eine Glaubensentscheidung heranreifen. Solche vielfältigen Gruppen wurden zudem die Träger der gemeindlichen Aktivitäten. Das Motto „Wer mitmacht, erlebt Gemeinde" wurde geprägt und formte jahrelang die Gemeindeentwicklung.

Diese Pastoral der Begegnung erstreckte sich auch auf die Feier von Festen. Eine öffentliche Gast- und Begegnungsstätte, der „Brunnen", wurde als ein Ort der Gastfreundschaft geschaffen. Auch in und um den Gottesdienst wurden Menschen persönlich angesprochen und miteinander vernetzt. Die Kontakte zwischen den Menschen auf dem Pfarrgebiet und der Gemeinde wurden auch jenseits der Gruppen und der Gottesdienste geknüpft. Große Bedeutung gewannen kleine Details:

„– der Glückwunsch zum Geburtstag;
– das ausdrücklich zugesicherte Gebetsgedenken vor einem Examen;
– die Karte aus den Ferien;
– die persönliche Einladung in die Wohnung des anderen;
– gemeinsame Theaterbesuche oder Familienausflüge;
– Babysitterdienst;
– Ausleihen des Autos oder von Büchern und Schallplatten;
– Besuche im Krankenhaus."[384]

Aus den Erfahrungen der Franziskusgemeinde kann gelernt werden:

1. Die Entwicklung einer Gemeinde wird sowohl durch theologische Visionen wie auch von der konkreten Lebenslage der Menschen mitbestimmt. Das Leiden vieler Menschen an der Anonymität entspricht der Vision einer Gemeinde, die in Gott gründende Gemeinschaft ist.

2. Diese Gemeinschaft lebt von vielfältigen Beziehungen zwischen den einzelnen Menschen und der Gemeinde; der bevorzugte Ort für solche Beziehungen ist die Gruppe. Aber auch Gruppenmitglieder pflegen gemeindliche Beziehungen vielfältiger Art über die

[384] AaO., 45.

Gruppe hinaus. Die Gruppe ist der wichtigste Ort, an dem Identifikation mit der Gemeinde und Partizipation an ihrem Leben aufkommen.

3. Die vielfältigen Kontakte dienen nicht dazu, Menschen an die Pfarrgemeinde zu binden. Kontakte waren also nicht Zweck, sondern nur die praktizierte Seite des innersten Wesens Gottes und damit der Kirchengemeinde: nämlich der Gemeinschaft. Inmitten einer anonymen Neustadt, in der Menschen Sehnsucht nach Gemeinschaft und zugleich Angst vor ihr haben, wird christliche Gemeinde zu dem Erfahrungsort einer Gemeinschaft, die tief in der Gemeinschaft mit Gott verwurzelt ist. Die Eucharistiefeier ist daher die Mitte der Gemeindeentwicklung.

4. Träger der pastoralen Tätigkeit sind zumeist Gruppen, nicht einzelne.

3.2.3 Wien-Machstraße

Die Pfarrgemeinde Wien-Machstraße[385] wurde im Jahr 1966 in einem Neubaugebiet gegründet. Der Wiener Kardinal König betraute drei Priester, die Pfarrgemeinde aufzubauen. Diese waren bestrebt, die ererbte Passivität und Anonymität traditioneller Wiener Pfarreien zu überwinden. Gemeindebildung und Beteiligung sollten daher gefördert und Erwachsenen die Möglichkeit gegeben werden, sich den Glauben kritisch anzueignen.[386] Die anonyme Betreuungskirche sollte auf eine geschwisterliche mündige Gemeinde „umgestellt" werden.[387] Im Zuge dieses Erneuerungvorgangs sollten die in der Pfarrei entstehenden „Gemeinden" Subjekt der Pastoral in der Pfarrei werden.

Mit diesen Zielsetzungen war der Weg vorgezeichnet. Die Förderung eines mündigen, reflektierten und radikalisierten Glaubens Erwachsener und die Bildung von Gemeinden in der Pfarrei sollten einander dialektisch ergänzen. Bald bemerkten die verantwortlichen Seelsorger, daß ihre bisherigen Bemühungen in eine modernisierte fachkundige Seelsorgsbetreuung mündeten. Was nach wie vor ausblieb, war Verbindlichkeit im Glauben und der Gemeinde und ihren Aufgaben gegenüber. So wurde 1973 in einem Gottesdienst an die anwesenden Kirchenbesucher die Entscheidungsfrage gestellt, ob sie sich lediglich wie bisher unverbindlich am Pfarrleben beteiligen oder sich doch

[385] Weß, Gemeindekirche.
[386] Weß, Theologie der Gemeinde, 47f.
[387] AaO., 48.

einer verbindlicheren Stammgemeinde[388] anschließen wollten. Von 600 Gottesdienstbesuchern haben sich 35 für die Zugehörigkeit zu einer verbindlichen Gemeinde in der Pfarrei entschieden. In ihr sollte jedes Mitglied einen Namen haben; sie sollte so groß sein, daß man merkt, sobald einer fehlt.

1. Inzwischen sind durch Teilung der angewachsenen Erstgemeinde mehrere Gemeinden entstanden. Ihnen gehören durch eine bewußte Entscheidung jeweils ungefähr 70 Personen an. Die Gemeinden selbst sind ausdrücklich nicht auf der Basis von Blutsbanden, sondern Glaubensbanden konstituiert. Um die gläubigen Beziehungen auch erfahrbar zu gestalten, sind die Gemeinden in eine Reihe von kleineren Runden untergliedert. Die Leitung der Gemeinde geschieht durch diesen Verbindungskreis. Entscheidungen werden durch die Beteiligung aller Mitglieder getroffen, indem die anstehenden Themen sowohl in den Runden wie im Verbindungskreis verhandelt und schließlich der Gesamtgemeinde zur Entscheidung vorgelegt werden. Innerhalb der Gemeinden wurden inzwischen auch verbindliche Geisteshaltungen formuliert.[389]

Der mündige Glaube dieser Gemeindemitglieder erweist sich als intellektuell hochreflektiert – vermutlich der Grund dafür, warum die Gemeinden Personen anziehen, die eine überdurchschnittlich gute intellektuelle Vorbildung mitbringen. Einfache Leute finden nur schwer Zugang. Viele Gemeindemitglieder kommen daher nicht aus der Pfarrei, sondern aus der Großstadt Wien. Dazu kommt, daß es in der Gemeinde nur *eine* Theologie geben darf. Die Frage ist, warum theologischer Pluralismus sich nicht mit der Einmütigkeit, die in Ritual und Bekenntnis zum Ausdruck kommt und gestärkt wird, vertragen kann.

2. Es ist ein angestrebtes Ziel, daß die Mitglieder der Gemeinden verantwortliche Subjekte der pfarrlichen Pastoral sind. Paul Weß stellt dazu freilich fest, daß das Verhältnis zwischen Gemeinden und Pfarrei derzeit noch katastrophal ist. Es gibt zu wenige Kontakte zwischen den Gemeindemitgliedern und den Pfarrangehörigen, obwohl die traditionellen Anlässe dazu genützt werden: Rund um die Erstkommunion werden Gespräche mit den Eltern der Kinder gesucht. Hohe Bedeutung genießt die Firmung[390]: Solange die Kirche in einer nachchristentümlichen Gesellschaft Kinder tauft, müsse die den unmündigen Säuglingen gespendete Taufe persönlich eingeholt werden,

[388] Audet, Priester und Laie.
[389] Dinges, Tauferneuerung.
[390] Weß, Firmung. – Auch: Ders., Erstkommunion und Beichte.

was bei der Firmung (mit hinaufgesetztem Firmalter) geschehen soll. Entwickelt wurde auch ein Erwachsenenkatechismus, um in Gesprächskreisen Neuhinzukommende in den Glauben der Gemeinde einzuführen.[391]

3. Aufmerksamkeit hat im Lauf der Jahre der Wandel gefunden, den im Zuge der Gemeindeentwicklung die Priesterrolle durchgemacht hat.[392] Im herkömmlichen pastoralen Geschehen ist der Pfarrer für die Pastoral voll- und alleinverantwortlich. Er ist das Subjekt der Pastoral, die er „an" den ihm anvertrauten Gläubigen ausübt. Wird ihm die Arbeit zuviel, „delegiert" er solche an „seine Mitarbeiter". In den Teil-Gemeinden der Machstraße ist das Bewußtsein gewachsen, daß die Mitglieder nicht Mitarbeiter des Pfarrers, sondern jener Gemeinde Gottes sind, die in der Pfarrei sich im stattfindenden Umbauprozeß der Volkskirche verantwortlich weiß für traditionelle volkskirchliche Aufgaben. Das setzt bei den Gemeindemitgliedern eine beträchtliche pastorale (theologische, soziale, spirituelle) Kompetenz voraus. In vielfältigen theologischen Bildungsvorgängen (theologischen Arbeitstagen[393], Pfingsttreffen[394]) haben sich Gemeindemitglieder eine solche Kompetenz erworben. Sobald sich viele eigenverantwortlich an der Pastoral beteiligen, gewinnt das Gemeindeglied „Priester" eine anders akzentuierte Rolle. Genauer: Andere Anteile, die auch schon immer zu seiner Rolle gehört haben, können in den Vordergrund treten. In einer theologisch informierten Gemeinde hat er als Amtsträger nicht mehr unbedingt einen Vorsprung an theologischer Autorität. Er ist auch nicht mehr allein dafür verantwortlich, daß die pastorale Arbeit geschieht. Die Beteiligung der Gemeindeglieder macht aber den Pfarrer nicht überflüssig, sondern notwendiger. Der Priester der Gemeinde steht in erster Linie dafür gerade, daß die Gemeinde in lebendiger Verbindung bleibt zur Tradition der Kirche, wie sie in den umliegenden Gemeinden und in der einen Kirche Gottes gegenwärtig ist.[395] Wegen dieser Aufgabe, mit der lebendigen Tradition in der konkreten Kirche in Verbindung zu bleiben, ist sinnvollerweise der Priester auch zuständig für die Sakramentenspendung und übernimmt den Vorsitz bei der Eucharistie.

[391] Weß, Eine Frage bricht auf.

[392] Weß, Ihr alle seid Geschwister. – Ders., Überlegungen zum Pfarrgemeinderat.

[393] Solche Arbeitstage wurden abgehalten zu den Themen Humanismus, Von Gott sprechen, Offenbarung, Jesus Christus, Eucharistie, Sexualität und Ehe, Gemeindeverständnis, Soziale Anliegen, Gewaltverzicht. Dazu u. a.: Weß, Wie kann der Mensch Gott erfahren? – Ders., Liebe in Gott und in der Welt. – Ders., Theologie in der Gemeinde.

[394] Weß, Mit oder ohne Entscheidung. – Weß, Glaubensbildung in der Gemeinde. – Ders., Notwendigkeit und Größe.

[395] Priesterteam, Unser Priesterbild.

3.2.4 Böblingen

Ein ähnliches Ziel wie die Wiener Machstraße verfolgte auch die Arbeiterpfarrei in der Industriestadt Böblingen: „Eine ‚Betriebsseelsorge', die nicht auf ‚Betreuung' setzt, kann nur ‚christliche Gemeinde' als Ziel verfolgen, eine Kirche in der Arbeitswelt selbst, die als Arbeitergemeinde gelebt und verwirklicht wird."[396] Der Weg hingegen ist ein anderer. Ausgangspunkt von Gemeindebildung ist hier das Alltagsleben der arbeitenden Menschen, mit seiner Abhängigkeit, Fremdbestimmung, Existenzunsicherheit, Angst vor Krankheit und „Leistungsverdichtung".[397] Für die Arbeiter gilt es, die befreiende Botschaft des Evangeliums zugänglich zu machen, und zwar nicht dadurch, daß die Kirche entmündigend etwas „für", sondern befreiend „mit" ihnen tut.

1. Die Böblinger Erfahrungen zeigen, daß für den Gemeindebildungsprozeß zumal im Arbeiterbereich Personen, die die Initiative ergreifen, sowie formelle Strukturen, die diese Initiative lebendig erhalten, von Bedeutung sind. Das, was sich über Jahre hinweg als „Arbeiterpfarrei" entwickelt hat, wäre nicht entstanden ohne den hauptamtlichen Betriebsseelsorger und zwei ehrenamtliche Sozialarbeiter, ohne die Vernetzung einzelner verbandlicher (KAB, CAJ), funktionaler (Betriebs- und Personalrätekreis) und schichtspezifischer Gruppen (AkkordarbeiterInnen) sowie einem Leitungskreis, der ein gruppenübergreifendes Programm (mit Festen und Feiern, einem Jahresausflug, Bildungsarbeit, einer monatlichen Eucharistiefeier und der Feier der Oster- und Kartage) organisiert.

2. In den einzelnen Gruppen wird die Lebenslage der arbeitenden Menschen in qualifizierter Weise reflektiert und sodann unter das Wort Gottes gestellt. Spuren endzeitlicher Heilshoffnung werden in Festen und Feiern vorweggenommen. Die Feier des Karfreitags, in der die Leidensgeschichten der Menschen auf dem Hintergrund des Leidens Jesu gedeutet werden, sowie die darauf folgende österliche Auferstehungsfeier stehen im Mittelpunkt.

3. Im Vergleich zu den bisher skizzierten Gemeindemodellen wirkt eine solche Arbeiterpfarrei desillusionierend. „Es geht nicht viel", der quantifizierbare Erfolg ist gering. Die Leute kommen und gehen, stabile Gruppen aufzubauen erweist sich schon deshalb als schwierig, weil die ArbeiterInnen nach Betriebsschluß müde und erschöpft sind und die Arbeit in der Pfarrei eine zusätzliche Belastung darstellt: Da

[396] Schobel, Arbeitergemeinde, 56.
[397] Gemeinsame Synode, Kirche und Arbeiterschaft, in: Synode 321–364.

wird dann erwartet, daß der Betriebsseelsorger, ist er doch freigestellt, herhält. Zudem gibt es Konflikte, weil die Arbeitergemeinde als „links“ gilt. Dennoch ist von dieser „Werkstatt Gemeinde“ viel zu lernen: daß es den christlichen Glauben auch in wenig reflektierter Form (also anders als in Eschborn oder in den Gemeinden der Machstraße) geben muß; daß die menschlichen Erfahrungen der Ausgangspunkt von Gemeindebildung sind, die freilich unter den Augen Gottes bedacht und umgeformt werden; daß es darauf ankommt, Menschen das Gefühl zu geben, Kirche sei auf ihrer Seite, weil Gott selbst auf der Seite der Kleinen und Schwachen steht. Von der mühsamen Arbeit der Arbeiterpfarrei in Böblingen könnte schließlich auch die Pastoraltheologie lernen, „Gemeinde“ sehr einfach und doch anspruchsvoll zu definieren. Der längere Zeit in Berlin-Kreuzberg wirkende Pfarrer Klaus Kliesch etwa beschreibt – auf der Basis ähnlicher Erfahrungen – die Gemeinde als einen Ort unter den Augen Gottes, an dem man sich sehen lassen kann vor jeder Leistung und trotz aller Schuld.

3.3 Grundkurs gemeindlichen Glaubens

In den letzten Jahren wurde von Christen aus der Diözese Passau der „Grundkurs gemeindlichen Glaubens“ entwickelt.[398] Dieser dient der Erneuerung der Kirche in ihren ganz gewöhnlichen Pfarrgemeinden. Er will einen aus Erfahrung gewonnenen und theologisch verantworteten Weg zeigen, auf dem gerade einfache Menschen in den ganz gewöhnlichen, geschichtlich gewachsenen Pfarreien gehen und damit zur Erneuerung jener Gemeinde beitragen können, der Gott sie hinzugefügt hat. Damit unterscheidet sich dieser Weg der Gemeindeerneuerung von den Bewegungen und von den anspruchsvollen „Modellgemeinden“.

Das *Ziel des Weges* ist der schon vorgestellte uralte Traum Gottes von der Kirche: daß er sich ein Volk sammelt, mit dem er in der Geschichte unterwegs ist, was dieses Volk zu einem mystischen und daher geschwisterlichen sowie „politischen“ Gottes-Volk macht.[399]

Wir stellen im Folgenden die theologischen Grundlagen des Grundkurses zusammen und zeigen, wie sie sich auf die Grundkurspraxis auswirken.

[398] Ein ausführlicher Praxisbericht findet sich in: Zulehner u. a., Sie werden mein Volk sein.

[399] Dargestellt ist dieses Ziel in: Zulehner, Gottesgerücht. – Zu einem Kirchenspiegel, also einer Gewissenserforschung umgearbeitet: Zulehner, Wider die Resignation, Kapitel VIII.

3.3.1 Gott als Erbauer der Kirche

„Wenn nicht der Herr das Haus baut,
müht sich jeder umsonst, der daran baut."
(Ps 127,1)

Das ist eine erste theologische Prämisse des Grundkurses: Nicht wir Menschen haben durch gründliche Planung und pastorales Können Kirche zu bauen, sondern ihr Bauherr ist Gott selbst.

Gott aber erbaut seine Kirche „nicht aus Steinen, sondern aus Beinen". Er be-ansprucht Menschen, „spricht sie an" und nimmt sie dazu in Dienst, daß Kirche unter den Augen Gottes lebt und nach Gottes Art handeln kann. Kirchenkonstitutiv ist, vom Menschen her gesehen, die einzelnen Menschen von Gott gegebene unvertretbare Kirchenberufung: Und diese ist stets eine „geistliche" Berufung, weil durch Gottes Geist Berufung und die daran geknüpften Gnadengaben verliehen werden (vgl. 1 Kor 12).

Solches theologisches Wissen muß sich in die pastorale Praxis der Ekklesiogenese, der „Kirchengeburt" übersetzen. Kirche wird dann nicht dadurch, daß einige wenige „Geistliche" sich „Laien" als Mitarbeiter suchen, ihnen Aufgaben delegieren, sie dazu schulen, ihnen bei der Arbeit (die sie ihnen abnehmen) zur Seite stehen und nach getaner (ehrenamtlicher, versteht sich) Arbeit auch danken. Vielmehr wird Kirche, indem Gott mit seiner Beanspruchung bei Menschen ankommt, Gehör und Aufnahme findet. Auf solchem Weg werden die Menschen „Mitarbeiter Gottes" in einer Gemeinde, die sich Volk Gottes am Ort nennt.

3.3.2 Mystagogie

Damit ist bereits eine zweite Prämisse des Grundkurses und seiner Art von Ekklesiogenese genannt: Kirche wird immer nur durch „Mystagogie".[400] Dem Sinn der zu Grunde liegenden griechischen Wörter entsprechend, ist Mystagogie das Einführen (agein) des Menschen in ein Geheimnis (mysterion). Gemeint ist dabei nicht so sehr das Mysterium Gottes in sich, sondern das Leben des Menschen, das am Geheimnis Gottes insofern teilhat, als jede Lebensgeschichte stets Gottes reuelose Liebesgeschichte mit diesem Menschen ist. Jede

[400] Zu diesem Grundbegriff der Seelsorgstheologie von Karl Rahner: Zulehner, Denn du kommst, 40–134. – Das Wort „Mystagogie" wird in der Theologie auch noch anders verwendet, und zwar als Einführung von Taufbewerbern oder Christen in die Geheimnisse der Liturgie und der Sakramente. Weitere Literatur zur Mystagogie: Gertz, Mystagogie. – Fischer, Gotteserfahrung. – Karer, Mystagogie.

menschliche Geschichte, wie sie konkret stattfindet, ist immer schon von Gottes unwiderruflichem Heil umfangen und damit Heilsgeschichte, freilich gebrochen durch Momente unheilvoller Verschließung der Menschheit und einzelner Menschen gegenüber dem mit seiner Gnade uns zuvorkommenden Gott.

Im Grundkurs geht es in erster Linie nicht um das Gewinnen von pastoralen Mitarbeitern, sondern darum, daß der einzelne Mensch vor das Geheimnis seines Lebens, den liebenden und berufenden Gott selbst, gerät. Grundkurs besagt von hier aus, dem Leben auf seinen letzten *Grund* zu gehen, wobei durchaus mitschwingt, daß dabei Momente des „alten Menschen" zugrunde gehen.

Vor Gott geraten, soll sodann der einzelne Mensch eine *Frage* stellen lernen. Das ist wichtig wahrzunehmen, daß in einem Grundkurs nicht katechismusartig fertige Glaubensinhalte vermittelt werden; Ziel ist vielmehr das Fragenlernen. Gelernt werden soll, die entscheidende Frage zu stellen, was Gott mir will, was er mir zumutet, wozu er mich in meinem Leben beansprucht. Es ist die Frage, die – vielleicht in sehr profan-atheistischer Weise – jeder Mensch im Lauf seines Lebens stellt, wenn er nach des Lebens Sinn fragt. Beim Grundkurs jedoch soll die Frage unter den Augen Gottes gestellt werden.

– Die praktischen Grundkurserfahrungen haben gelehrt, daß es für solches Fragenlernen nützlich ist, wenn Menschen den Ort ihres alltäglichen Lebens verlassen und die oft bewußtlos machende Betriebsamkeit ihres Alltags *unterbrechen* und an einen „einsamen Ort" (Mk 6,30–32) gehen.

– An solchen Orten der Stille werden jene, die sich auf einen Grundkurs einlassen, gewonnen, in ihr eigenes Lebenshaus einzukehren, um dort ihre Lebensgeschichte in Ruhe lesen zu können und diese nach und nach als Glaubensgeschichte entziffern zu lernen: als Liebesgeschichte des unbeirrbar treuen (Dtn 6,32; 2 Tim 2,13) Gottes mit ihnen. So fangen sie an, jene *„kleine heilige Schrift"* (Josef Fischer) zu lesen, die jeder in sich trägt.

– Aus ihr *erzählen*[401] sie dann anderen Grundkursteilnehmern. Dabei erfahren Christen in den Gemeinden zum ersten Mal etwas vom ganz persönlichen Glauben der Brüder und Schwestern neben ihnen. Oft entsteht so erstmals eine wahre Glaubensgemeinschaft.

[401] Das Erzählen gilt in der zeitgenössischen Theologie und Kirchenpraxis als zentraler Vorgang: Metz, Glaube, 181–203. – Lange, erzählen (mit Lit.: 391). – Mein Glaubensweg.

3.3.3 Die Rolle der Bibel

Der Grundkurs stützt sich auf die Überzeugung der Kirche, daß der Glaube nicht nur ein innerlich-persönlich-existentielles Ereignis ist, sondern im Hören auf das verkündigte Wort konkret christliche Gestalt gewinnt. Eine solche unaufhebbare Wechselwirkung zwischen der ganz persönlichen Glaubensgeschichte des einzelnen und der Geschichte Gottes mit der Menschheit, die in Jesus Christus in ihre endzeitliche Phase gelangt ist, wird bei der Mehrzahl der Grundkursteilnehmer als ansatzhaft gegeben vorausgesetzt. Zumeist sind es Menschen, die von den gläubigen Erfahrungen der Bibel in der Verkündigung (Religionsunterricht, Predigt) schon gehört haben. Anliegen des Grundkurses ist es jedenfalls, die einmalige Glaubensgeschichte der Teilnehmer mit der großen Glaubensgeschichte des Volkes Gottes, wie sie in der Bibel festgehalten ist, sich aber in der Geschichte der Kirche über die Jahrhunderte fortgesetzt hat, ausdrücklich in Beziehung zu bringen.
Wer sich auf einen Grundkurs einläßt, lernt somit, der eigenen Lebensgeschichte einen biblischen Ausdruck zu geben. Auf diese Weise wird die „kleine heilige Schrift" mit der *„großen Heiligen Schrift"* der kirchlichen Gemeinschaft in Verbindung gesetzt. Das reichert an und hilft auch bei der Unterscheidung der Geister: Nicht immer sind wir nämlich frei von der Gefahr, „den eigenen Vogel mit dem Heiligen Geist zu verwechseln", uns also selbst einen Gott zurechtzurichten, der uns genehm, ja „pflegeleicht" (Renate Köcher) ist und dem wir es untersagen, uns zu unserem Heil zu richten und aufzurichten. Das Lesen biblischer Texte in der Gemeinschaft anderer Leser ist dazu außerordentlich hilfreich.

3.3.4 Religionsfreiheit

Wer schnell nach Mitarbeitern in einer pastoral angeschlagenen Pfarrgemeinde aus ist, wird sich auf einem solchen Weg des Fragens erhoffen, Menschen gewännen die Einsicht, Gott beanspruche sie dazu, daß diese Gemeinde lebendiger und handlungsfähiger wird. Das geschieht aber nicht immer und ist theologisch besehen auch gar nicht in jedem Fall zu erwarten. Zwei Gründe stehen einer solchen raschen Erwartung entgegen:
– Nicht alle Menschen sind zum Heil in ausdrücklich kirchlicher Gestalt berufen. Zwar steht für uns Christen fest, daß jeder Mensch unausrottbar gottbedürftig ist und Gott selbst sich bei den Menschen durch die maßlose und unstillbare, stets offen bleibende Sehnsucht

des menschlichen Herzens in Erinnerung hält.[402] Auch glauben wir, daß, wozu wir Menschen von Gott berufen sind, was also im Menschen steckt, in Jesus, dem Christus, in vollendeter Weise offenbar geworden ist. Das läßt uns schließen, daß alle Menschen zum Heil in der christlichen Vollgestalt unterwegs sind. Wir bekennen auch, daß die christliche Kirche das Wissen um die in Jesus begonnene Vollendung der Schöpfung truglos und unfehlbar in Erinnerung hält: was zur Folge hat, daß auf dem Boden der Kirche die Menschen zur christlichen Vollgestalt des Menschlichen heranreifen sollen.
Es wird Menschen geben, die zwar auf dem Weg des Heiles sind, die Gott suchen und nach seinem heiligen Willen über ihr Leben fragen, dabei aber subjektiv doch nicht die Antwort „vernehmen", sie wären von Gott einer Kirchengemeinde hinzugefügt, und das sei ein integraler Teil ihrer Lebensmöglichkeiten. Solche Menschen „gewaltsam" der Kirche einzufügen widerspricht unserem heutigen theologischen Bewußtsein.[403]
– *„Gewaltlosigkeit"* in den pastoralen Begegnungen ist auch deshalb unabdingbar, weil jeder Mensch eine je eigene Glaubensgeschichte durchläuft. Ich kann also gar nicht ermessen, ob ausgerechnet dann, wenn ich mit einem Menschen zusammen vor Gott trete und die Frage stellen lerne, was Gott ihm jetzt will, er genau zu diesem Zeitpunkt seines Lebens fähig ist, selbst eine gegebene Kirchenberufung anzunehmen. Es kann durchaus sein, daß – wie es die pastorale Weisheit der Bibel ausdrückt –, wir heute säen und es sodann eine geraume

[402] Mehr dazu in: Zulehner, Gottesgerücht, 35–43.
[403] Vgl. dazu die Erklärung des Zweiten Vatikanischen Konzils über die Religionsfreiheit: „Das Vatikanische Konzil erklärt, daß die menschliche Person das Recht auf religiöse Freiheit hat. Diese Freiheit besteht darin, daß alle Menschen frei sein müssen von jedem Zwang sowohl von seiten einzelner wie gesellschaftlicher Gruppen, wie jeglicher menschlicher Gewalt, so daß in religiösen Dingen niemand gezwungen wird, gegen sein Gewissen zu handeln, noch daran gehindert wird, privat wie öffentlich, als einzelner oder in Verbindung mit anderen – innerhalb der gebührenden Grenzen – nach seinem Gewissen zu handeln. Ferner erklärt das Konzil, das Recht auf religiöse Freiheit sei in Wahrheit auf die Würde der menschlichen Person selbst gegründet, so wie sie durch das geoffenbarte Wort und durch die Vernunft selbst erkannt wird. Dieses Recht der menschlichen Person auf religiöse Freiheit muß in der rechtlichen Ordnung der Gesellschaft so anerkannt werden, daß es zum bürgerlichen Recht wird." Dignitatis humanae, 2. – „Es ist ein Hauptbestandteil der katholischen Lehre, in Gottes Wort enthalten und von den Vätern ständig verkündet, daß der Mensch freiwillig durch seinen Glauben Gott antworten soll, daß dementsprechend niemand gegen seinen Willen zur Annahme des Glaubens gezwungen werden darf. Denn der Glaubensakt ist seiner Natur nach ein freier Akt, da der Mensch, von seinem Erlöser losgekauft und zur Annahme an Sohnes Statt berufen, dem sich offenbarenden Gott nicht anhangen könnte, wenn er nicht, indem der Vater ihn zieht, Gott einen vernunftgemäßen und freien Glaubensgehorsam leisten würde. Es entspricht also völlig der Wesensart des Glaubens, daß in religiösen Dingen jede Art von Zwang von seiten der Menschen ausgeschlossen ist." Dignitatis humanae, 10.

Zeit des Wachsenlassens durch Gott braucht, bis die Zeit der Ernte gekommen sein wird. Es ist über das bisher Gesagte hinaus auch denkbar, daß sich jemand schuldhaft dem Ruf Gottes verschließt und verweigert, ähnlich wie Jonas sich weigerte, die Kunde vom Erbarmen Gottes der mächtigen und sündigen Stadt der Heiden, Ninive, zu verkündigen.[404]
Die Erfahrung mit Grundkursen zeigt allerdings, daß sie Raum und Zeit brauchen, weil viele Menschen – vor Gott geraten – ihre Berufung erstmals oder in neuer Weise sehen und annehmen lernen.

3.3.5 Kirchennoviziat

Die Theologie des Grundkurses unterstellt sodann, daß die erste Antwort auf den Ruf Gottes nicht die Arbeit, sondern das persönlich gesprochene *„Adsum"* vor Gott ist. In Grundkursen lernen daher Menschen, dem jungen und noch berufungsunerfahrenen Samuel gleich, angeleitet durch den alt und blind gewordenen, aber im Heiligtum ausharrenden Mystagogen Eli zu sagen: Hier bin ich: „Rede, Herr, dein Diener hört" (1 Sam 3, 1–10).
Der Grundkurs erweist sich spätestens hier als Kraft gegen eine folgenschwere Schwäche gegenwärtiger Pastoralpraxis. Viele Menschen werden ja als noch bewußtlose Säuglinge in die Kirche eingefügt. Eine solche Kindertaufpraxis ist theologisch berechtigt, wenn mehrere Faktoren zusammenkommen: eine lebendige Gemeinde, in die jemand hineingetauft wird, gläubiges Leben in der Herkunftsfamilie und die Chance, in die persönlich verantwortete Freiheitsgeschichte zu übernehmen, was dieser vorauseilend andere verantwortet haben. Eben das scheint heute bei vielen Getauften nicht mehr zu geschehen. Die Folge ist, daß es zwar viele Katholiken, aber wenige Christen gibt.
Der Grundkurs kann von hier aus verstanden werden als pastoraler Weg, der zu einer persönlichen Übernahme der Kirchenberufung führt. Man könnte ihn ein „Kirchennoviziat"[405] nennen.

[404] Vanoni, Der Mann, der Taube hieß.
[405] Paul Weß verweist mit Recht darauf, daß Priester und Ordensleute beim Eintritt in eine Sonderform christlichen Lebens ein mehrjähriges Noviziat durchmachen, daß es aber bei den gewöhnlichen Christen nichts Vergleichbares gibt: Weß, Ihr alle seid Geschwister, 139–146. – Auch: Katechumenat heute.

3.3.6 *Die Berufung feiern*

Seine Krönung findet das Ja auf die geistliche Kirchen-Berufung durch Gott in der Feier der Berufung. Zur Kirche berufen zu sein, das wird Anlaß zur Dankbarkeit: „Wir danken Dir, daß Du uns berufen hast, vor Dir zu stehen und Dir zu dienen“, formuliert das Zweite Hochgebet der katholischen Eucharistieliturgie.
In einer solchen Praxis wird in Erinnerung gehalten, daß sich eine Kirchenberufung keineswegs in erster Linie in Arbeit und pastoralem Aktionismus erschöpfen kann: So wichtig es ist, sich handelnd am Leben einer Kirchengemeinde zu beteiligen – zur Kirche berufen zu sein heißt zunächst, berufen zu sein zum *Fest vor Gott*, zu Tanz und Spiel unter seinen Augen. Indem sich Berufene dem berufenden Gott dankbar zuwenden, ihn in zärtlicher Vertrautheit anbeten, wird auch deutlich, daß nicht wir die Welt zu retten haben, sondern wir dabei nur „unnütze Knechte“ sind, Werkzeuge in der Hand des segnenden und rettenden Gottes. Die Feier der Berufung vermag vor einer verbreiteten pastoralen Häresie zu schützen, wir wären verantwortlich für das Heil der Welt und müßten uns dazu ungläubig zu Tode arbeiten. Daß das Fest der Berufung am Beginn steht, symbolisiert schließlich, daß pastoral nur jene „fruchtbar“ sein werden, die Zweige am Rebstock sind (Joh 15,1–8), die also mit den mystischen Quellen in lebendiger Verbindung stehen, so daß sie selbst zur sprudelnden Quelle werden (Joh 4,14).
Grundkurse verzwecken also nicht Menschen für eine heißgelaufene und gut organisierte Pastoral. Menschen, die anbeten, hasten auch nicht gleich zur Arbeit, sondern lernen zunächst, *miteinander gläubig zu leben*. Frucht der Mystik ist, so haben wir schon betont, die Koinonia, und nicht nur die Diakonia. Das Personale dominiert somit in einer wahrhaft christlichen Gemeinde: die Anbetung und die gläubige Verbindlichkeit untereinander.

3.3.7 *Der ungehobene Kirchenschatz*

Theologisch setzt der Grundkurs voraus, daß den Berufenen auch Geistesgaben verliehen sind, die dem Aufbau der Kirche als universellem Heilssakrament dienlich sind. Durch jeden Menschen, den Gott seiner Kirche hinzufügt, macht er diese auch reicher.
Schaut man von der theologischen Warte aus auf die Situation vieler Gemeinden, dann kommt man unweigerlich zum Schluß, daß es in diesen einen „ungehobenen Kirchenschatz“ (Josef Fischer) gibt, nämlich die vielen brachliegenden Berufungen zumal jener, die in den

Augen der Welt die kleinen Leute, in den Augen Gottes aber besonders geschätzt sind. Anliegen des Grundkurses ist es daher auch, solche ungehobenen Kirchenschätze zu heben und den von Gott gegebenen Reichtum an Begabungen zu fördern.

3.3.8 Eigenverantwortung

Bei der Förderung dieser Begabungen geht der Grundkurs davon aus, daß auch die Verantwortung für das Charisma bei den betroffenen Frauen und Männern, Kindern und Jugendlichen liegt. Sind doch die Begabungen so zu fördern, daß sie der Kirche „eigenmächtig" und „eigenwillig", also aus freier Verantwortung, vor Gott dienen. Die Gemeinde und ihre Amtsträger sollen sich auf die Berufenen verlassen können. Daß diese „Eigenmächtigkeit" und „Eigenwilligkeit" nicht immer angenehm ist und zu Konflikten führen kann, ist kein ausreichender Grund, sie zu widerrufen.
Praktisch heißt das, häufig wiederum gegen eine herrschende Praxis in Gemeinden, daß die Kirchenmitglieder selbst verantwortlich dafür sind,
– *ihre Begabungen zu entdecken (und daran Freude zu haben),*
– *diese ihre Begabung in eigener Verantwortung mit anderen zusammen zu entwickeln*[406]
– *und schließlich auch dafür Sorge zu tragen, daß ihre Begabung dem Aufbau und Wirken der Gemeinde, der Gott sie hinzugefügt hat, dienlich wird.*

3.3.9 „Mütter des Glaubens"

Der Grundkurs ist schließlich getragen von der erklärten Absicht, die Ortsgemeinde, die *gewöhnliche, geschichtlich gewachsene Pfarrei*, wieder zu einem Ort werden zu lassen, wo in unserer Zeit christlicher Glaube aufkommen und lebendig bleiben kann. Wir übersehen dabei nicht, daß heute seelsorgliche Aufbrüche vielfach außerhalb der Ortsgemeinden geschehen. Viele der im Grundkurs realisierten theologi-

[406] Nicht angemessen ist es, wenn man Mitarbeiter der Gemeinde „verschult" und von pastoralen Experten so abhängig macht, daß sie das Vertrauen in die eigene Handlungsfähigkeit verlieren. Daraus folgt auch, daß eine Kirchengemeinde, die auf eine eigenständige Tätigkeit erwachsener Frauen und Männer Wert legt, sich nicht an den in den letzten Jahrzehnten entwickelten Maßstäben einer von und für Professionelle und Experten entwickelten Pastoral ausrichtet. Der Abschied von solcher „Luxuspastoral" ist gekommen. Wem die Qualität pastoraler Tätigkeit dieser Art zu „minder" ist, wird in die Versuchung geraten, am Ende doch alles selbst, besser und schneller zu machen.

schen Momente kommen in solchen Erneuerungsbewegungen zum Tragen. Diese „geistlichen Bewegungen" haben auch in der Beobachtung Recht, daß neben ihnen die herkömmlichen Ortsgemeinden in oft trostloser Weise glaubensmäßig steril, unfruchtbar wirken. Dabei waren gerade die Ortsgemeinden anfangs selbst fruchtbare „Mütter des Glaubens". Eine solche anfängliche Fruchtbarkeit scheinen sie heute verloren zu haben. So ist es durchaus gut, daß in einer Übergangszeit für die unfruchtbaren „Mütter des Glaubens" in den Erneuerungsbewegungen „Leihmütter" einspringen. Grundkurse beabsichtigen aber, die unfruchtbaren Glaubens-Mütter (also die gewöhnlichen Pfarrgemeinden) glaubensmäßig wieder fruchtbar zu machen.

3.4 Gemeindeberatung

Eine wertvolle Unterstützung von Gemeinden bei der Oikodomé (Gemeinde-weiter-Entwicklung) ist Gemeindeberatung.[407] Sie ersetzt nicht die eigenen Fähigkeiten der Ortsgemeinde, mit der Gott eine unverwechselbare „Ortskirchengeschichte" schreibt, sondern unterstützt subsidiär die Fähigkeiten der Gemeinde insbesondere dann, wenn die Gemeinde in eine Krise gerät und zur Zeit nicht über ausreichende Ressourcen zur Meisterung dieser Krise verfügt.
Ein wichtiger Dienst, den Gemeindeberatung leistet, ist eine fachkundige *Gemeindeanalyse*.[408] Denn verantwortliches Handeln in Kirchengemeinden ist stets angewiesen auf eine Sichtung und Beurteilung der jeweiligen Lage der Gemeinde. In den letzten Jahrzehnten sind für eine solche Analyse verschiedene Modelle entstanden, die nicht gegeneinander stehen, sondern der wechselseitigen Ergänzung dienen.
1. Im Rahmen kirchensoziologischer Forschung wurden die soziale Zusammensetzung der Kirchengemeindemitglieder sowie deren Teilnahme am Glauben und Leben der Gemeinde erforscht.[409] Es wurden auch Erkenntnisse gesammelt über die Tradierung des Glaubens sowie über die Rollen, die den Gemeindemitgliedern zugewiesen werden.
2. Relativ wenig empirische Daten gibt es für die Frage, wie die Ge-

[407] Adam u. a., Gemeindeberatung. – Zulehner, Priestermangel, 175–200.
[408] Zerfaß, Gemeindeanalyse.
[409] Zulehner, Einführung, 122–138. – Handbuch der Pastoraltheologie III 130. – Boulard, Wegweiser, 121–159. – Materialdienst Gemeindearbeit. – Hungerbühler, Gemeinwesenarbeit.

meinden in ihrem Handeln auf die jeweilige Situation „antworten", welche pastoralen Vorgänge also für diese Gemeinde in ihrer Situation typisch sind.[410]
3. Gemeindeanalyse, wie sie theologisch erwünscht ist, hat als betreibendes Subjekt möglichst viele Betroffene aus der Gemeinde selbst. Sie befaßt sich zudem mit Fragestellungen, die nicht allein kirchensoziologisch, sondern primär theologisch definiert werden. So ist auf dem Hintergrund der in diesem Band vorgelegten Vision einer christlichen Gemeinde zu fragen, wie es um Mystik, Koinonia und Diakonia bestellt ist. Es kann eine Art Kirchengemeindespiegel[411] entwikkelt werden. Im einzelnen geht es um Fragen wie:

1. Zur Mystik
– Aus welchen spirituellen Quellen lebt die Gemeinde? Ist sie ein Ort der gelebten Gottessehnsucht? Ein Ort, wo jene zu Hause sein können, die Gott suchen, nach ihm fragen, an ihm leiden?
– Gibt es einen praktischen „ekklesialen Atheismus"? Woran wird erfahrbar, daß Gott prägendes, maßgebliches Lebenszentrum dieser Kirchengemeinde ist? Ist die Gemeinde ein Ort, von dem das Gerücht geht, daß Gott ihre Lebensmitte ist (Sach 8,23)?
– Wie steht es um die vielen „geistlichen Berufungen" in einer Gemeinde? Was geschieht, um diese zu wecken? Wo wird in der Gemeinde gelernt, vor Gott zu treten, um die Frage stellen zu lernen, was Gott jeder und jedem will, damit diese Gemeinde lebt und handeln kann?
– Wann wird die Berufung der Vielen dankbar gefeiert?
– Wie steht es um die Erfahrungsorte und Erfahrungsweisen der Mystik: Gottesdienst, Gebet, Anbetung, Bibelteilen? Welche Bedeutung haben die Sakramente im Leben dieser Christengemeinde?
– Wie sieht die Gebetskultur der einzelnen aus?
– Wird der Glaube mehr durch lebendiges Zeugnis und weniger durch viele Worte weitergegeben?

2. Zur Koinonia
– Gilt das Prinzip: Weil nur ein Gott ist, ist also jeder und jede eine und einer von uns?
– Gibt es das Bewußtsein, daß die höchste Würde in der Kirche heißt, Christ, also Bruder und Schwester und Brüder und Schwestern mit

[410] Ein Instrumentarium zur Analyse pastoraler Vorgänge habe ich für die Diözese Passau entwickelt: Zulehner, Zur Lage der Kirche von Passau. – Ders., Einführung, 149–159.
[411] Dazu: Zulehner, Wider die Resignation, 84–107.

gleicher Würde und Berufung zu sein? Gibt es ein Bewußtsein wahrer Gleichheit an Würde, auch der Frauen beispielsweise? Oder der vielen anderen, deren Lebenspläne gescheitert sind?
– Setzt sich die gleiche Würde um in Verbindlichkeit im Zusammenleben? Bei der Lösung von Konflikten? Gibt es Einmütigkeit trotz aller berechtigten Vielfalt an Standpunkten?
– Wie steht es um Partizipation? Werden an den Entscheidungen in der Gemeinde jene, die davon betroffen sind, auch beteiligt?
– Welcher Amtsstil wird geübt durch jene, die amtliche Autorität besitzen (Pfarrer, Vorsitzende, jene, die leiten: 1 Kor 12, 28)?
– Wie stehe ich zum Vorwurf oder zur Forderung der „Demokratisierung“ der Kirche? Habe ich schon entdeckt, daß „Demokratisierung“ weit weniger wäre, als die Bibel uns Christen in den Gemeinden zumutet?

3. Zur Diakonia
– Wie steht es um die Aufmerksamkeit für die Opfer einer ungerechten Verteilung der Lebenschancen? Wer sind die Armgemachten in der Kirchengemeinde, jene, die am Rand des Lebens stehen? Ist die Kirchengemeinde für sie „Aug und Ohr“ in der Art Gottes (Ex 3,7)?
– Optiert die Kirchengemeinde für diese Opfer, auch wenn nicht immer gleich klar ist, wie Ungerechtigkeit praktisch vermindert werden kann? Wie sieht dieses Engagement aus?
– Engagieren sich Christen und Gruppen der Gemeinde in der konkreten Politik (in Bewegungen, in kommunaler Politik: z. B. Bürgerinitiativen; in politischen Parteien)?
– Wie steht es um die Bereitschaft, gesellschaftlich solcher Optionen wegen auch Nachteile oder Verfolgung hinzunehmen?
– Welche Kontakte hat die Pfarrgemeinde zur organisierten Caritas und zu Beratungsdiensten?

4. LEITEN (IN) DER GEMEINDE

Nach dem Zweiten Vatikanischen Konzil wurde engagiert und kontrovers über das kirchliche Amt diskutiert. Dies war deshalb notwendig geworden, weil auf dem Konzil selbst nicht ausreichend geklärt worden war, wie das Amt im Kontext des auf dem Konzil gewonnenen vertieften Verständnisses von Kirche und Laien zu verstehen und auszuüben sei. Kirche, Laie und Priester sind ja aufeinander bezogene Wirklichkeiten. Ändert sich in diesem Begriffsdreieck eine Größe, hat das unweigerlich auch Auswirkungen auf die anderen. Auf dem Konzil war nun am Verständnis der Kirche und des Laien nachhaltig und ergiebig gearbeitet worden. Die Dekrete über die Kirche (Lumen gentium) sowie über das Laienapostolat (Apostolicam actuositatem) zählen zu den Schlüsseldekreten des Konzils. Eine verengte Auffassung der Kirche als „Priesterkirche“[412], in der die Laien „Objekte“ priesterlicher Seelsorge sind, wurde durch den Rückgriff auf die biblische Volk-Gottes-Theologie aufgebrochen.

Im Kontext einer solchen vertieften Auffassung von Kirche und Laien verbot sich eine Gleichsetzung von Kirche = Priester, wie sie im Bewußtsein vieler Bürger auf Grund jahrhundertelanger religiöser Erziehung bis auf den heutigen Tag gängig ist.[413] In einer Kirche, in der es keine Unberufenen, keine Seelsorgsobjekte mehr gibt, sondern in der alle berufen sind, in der ihnen eigenen Weise am Leben und Wirken der Kirche teilzuhaben, läßt sich das Amt nicht mehr durch eine Alleinzuständigkeit für die kirchlichen Aufgaben definieren. Auch die sogenannten „Laien“ werden theologisch zu Recht verantwortlich gemacht für Verkündigung, Liturgie und Diakonie, wenngleich ihre Verantwortung nicht amtlicher, sondern alltäglicher Art[414] ist. Auf diesem Hintergrund mußte die Frage nach dem Besonderen der amtlichen Berufung in der Kirche auftauchen. Dogmatiker[415], Exege-

[412] Priesterkirche.
[413] Zulehner, Religion.
[414] Zulehner, Denn du kommst.
[415] Ratzinger, Zur Frage. – Lehmann, Geistlich handeln. – Existenzprobleme des Priesters. – Küng, Priester wozu? – Ganoczy u. a., Der Streit um das kirchliche Amt. – Schillebeeckx,

ten[416], Pastoraltheologen[417], aber auch Sozialwissenschaftler[418] setzten sich mit der nunmehr so benannten Priesterfrage auseinander. Die Bischofssynode 1971 stellte sich ihr.[419] Bischofskonferenzen und Diözesanbischöfe wandten sich in klärender und beruhigender Absicht mit spirituell-theologischen Lehrschreiben an ihre Priester.[420]
Angeheizt wurde die Debatte um das „Priesterbild" zusätzlich durch die nach dem Konzil neuen, in geldstarken Kirchen wie denen der Bundesrepublik Deutschland, der Schweiz und auch Österreich eingeführten hauptamtlichen Laien(theologen)berufe.[421] Die Abgrenzung dieser neuen pastoralen Berufe vom herkömmlichen Priesterberuf ist bis heute allerdings nicht zufriedenstellend gelöst.[422]
Neue Dimensionen in der Diskussion wurden durch den zunehmenden Priestermangel eröffnet. Auch die Frage nach der Zulassung von Frauen zum Priesteramt regte die Auseinandersetzungen weiter an.[423]
In all diesen Diskussionen um das kirchliche Amt, vornehmlich das Priesteramt, hat sich gezeigt, daß viele Teilfragen weniger dogmatischer, exegetischer, sondern eher praktisch(theologisch)er Natur sind.[424] Kaum jemand bestritt, daß das kirchliche Amt etwas zu tun hat mit dem gläubigen Wissen der Christen, daß sich die Kirche nicht selbst schafft, sondern von Gott gebaut wird: was durch ein von der Kirche(ngemeinde) unableitbares Amt zum Ausdruck kommt. Niemand bezweifelte ernsthaft, daß das priesterliche Amt in Beziehung steht mit der wirkmächtig-symbolischen Präsentation Jesu Christi als Haupt seiner Kirche in all jenen Situationen, in denen sich die Kirche in verdichteter Weise darstellt (Eucharistiefeier) und „unfehlbar" sich auf ihre Mitglieder hin investiert (wie in der Verkündigung oder in den Sakramenten). Unbestritten gilt – selbst in den ökumenischen

Das kirchliche Amt. – Priester gestern. – Priester – Presbyter. – Priesterteam, Priesterbild. – Reform und Anerkennung. – Priesterbild im Wandel.

416 Priesterkirche. – Schlier, Grundelemente. – Knoch, Damals waren es Fischer.

417 Klostermann, Priester für morgen. – Reuss, In der Sorge. – Griesl, Berufung.

418 Zulehner, Kirche und Priester. – Müller, Priester – Randfigur. – Schmidtchen, Priester in Deutschland. – Fichter, Americas forgotten Priests.

419 Das priesterliche Dienstamt.

420 Breuning u. a., Wie als Priester leben?

421 Gartmann, „Laien"-Theologen. – Marhold u. a., Religion als Beruf.

422 Die Deutschen Bischöfe, Die Ordnung der pastoralen Dienste. – Klostermann, Die pastoralen Dienste heute.

423 Raming, Der Ausschluß der Frau. – Van der Meer, Priestertum der Frau. – Glaubenskongregation, Inter Signores. – Zur Gleichheit berufen.

424 Das zeigt sich nicht zuletzt daran, daß die Praktischen Theologen der evangelischen Schwesternkirche ähnliche „Amtsfragen" behandeln: Dahm, Beruf: Pfarrer. – Josuttis, Der Pfarrer ist anders.

Amtsdebatten[425] – das kirchliche Amt als verantwortlich für die Einheit der Kirche und ihrer Gemeinden: für die Einheit der Ortskirchen(gemeinden) untereinander sowie für die Einheit mit der Tradition, also für die Einheit in Raum und Zeit. Trotz eines solchen breiten Konsenses hinsichtlich des „Wesens" des Priesters kam die Diskussion um das Priesterbild nicht an ein Ende.

Daran zeigt sich, daß es bei der Priesterfrage im Grund nicht um das Amt in sich, sondern vielmehr um die Ausübung des priesterlichen Amtes geht. Es ist nicht das Wesen des Amtes, sondern der alltägliche Amtsstil, der die Kirchenmitglieder und ihre Priester bewegt. Inmitten einer Kirche, die sich als communio versteht und in der die fundamentale Gleichheit aller an Würde und Berufung anerkannt ist, kann das Amt nicht mehr ausgeübt werden wie in jenen Zeiten, in denen die Lehre von der Kirche von der fundamentalen Ungleichheit[426] aller ausgegangen war.

Um diese praktische Seite der Diskussion um das kirchliche Amt geht es uns hier. Innerhalb der praktisch-theologischen Frage nach einem der heutigen Kirche angemessenen Amtsstil konzentrieren wir uns wiederum auf das priesterliche Amt in einer Kirchengemeinde, also auf den „Pfarrer". Und noch einmal grenzen wir die Thematik auf die Leitungsaufgabe des Pfarrers ein. Ein durchschnittlicher Pfarrer vor allem in geldstarken Kirchen erfüllt zwar heute vielfältige Leitungsaufgaben (und entsprechende Anteile in seiner Pfarrer-„Rolle"). Er leitet ein Sekretariat, ist verantwortlich für einen Kindergarten, vielleicht ein Krankenhaus. Er ist Arbeitgeber, zuständig für Dienstleistungen der Kirchengemeinde. Um diese arbeitgeberischen Leitungsaufgaben, so wichtig sie sind, kümmern wir uns aber nur nebenbei. Es geht uns vorrangig nicht um den Pfarrer als Arbeitgeber, sondern um den Priester als Pfarrer inmitten der gemeindlichen Lebensgemeinschaft von Schwestern und Brüdern, die – je nach Maßgabe der vorhandenen Charismen – vielfältige (ehrenamtliche) Aufgaben erfüllen: in der Liturgie, in der Verkündigung der Frohbotschaft, im Dienst aneinander, besonders an denen, die Opfer einer ungerechten Verteilung von Lebenschancen geworden sind.

Obwohl nun der Leitungsaufgabe des Pfarrers in einer Gemeinde das

[425] Gemeinsame Kommission, Amt. – Taufe, Eucharistie und Amt.

[426] So heißt es im unverhandelten Entwurf zur Kirche auf dem Ersten Vatikanischen Konzil: „Die Kirche Jesu Christi ist jedoch nicht eine Gesellschaft von Gleichgestellten, in der alle Gläubigen dieselben Rechte besäßen. Sie ist eine Gesellschaft von Ungleichen, und das nicht nur, weil unter den Gläubigen die einen Kleriker und die anderen Laien sind, sondern vor allem deshalb, weil es in der Kirche eine von Gott verliehene Vollmacht gibt, die den einen zum Heiligen, Lehren und Leiten gegeben ist, den andern nicht." Neuner-Roos, 394.

Hauptaugenmerk dieses Kapitels gilt, beziehen wir in unsere Überlegungen die vielfältigen Leitungsaufgaben mit ein, die in der Gemeinde, aber nicht vom Pfarrer wahrgenommen werden: die Leitung einer Gruppe der Frauenbewegung, die Leitung eines Gottesdienstkreises, eines gemeindlichen Bildungswerkes. Deshalb haben wir das Kapitel nicht mit „Pfarrer", sondern mit „Leitung (in) der Gemeinde" überschrieben.
In der für die Pastoraltheologie typischen Arbeitsweise orientieren wir uns bei der Behandlung des Themas der „Leitung (in) der Gemeinde" nicht nur an den überkommenen theologischen Prämissen, sondern zugleich auch an Erkenntnissen jener Fachleute, die sich mit der Leitung von (außerkirchlichen) Gruppen und Organisationen befassen. Ein kritischer Dialog wird stattfinden mit der Organisationsentwicklung, der Managementberatung, der neueren Führungsliteratur.

4.1 Leiten

Managers do the things right,
leaders do the right thing.
(Warren Bennis)

4.1.1 Eine Dienstleistung

In der modernen Führungsliteratur wird Leitung mit der Lebendigkeit einer Organisation, eines Unternehmens, einer Gruppe, einer Gemeinschaft in Verbindung gesetzt. Leitung übt aus, wer sich dafür verantwortlich weiß, daß eine Organisation ihre Ziele erreicht, und sich für deren Erreichung auch einsetzt. Damit ist auch bereits klar, daß Leitung stets Einfluß nehmen heißt. Durch gezielte – allerdings transparente – Einflußnahme wird die Lebendigkeit einer Organisation gewahrt, gemehrt oder eine angemessene „Sterbebegleitung" geleistet.
Der Leiter (oder, wie wir in unserer Sprache nach dem Dritten Reich nur schwer sagen können: der „Führer") wird zunehmend deutlich vom „Manager" (in einem freilich engeren Sinn) unterschieden. Manager führen aus, führen aber nicht. Sie verwalten, sind aber nicht schöpferisch. Sie sind auch nicht innovativ, sondern administrieren das laufende Geschehen mehr oder minder perfekt. Manager gehen auf einem vorbestimmten Weg, sie sind aber nicht jene, die neue Ziele und Wege dorthin ausmachen.

4.1.2 Biblische Leit-Bilder

Ein solcher moderner Leitungsbegriff ist den biblischen Bildern von Leitung überraschend ähnlich.

1. Das Alte wie das Neue Testament kleiden die Aufgabe der Leitung mit Vorliebe in das Bild des *Hirten*, dem die Herde anvertraut ist. Der Hirt, auch Bild für den König, hat dafür zu sorgen, daß es der Herde gutgeht und diese auf fetten Wiesen weiden kann. Mit seinem Stab wehrt er die Feinde der Herde ab. Das Hirtenamt ist eindeutig ein(e) Dienst(leistung) an der Herde.

Die Versuchung der von Gott in Israel bestellten Hirten bestand darin, ihr Amt für sich selbst auszubeuten, statt dem Volk zu dienen.

„So spricht Gott, der Herr:
Weh den Hirten Israels,
die nur sich selbst weiden.
Müssen die Hirten nicht die Herde weiden?
Ihr trinkt die Milch,
nehmt die Wolle für eure Kleidung
und schlachtet die fetten Tiere;
aber die Herde führt ihr nicht auf die Weide.
Die schwachen Tiere stärkt ihr nicht,
die kranken heilt ihr nicht,
die verletzten verbindet ihr nicht,
die verscheuchten holt ihr nicht zurück,
die verirrten sucht ihr nicht,
und die starken mißhandelt ihr.

Und weil sie keinen Hirten hatten,
zerstreuten sich meine Schafe
und wurden eine Beute der wilden Tiere.
Meine Herde irrte auf allen Bergen und Höhen umher
und war über das ganze Land verstreut.
Doch keiner kümmerte sich um sie;
niemand suchte sie.“

(Ez 34, 2–6)

Gott nimmt den Hirten, die sich und nicht der Herde dienen, ihr Amt. Er selbst übernimmt die Hirtenaufgabe in seinem Volk. Er sammelt die verstreute Herde; besonders für die Schwachen macht er sich stark:

„Denn so spricht Gott, der Herr:
Jetzt will ich meine Schafe selber suchen
und mich selber um sie kümmern . . .

Ich werde meine Schafe auf die Weide führen,
ich werde sie ruhen lassen –
Spruch Gottes, des Herrn.
Die verlorengegangenen Tiere will ich suchen,
die vertriebenen zurückbringen,
die verletzten verbinden,
die schwachen kräftigen,
die fetten und starken behüten.
Ich will ihr Hirt sein
und für sie sorgen, wie es recht ist . . .

Ich selbst sorge für Recht
zwischen den fetten und den mageren Schafen.
Weil ihr mit eurem breiten Körper und eurer Schulter
alle schwachen Tiere zur Seite gedrängt
und weil ihr sie mit euren Hörnern weggestoßen habt,
bis ihr sie weggetrieben hattet,
deshalb will ich meinen Schafen zu Hilfe kommen.
Sie sollen nicht länger eure Beute sein;
denn ich werde für Recht sorgen
zwischen Schafen und Schafen."

(Ez 34, 11.15 f.20–22)

Das Hirtenamt Gottes übt im Verständnis der jungen christlichen Kirche Jesus Christus selbst aus. Er ist der gute Hirt (Joh 10, 1–21). Der „Pastor bonus" galt und gilt in der christlichen Kirche als unumgänglicher Maßstab für jegliche Leitungsaufgabe.[427]
2. Personen, die in der Kirche mit Leitungsaufgaben betraut sind, werden herkömmlicherweise „Obere" oder „Oberinnen" genannt. *„Ober"* bedeutet in manchen deutschen Sprachprovinzen soviel wie Kellner. Oberer oder Oberin in einer kirchlichen Gemeinschaft kann im Geist Jesu somit nur sein, wer wie ein Ober an den Tischen zu dienen bereit ist:

„Es entstand unter ihnen ein Streit darüber,
wer von ihnen wohl der Größte sei.

[427] Obstraet, Pastor bonus. – Kempf, Christus der Hirt.

Da sagte Jesus:
Die Könige herrschen über ihre Völker,
und die Mächtigen lassen sich Wohltäter nennen.
Bei euch aber soll es so nicht sein,
sondern der Größte unter euch
soll werden wie der Kleinste,
und der Führende soll werden wie der Dienende.
Welcher von beiden ist größer:
wer bei Tisch sitzt oder wer bedient?
Natürlich der, der bei Tisch sitzt.
Ich aber bin bei euch wie der, der bedient.“

(Lk 22,24–27)

3. Zu den biblischen Leit-Bildern für Leitung (in) der Gemeinde zählt daher die *Fußwaschung* (Joh 13): Wer leitet, beugt sich in Jesu Art zu denen, die schlecht bei Fuß sind. Die Sorge um die Fußkranken, die Armgemachten und Unterdrückten gehört zu einem jesusgemäßen Amtsstil. Wohlgemerkt: Es geht darum, einander die Füße, nicht den Kopf zu waschen.
4. Die stärkste Herausforderung für Leitende enthält der alte Christus-Hymnus im Philipperbrief. Jesus Christus wurde für uns, obwohl Gott gleich, wie ein *Galeerensklave*. Deren Aufgabe war es sicherzustellen, daß das Schiff in Fahrt kommt und bleibt. Leitung in der Kirche ist bestellt, damit das Schiff der Kirche, einer Kirchengemeinde, einer Gruppe in der Kirche in Fahrt kommt. Voraussetzung dafür aber ist die Bereitschaft zur Selbstverleugnung, zur Kenosis:

„Er war Gott gleich,
hielt aber nicht daran fest, wie Gott zu sein,
sondern entäußerte sich
und wurde wie ein (Galeeren)Sklave
und den Menschen gleich.
Sein Leben war das eines Menschen;
er erniedrigte sich
und war gehorsam bis zum Tod,
bis zum Tod am Kreuz.“

(Phil 2,6–8)

4.1.3 Lebendigkeit einer Organisation

Leitung ist Dienst, Dienstleistung in einer Gemeinschaft, einer Gruppe, einer Organisation. Näherhin: Sie ist ein Dienst an deren Lebendigkeit. Die Lehre von Organisationen kennt nun Kriterien, mit deren Hilfe die Lebendigkeit einer Organisation eingeschätzt werden kann.[428] Vorausgesetzt wird dabei, daß Organisationen wie einzelne Lebewesen einen Lebensbogen durchlaufen: Sie werden „geboren", kennen Kindheit und Jugendzeit, werden erwachsen, reifen weiter, um schließlich zu altern und zu sterben.

Um das innere „Alter" einer Organisation ermessen zu können, werden vier Kriterien genannt: *Vision, Gemeinschaft, Programm und Administration.*

„Geboren"

wird eine Organisation, wenn jemand eine Vision hat, hinter einem Ziel her ist, auf etwas aus ist. Am Anfang steht also der Erfinder, der Pionier[429], ein Mensch mit einem Charisma. Jesu Vision war es, dem „Reich Gottes" unter uns Menschen Raum zu schaffen.

Um den Pionier sammeln sich Menschen, die von seiner Vision „angesteckt" werden. Eine „Visions-Gemeinschaft" entsteht.

Wird dann die Organisation zahlenmäßig größer, bedarf es ausgehandelter Regeln auf dem Weg zum Ziel. Ein Programm wird formuliert, um miteinander zielsicher kooperieren zu können.

Eine Organisation ist schließlich voll ausgefaltet, wenn ihr eine gut funktionierende Verwaltung zur Verfügung steht. Sie hat dann den Höhepunkt ihres Lebensbogens erreicht. Nach und nach haben sich wichtige organisatorische Elemente ausgebildet: Vision, Gemeinschaft, Programm, Administration.

„Alt"

wird eine Organisation, wenn sie das, was zu ihrer „Jugendlichkeit" gehört, wiederum verliert: zunächst die Vision, dann die Gemeinschaft. Sind diese beiden Elemente schwach geworden, beginnen in Organisationen meistens die Jubiläen. Manche Organisationen besitzen „am Ende" nur noch eine Verwaltung.

Ein solches heuristisches Modell zeigt, daß die Lebendigkeit einer Organisation vorrangig davon abhängt, wie es um die Vision und um die Gemeinschaft bestellt ist. Ziel und Zusammenhalt, „Lokomotion" und „Kohäsion" sind Zeichen organisatorischen Lebens[430]. Zu-

[428] Saarinen, Life Cycle.

[429] Leavitt, Der Manager als Pionier.

[430] Stroebe u. a., Grundlagen der Führung.

friedenheit zwischen den Mitgliedern und die Bereitschaft, gemeinsam auf ein Ziel hinzuleben und hinzuarbeiten, treffen bei lebendigen Organisationen zusammen. Es geht um Ziele und Menschen, die diese Ziele gemeinsam erreichen sollen und wollen.
Solche Elemente einer lebensfähigen Organisation entsprechen den beiden Dimensionen kirchlichen Lebens: dem Miteinander und dem Füreinander, der Koinonia und der Diakonia.
Die Entwicklung der meisten Organisationen verläuft freilich nicht so einfach, wie es das bisher skizzierte Verlaufsmodell nahelegt. Denn in komplexen Organisationen laufen für gewöhnlich verschiedene Strömungen nebeneinander her: Altgewordene Anteile der Organisation „sterben", während es gleichzeitig „Erneuerungsbewegungen" („Innovationen") gibt. Bei Kirchengemeinden läßt sich das gut beobachten. Überkommene Formen kirchengemeindlichen Lebens und Tuns sind offenbar am Ende, ererbte Formen der Seelsorge und seelsorglicher Strukturen werden unwirksam. Zugleich aber entstehen neue Aufbrüche.[431]
(Innerlich) „alte" Organisationen lassen sich wieder verjüngen. Christen rechnen sogar mit der Auferweckung aus dem Organisationstod. Jung macht in erster Linie die Zufuhr (neuer oder vergessener und unverbrauchter alter) Visionen. So geschieht Erneuerung, Innovation.
Eine Leitung, die sich verantwortlich weiß für die Lebendigkeit der Organisation, wird je nach Entwicklungsstand anders gestaltet werden. Leiten geschieht daher nicht nur ziel- und menschenbezogen, sondern zugleich auch situativ. Entwicklungsmäßig junge Gruppen benötigen Unterstützung bei der Entwicklung des Programms und beim Aufbau einer leistungsfähigen Verwaltung. Altgewordene Gruppen hingegen brauchen Visionszufuhr; aber auch „Sterbebegleitung" kann (wie bei manchen alten kirchlichen Organisationen oder auch Orden) anstehen.

4.1.4 Vorgesetzte und Leiter

Leitung geschieht auch in der Pfarrgemeinde auf verschiedene Weisen. Zu unterscheiden sind die Ebenen, auf denen Leitung wahrgenommen wird: die Leitung der Gesamtgemeinde, für die der Pfarrer amtlich bestellt ist; die Leitung von Gruppen, Gremien und Verbänden durch dazu gewählte und bestellte Personen.

[431] In biblischer Allegorie könnte man sagen, daß in einem solchen Fall die alte Sara (vgl. Gen 18, 9–15; 21,1–8) wieder einmal mehr fruchtbar wird.

Nicht alle Leitung geschieht faktisch durch die amtlich bestellten Personen. Leitungstätigkeit übt ja grundsätzlich aus, wer sich verantwortlich weiß und dafür auch einsetzt, daß eine Gruppe, eine Gemeinde lebendig bleibt oder lebendiger wird. Es sind keineswegs immer die bestellten Amtsträger, die der Lebendigkeit einer Gemeinschaft am besten dienen.

Faktische und amtliche Leitung können also auseinanderfallen. Dementsprechend können dann auch Fähigkeit und Zuständigkeit für Leitung auseinanderfallen. Manche für die Leitung Zuständige sind dafür nicht geeignet, während oftmals Geeignete und Fähige nicht zuständig gemacht werden.[432]

Zur Fähigkeit, Leitung auszuüben, gehört nun nicht nur eine entsprechende Ausstattung der Person. Leiten kann nur, wen die Gruppe auch annimmt.[433] *Nicht angenommene Leitungspersonen gelten als „Vor-gesetzte", die in ihrem Leitungsamt behindert sind.* Die Annahme eines designierten Leiters ist eine „Wahl", die nicht formell stattfinden muß. Jenen, die für die Bestellung von Personen zur Leitung (auch in der Kirche) zuständig sind, gilt daher der dringende Rat der Organisationslehre: „Die Leitung des übergeordneten sozialen Systems wird also darum bemüht sein, daß die offiziell designierten Vorgesetzten von der Gruppe ihrer Untergebenen auch zum Führer gemacht werden."[434]

4.1.5 Leitungsverweigerung

In den Kirchen(gemeinden) ist heute eine gefährliche und folgenschwere Leitungsschwäche zu beobachten. Diese hat verständliche Ursachen: Einflußnahme durch Leitung wird mit Gewalt oder Manipulation verwechselt. Zwar ist es richtig, daß Leitung gewalttätig und manipulativ ausgeübt werden kann. Aber es gibt auch andere, gewaltarme, und vor allem transparente, leitende Einflußnahme auf das Geschehen einer Organisation.

Leitungsschwäche zeigen ebenso Vertreter der vom Konzil wieder in Erinnerung gebrachten „Brüderlichkeit" bzw. „Geschwisterlichkeit". Ein Gegensatz wird befürchtet zwischen der fundamentalen Gleichheit aller an Würde und Berufung, zwischen dem Recht auf Partizipation und leitender Tätigkeit. Zwar ist wiederum richtig, daß ein bestimmter Leitungsstil die „Geschwisterlichkeit" bedroht oder

[432] Stenger, Kompetenz und Identität.
[433] Hill u. a., Organisationslehre, I 104–114.
[434] AaO., I 113.

zerstört. Das liegt dann aber nicht an der Leitungstätigkeit als solcher, sondern eben am Leitungsstil. Ein solcher Leitungsstil für eine Kirche, in der es nur Berufene und Begabte, in der es eine wahre Gleichheit an Würde gibt, soll nunmehr skizzenhaft entworfen werden.

4.2 Leiten und Vision

Eine Organisation ist lebendig, wenn es in ihr eine wirkmächtige Vision gibt, die von möglichst vielen Mitgliedern aufgenommen wird. Drei lebenswichtige Funktionen hat diese Vision für die Organisation: Sie zeigt das Ziel, für das es die Organisation gibt (orientierende Funktion), sie läßt erkennen, inwieweit die Organisation sich zur Zeit auf einem guten Weg zum Ziel oder auf Ab- bzw. Umwegen befindet (kritische Funktion), schließlich bewegt die Vision jene, die sie erfaßt, den Weg schrittweise zu gehen (motivierende Funktion).
Zu den Hauptaufgaben der Leitung gehört es, an der Klärung und Verbreitung dieser Vision in der Organisation zu arbeiten.

4.2.1 Visionsklärung

Die Kirche versteht sich als von Gott selbst begründet. Von ihm stammen daher auch die Grundperspektiven der Kirchenvision aller Zeiten. Zu ihrer Klärung dient daher vor allem die Frage nach dem, was Gott uns, seiner Kirche von heute, will, wie – anders formuliert – Er mit unserer Kirche heute weitergehen will.
Deshalb ist es notwendig, sich bei der Suche nach heute gültigen Kirchenvisionen in den alten Traditionen der Kirche umzusehen, in denen Gottes Absichten mit uns offenkundig aufgehoben sind. Allerdings ist bei der Lektüre der bibelgestützten kirchlichen Traditionen mitzubedenken, daß es sich stets um zeitgenössische, also situative Formulierungen handelt. Zu allen Zeiten mußten ja die Christen fragen, was Gott ihnen in ihrer Zeit zumutet. Die jeweilige Situation mußte zu allen Zeiten in die Formulierung der Kirchenvision eingehen. Es wäre daher zu wenig, einfach überkommene Kirchenvisionen in unsere Zeit zu übernehmen, wie es auch nicht ausreicht, die Kirchenvisionen anderer Weltregionen unbesehen nach Europa zu importieren. Wir haben in unserer eigenen europäischen Kultur, im Kontext unserer Geschichte und unserer unverwechselbaren gesellschaftlichen Verhältnisse nach dem zu fragen, was Gott uns heute will.[435]

[435] Mehr dazu in: Zulehner u. a., Fundamentalpastoral.

Visionsklärung ist damit ein empfindlicher Prozeß der Inkulturation des Evangeliums. Zwei einander wegen ihrer Einseitigkeit verwandten Versuchungen ist bei der Umsetzung der Evangelisierung zu widerstehen: sich bei der Visionsklärung entweder nur auf die Tradition oder nur auf die Situation zu stützen. Wer sich „traditionalistisch“ nur auf die Tradition stützt, steht in Gefahr, zu einer weltfremden Halbvision zu gelangen. Wer sich wiederum „modernistisch“ nur auf die Moderne, also die Situation beruft, läuft Gefahr, zu einer verweltlichten Halbvision zu gelangen. In Analogie zum christologischen Dogma des Konzils von Chalkedon 451 läßt sich sagen: Nur wer das Verhältnis der Kirche zur Welt mit den Begriffen „unvermischt“ und zugleich „ungetrennt“ begreift, entgeht der Halbierung jener Vision, die die Kirche heute braucht. Die Eignung von Traditionalisten wie von „Modernisten“ zur Leitung der Kirche und ihrer Gemeinden ist deshalb anzuzweifeln. Wer mit Leitungsaufgaben betraut ist und daher verantwortlich an der Klärung der Vision für die Praxis der Kirche von heute mitwirkt, benötigt die Fähigkeit, Tradition und Situation kritisch ineinanderzulesen und auf diesem Weg eine sowohl an den überlieferten Wegweisungen wie den heute gegebenen Bedingungen ausgerichtete Vision zu entwikkeln.

4.2.2 Visionsgrundkurs

Zu den theologischen Prämissen einer Visionsklärung zählt nicht nur das gläubige Wissen, daß auch uns Heutigen durch Gottes Heiligen Geist offenbargemacht wird, wozu Er seine Kirche beansprucht. Christen vertrauen zugleich darauf, daß eben dieser offenbarende Geist Gottes allen Kirchenmitgliedern gegeben ist: „Jedem aber wird die Offenbarung des Geistes geschenkt, damit sie anderen nützt“ (1 Kor 12,7).

Ein solches gläubiges Vertrauen prägt die von der Leitung zu verantwortende Visionsarbeit. Die Klärung der uns heute bewegenden Vision kann daher nicht durch die Leitung allein erfolgen, so wichtig ihr Beitrag dazu bleiben wird. Vielmehr wird die Leitung bestrebt sein, möglichst viele an der Visionsklärung[436] zu beteiligen. In der Organisationstheorie wird zwischen einer X-Theorie und einer Y-Theorie unterschieden. Nach der *X-Theorie* müssen die Mitglieder, weil ihnen

[436] Die Organisationsentwicklung nennt diesen Vorgang „bargaining“, aushandeln: Stroebe u. a., Führungsstile, 13f.

mißtraut wird, kontrolliert werden. Nach der *Y-Theorie* hingegen, die als „produktiver" und „menschlicher" eingeschätzt wird, vertraut die Leitung den Mitarbeitern.[437] Das Wissen um Gottes Geist in allen Kirchenmitgliedern ist ein tragender spiritueller Grund dafür, daß die Kirchenleitung den Kirchenmitgliedern vertrauen kann.
Die Teilnahme vieler an der Visionsklärung hat zudem die vorteilhafte Nebenwirkung, daß die Kirchenmitglieder auch besser motiviert sind, an der wenigstens spurenhaften Verwirklichung der Vision mitzuwirken, wenn sie ihre eigenen Anteile in der gemeinsamen Vision wiedererkennen.
Kirchenmitglieder werden sich vor allem dann für eine Arbeit im Sinn der Vision einsetzen, wenn es sich um eine für sie *„bewohnbare" Vision* handelt. Bewohnbar ist sie, wenn ich mir vorstellen kann, welchen Platz ich in jener Gestalt von Kirche einnehmen werde, für deren Aufbau ich mich einsetze.
Der Weg zu einer solchen gemeinsamen, von möglichst vielen bewohnbaren Kirchenvision kann – im Anschluß an den bereits beschriebenen „Grundkurs gemeindlichen Glaubens" ein Visionsgrundkurs genannt werden. Folgende Elemente werden in einem solchen Visionsklärungsvorgang vorkommen:
1. Die einzelnen TeilnehmerInnen am Visionskurs stöbern in ihrem Inneren auf, was an Kirchenvisionen ihnen im Lauf ihres Lebens zugewachsen ist.
2. Sie erzählen einander – meist in kleinen Gruppen von zwei oder drei TeilnehmerInnen – ihre persönliche Kirchenvision.
3. Sie geben ihrer Kirchenvision einen biblischen Ausdruck, suchen also nach einem biblischen Bild oder einer biblischen Begebenheit, in der sie sich mit ihrer Kirchenvision wiederfinden. So wird die persönliche mit der überlieferten Vision in Verbindung gesetzt.
4. Es werden gemeinsam biblische Texte gelesen, die eine Vision von der Kirche enthalten. Die persönlichen Kirchenvisionen werden auf den Prüfstand der Bibel gesetzt.

4.2.3 Aufmerksamkeit für Nebenziele

Wenn wir als Menschen in einer Organisation mitwirken, verfolgen wir zumeist nicht nur die Ziele der Organisation, sondern zugleich auch unsere persönlichen Lebensziele.[438] Unser Tun besitzt somit nicht nur „instrumentelle Rationalität", sondern auch „emotio-

[437] Stroebe u. a., Grundlagen der Führung, 23ff.
[438] Mehr zu diesen Haupt- und Nebenzielen: Zulehner u. a., Fundamentalpastoral, I.Teil.

nelle". Insbesondere der Wunsch nach Sicherheit und Selbstentfaltung ist von Bedeutung. Er spielt als *„Stabilitätsfaktor"* und *„Anspornfaktor"* eine erhebliche Rolle bei der Motivation von Kirchenmitgliedern.[439]

4.3 Ermächtigung zur Visionspraxis

Zur Leitung einer Organisation zählen nicht nur die Visionsklärung und die Verbreitung der möglichst elementarisierten bildhaften[440] Vision bis in die letzten Winkel der Organisation durch eine transparente Kommunikation. Leiten heißt auch, die Mitglieder der Organisation zu einer eigenständigen Tätigkeit im Sinn der gemeinsamen Vision zu ermächtigen.[441]

4.3.1 Mystagogische Kompetenz

Von Leitenden in der Kirche wird mystagogische Kompetenz eingefordert. Denn in der Kirche kommt die Ermächtigung zu einer visionsgemäßen Praxis nicht von der Kirchenleitung, sondern von Gott selbst, der jemanden der Kirche „hinzugefügt" (vgl. Apg 2,47) hat. Doch kann nicht immer davon ausgegangen werden, daß alle Kirchenmitglieder ihre unableitbare und unvertretbare „geistliche Kirchenberufung" schon erkannt und angenommen haben. Wenn es zu den Aufgaben der Leitung in der Kirche gehört, daß Mitglieder im Sinn ihrer gottgegebenen Kirchenberufung zu leben und zu handeln ermächtigt werden, dann braucht es dazu die Fähigkeit, so mit Menschen zusammenzusein, daß sie die Frage stellen lernen, was Gott ihnen unvertretbar will, damit die Kirche(ngemeinde) an Ort und Stelle leben und wirken kann. Diese Fähigkeit nennen wir „mystagogische Kompetenz", weil es darum geht, Menschen vor jenes Geheimnis zu führen, das ihr Leben im Grunde immer schon ist: Das Geheimnis der Geschichte Gottes mit jeder und jedem einzelnen.
Zur Entfaltung einer solchen unvertretbaren Kirchenberufung gehört es auch,
– zu erkennen, welche Gaben zur Berufung hinzugegeben wurden,

[439] Stroebe u. a., Motivation, 52–63.
[440] Bildhafte Vermittlung heißt in der Organisationsentwicklung „Visualisierung": Stroebe, Kommunikation II, 52f.
[441] Peters, Leistung aus Leidenschaft.

– diese Begabungen eigenständig zu entfalten
– und an einem konkreten Ort in der Kirche plazieren zu lernen.

4.3.2 Mitinhaberschaft

Die Grundlage für eine Ermächtigung, im Sinn der gemeinsamen Kirchenvision zu handeln, ist ein Gefühl der Mitinhaberschaft in der Kirche.[442] *Dieses Gefühl erwächst aus einem Zusammenspiel von Identifikation und Partizipation.* Das eine fördert das andere. Wer sich mit seiner Kirche in einem hohen Maße identifiziert, wird auch an ihrem Leben teilnehmen. Wer teilnimmt, identifiziert sich auch stärker.
Wer Leitung auszuüben berufen ist, weiß, daß die Entscheidung für Partizipation einen Preis fordert. Wer Partizipation bejaht, entscheidet sich zugleich für mehr Zeit (etwa in den Entscheidungsprozessen), für ein größeres Risiko und auch für mehr Fehler.
Partizipation wird dadurch *begünstigt*, daß Vorgesetzte ihre positionsbedingte Autorität zurückstellen und ihre person- wie sachbegründete Autorität ausspielen. Auf dieser Ebene ist nämlich auch Partizipation der übrigen Mitglieder der Organisation möglich. Diese Partizipation wirkt auch vorteilhaft auf die Vorgesetzten zurück. Sobald nämlich Partizipation der Mitglieder an der Erreichung der Aufgaben der Organisation sowie an der Integration der Gruppe möglich ist, wächst das Vertrauen in designierte Führung. Designierte Vorgesetzte werden auf diesem Weg zu anerkannten Führern.

4.3.3 Führungsstile

Es gibt unterschiedliche Führungsstile, die dem Entwicklungsgrad der „geistlichen Kirchenberufung" entsprechen: autoritative sowie partizipative. Dabei ist es eine Teilaufgabe der Führung, den Entwicklungsgrad im Rahmen des zunächst angemessenen Führungsstils zu erhöhen. Kooperativ führen heißt, „einen Mitarbeiter bzw. eine Gruppe unter Berücksichtigung der jeweiligen Situation auf ein gemeinsames Ziel hin beeinflussen".[443]
Dieser Aspekt der Leitungskompetenz ist in der gegenwärtigen Entwicklung der Kirche außerordentlich bedeutsam. Das Bewußtsein der Leute, eine unvertretbare Berufung zu Gunsten einer Kirchengemeinde zu besitzen, ist nur bei einem kleinen Teil der Kirchenmitglieder ausgebildet. Die Mehrzahl verlangt nach wie vor von den verant-

[442] AaO., 269–306. – Hill u. a., Organisationslehre, I 235–265.
[443] Stroebe, Grundlagen der Führung, 51. – Ders., Verhaltensänderung.

wortlichen Seelsorgern eine religiöse Betreuung, hat somit eher eine Art „orale Kirchenbeziehung". Andere wiederum sind in angestrengter Weise auf ihre Freiheit und ihre Unabhängigkeit bedacht. Sie lassen sich von den kirchlichen Autoritäten in ihrem Leben nur wenig dreinreden. Schließlich gibt es (sind es nicht nur wenige?) solche, die ihre Freiheit erworben haben und aus dieser heraus sich an ihre Kirchengemeinde binden. Leitung muß diesen drei Gruppen in unterschiedlicher Weise ausgeübt werden. Wer auf dem Weg zu bindungsfähiger Freiheit unterwegs ist, benötigt Weisung und Stützung. Diese Unterstützung darf jedoch nicht in einer Art gewährt werden, daß durch sie eine weitere Entwicklung des Kirchenmitglieds faktisch unterbunden wird. Hinsichtlich der Freiheitserfahrenen wiederum wird es darum gehen, die Einheit der Kirchengemeinde zu wahren. Und das wiederum kann dann nicht autoritär erfolgen, sondern nur durch eine Rückbindung der Freigewordenen an die gemeinsame Wurzel: die Kirchenberufung durch Gottes Heiligen Geist (vgl. 1 Kor 12–14).

4.3.4 Subsidiarität

Eine Leitlinie für jegliche Leitung besonders in der Kirche stellt das Subsidiaritätsprinzip[444] dar: *„Kein Entscheid soll von einer Stelle gefällt werden, der von einer ihr untergebenen Stelle ebensogut oder gar besser getroffen werden kann. Anders: Jede Entscheidung soll von der untersten Stelle gefällt werden, die noch über den dazu nötigen Überblick verfügt."*[445]

Das Subsidiaritätsprinzip ist eines der Grundprinzipien Katholischer Soziallehre. Es bringt die hohe Wertschätzung der Unantastbarkeit der einzelnen Person zum Ausdruck, seiner Freiheit und seiner Selbstbestimmung. Es schützt den Handlungsspielraum der eigenverantwortlichen Personen und der Gruppen, in denen sie sich zusammenschließen. Zudem stellt dieses Prinzip sicher, daß über die Eigenverantwortung die Fähigkeiten der einzelnen Menschen entfaltet und Eigeninitiative wachsen kann.

Dieses Subsidiaritätsprinzip entspricht theologisch der biblischen Charismenlehre. Da diese zu den Grundlagen der Ekklesiologie gehört, müßte auch das Subsidiaritätsprinzip in der Kirche geachtet und angewendet sein. Dennoch scheint es in der traditionellen Praxis der

[444] Die Organisationsentwicklung nennt es Mangagement by exception (MbE): Stroebe, Führungsstile, 17f.

[445] Hill u. a., Organisationslehre, I 229.

Kirche wenig beachtet zu werden. Eine klerikalistisch verengte Amtsauffassung sowie bürokratische Tendenzen verhindern seine Annahme in der Kirche ebenso wie die Angst, daß die einzelnen Kirchenglieder ihre Freiheit nicht gemeinwohlorientiert gebrauchen. Davor braucht aber niemand Angst zu haben, wenn das Subsidiaritätsprinzip mit dem anderen Hauptprinzip Katholischer Soziallehre, dem Solidaritätsprinzip, verknüpft bleibt. Beide Prinzipien ergänzen einander und legen einander auch aus. Die Spannung zwischen der Unvertretbarkeit der Verantwortung der einzelnen Person und den unaufgebbaren Gemeinwohlinteressen der Gemeinschaft nicht vorschnell aufzulösen, gehört zu den wichtigen Fähigkeiten von Menschen in Leitungsverantwortung.

4.4 Realisierung

Schritte auf dem Weg zur Vision lassen sich mit größeren Organisationen nur langsam beschreiten. Auf dem Weg dahin ist es erforderlich,
- die einzelnen Mitglieder zu „coachen",
- sicherzustellen, daß auf dem Weg zu einer gemeinsamen Vision kleine Wegstrecken abgesteckt werden (Planung und Kontrolle),
- bei Konfliktbewältigung behilflich zu sein. Dazu ist wiederum eine erfahrungsgestützte Kenntnis von Kommunikation und Konflikt erforderlich.

4.4.1 Planen und Entscheiden

Wenn von vielen Menschen gemeinsam ein Weg zu einem anerkannten Ziel gegangen werden soll, müssen die einzelnen Schritte dorthin bedacht geplant werden. Entscheidungen sind zu treffen. Daß Planung und Entscheidung geschehen, auch dafür ist die Leitung einer Gruppe, einer Gemeinde verantwortlich.[446]

Planen „ist die Suche nach dem kürzesten Weg, auf dem man mit geringstmöglichem Aufwand zum vorher festgelegten Ziel kommt, oder die Suche nach den Wegen, auf denen man bei vorgegebenem Aufwand ein optimales Ziel erreicht".[447]

Drei Schritte umfaßt ein Planungsvorgang:
- „Es müssen Wege, Vorgehensweisen, vom Problem zum Ziel hin

[446] Uris, Führungstechniken.
[447] Stroebe, Grundlagen, 37f.

gefunden und in ihren einzelnen Abschnitten festgelegt werden."[448]
- Es sind Informationen zu sammeln und auszuwerten.
- Die unrealistischen Möglichkeiten sind auszuscheiden.

Auf der Basis einer solchen planerischen Arbeit kann eine Entscheidung getroffen werden. Aus den verbleibenden Möglichkeiten wird die beste ausgewählt. Optimal ist die gewählte Lösung, wenn sie sowohl den „Muß-Zielen" wie den „Wunsch-Zielen" gerecht wird.

4.4.2 Kooperation und Kommunikation

Der Leitung obliegt nicht nur die Aufgabe, die verschiedenen Visionen in einer Gemeinde in eine gemeinsame Strömung zu bringen und möglichst viele an ihr zu beteiligen. Sie trachtet auch, eine gemeinwohlorientierte Kooperation zwischen den Mitgliedern zu fördern. Kooperation wird durch transparente[449] Kommunikation erleichtert. Fehlt die Transparenz in der Kommunikation, entstehen kommunikations- und kooperationsstörende Gerüchte.[450]
Ein Moment der Pflege der Kooperationsfähigkeit ist die Bearbeitung von Konflikten: sachlicher wie persönlicher. Die Fähigkeit zu Konflikt-Management erleichtert die Leitungsaufgabe.[451] Leiter brauchen auch soziale Sensibilität, um Probleme bei Personen wahrzunehmen, die sich an gemeinsamen Aufgaben beteiligen.[452]

4.5 Selbstmanagement der Leitenden

In der angelsächsischen Führungsliteratur werden der „leader" und der „manager" deutlich unterschieden: Leiter (Führungskräfte) schaffen produktiv an der unternehmerischen Vision, Manager administrieren diese. Damit kommt der Leitung eine erheblich wichtigere Aufgabe zu als dem Management, obgleich dieses seine unentbehrliche Rolle behält. Leitung und Management sind aufeinander angewiesen.
Noch in einem anderen Sinn werden Leitung und Management verknüpft: Leader managen zwar nicht die Arbeit einer Organisation, aber sie managen sich selbst, ihre Lebensenergie, ihre Lebenszeit,

448 AaO., 38.
449 Stenger, Kirche, die sich sehen lassen kann, 65–78.
450 Stroebe, Kommunikation, I 42–57.
451 Berkel, Konflikttraining.
452 Stroebe, Grundlagen, 28–32.

ihre Gefühle, ihre eigenen Fähigkeiten. Selbstmanagement ist auch für Leitende in der Kirche unverzichtbar.

4.5.1 Ererbte Leitungserfahrungen aufarbeiten

Den Ausgangspunkt eines reflektierten Selbstmanagements bilden lebensgeschichtlich gewachsene Erfahrungen. Viele Fragen stellen sich:
- Wie habe ich Leitung anderer an mir erlebt?
- Welche Fähigkeiten zum Leiten bringe ich mit?
- Wie habe ich selbst leiten gelernt?
- Welche Einflußstile habe ich mir angeeignet?
- Welche fehlen mir noch, muß ich also eigenverantwortlich weiterentwickeln?
- Welche „Spiele" spiele ich im Rahmen meiner Leitungstätigkeit in kirchlichen Vorgängen?

4.5.2 Umgang mit Zeit

Ein herausragendes Element des Selbstmanagements ist, mit einer stets knapp bemessenen Zeit besser umgehen zu lernen.[453] Die meisten Leitenden, auch in der Kirche, haben das Gefühl, mit der Arbeit nicht rechtzeitig und nicht gut genug fertigzuwerden. Sie erleben sich gestreßt, reagieren nur noch, statt zu agieren, werden also „gearbeitet", statt daß sie arbeiten. Zu viele Störelemente verhindern, daß die „eigentliche Arbeit" getan werden kann: Oft wird diese in die Nacht verlagert oder ganz unterlassen. Die Freizeit wird nach und nach von der Arbeitszeit aufgefressen, und die meisten ahnen, daß Prioritäten zu setzen und auch im Tagesverlauf einzuhalten wären, schaffen es aber faktisch nicht.
Für Führungskräfte in der Wirtschaft wurden eigene Zeitplanungsinstrumente[454] entwickelt. Sie gehen alle davon aus, daß eine Planung der verfügbaren Zeit damit beginnt, kurz- und langfristige Ziele (schriftlich!) zu setzen. Aus den Zielen (des Tages, eines Monats, eines Jahres) sind sodann jene Ziele auszusondern, die vorrangige Priorität genießen. Darauf gehören schon deshalb die Kräfte konzentriert, weil erwiesen ist, daß von 20% unserer Tätigkeit 80% des Er-

[453] Seiwert, Das 1x1 des Zeitmanagement. – Mackenzie, Die Zeitfalle. – Wagner, Arbeitstechniken. – Müller u. a., Zielwirksam arbeiten. – Stroebe, Arbeitsmethodik I, . – Ders., Arbeitsmethodik II. – Müller, Zeitwirksam arbeiten.
[454] Seiwert, Die neuen Zeitplanbücher, 46–53.

gebnisses abhängen.[455] Klug ist es, die persönliche Leistungskurve zu berücksichtigen und wichtige Tätigkeiten für leistungsfreundliche Tageszeiten zu planen. Zeitdiebe müssen erkannt werden: zu lange Besprechungen, ein großzügiger Umgang mit Besuchern, mangelnde Telefonkultur, ein unaufgeräumter Schreibtisch. Das Nein-Sagen fällt schwer.[456]

Zum Zeitmanagement beanspruchter Leitungskräfte zählt nicht zuletzt auch die Planung „stiller Stunden" in störungsarmen Zeiten des Tages. Für kirchliche Leitungskräfte ist das nicht zuletzt deshalb wichtig, weil sie ohne solche „stillen Stunden" in Gefahr geraten, von den spirituellen Quellen abgeschnitten zu werden. Erst aus lebendigen spirituellen Quellen heraus aber läßt sich kirchlicher Leitungsdienst evangeliumsgemäß kultivieren, werden die profanen Zeitmanagement-Regeln noch einmal auf einen gläubigen Prüfstand gestellt. Der Bischof von Aachen, Klaus Hemmerle, hat zusammen mit dem Dogmatiker Wilhelm Breuning folgende Regeln zur Prioritätensetzung im priesterlichen Dienst zur Diskussion gestellt:

„1. Wichtiger ist, wie ich als Priester lebe, als was ich als Priester tue.

2. Wichtiger ist, was in mir Christus tut, als was ich selber tue.

3. Wichtiger ist, daß ich die Einheit im Presbyterium lebe, als daß ich in meiner Aufgabe allein aufgehe.

4. Wichtiger ist der Dienst des Gebetes und des Wortes als der Dienst an den Tischen.

5. Wichtiger ist, die Mitarbeiter geistlich zu begleiten, als möglichst viele Arbeiten selbst und allein zu tun.

6. Wichtiger ist, an wenigen Punkten ganz und ausstrahlend da zu sein, als an allen Punkten eilig und halb.

7. Wichtiger ist Handeln in Einheit als noch so perfektes Handeln in Isolation. Also: Wichtiger ist Zusammenarbeit als Arbeit, wichtiger communio als actio.

8. Wichtiger, weil fruchtbarer, ist das Kreuz als die Effektivität.

9. Wichtiger ist Offenheit fürs Ganze (also für die ganze Gemeinde, für das Bistum, für die Weltkirche) als noch so wichtige partikuläre Interessen.

10. Wichtiger ist, daß allen der Glaube bezeugt wird, als daß alle herkömmlichen Ansprüche berücksichtigt werden."[457]

[455] Dieses durch Untersuchungen gestützte Prinzip wurde von Vilfredo Pareto schon im 19. Jahrhundert im ökonomischen Bereich entdeckt. Es läßt sich analog auf die persönliche Zeitplanung anwenden. Seiwert, Das 1x1 des Zeitmanagement, 14–17.

[456] Seiwert, Mehr Zeit für das Wesentliche.

[457] Breuning u. a., Wie als Priester heute leben?

4.5.3 (Selbst)Vertrauen

Unverzichtbare Momente des Selbstmanagements sind Selbstvertrauen und Vertrauen in den guten Ausgang. Beide Formen des Vertrauens haben gute theologische Gründe für sich. Das Vertrauen in den guten Ausgang unserer Tätigkeit gründet im gläubigen Wissen, daß Gott selbst Bauherr seiner Kirche ist (Ps 127,1).
Das Selbstvertrauen wiederum stützt sich auf die Charismenlehre und die Ämtertheologie. Gott baut ja seine Kirche, indem er Menschen seinem Volk hinzufügt und sie großzügig mit den erforderlichen Gaben (Charismen) ausstattet. Zu diesen Gaben gehört auch das Charisma der Leitung.

4.6 Leitungsmangel: Gemeinden ohne Pfarrer

Zumal in den Siebzigerjahren hat in vielen nordatlantischen Kirchengebieten (USA, Westeuropa) der Priesternachwuchs stark nachgelassen. Zudem haben so manche auch ihr Amt niedergelegt. Das hat mehrere Folgen. Der Seelsorgsklerus ist überaltert und muß immer mehr Aufgaben übernehmen. Außerdem verlieren Pfarreien, die über Jahrzehnte, ja Jahrhunderte einen eigenen Pfarreipriester hatten, ihren ortsansässigen Pfarrer.[458]
Betroffen vom Pfarrermangel sind alle Pfarrgemeinden. Die städtischen Gemeinden haben zwar einen Pfarrer und werden auch in Zukunft einen haben. Aber in den städtischen Großgemeinden hat in den letzten Jahren die Zahl der Kapläne abgenommen, was jene Aufgabenbereiche spürbar betraf, die gewöhnlich den Kaplänen zugewiesen waren: die Kinder- und die Jugendarbeit. Das hat vermutlich rückwirkend den Priestermangel weiter verschärft, weil die Naherfahrung eines Priesters durch Kinder und Jugendliche weitaus mehr zur Wahl eines Priesterberufs beiträgt als alle Informationsstellen für kirchliche Berufe zusammen.
Noch mehr als die städtischen Pfarreien sind die Pfarreien auf dem Land betroffen. Viele von ihnen sind weit ausgedehnt, wenngleich weniger Katholiken in ihnen wohnen. Diese kleineren Pfarreien verlieren als erste den Pfarrer am Ort. Für viele kleinere Dörfer und Märkte ist das auch deshalb bitter, weil sie im Zuge der säkularen Gebietsreformen ohnedies schon viel an dörflicher Eigenausstattung

[458] In den deutschsprachigen Schweizer Kirchengebieten waren 1980 338 von 1669, das sind 20,3% aller Pfarreien, ohne residierenden Pfarrer: Gemeinden ohne Pfarrer am Ort, 21.

verloren haben: Schulen, Verwaltung, Bürgermeister; die Kirche und der Pfarrer waren für sie die letzte geschichtlich ererbte Identifikationsgröße, die nun durch den Verlust des Pfarrers angetastet wird. Es gibt verläßliche Anhaltspunkte für die von den Leuten befürchteten Folgen, wenn eine Pfarrei keinen Pfarrer mehr an Ort und Stelle, also in „Ruf- und Reichweite“[459], hat. Eine österreichische Repräsentativstudie ermittelte 1980 folgende von den Leuten erwartete Konsequenzen des Pfarrerverlustes:[460]

74 %	Der Kontakt zum Priester würde aufhören
71 %	Der Sonntagsmeßbesuch würde allmählich zurückgehen
70 %	Die Kinder würden religiös nicht mehr so betreut werden
67 %	Mehr Kranke würden ohne Krankensakramente sterben
64 %	Der christliche Glaube würde nach und nach schwächer werden
54 %	Es wäre schwieriger, kirchliche Dokumente zu erhalten
59%	Die katholische Aktion würde allmählich einschlafen
43 %	Das sittliche Verantwortungsbewußtsein würde sinken
42 %	Der Ort würde kulturell viel verlieren

4.6.1 Lösungsmodelle

Natürlich haben die Verantwortlichen der Kirche auf die neuartige Situation – wenn auch mit bedenklicher Verspätung – zu reagieren begonnen. In den diözesanen Gremien wurden Lösungsmodelle beraten, Fachleute publizierten Vorschläge[461], auch Gemeinden suchten nach ortsfesten Auswegen. Die Lösungen gehen (typologisch etwas vereinfacht) in folgende drei Richtungen:

4.6.1.1 Ein Pfarrer für mehrere Pfarreien

Die diözesan Verantwortlichen sahen sich zunächst genötigt, die unbesetzbaren Pfarreien einem benachbarten Pfarrer anzuvertrauen. Er sollte neben seiner „Hauptpfarrei“ eine Nachbarpfarrei „mitversorgen“. Manche Landpfarrer entwickelten sich auf diesem Weg zu kleinen Dechanten, weil sie für zwei, drei, manchmal auch mehr Pfarrgemeinden zuständig wurden. Das Kirchenrecht des Jahres 1983 verbesserte für solche Notmaßnahmen die rechtliche Voraussetzung. Ein Pfarrer konnte vorher nur in einer Pfarrgemeinde rechtens Pfarrer

[459] Die deutschen Bischöfe, Ordnung der pastoralen Dienste.
[460] Zulehner, Religion, 108.
[461] Zulehner, Priestermangel praktisch.

sein. Nach dem neuen Kirchenrecht kann er zugleich in mehreren Pfarreien als Pfarrer eingesetzt werden. Die pfarrerliche „Monogamie“, spirituell zumeist auch mit dem Bild der Ehe zwischen Priester und Gemeinde überhöht, wurde sozusagen in eine „Polygamie“ umgewandelt.
Für den beruflichen Alltag der Pfarrer sowie für die betroffenen Pfarrgemeinden ergaben sich daraus spürbare Konsequenzen. Die Zahl der Gottesdienste mußte verringert werden. Zwischen der ersten und den später hinzugefügten Pfarrgemeinden kam nicht selten Rivalität wie zwischen einer Haupt- und den Nebenfrauen auf. Die Pfarrer wiederum mußten mobiler werden, es wuchs ihnen neben der geistlichen Verantwortung für zwei Gemeinden auch viel an Terminen zu: Die Zahl der Sitzungen in den pfarrlichen Gremien verdoppelte oder vermehrfachte sich. Das häßliche Bild vom gehetzten „Blaulichtpriester“ kam auf. Eine rein administrative Lösung des Pfarrermangels, als Notlösung verständlich, hat also erhebliche Nachteile gezeitigt. Immerhin hat sie dazu beigetragen, daß die von vielen befürchteten Nebenwirkungen des Pfarrerverlustes rasch eintreten konnten. Die unbesetzten Pfarreien können zumindest notdürftig weiter„versorgt“ werden.

4.6.1.2 Andere Bezugspersonen

Eine andere Lösungsrichtung, zumal zur Entlastung der wenigen und älteren Pfarrer vorgebracht, setzt an die Stelle der fehlenden Pfarrer andere Personen, die einen Großteil der Aufgaben eines Pfarrers, vor allem Leitungsaufgaben wahrnehmen. Diese Personen wurden in Anlehnung an gruppenpsychologische Erkenntnisse „Bezugspersonen“ genannt: Personen also, welche die pfarrerlose Gruppe zusammenhalten sollten. Weil es sich bei diesem Personenkreis nicht um Priester handelte, nannte man sie „nichtpriesterliche Bezugspersonen“[462]. Solche sollten sein können: Diakone, PastoralassistenInnen, GemeindereferentInnen, Ordensfrauen, ehrenamtliche Kirchenmitglieder. Auch „Problemgruppen“ wurden ins Gespräch gebracht: Priester, die geheiratet haben und derzeit das Amt nicht ausüben können, zum Priester geweihte Frauen. In der Österreich-Umfrage des Jahres 1980 wurde erkundet, welche dieser Personengruppen von den Kirchenmitgliedern nicht akzeptiert würden. Die Ablehnung einzelner Gruppen war insgesamt eher gering, am stärksten bei Frauen. Wichtiger aber als das Kriterium der Weihe erschien den Befragten das Kri-

[462] Greinacher, Nichtpriesterliche Bezugspersonen.

terium der Fähigkeit. Nur 16% haben sich gegen die Auffassung gewandt: „Mir ist jede Person recht, wenn sie nur die entsprechende Fähigkeit und Einsatzbereitschaft hat."

> „In den nächsten Jahren wird es voraussichtlich zu wenig Priester geben. Deshalb werden viele Pfarrgemeinden keinen Pfarrer mehr haben, der im Ort lebt. So sucht man – als Notlösung – nach Personen, die für die pfarrlichen Aufgaben verantwortlich sind. Mit welcher der angeführten Lösungen wären Sie unter keinen Umständen einverstanden?"[463]
>
> 39% eine Frau, die zum Priester geweiht wird
> 22% ehrenamtliche Kirchenmitglieder
> 20% ein Laie mit einer Ausbildung als Gemeindeassistent (ohne akademische Theologie)
> 16% Ordensfrauen
> 14% ein verheirateter Mann, der zum Priester geweiht wird
> 13% Priester, der geheiratet hat (und zur Zeit sein Amt nicht ausüben kann, laisiert ist)
> 8% Laie mit voller theologischer Hochschulbildung (Pastoralassistent)
> 5% Diakon

Dieser Lösungsversuch geht davon aus, daß viele Leitungsaufgaben nicht in untrennbarer Weise mit dem Pfarreramt verbunden sein müssen, in Notsituationen also von diesem auch abgetrennt werden können. So sehr die Gemeinde-Leitung im erwünschenswerten Normalfall dem Pfarrer obliegt: Die für das Überleben einer Gemeinde erforderlichen Leitungsdienste können notfalls auch von anderen Kirchenmitgliedern übernommen werden.
In vielen Fällen hat sich das auch, zumindest vorübergehend, etwa in der Zeit einer Pfarrvakanz[464], bewährt. Pfarrliches Leben konnte gut aufrechterhalten werden. Vor allem unter der (notmäßigen) Leitung von ausgebildeten Frauen und Männern setzte in solchen Gemeinden geradezu ein „religiöser Frühling"[465] ein. Vom Priester, rechtlich für die Gesamtverantwortung, für die Eucharistiefeier und andere Sakramente zuständig, wurde ein neuartiger Amtsstil verlangt, der keineswegs allen gelang. Denn er war nun nicht mehr die anwesende Be-

[463] Zulehner, Religion, 110.
[464] Gemeinden ohne Pfarrer am Ort, 118–140.
[465] In einem Artikel hatte ich die Auffassung vertreten, daß es für das religiöse Leben von Pfarreien nachteilig sei, wenn sie über lange Zeit keinen Pfarrer haben. (Dazu: Pirker, Kirchliches Leben in besetzten und unbesetzten Kärntner Pfarreien, Diplomarbeit in Passau, zit.in: Der Priestermangel, 16f.) Dazu teilte mir ein österreichischer Bischof handschriftlich mit, daß gemäß seiner Erfahrung nach dem Tod oder Weggang mancher Pfarrer ein „religiöser Frühling" ausbreche. Das freilich spricht nicht gegen die Bedeutung von Pfarrern, sondern gegen die schlechte Amtsausübung scheidender Pfarrer.

zugsperson, sondern wurde mehr zum „Aushilfspriester", also mehr oder minder zum Gast in der Gemeinde. Andererseits vermochten viele (auf Grund theologischer Bedenken oder auch persönlicher Geltungsansprüche) der Bezugsperson (zumal wenn es sich um eine Frau handelte) im sonntäglichen Pfarrgottesdienst nicht den ihr angemessenen Platz einzuräumen. Liegt es nicht nahe, daß die „residierende" Bezugsperson den zur Eucharistie vorbeikommenden Priester im Gottesdienst begrüßt (auch wenn er rechtlich der Pfarrer ist)?
Die „nichtpriesterlichen Bezugspersonen" wurden, so praktisch sie sich zunächst erwiesen, zunehmend als theologisch fragwürdig erkannt. War die Bezugsperson ein Diakon, wurde dieser mehr gehindert als gefördert, ein eigenes „Berufsprofil" als Diakon zu entwikkeln. Durch die Tätigkeiten, die er faktisch in Abwesenheit des Pfarrers wahrnehmen mußte, geriet er in einen Sog in Richtung auf das Berufsbild eines Pfarrers. Da manche Diakone zudem gern klerikale Kleidung tragen – das auch, um ihr innerkirchlich schwaches Sozialprestige aufzubessern – , werden sie von den Leuten als „Ersatzpfarrer" wahrgenommen. Ein Diakon sagte deshalb bei einer Tagung: Im Grund mache ich dassselbe wie ein Pfarrer, ausgenommen Messe und Beichte. Einem ähnlichen Sog sind auch jene Bezugspersonen ausgesetzt, die als Laien mit Fachhochschulabschluß oder universitärer Ausbildung den Platz eines Pfarrers einnehmen.[466] Wegen solcher theologisch bedenklicher Entwicklungen kam in Fachkreisen die Rede vom „heilsamen Unsinn" auf: Die Bezugspersonen seien zwar praktisch notwendig und hilfreich, zugleich aber müßten sie theologisch als unsinnig bewertet werden. Das Argument fand weite Verbreitung, daß die Einrichtung von Bezugspersonen am Ende nur die Unfähigkeit der katholischen Kirche widerspiegle, in einer pastoralen Notzeit die Zulassungskriterien zum Priesteramt auszuweiten und in absehbarer Zeit die leeren Pfarrerstellen besetzen zu können. Ohne Zölibats- und Ausbildungskriterium würden nämlich die Bezugspersonen durchaus zu Priestern geweiht und zu Pfarrern bestellt. Kritisiert wurde, daß den Kirchenleitungen faktisch das ererbte Kirchengesetz wichtiger sei als die Erfordernisse der Seelsorge.

4.6.1.3 Viri probati

Auf dem Weg der theologischen Reflexion über die „nichtpriesterlichen Bezugspersonen" wurde die Zölibatsfrage neu aufgerollt. Der Pfarrermangel könne in kurzer Zeit abgebaut, die Zunahme von Pfar-

[466] Zulehner, Die alten und die neuen pastoralen Berufe.

reien ohne Pfarrer am Ort könne vorzeitig verhindert werden, würde die Kirche auch in Beruf und Ehe bewährte Männer zu Priestern weihen. Das Neue an dieser Zölibatsdiskussion war nunmehr, daß sie nicht in herkömmlicher Weise über die „Menschenrechte“ (auf Sexualität, auf Ehe) geführt wurde, sondern daß die Abschaffung des Pflichtzölibats mit gewichtigen pastoralen Argumenten betrieben wurde. Das aber hat wohl dem pastoralen Anliegen mehr geschadet als der Zölibatsdebatte genutzt.

Gleiches gilt für ein anderes Argument, das in die Diskussion eingebracht wurde, nämlich das „Recht der Gemeinde auf Eucharistie“. Jede christliche Gemeinde habe, so wurde mit guten Gründen argumentiert, dieses Recht, sei doch die Feier der Eucharistie „Quelle und Höhepunkt“ gemeindlichen Lebens. Damit die Eucharistie aber gefeiert werden kann, braucht es einen Priester, der ihr vorsteht. Der Priestermangel erschwere und behindere langfristig die Feier der Eucharistie. Der Zusammenhang zwischen Gemeinde und Eucharistie wurde sprachlich auf den Begriff des „Rechts“ gebracht.[467] Wo aber ein Recht auf Eucharistie besteht, ergibt sich auch ein Recht auf einen Priester[468] in Ruf- und Reichweite. Gebe es davon nicht genug, sei die Kirche, um ihr höchstes Gut zu schützen (nämlich die Eucharistiefeier), verpflichtet, für ausreichend viele Priester zu sorgen. Wenn die überlieferten Zulassungskriterien dem im Wege stehen, sind sie zu ändern.

Alle diese Diskussionen waren nicht zielführend, nicht zuletzt deshalb, weil keineswegs immer das Wohl der Gemeinden, sondern doch der Pflichtzölibat das versteckte und eigentliche Hauptthema war. Die Argumente, die gegen die These vom „Recht der Gemeinde auf Eucharistie“ vorgetragen wurden, waren nicht hinreichend stringent: Wenn man überhaupt von einem Recht sprechen könne, dann lediglich in höchst analoger Weise als von einem „Gnaden-Recht“, das aber mit dem herkömmlichen Rechtsbegriff nur wenig zu tun habe. Auch in einer anderen Richtung wurde die These unterwandert: Selbst wenn es ein solches Recht gebe, sei damit lange noch nicht gesagt, wie häufig dann in einer Gemeinde Eucharistie gefeiert werden müsse. Vielleicht genüge in Notzeiten, so eine ernsthaft geäußerte Ansicht, die regelmäßige Eucharistie in der Bischofskirche.

[467] Das Recht der Gemeinde auf Eucharistie. – Blasche, Das Recht der Gemeinde.
[468] Das Recht der Gemeinde auf ihren Priester. – Greinacher, Das Recht der Gemeinde.

4.6.2 Die Chance der Not

Von den drei bisher genannten Lösungsmodellen weicht im Ansatz jenes ab, das beim herrschenden Pfarrermangel auch eine Chance zu einem pastoralen Umgestaltungsprozeß sieht. Den Ausgangspunkt bildet die pastoralgeschichtlich erwiesene Tatsache vom „pastoralen Grundschisma", der inneren Ausspaltung der Kirchenmitglieder in sorgende Subjekte und versorgte Objekte. Dieses pastorale Grundschisma lähmt heute die Lebendigkeit vieler Kirchengemeinden. In Zeiten, in denen der christliche Glaube weder kulturell noch familiär gestützt ist, braucht es Frauen und Männer, junge und alte, die aus innerer Berufung heraus die Kirche mittragen, sich also verantwortlich wissen, daß die Kirche an Ort und Stelle lebt und handeln kann. Das Zweite Vatikanische Konzil hatte sich ebenso wie die nachfolgenden Synoden dieser Aufgabe gestellt. Aber sind wir auf dem Weg vorangekommen? Haben die Kirchenmitglieder ihre Berufung auch wahrgenommen, fragen sie selbst nach ihren Begabungen, entfalten sie diese eigenverantwortlich, plazieren sie sie auch in einer konkreten christlichen Gemeinde?

Es sieht danach aus, als wäre die eigentliche Erneuerung der Kirche trotz Konzil und Synoden im Ansatz steckengeblieben. Zu sehr sind die Leute daran gewöhnt, von Hauptamtlichen versorgt zu werden, primär von Klerikern, notfalls auch von Laien. Zur eigenen Berufung zu stehen, das ist längst nicht der selbstverständliche Normalfall. In einer solchen Situation bietet der bedrängende Pfarrermangel eine neuartige Entwicklungchance. Diese Chance ist in sich höchst zwiespältig: Wie jede Krise kennt sie auch einen bösartigen Ausgang, nämlich den unwiederbringlichen Verfall christlicher Gemeinden auf lange Zeit. Doch gibt es genug Beispiele, die zeigen, daß erst in Zeiten der Not in manchen trägen Gemeinden neues Leben aufkommt.

Im Rahmen solcher Überlegungen könne der Pfarrermangel und der Leidensdruck, den dieser bei vielen Kirchenmitgliedern erzeugt, eine Chance enthalten zu Gunsten einer Umwandlung der Kirchengestalt von einer versorgten zu einer sorgenden Gemeinde, von einer Kirche für das Volk zu einer Kirche des Volkes genutzt werden. Es sei dann auch schädlich, den „Leidensdruck" durch rasche „Ersatzlösungen" abzuschöpfen und ihm seine kreative Dynamik zu nehmen. Nicht nützlich sei daher der sofortige Ersatz eines fehlenden Pfarrers durch Hauptamtliche: PastoralassistentInnen, Diakone. Oder wenn solche Personen schon bereitgestellt werden, müßten sie in einer besonders aufmerksamen Weise so arbeiten, daß eben Gemeindeentwicklung geschehe und nicht durch ihre Anwesenheit verhindert werde, indem eben die Leute ihre Erwartungen statt auf den Pfarrer nunmehr auf die „Bezugspersonen“ richten, statt in vielfacher Hinsicht selbst für das Leben und Handeln ihrer Kirchengemeinde verantwortlich zu werden.

Natürlich stößt eine solche „harte pastorale Politik“ auch an fragwürdige Grenzen. Sind denn die Leute nicht überfordert, so wird gefragt. Sind zudem nicht zu viele Kirchenmitglieder in Familie und Beruf so beansprucht, daß eine zusätzliche Mitarbeit in einer Kirchengemeinde nicht mehr zumutbar ist? Braucht also nicht gerade in unseren hochdifferenzierten Gesellschaften jede Christengemeinde einige freigestellte Christen? Dem wurde allerdings wieder entgegengehalten, daß auf dem Weg der Gemeindeentwicklung eben Abschied genommen werden müsse von auf hochqualifizierte pastorale Experten zugeschnittenen Pastoralmodellen. Vielmehr komme künftig in den Gemeinden ein Vorrang dem gemeinsamen Leben und dabei dem gottesdienstlichen Tun zu. Was darüber hinaus an katechetischen und diakonalen Diensten erfüllt werden könne, hänge von den Begabungen ab, über die eine Gemeinde faktisch verfügt. Von den vorhandenen Charismen her werde also künftig das pastorale Programm einer Pfarrgemeinde entworfen. Die Zeit, in der von außen kommende Konzepte in einer Pfarrgemeinde zu erfüllen sind, gehe somit zu Ende.

Der Priestermangel sei als eine treibende Kraft für die Entwicklung von lebensfähigen Gemeinden zu nützen. Konkret bedeutet dies, daß schon in Zeiten, in denen noch Pfarrer in einer Gemeinde wirken, alles Erdenkliche zu tun ist, um die geistlichen Kirchenberufungen möglichst vieler Gemeindemitglieder zu fördern. Es geht also um das, was als „Grundkurs gemeindlichen Glaubens“ bereits beschrieben wurde und was in modifizierter Weise auch in anderen pastoralen Aufbruchbewegungen angestrebt wird. Dazu braucht es allerdings wiederum Personen mit einer ausgebildeten mystagogischen Kompetenz. Diese umgreift die Fähigkeit, *so mit Menschen zusammenzusein, daß sie vor Gott als das Geheimnis ihres Lebens gelangen und vor ihm die Frage stellen lernen, was er ihnen will, damit die Kirchengemeinde, der Gott sie „hinzugefügt“ hat, leben und wirken kann. Personen, die dann zu ihrer geistlichen Berufung ihr Adsum gesprochen haben, werden die ihnen mit der Berufung geschenkte Begabung aufspüren, diese eigenverantwortlich entfalten und gemeinwohlorientiert in die Kirchengemeinde einbringen.*

Auf dem Weg einer solchen mystagogischen Gemeindeentwicklung werden dann nicht nur die vielfältigen Charismen zur Entfaltung

kommen. Es werden sich – weil Gott jede Gemeinde überreich beschenkt und hinreichend ausstattet (vgl. Eph 1,3) – auch Personen finden, die das Charisma der Leitung besitzen. Die künftigen Bezugspersonen für die in allen Gemeinschaften, also auch in Kirchengemeinden notwendigen Leitungsaufgaben werden daher aus der Gemeinde selbst kommen.
Im Rahmen einer so gearteten gemeindlichen Futurologie kann auch weiter angenommen werden, daß es unter den Kirchenmitgliedern Personen gibt, die Gott selbst zum priesterlichen Dienst in der Gemeinde berufen hat. Nicht alle Priester werden dann für jene Gemeinde bestellt werden, aus der sie kommen. Aber warum soll nicht künftig auch in vielen Pfarreien der katholischen Kirche die neutestamentliche oder die ostkirchliche Praxis geübt werden, nach der die Kandidaten für das Pfarreramt aus der Gemeinde kommen? Davon bleibt unberührt, daß diese Kandidaten dann vom Bischof zum Priester geweiht werden, nicht zuletzt deshalb, weil es ja zu den amtlichen Aufgaben eines Pfarrers gehört, die Einheit der Pfarrgemeinde mit der übrigen Ortskirche sicherzustellen.

5. WIDER DEN PAROCHIALISMUS

„Kirche ereignet sich in Gemeinden, sie erschöpft sich aber nicht in ihnen.“ Dieses Prinzip jüngerer Gemeindepastoral ermöglicht es, eine verbreitete Gemeinde-Selbstzufriedenheit und eine schädliche Abschließung von Pfarrgemeinden zu überwinden. Es widerspricht der Versuchung eines pfarreilichen Kirchturmdenkens, einem „Parochialismus“ (Ferdinand Klostermann).

Die Öffnung der Gemeinde kann in zweifacher Weise geschehen:

– *In vielen Pfarreien sind Einrichtungen, pastorale Bewegungen tätig, die außerpfarrlich organisiert sind: Vereine, Verbände, neuere apostolische Bewegungen.*

– *Pfarreien nehmen an pastoralen Vorgängen teil, die räumlich das Pfarrgebiet überschreiten: auf einen Pfarrverband hin, auf ein Dekanat, eine Region, eine Diözese oder darüber hinaus auf Teile der Weltkirche hin.*

5.1 Pfarrgemeinde und Laienorganisationen

5.1.1 Neue Konkurrenz

In vielen Pfarrgemeinden berät ein gewählter Pfarrgemeinderat den letztverantwortlichen Pfarrer bei der Leitung der Pfarrei.[469] Um das Leben und Wirken der Pfarrei lebendig zu gestalten, haben solche Pfarrgemeinderäte (die in der Schweiz Pfarreiräte heißen) Sachausschüsse eingesetzt: für die Gemeindekatechese, die Jugendarbeit, für Ehe und Familie, für Bildung, Besuchsdienste, für die Öffentlichkeitsarbeit und die Caritas.[470] Solche Ausschüsse nehmen aber die pfarrliche Verantwortung für diese Handlungfelder nicht konkur-

[469] Literatur zu den Pfarrgemeinderäten:
1. Empirisch: Pfarrgemeinderäte. – Einstellungen. – Zulehner, Einige Ergebnisse. – Mette, Pfarrgemeinderat. – Schaupp, Biographie und Institution.
2. Praktisch: Weß, Überlegungen zum Pfarrgemeinderat. – Regner, Pfarrgemeinderatsbildung.

[470] Selg, PGR-Sitzungen. – Stroebe, Arbeitsmethodik I. – Ders., Arbeitsmethodik II.

renzlos wahr. Gibt es doch neben diesen „nachkonziliaren Strukturen der Laienverantwortung“ nach wie vor überkommene Laienorganisationen. In der Bundesrepublik Deutschland sind die alten Verbände von großem Gewicht. In Österreich haben sich die Bischöfe nach dem Zweiten Weltkrieg für eine vorrangige Rolle der Katholischen Aktion entschieden.
Das Zusammenspiel der alten und neuen „Strukturen“ funktioniert keineswegs reibungslos. Das ist aus der Geschichte heraus zu verstehen. Ihre Kenntnis kann dazu beitragen, daß die strukturelle Konkurrenz den Pfarrgemeinden nicht schadet, sondern nützt.

5.1.2 Verbände

„Als ich einige Wochen nach meiner Wahl zur Präsidentin im Mai 1983 den Vorsitzenden der Deutschen Bischofskonferenz, Herrn Cardinal Dr. Joseph Höffner, besuchte, gab er mir folgendes mit auf den Weg: ‚Gehen Sie an den Ursprung ihrer Bewegung zurück, zu den mutigen Frauen der ersten Stunde. Sie sind ein katholischer, aber nicht kirchlicher Verband. Das ist für Sie eine Chance, um aus der Sicht des Glaubens Menschen zu erreichen, die die Kirche nicht mehr erreichen kann.“ Diesen Ursprung beschreibt die langjährige Präsidentin des Katholischen Frauenbundes Deutschlands, Ria Pechel, so: „Das war damals eine außergewöhnliche Situation in der Kirche, aber diese Idee wurde von namhaften Priestern (Prälat Werthmann) unterstützt, weil man erkannt hatte, daß das Gegenüber einer liberalen Frauenbewegung nie ein kirchlicher Verband sein konnte. Die sozialistische und liberale Frauenbewegung akzeptierte keine von Priestern geführte Frauenbewegung. Erst als diese Änderung vorgenommen wurde, konnten wir durch unsere Eigenständigkeit, als katholische Frauen und Glieder der Kirche, das erreichen, was erreicht werden mußte: Eine entscheidende und akzeptierte Stimme in der Öffentlichkeit zu werden.“[471] Ganz in diesem Sinn heißt es in der Satzung des Katholischen Frauenbundes Deutschlands (KFD): „Als lebendige Glieder der Kirche, in der Frauenbewegung verwurzelt, schließen sich katholische Frauen zusammen, Verheiratete und Unverheiratete aller Berufe und aller Altersstufen.(§2)“[472] Solche pastoralgeschichtlich jungen Texte deuten an, wie die Verbände entstanden sind, worin sie ihre Aufgabe sehen und welches ihr innerkirchlicher Standort ist.

[471] Ria Pechel, Brief an den Bayerischen Landesverband vom 22.7.1984.
[472] Satzung.

5.1.2.1 Pastoral der Anlässe

Entstanden sind die Verbände im deutschsprachigen Raum im 19. Jahrhundert.[473] Es ist die Zeit der Auflösung der geschlossen-vorindustriellen Gesellschaften, in denen die Kirchen einen privilegierten Standort innehatten. Dieser Platz in der Gesellschaft hatte es ihnen ermöglicht, an der Gestaltung des sozialen Lebens nachhaltig mitzuwirken. Durch die Entflechtung von Kirche und Staat in der Folge der großen europäischen Revolutionen seit 1789 verloren die christlichen Großkirchen überkommene gesellschaftliche Gestaltungsmöglichkeiten. Dem Klerus fiel es nunmehr schwer, direkt auf politische Entscheidungen Einfluß zu nehmen. Um aber gesellschaftlich gestalterisch präsent zu bleiben, organisierten sich in dieser Zeit die Christen erstmals in eigenen politischen Parteien. Zugleich entstanden die Verbände. Ihre Aufgabe war es, wie man sich später angewöhnte zu sagen, den „Weltdienst" der Kirche zu erfüllen: jene gesellschaftspolitischen Aktivitäten also, zu denen die Kleriker auf Grund eines verbreiteten und politisch wirksamen Antiklerikalismus nicht mehr imstande waren. Für verschiedene gesellschaftliche Anliegen schlossen sich Katholiken zusammen: Kolping sammelte Lehrlinge, Cardijn die Arbeiter[474], der Frauenbund nahm sich der Interessen von Frauen an, Jugendverbände wurden gegründet.

Soziologisch besehen sind die Verbände aus jeweils neuartigen gesellschaftlichen Umständen und Anlässen entstanden, eine neuartige soziale Präsenz der Kirche in der Gesellschaft. Zugleich machen Verbände auch die Gesellschaft und ihre aktuellen Anliegen in der Kirche präsent.[475]

5.1.2.2 Eigenständigkeit der Laien

Die Verbände konnten ihre gesellschaftliche Aufgabe nur wahrnehmen, wenn und weil sie nicht eine offizielle Organisation der Kirche, sondern ein freier Zusammenschluß von Katholiken waren. Sprachlich wurde das im Selbstverständnis der Verbände so festgemacht, daß sie katholische, aber nicht kirchliche Organisationen sind.

Die gesellschaftspolitischen Erfordernisse führten zu einer Neubestimmung organisierter Kirchenmitglieder zur kirchlichen Autorität. Und dies verursachte notwendigerweise eine bislang für Katholiken unübliche Eigenständigkeit den Bischöfen gegenüber.

[473] Rauscher, Kirchliche Verbände.
[474] Cardijn, Laien im Apostolat.
[475] Kronenberg, Bedeutung und Aufgabe. – Katholische Verbände.

Das sieht im Kirchenalltag so aus: Im Rahmen eines Konfliktes zwischen dem Katholischen Frauenbund Bayerns und der Münchner Kirchenleitung bemerkte die Landesvorsitzende Ode auf die Frage, welche Möglichkeiten sie im Rahmen der bedachten Umweltpolitik ihrer Kirche sehe, daß ihr Verband in Umweltfragen Bewußtseinsbildung betreibe: „Wir schulen unsere Frauen draußen in diesem Bereich. Also, wir... sind ein freier Laienverband, wir unterstehen nicht der Kirche, und insofern haben wir viele Möglichkeiten, auch etwas gegen die Kirche einmal zu schreiben."[476]

Frei bedeutet auf dem Hintergrund der Geschichte, daß die Verbände „freie Initiativen" sind. „Sie werden nicht durch Mandat oder Auftrag des kirchlichen Amtes, sondern aus eigenständiger christlicher Verantwortung von Katholiken in Ausübung des Versammlungs- und Koalitionsrechts konstituiert (vgl. Zweites Vaticanum, Laiendekret 18). Daß Priester bei der Gründung und Entwicklung katholischer Verbände häufig einen erheblichen Anteil hatten, ändert nichts an dieser Grundbestimmung. Der relativen Autonomie entspricht die relative Autonomie der Verbände innerhalb der einen Sendung der Kirche."[477]

Um Art und Ausmaß solcher „Freiheit" kirchlichen Amtsträgern gegenüber wurde im Alltagsleben der Verbände freilich immer gerungen. Nicht nur die Verbandsprälaten übten einen großen Einfluß aus; auch Bischöfe versuchten, die Aktivitäten der Verbände in ihrem Sinn zu beeinflussen.[478]

[476] Ausschnitt aus einem Studiogespräch des Bayerischen Fernsehens am 8. Juli 1984 anläßlich des Abschlusses des 88. Deutschen Katholikentages in München. – „Kirche" kann in diesem Zusammenhang nur Kirchenleitung bedeuten.

[477] In der Kirche zuhause, 5.

[478] „Bei der allgemein zunehmenden Vergesellschaftung unseres Lebens wächst, wie im staatlichen Bereich, so auch im kirchlichen, die Notwendigkeit ordnender Maßnahmen des kirchlichen Amtes. Zugleich obliegt ihm die Aufsicht darüber, daß sowohl die Reinheit der kirchlichen Lehre wie die Orientierung am Gesamtauftrag der Kirche gewährleistet bleibt. Der Dienst der Aufsicht ist subsidiär zu dem Dienst am Glaubensverständnis und den anderen Inhalten des kirchlichen Heilsdienstes: auch dem Weltdienst in der Kirche, in dem die Laien eine besondere Aufgabe haben. Wo das Amt in der Verwirklichung der Eigenverantwortung der kirchlichen Organisationen Grenzen sichtbar machen will, etwa bei Forderungen an das Statut, oder Auflagen bei der Bestellung leitender Personen, oder bei anderen Regelungen, sollte vorherige gemeinsame Überlegung der Verständigung dienen, damit nicht auch das für die Kirche geltende Prinzip der Subsidiarität verletzt wird – und damit ein wichtiges Element des kirchlichen Gemeinwohls selbst. – Es gibt mehrere Versuchungen, bei solchen Abgrenzungen der Verantwortung die Freiheit der Verbände zu verkürzen. Die erste liegt in der Gewährleistung einer gewissen Gleichheit bei den Verbänden: sie muß in ein rechtes Verhältnis gebracht werden zu den unterschiedlichen Voraussetzungen bei den einzelnen Verbänden. Aussprachen unter den Verbänden können hier die Lösung erleichtern. – Die zweite liegt in der Schwierigkeit, heute noch genügend Geistliche oder wenigstens für den kirchlichen Dienst entsprechend Ausgebildete zu gewinnen. Läßt sich hier das stärkere Angebot von Assistenten sinnvoller auswerten? – Ein dritter Pro-

5.1.3 *Katholische Aktion*

Waren die Verbände im Deutschland des 19.Jahrhunderts entstanden, wurde die Katholische Aktion im 20.Jahrhundert in Italien geschaffen.[479] Ihr Ziel ist dem der Verbände vergleichbar. Pius IX. definierte 1933 die Aufgaben der Katholischen Aktion als „die Mitarbeit und die Teilhabe der Laien am hierarchischen Apostolat der Kirche"[480]. Persönliche Heiligung und soziale Aktion sollten das Apostolat der Laien charakterisieren. Der Ansatz der Katholischen Aktion ist also stärker innerkirchlich. Sie dient der Erfüllung der der ganzen Kirche aufgetragenen apostolischen Sendung unter säkularisierten Bedingungen. Verweltlichte Milieus[481] sollten für die Kirche wiedergewonnen werden. Anders als bei den älteren Verbänden war ein Einsatz in politischen Parteien nicht vorgesehen. Für dieses Apostolat sind die Bischöfe in amtlicher Weise zuständig. Doch bedürfen sie des verlängerten Arms des organisierten Laienapostolats, um in der modernen Welt ihrer amtlichen Sendung gerecht werden zu können.[482]
Von ihrer Konzeption her ist die Katholische Aktion stärker hierarchiegebunden, als die (in ihrem inneren Bereich demokratisch strukturierten) Verbände es sind. Es bringt ihnen die als Vorteil gesicherten kirchlichen Geldmittel, die die Verbände – sieht man von Subventionen in geldstarken Zeiten ab – zumeist über ihre Mitglieder selbst aufbringen müssen. Zugleich ist beispielsweise der Handlungsspielraum des verbandlichen Katholischen Frauenbundes Deutschlands in kritischen Situationen größer als jener der Katholischen Frauengemeinschaft. Die größere Nähe zu den Bischöfen hat die Verantwortlichen der Österreichischen Kirche bewogen, nach dem Zweiten Weltkrieg der Katholischen Aktion den Vorzug vor den alten Verbänden (Reichsbund, Neuland) zu geben. Die Organisationen der Katholischen Aktion schätzen an dieser Nähe den Zugang zu Geldquellen, wenngleich die Abhängigkeit im Konfliktfall als schmerzlich empfunden wird und es (wie das Beispiel von KAJ-Gruppen in Österreich) vereinzelt zu Umwandlungen von Gruppen der Katholischen Aktion in freie Organisationen auf dem Boden der Kirche kommt.

blemkreis ist die Vermeidung des Mißbrauchs finanzieller Abhängigkeiten bei Verbänden, die auf starke kirchliche Subventionen angewiesen sind." Hirschmann, Zum Weg der Verbände, 3f.

[479] Schaffelhofer, Katholische Aktion, 244f.

[480] Pius XII. schwächte diese Gründungsformel auf „Mitarbeit der Laien am hierarchischen Apostolat" ab: Die Katholische Aktion, 618. – Verscheure, Katholische Aktion, 74. – Apostolicam actuositatem. – Klostermann, Katholische Aktion, 309–319.

[481] Gail, Milieuseelsorge.

[482] Zauner, Katholische Aktion.

5.1.4 Förderung der Laien

Zu den Verdiensten der beiden Laienorganisationen gehört es zweifellos, auf dem Zuweg zum Zweiten Vatikanischen Konzil und nach diesem nachhaltig an der Förderung der Partizipation der Laien auch in der Kirche mitgewirkt zu haben.[483] Die auf gesellschaftlichen Handlungsfeldern gewonnene Eigenständigkeit wurde auf innerkirchliche Felder übertragen. Unterstützt wurde diese laienfreundliche Entwicklung durch Jugend-, Bibel- und Liturgiebewegung, in deren Umkreis eine biblisch begründete unvertretbare Berufung jedes Mitglieds des Kirchenvolkes, des heiligen „laós", wiedererkannt worden war. Bei der Einführung der auf dem Konzil zur Sicherung der Laienverantwortung geschaffenen Gremien, vor allem des Pfarrgemeinderates, wirkten Verbände und Katholische Aktion erfolgreich mit. Es waren häufig erfahrene Laien aus den Verbänden/der Katholischen Aktion, die für Pfarrgemeinderäte kandidierten und deren Arbeit trugen.

Gerade durch eine solche pfarrgemeindliche „Entwicklungsarbeit" schufen sich die alten Organisationen in den nachvatikanischen Laiengremien langfristig eine spürbare „Konkurrenz". Verschärft wurde diese neuartige Lage dadurch, daß in den Pfarrgemeinden – auf Grund der Überalterung der gemeindlich engagierten Kirchenmitglieder – die Zahl der für die vielfältigen Gruppen und Aufgaben verfügbaren Personen schrumpfte. Dazu kam noch eine Verunsicherung mancher alter Verbände, sie verloren ihre ererbten Aufgaben (wie Kolping) oder etwa auch den Zugang zu jenen Personen, aus denen sie ihre Mitglieder gewinnen wollten (wie Männerbewegung, Arbeiterbewegung).[484] Nicht zu übersehen war schließlich eine Tendenz, das kirchliche Leben auf das pfarrgemeindliche zu reduzieren. Umgekehrt versuchten Verbände, sich selbst „gemeindlich" auszuweisen.[485] Im Jugendbereich wurden beispielsweise die verbandlichen

[483] Das Apostolat der Laien (mit Lit.).

[484] Zur Neubesinnung der Verbände auf künftige Aufgaben: Becher, Bedeutung, in: Katholische Verbände, 56–64.

[485] „Verbände vollziehen ihre Arbeit im Rahmen der einen, den ganzen Menschen ansprechenden Sendung der Kirche. Innerhalb dieses Rahmens wenden sie sich je einem besonderen Aufgabenbereich zu. Allen geht es dabei um Erfahrung von Gemeinschaft, Dienst an Kirche und Welt, in beidem Vermittlung eines Lebens aus dem Glauben. Ihr Gemeindebezug ist in den letzten Jahren besonders diskutiert worden. Auf die Gefahr zweier einseitiger Tendenzen ist dabei mit Recht hingewiesen worden. Die eine besteht darin, daß sich manche Verbände selbst immer mehr als ‚gemeindliche Strukturen in der Kirche' verstehen. Der Grund dafür kann einmal bei Verbänden selbst bestehen; wenn diese für bestimmte Personengruppen ein pastorales oder gesellschaftlich-diakonales Monopol erstreben, was das freiheitliche Verbandselement verkürzt; er kann auch bei kirchenamtlichen

Gruppen durch verbandlich nicht mehr organisierte Pfarrgruppen abgelöst. Manche Kleriker auf pfarrlicher oder auch diözesaner[486] Ebene nutzten eine solche Umwandlung verbandlicher Gruppen auf dem Boden der Pfarrei in andere, um ihre Unzufriedenheit mit der (Kirchen)Politik einzelner Verbände zu manifestieren. „In diesen Tagen hat gerade der Pfarrer von W. den KFD aufgelöst und eine Frauengemeinschaft installiert. Ich fürchte, das Beispiel W. macht Schule... Wo treiben wir da mit all unserer Unabhängigkeit hin?"[487]

5.1.5 *Movimenti*

In neuerer Zeit wurde das Konkurrenzverhältnis zwischen Pfarrgemeinde und Verbänden / Katholischer Aktion ausgeweitet durch schon länger bestehende und neuere apostolische Bewegungen.[488] Auch sie sind wie die Verbände und die Katholische Aktion überpfarrlich organisiert, versuchen aber, auf dem Boden der Pfarreien Gruppen zu bilden. Zu diesen Bewegungen zählen[489] bei uns in Mitteleuropa[490] – alphabethisch geordnet – die Bewegung für eine bessere Welt, Charismatische Bewegung, Cursillo, Equipe Notre-Dame, Focolari, Gemeinschaften christlichen Lebens (GCL), Legio Mariens, die jesuitennahe Aktion 365, Marriage-Encounter, Neokatechumenat, Opus Dei, Pax Christi und die Schönstatt-Bewegung.

Tendenzen liegen: wenn diese in zu weitem Umfang die Verbände mit amtlichen Aufgaben überlasten, die die Unterschiede der Dienste in der Kirche, die vorgegeben sind, verwischen. – Die entgegengesetzte Gefahr ist die Isolierung gegenüber den Gemeinden. Seit dem Zweiten Vatikanischen Konzil hat die Gemeinde in den ‚Räten' eine institutionelle Bereicherung der Strukturen der Mitverantwortung erfahren, deren Tätigkeit auf die der Verbände abgestimmt werden muß. In der Vermittlung der Einheit kirchlicher Dienste muß sowohl die Eigenverantwortung der Verbände in ihrem Aufgabenbereich wie die Verantwortung der koordinierten Instanzen gewahrt werden – und das auf den unterschiedlichen Ebenen des kirchlichen Lebens. Sie stellt sich anders auf der Ebene der Gemeinde, der Region, des Bistums und der überdiözesanen Arbeit. Von den verbandlichen Kräften bedarf es der Bereitschaft zur Kooperation, von den gemeindlichen Stellen der Bereitschaft der Gewährleistung des Freiheitsraumes der Verbände, solange dieser nicht Notwendigkeiten des Gemeinwohls in Frage stellt." Hirschmann, Zum Weg der Verbände, 2f.

486 Ein deutscher Erzbischof hat diese Politik auch deshalb betrieben, um jenen Jugendverbänden sichtbar das Vertrauen zu entziehen, mit deren Arbeit er nicht einverstanden war. Er schuf eine eigene Diözesanjugendorganisation.

487 Brief der Verantwortlichen Elisabeth Ammann vom KFD Bayerns vom 16.7.1984, im Rahmen eines Konfliktfalls mit der Kirchenleitung geschrieben.

488 Bayer, Der spirituelle Aufbruch. – Vereinigung der Laien. – Valentin, Neue Wege der Nachfolge. – Cordes, Erfahrungen. – Ders., Neue geistliche Bewegungen. – Ders., Der spirituelle Aufbruch. – Ders., Geistliche Bewegungen.

489 Lebendige Kirche. – Cordes, Mitten in unserer Welt. – Lehmann, Neuere kirchliche Bewegungen. – Tigges, Neue geistliche Bewegungen.

490 In anderen Ländern kommen dazu: Arche, Bewegung Oase, Bewegung „Pro Sanctitate", Communione e Liberazione, Franz-von-Sales-Bewegung, Gemeinschaft Charles de Foucauld, Glaube und Licht, Milizia di Immacolata, Theresianische Bewegung, Vinzenz-von-Paul-Gesellschaft: Cordes, Mitten in unserer Welt, 15.

Solche Movimenti sind Kräfte der kirchlichen Erneuerung in unterschiedlicher Richtung. Das christliche Leben soll sich radikal am Evangelium orientieren, die Taufe von Erwachsenen soll erneuert, es soll ein Beitrag geleistet werden, damit Pfarrgemeinden lebendiger werden. Manche Bewegungen wenden sich, wie Verbände und Katholische Aktion, gesellschaftlichen Feldern zu: Sie geben Zeugnis in der Kultur, in Familie und Arbeitswelt. Einen besonderen Stellenwert genießt das Priestertum aller Gläubigen bei den Laien, was sie neuerlich in eine Nähe zu den überkommenen Laienorganisationen bringt. Während nun die alten Verbände und auch die Katholische Aktion gegenwärtig von ihren Zielen, ihrer Arbeitsweise sowie vom Mitgliederstand her in eine Krise geraten sind[491], nehmen die Apostolischen Bewegungen weltweit und auch bei uns einen beachtlichen Aufschwung.

5.1.6 Ambivalente Konkurrenz

All diese Laienorganisationen können nun auf dem Boden einer Pfarrei zusammentreffen, was die eingangs genannte Konkurrenzsituation schafft.[492]

1. Diese Konkurrenz hat *kreative Seiten*:

– Sie verhindert eine Verarmung der Vielfalt kirchlicher Gruppen und Bewegungen auf dem Boden der Pfarrgemeinde.

– Sie hält die in Pfarrgemeinden oft an den Rand gedrängten sozialen und politischen Fragen heutiger Gesellschaft präsent.

– Katholische Aktion / Verbände können pastorale Ideen und Impulse in das Leben der Pfarrgemeinde bringen.

– In Zeiten mangelnder Lebendigkeit der Pfarrgemeinde können Katholische Aktion / Verbände einen Überlebensort für engagierte (und anders als der Pfarrer denkende) Christen in den Pfarrgemeinden darstellen.

[491] Josef Homeyer nennt als Gründe für die Krise der Verbände die Erosion des katholischen Milieus, die Auflösung des „magischen Dreiecks“ zwischen den Katholischen Sozialverbänden, den Christlichen Gewerkschaften sowie der Zentrumspartei (und deren Nachfolgeparteien), die Aversion gegen Großorganisationen, die Favorisierung der Gemeinde sowie die Veramtlichung des christlichen Lebens. Homeyer, Katholische Verbände, 5–42. – Sowohl Verbände wie Katholische Aktion suchen deshalb nach neuen Arbeitsweisen (wie die Bildung überschaubarer Gemeinschaften gemeinsamen christlichen Handelns innerhalb des Verbandes, was den Verbandszentralen eine neue Aufgabe zuweisen wird), aber auch nach neuen „Anlässen“, aus denen heraus sich Katholiken untereinander oder auch mit nichtkatholischen Gruppen oder Einzelpersonen verbinden (in Arbeitsgemeinschaften, Plattformen; Nichtkatholiken können Mitglieder in Verbänden werden). Solche neuen „Anlässe“ sind die großen gesellschaftlichen Überlebensfragen wie Frieden, Gerechtigkeit und Bewahrung der Schöpfung.

[492] Aufhauser, Katholische Aktion und Gemeinde.

2. Die *schattigen Seiten* solcher Konkurrenz sind:
– Gibt es in einer Pfarrgemeinde zu wenig engagierte Personen, dann stehen diese vor der schweren Wahl, entweder in pfarrlichen oder verbandlichen Gruppen und Gremien zu arbeiten. Setzen sie sich in beiden „Strukturen" ein, führt das nicht selten zur Überlastung einzelner Pfarreimitglieder.
– Spannungen zwischen pfarrlichen und verbandlichen Gremien werden oftmals nicht in kreativer Weise ausgetragen. Dies vergeudet ohnedies zumeist nur begrenzt vorhandene Kräfte.
– Es kommt vor, daß einzelne verbandliche Gruppen zwar auf dem Boden der Pfarrei, aber fernab vom pfarrgemeindlichen Leben gettohaftes Dasein führen. Daran kann allerdings umgekehrt auch weltfremdes Denken einer Pfarrei mitschuld sein.
– Nicht selten hängt der Handlungsspielraum verbandlicher Gruppen von den pastoralen Vorlieben des jeweiligen Pfarrers ab: Er kann solchen Gruppen das Arbeiten schwermachen. In ähnlicher Weise kann durch pastorale Vorlieben eines Pfarrherrn der Handlungsspielraum pfarrlicher Gruppen behindert werden.
– Durch die Tätigkeit mancher Organisationen auf dem Boden der Pfarrei kann deren Einheit gefährdet werden. So verlangt etwa das Neokatechumenat für seine Mitglieder am Samstag Abend einen eigenen Sonntagsgottesdienst.
Um solche Nachteile der Vielfalt an Laienorganisationen auf dem Boden der Pfarrei einzudämmen, hat die 1969–1971 tagende nachkonziliare Wiener Diözesansynode die Organisationen verpflichtet, sie sollen „aus ihrem Selbstverständnis erklären, wie sie ihre Stellung in der Kirche im Dienst des Pastoralkonzepts (i. e. einer Pfarrei) sehen. Bei der Entwicklung der Pastoralkonzepte ist auf diese Angebote Rücksicht zu nehmen. – Unbeschadet des Eigenlebens und Eigenzwecks sollen Vereinigungen, die überpfarrlich organisiert sind, mit der Leitung der Pfarren und sonstigen Seelsorgeeinheiten, in deren Bereich sie vorwiegend arbeiten, Kontakt halten und nach Möglichkeit die Anliegen der territorialen Seelsorge unterstützen. Desgleichen sollen die Leitungen der betroffenen Seelsorgeeinheiten Kontakt mit diesen Vereinigungen suchen und deren Bemühungen fördern."[493]

[493] Leben und Wirken der Kirche von Wien, 918f.

5.2 Die Pfarrgemeinde im pastoralen „Raum“

Wie die Menschen nicht nur an die Zeit, sondern auch an den Raum gebunden sind, so auch die gemeindliche Versammlung. Sie hat nicht nur ihre Geschichte und ist so zeitbezogen, sondern lebt ebenso an einem bestimmten Ort, ist also raumbezogen. Deshalb wird zu Recht über die (Pfarr)Gemeinden in Begriffen gesprochen, die einen Raumbezug enthalten. Sie sind aus Glauben gewachsene Lebensräume, „Glaubensbiotope“[494], Lebens-Oasen – und als solche Asyl-Stätten für jene, die es schwerhaben in ihrem Leben. Das Verhältnis einer (Pfarr) Gemeinde zum Raum soll nunmehr näher beleuchtet werden.

5.2.1 Orts- und Personalprinzip

Dieses Verhältnis erschöpft sich nicht in der Tatsache, daß Pfarrgemeinden ein klar umrissenes Ortsgebiet zugewiesen ist. Für gewöhnlich gehören zwar Getaufte, die im Territorium wohnen, zu dieser Pfarrei. Neben den „Ortsgemeinden“ gibt es aber auch „Personalgemeinden“. Nicht der Wohnort, sondern die Zugehörigkeit zu einem bestimmten Personenkreis ist Kriterium für die Form der Gemeindezugehörigkeit. Diese Zugehörigkeit kann frei gewählt sein (wie bei Basisgemeinden oder Ordensgemeinschaften); sie kann aber auch dadurch zustande kommen, daß jemand einem bestimmten Personenkreis, einer „Kategorie“ von Menschen angehört: Polizisten, Hochschülern, Soldaten, Strafgefangenen. Aber auch solche „Personal- oder Kategorialgemeinden“ existieren nicht raumlos. Sie haben ein begrenztes Einzugsgebiet und vor allem einen Ort, an dem sie sich sammeln. Eine philippinische Geschichte erzählt, daß ein Christ spät abends in einer Großstadt die Kirche sucht. Wo er sie finden könne, fragt er an einer Tankstelle. Die Kirche, so hört er als Antwort, trifft sich heute bei dem und dem...

Ortsprinzip und Personalprinzip, für viele gegensätzliche Prinzipien einer Gemeindebildung, sind nur scheinbar gegensätzlich, stehen jedoch zueinander in einer belebenden Spannung. Das Ortsprinzip, wie es in der Geschichte als „Pfarrprinzip“ mit Pfarrbann gewachsen ist, spiegelt fest geordnete gesellschaftliche Verhältnisse wider. Weltliche und geistliche Obrigkeiten konnten gemeinsam den Bürgern verbindliche Lebensräume zuweisen, die sie dann auch machtvoll zumeist zu Gunsten der Bürger und der Christen schützten. Die Bürger ihrerseits

[494] Breid, Daten und Impulse.

waren wenig mobil. Das Reisen war ebenso umständlich, wie es kaum möglich war, den Stand zu verlassen, in den man hineingeboren war.
Mit der Entwicklung neuzeitlicher Gesellschaften änderte sich nicht zuletzt auch der Mobilitätsgrad der Bürger. Wir reisen heute mehr, viele übersiedeln häufig und verändern sich beruflich und beziehungsmäßig mehrmals in ihrem Leben. Die Religion blieb von diesem Zuwachs an Beweglichkeit nicht unberührt. In solchen Zeiten ist es nicht mehr so leicht, einem mobil gewordenen Bürger, der zudem die Regie über sein Leben beansprucht, eng umgrenzte Lebensräume zuzuweisen. Auch kirchlich erweisen sich Versuche in dieser Richtung immer stärker als wirkungslos. Nicht wenige gehen sonntags nicht in die Pfarrkirche, sondern dorthin, wo ihnen Meßgestaltung und Predigt zusagen; immer mehr schließen sich auch neuen religiösen Gruppen an, die sich als christliche Gemeinde verstehen; zu ihrer Pfarrgemeinde haben sie nur dann noch Kontakt, wenn es um kirchliche Dokumente geht. Solche Basisgemeinden gibt es – beispielsweise als Wohnviertelgemeinden[495] – nicht zuletzt auf dem Boden herkömmlicher Pfarreien, wobei zu deren Mitgliedern häufig auch Personen zählen, die nicht aus der Pfarrei kommen.
Das Ortsprinzip wird somit in mobilen und freiheitsorientierten Gesellschaften vom Personprinzip nachhaltig relativiert. Wirkt dieses Personprinzip im Rahmen religiösen Konsumdenkens, dann kann es unbemerkt zu einer Destabilisierung der Kirchenbeziehung insgesamt führen. Im Umkreis einer Spiritualität, die geprägt ist vom Wissen um eine unvertretbare „geistliche Kirchenberufung“, bindet das Personprinzip hingegen an vitale Personalgemeinden mit einem nicht an Pfarrgrenzen bezogenen Einzugsgebiet.
So wichtig das Personalprinzip ist, so wenig darf es überbewertet werden.[496] Es wird gründlich mißverstanden, wenn von ihm abgeleitet wird, die Leute würden heute ihren Kirchengemeindebezug willkürlich und lediglich nach Geschmack und Laune bestimmen. Jede „Wahl“ erfolgt ja mit bedachten oder unbekannten Kriterien. Wenn also Kirchenmitglieder heute faktisch die Freiheit haben, selbst zu „wählen“, an welche (Art von) Kirchengemeinde sie sich binden wollen, dann stellt sich von da aus die Frage, wie diese Wahl zustande kommt. Neben den Vorstellungen der Leute davon, wie kirchliches Leben aussehen sollte, wie das Gemeindeleben gestaltet wird, wie der Pfarrer predigt, spielt eine Rolle, wie raumbezogen ihr eigenes All-

[495] Zulehner, Wachstum durch Teilung, 316–320.
[496] Greinacher, Die Chance, 90–93.

tagsleben ist. Geläufig ist die Vorstellung davon, daß Dorfbewohner nachbarschaftsbezogen sind und einer starken sozialen Kontrolle unterliegen, während die typisch modernen Lebensräume, jene der Stadt nämlich, anonym und nicht mehr nachbarschaftlich sind. Klischeehaft meinen viele, Dorfbewohner lebten stabil, Städter hingegen mobil.

Das Verhältnis von Stabilität und Mobilität stellt sich im Leben heutiger Bürger anders dar. *Die meisten sind stabil und mobil zugleich.* Wir haben also in unserem Lebensalltag stabile Anteile und mobile. Mobil sind wir im Urlaub, in der Freizeit, aber auch in jüngeren Jahren. Stabil wiederum sind die „kleinen Lebenswelten", in die wir uns zurückziehen, das Beziehungsnetz, das uns trägt. Richtig ist, daß solche Beziehungsnetze bei Dorfbewohnern immer noch nachbarschaftlich geformt sind. Das Beziehungsnetz von Städtern sieht anders aus, ist aber durchaus stabil und, was zumeist übersehen wird, auch stark raumbezogen.[497] Studien über Großstädter[498] zeigen, daß diese stabile Verkehrskreise besitzen, und daß beispielsweise zwischen den Generationen (den Eltern und den Familien der Kinder) aus wechselseitigem Interesse eine räumliche Nähe zueinander gesucht wird: Großeltern können dann die kleinen Kinder berufstätiger Mütter leichter übernehmen, alte und pflegebedürftige Eltern wiederum müssen nicht in anonyme Häuser abgeschoben werden.[499]

Nicht nur über Verkehrskreise (Angehörige, Bekannte und Verwandte) sind selbst moderne Städter raumbezogen. Sie verbringen faktisch jene Zeit, über die sie frei verfügen können, in einem abgrenzbaren Raum. Das Wohnviertel, der Straßenzug sind für das städtische Leben von Bedeutung. Von hier aus gewinnen die ortsgebundenen Pfarreien ein neues Gewicht. Mag sein, daß die geschichtlich gewachsenen Pfarrgrenzen nicht immer solchen überschaubaren Biotopen der Bürger entsprechen; Korrekturen können angebracht sein. Doch sind es eben diese geschichtlich gewachsenen Stadtteile, denen sich viele zugehörig fühlen. So lebt der Wiener nicht in Wien, sondern in Meidling oder in Altmannsdorf, der Berliner am Kreuzberg oder am Ku-Damm, der Münchner in Schwabing oder einem anderen Bezirk. Personal gestalteten Pfarrgemeinden kommt somit in Zukunft mehr Bedeutung zu, als von Gemeindetheologen vielfach angenommen wurde und wird.[500] Und das nicht nur aus praktisch-

497 Klages, Nachbarschaftsgedanke.
498 Soziale Verkehrskreise. – Pfeil, Familie im Gefüge der Großstadt.
499 Rosenmayr u. a., Umwelt und Familie.
500 Steinkamp, Selbst „wenn Betreute sich ändern", 78–89.

administrativen Gründen (irgendwo muß man ja seine kirchlichen Dokumente holen können), nicht nur aus „Erfassungsgründen" herkömmlicher Art (in welchem Gebiet kümmern sich Christen um die Alten, Kranken, in welchem Bereich wird missionarische Aktivität entfaltet), sondern auch deshalb, weil das religiöse Leben (über die „kleinen Lebenswelten" und die dort angesiedelten wichtigen Lebensübergänge) vorwiegend in die stabilen Anteile modernen Lebens eingebunden ist. Außerdem bleibt die Pfarrgemeinde immer noch eine der wenigen kirchlichen Organisationsformen, in denen man sich die anderen Mitglieder nicht aussucht, was die soziale Versöhnungskraft des Evangeliums („nicht mehr Juden und Griechen, nicht Sklaven und Freie, nicht Mann und Frau": Gal 3,28) freisetzt.

5.2.2 „Raumgerechte Seelsorge"[501]

Nicht nur die Gemeinden als ganze sind in variabler Weise an den Lebensraum gebunden. Auch pastorale Aktivitäten erweisen sich als raumgebunden. Die räumliche „Reichweite" einzelner pastoraler Vorgänge aber ist verschieden. Das ist einer der wichtigsten Gründe, warum die Pfarrgemeinde als alleiniger Raum pastoraler Aktivität nicht ausreicht und sich zwischen der theologisch primären Einheit einer Ortskirche und den Pfarrgemeinden „über- und außerpfarrliche" pastorale Raumstrukturen gebildet haben: Pfarrverbände, Dekanate, Regionen. Pfarrgemeinden, die meinen, pastoral autark sein zu können, sind ärmer als Pfarrgemeinden, die sich in einen größeren pastoralen Raum eingebunden wissen.
Die pastoraltheologische Forschung sucht zu klären, nach welchen Kriterien bestimmte pastorale Vorgänge zu verschiedenen räumlichen „Ebenen" oder „Strukturen" Nähe besitzen.

5.2.2.1 Begabungen

Die Entscheidung, in welchem „Raum" (Pfarrei, Pfarrverband, Dekanat) eine pastorale Aktivität angesiedelt werden soll, hängt ab von der Anzahl der Leute, die für diese Aufgabe zur Verfügung stehen. Es nützt ja nichts, in einer Pfarrei etwas zu tun, wofür es keine Begabungen und auch zu wenig Interesse gibt.
So bringt es beispielsweise wenig, in einer Pfarrei eine Initiativgruppe zur Bewahrung der Schöpfung einzurichten, wenn sich dafür niemand interessiert und niemand davon etwas versteht. Natürlich kann man

[501] Greinacher, Raumgerechte Seelsorge.

verlangen, daß es dafür „eigentlich“ eine Gruppe geben sollte. Aber was bewirken solche abstrakten Postulate, wenn niemand da ist, der das Zeug dazu hat und die Arbeit macht?
Katholische Bildungswerke werden sich aus ähnlichem Grund überpfarrlich zusammentun. In einem größeren Raum können auch für weniger attraktive, aber doch wichtige Themen mehr Menschen interessiert werden.

5.2.2.2 Knappe materielle Mittel

Auf welcher Ebene pastorale Vorgänge angesiedelt werden, das hat auch mit den Mitteln zu tun, über die eine Ortskirche verfügt. Natürlich kann man im Raum einer Bischofskonferenz viele theologische Fakultäten unterhalten. Diese kosten, wo es sich nicht um Staatsfakultäten handelt, der Kirche viel Geld. Selbst wenn es genügend geeignete Personen, Frauen und Männer für Forschung und Lehre gäbe, ist eine Begrenzung der Zahl von Fakultäten aus ökonomischen Gründen angebracht.

5.2.2.3 Symmetrie

Ein ganz wichtiges Kriterium für die räumliche Plazierung pastoraler Vorgänge ist die Symmetrie zu gesellschaftlichen Partnern.[502] Die Pfarrgemeinden werden nicht zuständig sein können für die Kommunikation der Kirche mit der politischen Führung eines Landes. Das angemessene Gegenüber zu einer Stadt ist eine „Stadtkirche“ mit einem städtischen Bischofsvikar an der Spitze. Um auf nationaler Ebene die Interessen der Jugend wahnehmen zu können, braucht es eine entsprechende kirchliche Jugendorganisation auf dieser Ebene; die Jugendgruppen einer Pfarrei können solche Aufgaben nicht wahrnehmen.

5.2.2.4 Subsidiarität und Solidarität

In all diesen Kriterien (Begabungen, Mittel, Symmetrie) kommen neuerlich zwei Kernprinzipien der Katholischen Soziallehre zum Tragen. Sie regeln das Zusammenleben der Menschen in Gruppen und Organisationen und geben Orientierung für ein Zusammenspiel verschiedener kirchlicher Ebenen.
Das Prinzip der Subsidiarität fordert, daß jeder Vorgang auf einer

[502] Golomb, Seelsorgsplanung.

möglichst „unteren“ bzw. „kleinen“ Ebene stattfindet. Was also die Familie an pädagogischen Aufgaben leisten kann, welche weitreichenden Entscheidungen dort getroffen werden können, das alles darf eine übergeordnete Ebene (beispielsweise der Staat) der Familie nicht abnehmen.

Das Prinzip der Solidarität wiederum verpflichtet die verschiedenen Einheiten, einander zu helfen und zu fördern. Die kleineren Einheiten sind verpflichtet, die größeren Ebenen bei der Erfüllung ihrer Aufgaben zu unterstützen. Die übergeordnete Einheit wiederum ist den kleineren verpflichtet, wo diese allein nicht zu Rande kommen. Ohne solche Solidarität, so Johannes Paul II., wird es für die Menschheit keine Zukunft geben.[503]

Nach dem Subsidiaritätsprinzip ist zu fragen, ob es richtig ist, die Vorbereitung von Ehepaaren auf die Hochzeit diözesan oder regional zu organisieren. Es war zwar ein enormer Fortschritt, daß die Brautgespräche beim Pfarrer in ausgedehnte Ehevorbereitungskurse mit mehreren Fachleuten und unter Berücksichtigung erwachsenenbildnerischer Methoden umgewandelt worden waren. Manche Pfarreien aber sind heute wieder dazu übergegangen, heiratswillige Paare mit christlich lebenden Ehepaaren in der Pfarrgemeinde in Verbindung zu setzen. Bei mehreren Begegnungen zwischen dem verheirateten Paar und dem einen oder anderen Brautpaar wird nicht nur authentisch und fachkundig über Fragen ehelichen und familiären Lebens gesprochen. Vielmehr werden zugleich die Brautpaare in das gemeindliche Lebensnetz eingewoben. ChristInnen lernen einander kennen, Gemeindebildung und Ehevorbereitung geschehen in einem.

Das Solidaritätsprinzip wiederum verlangt, daß Pfarrgemeinden sich finanziell nicht nur für ihre eigenen Belange verantwortlich wissen, sondern auch für diözesane und weltkirchliche. Partnerschaften zwischen Gemeinden in verschiedenen Kontinenten sind Ausdruck einer weltweiten Solidarität zwischen den Gemeinden.

Auch der Zusammenschluß von (Basis)Gemeinden in Gemeindeforen oder anderen Netzwerken bedeutet gelebte Solidarität. Die Anliegen einzelner Gemeinden können in der Kirche gemeinsam besser vertreten werden. Zumal wenn es um kritische Arbeit oder um Innovationen geht, erweisen sich miteinander kooperierende Gemeinden stärker als allein kämpfende.

[503] Johannes Paul II., Sollicitudo rei socialis. – Schasching, In Sorge um Entwicklung.

5.2.3 Pfarrverbände

Dem Prinzip der Solidarität wie der Subsidiarität entsprang die Idee von Pfarrverbänden. Miteinander verbundene (im Gegensatz zum Modell der Verbandspfarrei selbständige) Pfarreien helfen einander aus, wo das nötig ist. Zudem bilden sie einen sinnvollen Raum, in dem pastorale Aufgaben plaziert sind, die in einer dieser Pfarreien allein nicht oder zumindest nicht so gut erfüllt werden könnten.

Die Errichtung von Pfarrverbänden wurde in den letzten Jahren von den Kirchenleitungen wegen des zunehmenden Pfarrermangels vorangetrieben. Verlor eine Pfarrei (vorübergehend: wegen Neubesetzung) oder auf vorhersehbar längere Zeit ihren eigenen Pfarrer, so kann verwaltungsmäßig einer der Pfarrer aus dem Verband für eine pfarrerlose Gemeinde zuständig gemacht werden.

Eine administrative Lösung dieser Art bringt für sich genommen pastoral nicht viel. Im Kontext einer umgreifenden pfarrverbandlichen Tätigkeit jedoch kann eine solche Notmaßnahme vorübergehend durchaus sinnvoll sein. In Pfarrverbänden, die nicht nur der „raumpflegerischen"[504] Überbrückung eines Mangels von Pfarrern am Ort dienen, werden vielfältige Aufgaben gemeinsam wahrgenommen, manche subsidiär, manche aus Solidarität. Letztere Aufgaben können als „ordentliche" oder auch „geborene Aufgaben" eines Pfarrverbandes gelten. Zu ihnen zählen: die gegenseitige Beratung von Personen, die ehrenamtlich pfarrliche Aufgaben übernehmen, in der Liturgie, in der Gemeindekatechese, in diakonalen Diensten. So können sich beispielsweise auf der Ebene eines Pfarrverbandes Supervisionsgruppen von Leuten bilden, die selbst trauererfahren sind, ihre Trauer gemeinsam und notfalls unter befristeter Beiziehung von Fachleuten aufarbeiten und dann in den Pfarreien den Dienst des Tröstens von Trauernden kompetent wahrnehmen. In der Regel geschieht solche Arbeit an der Kompetenz ehrenamtlicher Mitarbeiter heute in Schulungskursen, die von diözesanen Referaten für Sachausschüsse von Pfarrgemeinderäten organisiert werden. Pfarrverbände, die solches Lernen von ehrenamtlichen Erwachsenen in umgrenzten pastoralen Handlungsfeldern in eigener Verantwortung entwickelt haben, können von guten Erfahrungen berichten.

Pfarrverbände können auch jene Christen entlasten, die sich in ihrer Pfarrei (zur Zeit) wenig zuhause fühlen. Es kann sein, daß beispielsweise ein „enger" Pfarrer eine aufgeschlossene Bildungsarbeit nicht duldet und auch seine Predigten nicht „ins Freie herausführen". Für

[504] Zulehner, Priestermangel praktisch, 110–117.

nicht wenige Frauen, die einem für die Frauenfrage wenig aufgeschlossenen Pfarrgemeinderat ausgeliefert sind, kann der Pfarrverband ein geeigneter Raum sein, in dem sie ihre Interessen mit gleichgesinnten Frauen teilen. In Pfarrverbänden schließen sich Akademiker leichter zusammen, können soziale und politische Initiativen ergriffen werden, Pax-Christi-Gruppen lassen sich gründen, die Beteiligung an lokalen Bürgerinitiativen kann vom Pfarrverband aus leichter geschehen als von einer Pfarrei her.
Manche Pfarreien organisieren ihre Öffentlichkeitsarbeit auf der Ebene des Pfarrverbandes. Um ein gutes Medium für eine Pfarrei zu gestalten, um mit Anliegen in die breite Öffentlichkeit zu gehen, eignen sich Pfarrei-Blätter, in denen ein Teil des Blattes (der „Kern") von den im Pfarrverband zusammengeschlossenen Pfarreien gemeinsam erstellt wird, den einzelnen Pfarreien aber die Möglichkeit bleibt, ihren eigenen pfarrlichen Anteil (den „Mantel") selbst zu gestalten. Solche Informationsorgane sind ein klassisches Beispiel für ein Zusammenspiel von Solidarität und Subsidiarität.

5.2.4 Pfarrei und Diözese

Auch die Pfarrverbände reichen für eine „raumgerechte Seelsorge" nicht aus. Dekanate und Regionen erfüllen als Mesoebenen so manche Aufgabe, wenngleich die Praxis zeigt, daß diese Ebenen zumeist von der Pfarrei (und damit vom Alltagsleben der Menschen) schon zu weit entfernt sind. Eine größere Bedeutung hingegen hat aus geschichtlichen wie theologischen Gründen die Diözese. Theologisch gilt sie als „portio ecclesiae", als eine „Kirchenportion"[505]. Der Bischof ist um der Einheit dieser Ortskirche willen bestellt. Die Einheit der Pfarrei mit dem Ortsbischof ist konstitutiv für eine katholische (Pfarr)Gemeinde.
Zum Ausdruck kommt solche Verbindung zwischen Pfarrei und Diözese dadurch, daß es den Pfarrer gibt, der sowohl das Vertrauen des Bischofs wie das Vertrauen der Pfarrei besitzt. Der Pfarrer ist damit theologisch nicht so sehr die Person, die für alles in der Pfarrei verantwortlich ist. Haben doch auf Grund ihrer „geistlichen Kirchenberufung" alle Mitglieder einer Pfarrei dazu beizutragen, daß die Pfarrgemeinde lebt und ihre Aufgaben erfüllen kann. Alle sind somit – wenn auch in verschiedener Weise – verantwortlich, daß der Gottesdienst gefeiert wird, das Wort Gottes nicht verstummt, der Glaube an die nächste Generation durch Tat und Wort weitergegeben wird, daß dia-

[505] CIC, cn 369.

konale Dienste an den Armgemachten geleistet werden, die Pfarrei also aus ihrer Christusverbundenheit heraus caritativ und auch „politisch“ tätig wird. Eine typische Aufgabe des Pfarrers ist die „Brückenfunktion“ zwischen den Gemeinden, und dies hin zur Ortskirche, deren Einheit untereinander und mit der Weltkirche wiederum durch den Bischof symbolisiert wird.[506]
Solche Zusammenhänge werden auch folgendermaßen ausgedrückt: Die Pfarrer (und dazu noch andere Priester) gehören zum Presbyterium der Ortskirche. Dieses Bild ist aber nicht so zu verstehen, daß die Pfarrgemeinden gleichsam nur Außenstellen des Ordinariats wären. Sie besitzen eine eigene theologische Würde und eine darin gründende Eigenständigkeit. Deshalb hat auch der Pfarrer eine „potestas ordinaria“ für seine seelsorglichen Aufgaben: also eine Zuständigkeit, die der Pfarrer nicht erst durch Delegation von Aufgaben durch den Bischof erhält, sondern die seinem Amt eingeboren ist. Eine solche „potestas ordinaria“ des Pfarrers wiederum steht in enger Verbindung mit der Würde und Berufung der vielen Mitglieder der Pfarrei. Daraus folgt, daß in vielen seelsorglichen Fragen die Pfarrgemeinde zwar in fundamentaler Einheit mit der Diözese (und darüber hinaus mit der Weltkirche) steht. *Dennoch ist es die Pflicht eines Pfarrers, in konkreten Einzelsituationen in redlichem Zusammenwirken mit den Betroffenen aus eigener Vollmacht heraus pastoral zu handeln.* So gibt es natürlich pastorale Regeln in einer Ortskirche oder in der Weltkirche, beispielsweise für die Frage, wie Pfarreimitglieder, die aus lebensgeschichtlicher Not heraus sich nach dem Scheitern ihrer kirchlichen Ehe in eine neue Lebensgemeinschaft begeben und das auch in der gesellschaftlichen Öffentlichkeit durch die standesamtliche Heirat kundtun, sich weiterhin am Leben und Tun der Pfarrei beteiligen können. Diese Frage hängt ja nicht nur von durchaus sinnvollen „objektiven Kriterien“ ab, sondern auch von der jeweiligen Entwicklung und Reife einer Pfarrgemeinde sowie von den einmaligen lebensgeschichtlichen Umständen der betroffenen Person. Viele Pfarrer nehmen aus theologischer Unkenntnis[507], Feigheit, Bequemlichkeit, Angst oder auch aus kirchenpolitischem Opportunismus diese ihre unabnehmbare Verantwortung nicht wahr.

[506] Priesterteam, Priesterbild. – Weß, Ihr alle seid Geschwister.
[507] Schäfer, Bischof und Presbyter, 243–261.

5.2.5 Wahl von Kandidaten für kirchliche Ämter

Zwischen der Pfarrgemeinde und ihrem Pfarrer, zwischen den einzelnen Pfarrgemeinden, zwischen der Pfarrgemeinde und der Diözese und damit wiederum zwischen dem Pfarrer und dem Bischof bestehen also theologisch und praktisch sehr komplexe Vernetzungen. Zentralistische Modelle widersetzen sich der kirchlichen Tradition. Sie entstammen auch nicht dieser, sondern leiten sich von modernen Bürokratien ab.

Daß Pfarrer und Bischof, Pfarrei und Diözese aufeinander angewiesen sind, kommt nicht zuletzt auch darin zum Ausdruck, daß Pfarreien (als wichtigste Substruktur einer Ortskirche) ein legitimes Interesse haben, wer das Bischofsamt ausübt. Dabei gilt seit altersher die Regel, daß niemand Pfarrer sein kann, wenn die Pfarrei ihn nicht annimmt, und daß „nemo detur invitus episcopus"[508], also niemand Bischof sein soll, der vom Volk Gottes für dieses Amt nicht gewünscht wird. Was die theologische Tradition lückenlos fordert, wird durch kirchliche Erfahrungen bestätigt. *Erst die Annahme schafft nämlich ein Klima des Vertrauens, in dem geistliche Autorität wirksam ausgeübt werden kann.*

Die Beteiligung von Kirchenmitgliedern, vertreten durch ihre Gremien, bei der Suche nach Kandidaten für wichtige kirchliche Ämter ist durchaus nicht so unüblich und nicht so „protestantisch", wie manchmal behauptet wird. Auch ist eine solche Beteiligung keine Beschneidung der Verantwortung eines Bischofs oder des Papstes, wenn das Kirchenvolk in geordneter Weise an der Suche nach Kandidaten für das Amt des Pfarrers oder eines Bischofs mitwirkt. Im Gegenteil: Breite Mitwirkung schafft im Grunde erst die Voraussetzung für eine möglichst gute Entscheidung durch einen Bischof oder den Papst bei der Ernennung von Amtsträgern. Denn durch die Beteiligung möglichst vieler kommen den Verantwortlichen auch Informationen zu, die er braucht, um seine Entscheidung möglichst situationsgerecht zu treffen. *Notstands-Entscheidungen bleiben dann immer noch möglich, bedürfen aber (schon wegen des von der Kirche stets eingeforderten Subsidiaritätsprinzips) einer einsichtigen Rechtfertigung.* Die Ausübung kirchlicher Vollmacht muß, auch wegen des begründeten, historisch gewachsenen Mißtrauens vieler Kreise, allen „diktatorischen" Anschein meiden. Nur durch Transparenz und einsichtige Begründung kann Verdacht entkräftet werden.

Die Beteiligung des Kirchenvolkes an der Ernennung von Bischöfen

[508] Decretum Gratiani (1050), D LXI cn 13.

wird heute vielfach – als Ergebnis massiver Konflikte zwischen Staat und Kirche, damit zwischen Rom und staatlich verflochtenen Ortskirchen – durch *Domkapitel* wahrgenommen. Ihre Beteiligung ist in vielen Fällen durch Verträge mit Staaten, in Konkordaten geordnet. In der Zeit nach dem Zweiten Vatikanischen Konzil kann aber die Vertretung der Ortskirchen durch das feudale Relikt der Domkapitel wohl nur als durchaus hilfreiche Übergangsform angesehen werden. Künftig wird es andere Modi geben, wie durch eine breit angelegte Willensbildung in einer Ortskirche jene drei Kandidaten gefunden werden, die ein breites Vertrauen im Kirchenvolk genießen und daher theologisch zu verantwortende Kandidaten sind. In einer ähnlichen Weise werden auch künftig die Kandidaten für das Amt eines Pfarrers gefunden werden. Erfahrungen dazu gibt es ja lange schon in der Ostkirche, aber auch in katholischen Kirchengebieten wie etwa der in Volksbeteiligung erfahrenen Schweizer Kirche.

Im Zuge der Auseinandersetzung um die Ernennung von Bischöfen wurde in der Erzdiözese Wien der Vorschlag für ein *Diözesan„konklave“* gemacht. Das Wort kann gewiß nur analog verwendet werden, weil im Unterschied zu einem Papstkonklave der Bischof in einem solchen Diözesankonklave nicht gewählt wird. Lediglich Kandidaten werden ermittelt. Ein solches Modell der Kandidatensuche orientiert sich an der Wahlordnung für Bischofsvikare, die nach der Wiener Diözesansynode im Jahr 1971 von Kardinal König in Kraft gesetzt worden ist. Die Wahl von Kandidaten für das Amt eines Ortsbischofs könnte dann so aussehen:

„1. Unter Beteiligung der Priester und Laien (zumindest der stellvertretenden Vorsitzenden der Pfarrgemeinderäte) der Diözese wird zunächst eine Kandidatenliste erstellt. Diese könnte etwa auf dieselbe Art zustande kommen, wie derzeit die Kandidaten für die Bischofsvikare in der Diözese Wien gefunden werden:[509]

Zuerst werden die Vorschläge der einzelnen Dekanate und apostolischen Gruppierungen (jeweils höchstens drei) gesammelt. Daraus wird nach Rücksprache mit den Genannten eine alphabetische Vorschlagsliste erstellt. Aus dieser wählen alle Berechtigten[510] 20 Personen als Kandidaten für die engere Wahl.

2. Zusammenstellung eines Dreiervorschlages in einem Diözesankonklave: Weil die Wählenden über alle persönlichen Eigenschaften der Kandidaten nicht genügend informiert sein können und die Wahl überhaupt ein spiritueller Vorgang sein soll, wird nun in einem zwei-

[509] Wiener Diözesanblatt 125(1987), 10f.

[510] Vgl. Ordnung für die Erstellung des Ernennungsvorschlages von Bischofsvikaren 4.2.

ten Vorgang von einem Gremium (alle Mitglieder des Domkapitels, des Priester- und des Diözesanen Pastoralrates) ein Dreiervorschlag erstellt. Die Teilnehmer an dieser Entscheidung ziehen sich zu gemeinsamen Beratungen unter Gebet und Fasten zurück, um wirklich nach dem Willen Gottes (und nicht nach eigenen Interessen) entscheiden zu können und die nötigen Informationen untereinander auszutauschen bzw. die Kandidaten zu Aussprachen einzuladen. Dieser Vorgang wird von der ganzen Diözese mit Gebet begleitet."[511]

[511] Dieser Vorschlag ist vom in Wien ansässigen Forum „Kirche ist Gemeinschaft" 1987 gemacht worden. – Dazu Remy, Beteiligung des Gottesvolkes, 507–514. – Der Alterzbischof Josef Schoißwohl (Graz) hatte seinerseits einen Vorschlag für ein Mitbestimmungsmodell bei Bischofsernennungen nach Rom übermittelt. Ein von Priestern und Laien besetzter Senat von 30 bis 40 Leuten sollte in jeder Diözese regelmäßig Namen möglicher Bischofskandidaten nach Rom melden. „Man hat mir geantwortet, man denke in Rom selbst darüber nach..., aber die Zeit sei doch noch nicht so reif." Wochenpresse vom 10.4.1987.

ZUSAMMENFASSUNG

1. Die Wiederentdeckung der Gemeinde

Friedrich Heer beschreibt in einem Zukunftsroman, daß es im nächsten Jahrtausend „zwei Kirchen" geben werde: die museale Europäische Kirche mit Prälaten und geistlichem Betrieb und die „Zelle der Wiener Christenheit", die aus einer tiefen eucharistischen Mystik lebt, tröstet, ein Hort der Freiheit und der Begegnung ist, offen für die Auseinandersetzung vor allem mit ihren Gegnern; und verfolgt und doch lebendig. Mystik, Geschwisterlichkeit (Sammlung) und Politik (Sendung) werden als Merkmale zukunftsfähiger Gemeinden erkennbar.

Basisgemeinden

1. Im Zuge der Benachteiligung und Verfolgung der christlichen Kirchen in Ländern des „realen Sozialismus" begannen Christen Osteuropas, sich in Basisgemeinschaften zu sammeln. Das Verhältnis der kommunistischen Behörden zu ihnen hat sich im Lauf der Jahre gewandelt. Der anfänglichen Verfolgung folgte eine Differenzierung in politisch genehme Basisgemeinden, die beim Aufbau des Sozialismus in Dienst genommen werden sollten, und in politisch unerwünschte, die (oft in Kooperation mit Kirchenleitungen) beseitigt werden sollten.
2. Als Frucht des Aufbruchs nach dem Zweiten Vatikanischen Konzil entstand in den Südkirchen (Lateinamerika, Afrika, Asien, Philippinen) eine breite basisgemeindliche Bewegung. Diese „basic christian communities" (BBC) sind nicht nur Orte, an denen christliches Binnenleben nach biblischen Mustern stattfindet, sondern zugleich Orte, an denen Unterdrückte ein Bewußtsein ihrer Würde und einen Zuwachs an politischer Kampffähigkeit gewinnen.
3. Auch im nordatlantischen Bereich sind in den letzten Jahrzehnten neue religiöse Sozialformen entstanden, und das sowohl in Antwort auf die Lage des Glaubens in den nachchristlichen pluralistischen Gesellschaften als auch auf Lebensfragen der Menschen in diesen Gesell-

schaften, wie Frieden, Gerechtigkeit, Bewahrung der Schöpfung. Im Zuge der Umformung der alten Sozialform der Kirche in eine stärker mystische, geschwisterliche und politische kommt es zu Konflikten mit den traditionellen Strukturen und deren (amtlichen) Vertretern.

Rund um das Konzil

1. Im Protestantismus war die Gemeinde von Anfang an ein Schlüsselbegriff. Angst vor einer „Protestantisierung" der katholischen Kirche erschwerte daher die Rezeption der Gemeindeidee im katholischen Raum.
2. Die Gemeindeidee kam im europäischen Katholizismus im Rahmen der Jugend-, der Bibel- und der liturgischen Bewegung der Zwischenkriegszeit auf. Die für überzeugte Christen schwierige Lage der nationalsozialistischen Unzeit trug zu einer Festigung der Gemeindeidee bei.
3. Seit dem Zweiten Vatikanischen Konzil hat die Gemeindeidee als „Kirche Gottes am Ort" auch im katholischen Raum einen festen Platz. Dabei sind viele Fragen in offener Diskussion: so das Verhältnis von Pfarrei und Gemeinde, von Pfarrei und Diözese sowie die Frage, wie das Verhältnis unserer Pfarrgemeinden zu den Basisgemeinden anderer Kirchengebiete ist.
4. Die nachkonziliaren Synoden, aber auch die theologische Forschung trugen zur Verbreitung der Gemeindeidee im katholischen Raum wirksam bei. Besonders verdient bei der Aufnahme der Gemeindeidee in die deutschsprachige Pastoraltheologie und damit zur weiteren Annahme des Gemeindeprinzips als Leitbild kirchlicher Entwicklung machte sich Ferdinand Klostermann. Gegenwärtig wird die Ausbreitung und Klärung der Gemeindeidee durch eine bibeltheologische Forschung gefördert, die ihren Sitz zumeist in der Praxis „Integrierter Gemeinden" hat. Exegeten versuchen zu zeigen, daß und wie Jesus Gemeinde wollte.

Kirche war nie gemeindelos: Wandel in der Sozialform

1. Pastoralgeschichtlich besehen war die christliche Kirche nie gemeindelos. Allerdings machte die Christengemeinde einen tiefgreifenden Funktionswandel durch, der von innerkirchlichen Entwicklungen wie vom jeweiligen gesellschaftlichen Standort der Kirche(n) mitbestimmt wurde. Die Sozialform der Gemeinde war im Lauf der Zeit auch davon abhängig, mit welchen profangesellschaftlichen Funktionen die religiöse Kernfunktion verknüpft wurde.

2. Der neutestamentliche Begriff „ekklesia" zeigt einerseits, daß Christen anfangs immer in Gemeinden lebten, daß aber andererseits diese Gemeinden verschiedenartige Sozialformen besaßen. Die vielfältigen Gemeinden wurden als Anwesenheit der einen Kirche Gottes an Ort und Stelle erfahren.
3. In den Zeiten zunehmender Verflechtung von Kirche, Staat und Gesellschaft waren die Pfarreien zentrale Orte des öffentlichen Lebens der Bürger. Sie nahmen vielfältige, nicht nur religiöse Funktionen wahr. Die zentrale Funktion war aber die gemeindliche, die sich offenbar mit profanen Funktionen vereinbaren läßt und im Verbund mit diesen sogar gestützt wird.
4. Im Zuge der Entflechtung von Kirche-Staat-Gesellschaft verlor die Pfarrei viele profane Funktionen, und im Zuge des Aufkommens eines religiösen Individualismus (als Moment an der Privatisierung des Lebens in neuzeitlichen Freiheitsgesellschaften) kam es zu einer Gefährdung der prinzipiellen Gemeindlichkeit christlichen Glaubens. Seelsorgskonzepte dieser Zeit sind von einem solchen Heilsindividualismus erfaßt und wirken in die Gegenwart hinein. Auch die politisch bedingten Störungen im Verhältnis zwischen Schichten der Bevölkerung (z. B. Industrieproletariat) und der Kirche lockerten die gemeindliche Dimension der Kirchlichkeit vieler Bürger.
5. Pastoralgeschichtliche Analysen zeigen, daß aus einer inneren Dynamik des christlichen Glaubens stets gemeindliche Zusammenschlüsse entstehen. Wahrer Glaube wird zur „brüderlichen", geschwisterlichen Liebe, vernetzt Menschen miteinander. Christlicher Glaube ist somit „prinzipiell gemeindlich". Die Pastoralgeschichte zeigt zugleich, daß solche prinzipielle Gemeindlichkeit inmitten wandelbarer historischer Kontexte stets neuartige gemeindliche Sozialformen hervorgebracht hat: die „bruderschaftlichen" Formen der neutestamentlichen Zeit; die Stadtgemeinden; die Gemeinden auf dem Land; die multifunktionalen mittelalterlichen Pfarreien; die vielfältigen religiösen Vernetzungen von Christen in den hochkomplexen modernen Gesellschaften. Die Hauptaufgabe der Pastoraltheologie besteht sowohl darin, die prinzipielle Gemeindlichkeit der Kirche in Erinnerung zu halten bzw. notfalls auch in Erinnerung zu rufen, als auch darin, danach zu fragen, in welchen Sozialformen sich heute christlicher Glaube – seiner Herkunft und seiner Situation angemessen – verwirklichen kann.

2. Gemeinde heute: Prinzip und Verwirklichung

Das Grundamt der Gemeinde

Grundamt jeder Gemeinde ist es, an Ort und Stelle (also in Raum und Zeit) zu leben und damit auch anderen anschaulich zu machen, was Gottes Absicht mit allen Menschen ist: dem Bannkreis der tödlichen Angst zu entrinnen und in seinem Herrschaftsbereich, im Umkreis des Vertrauens, so Mensch zu werden, wie in Jesus – einem von uns – Gott selbst Mensch geworden ist.

Dadurch hält die Kirche(ngemeinde) in Erinnerung, daß der Mensch der Sehnsucht Gottes nach uns entstammt und Gott mit seiner Sehnsucht nach uns trotz aller erbschuldigen Widrigkeit in einem von uns, Jesus von Nazaret, angefangen hat, unwiderruflich ans Ziel zu kommen. So ist Kirche in ihren Gemeinden das endzeitlich aufgerichtete Heilszeichen für alle. Kirchengemeinde macht somit an Ort und Stelle für alle in ihrem Wahrnehmungsbereich Lebenden sichtbar, was Gott mit allen vorhat, und bringt diese Absicht Gottes auch voran: und das vor allem dadurch, daß sie selbst ein heilsamer Lebensort für Menschen ist, an dem Menschen ihr Haupt erheben (Lk 21,28) und aufatmen können (Apg 3,20).

Lebens- und Todeszeichen heute

Weil Gemeinde stets inmitten der realen Geschichte der Menschen und ihrer Gesellschaft lebt und wirkt und ein Ort der Auferweckungshoffnung zugunsten der Menschen ist, muß nach den Todes- und Lebenszeichen der Menschen gefragt werden. Drei solcher Lebens- und Todeszeichen prägen die Lage des Lebens heutiger Menschen: die Sehnsucht nach mehr Gerechtigkeit, nach mehr Gemeinschaft und nach mehr Sinn.

Grundmerkmale der Gemeinde heute

Grundmerkmale einer Kirchengemeinde, die den Lebens- und Todeszeichen heutiger Menschen in hohem Maß entsprechen, sind Mystik, Koinonia (Geschwisterlichkeit) und Diakonia (Politik).

1. Mystik bedeutet, daß die Kirche eine Gemeinschaft von Menschen ist, die – von Gott durch innere Berufung und sein hörbar verkündetes Wort versammelt – ihn aufgenommen haben (Joh 1,12): also gläubig-mystisch in Gott verwurzelt sind, am Geheimnis Gottes teilnehmen und insofern Volk Gottes sind. Eine solche Mystik der Kirche ist das

Gegenstück zu einem „epidemischen, landläufigen ekklesialen Atheismus“ (Josef Fischer).
Die jegliche Kirchengemeinde grundlegende Mystik bedarf einer aufmerksamen Kultivierung. Die Grundbewegung heißt: empfangen („Verkündigungsszene“) – loben („Himmelfahrt“) – austeilen („Brotvermehrung“). Das Hinhorchen auf das Wort Gottes und darin das Aufnehmen Gottes selbst, das Gotteslob und die darin gründende Bereitschaft weiterzugeben, was wir empfangen haben, machen eine Kirchengemeinde mystisch.
Aus solcher Grundbewegung heraus wird die gemeindliche Mystik fruchtbar. Zu den Früchten zählen: Heiligung und Heilung des Menschen, die innere Bereitschaft, das Erfahrene weiterzusagen (Verkündigung), vor allem aber in einer neuen Weise zusammenzuleben und füreinander einzustehen. Koinonia und Diakonia sind somit zwei wichtige Früchte der Mystik.
2. Koinonia ist eine Frucht wahrer Mystik. Wo Menschen in Gott einwurzeln, werden sie Söhne und Töchter Gottes, damit untereinander Brüder und Schwestern mit einer wahrhaften Gleichheit an Würde und Berufung.
Das Wissen und die gläubige Verbundenheit aller Christen in dem einen Herrn der Kirche haben lebenspraktische Konsequenzen für den Umgang der Kirchengemeindemitglieder untereinander. Elemente einer solchen Kultur einer in der Mystik gründenden Geschwisterlichkeit sind: Anerkennung der wahren Gleichheit aller an Würde, darin Wertschätzung jedes Einzelnen und jeder Einzelnen; Partizipation (es gibt keine Unberufenen); lebensmäßige Verbindlichkeit, die einem landläufigen religiösen Individualismus entgegensteht; die Bereitschaft, ökumenisch mit den Brüdern und Schwestern in anderen christlichen Kirchen Gemeinschaft zu suchen.
3. Diakonia ist die Frucht wahrer Mystik. Wer in Gott einwurzelt, nimmt Teil an Gottes Leidenschaft für die Unterdrückten, zu kurz Gekommenen, die Erfolglosen. Gott wird uns ja biblisch (wie die in Europa vergessene „Lehre von der himmelschreienden Sünde“ zeigt) bekannt gemacht als einer, der den Schrei der Unterdrückten hört, für sie sich stark macht („optiert“) und für diese seine „politische Praxis“ Menschen: sein Volk, uns in Dienst nimmt.
Die Diakonie der Gemeinde äußert sich in mehreren Vorgängen. Einerseits werden, biblisch formuliert, jene Menschen versorgt, die unter die Räuber fielen (Caritas, Beratung). Andererseits trägt die Kirche durch eine gesellschaftspolitische Praxis dazu bei, daß morgen weniger unter die Räuber fallen (Politik im engeren Sinn).

Wandel in der Teilhabe an dem einen Grundamt

1. Der biblische Befund zeigt, daß alle in einer voneinander unableitbaren (gottunmittelbaren) Weise Berufene sind. Aus verschiedenartigen innerkirchlichen Gründen wurde in einem langen Prozeß aus einer Kirche von Berufenen eine Klerus- und später eine Expertenkirche. Heute gibt es intensive Bemühungen, aus einer solchen „Kirche für das Volk" wieder eine „Kirche des Volkes" zu machen.
2. Am Grundamt der Kirche sind alle Kirchenmitglieder beteiligt, und das auf Grund der mit der Taufe gottgegebenen (1 Kor 12,7) unvertretbaren Berufung mitzuwirken, daß Kirche am Ort leben und handeln kann (Lumen gentium, 33; CIC, cn 208). So gibt es in der Kirche nur Berufene und Begabte. Begabung ist nicht delegiert, sondern von Gottes Geist unmittelbar gewirkt. Verantwortung tragen daher die „geistlichen Kirchenberufungen" vor Gott selbst. Das Basischarisma des Christen ist die Liebe (1 Kor 13); dazu kommt das jeweils eigene Sondercharisma (vgl. 1 Kor 12, 4ff.; Eph 4, 11ff.).
3. Aus mehreren Gründen kam es zu einer Zweiteilung des Volkes Gottes in Aktive und Passive, Betreute und Betreuer, Sorgende und Versorgte, Berufene und Unberufene. Ursachen dieses „pastoralen Grundschismas" (Audet, Weß, Zulehner) waren: Übergang von der Bruderschaftskirche zur Großkirche; rasche Taufe vieler Heiden, deren Katechese nicht ausreichend vorankam (vgl. Augustinus: De catechizandis rudibus); Eindringen heidnischer Religions- und Priestermuster in die christliche Kirche; Umwandlung zu einer Priester-, einer Kleruskirche. Erfolgreich war diese Kirche auf Grund der soziokulturellen Unterstützung durch eine „christentümliche Gesellschaft".
4. Die Sozialform der Klerus-Großkirche geriet in eine Krise, als es zur Entflechtung von Kirche-Staat-Gesellschaft kam, also die politische Stützung der Staatskirche wegfiel und die soziokulturelle Stützung der Volkskirche allmählich verdunstete. Da auch in der neuen gesellschaftlichen Lage die christlichen Kirchen sich das Ziel setzen, Großkirchen bleiben zu wollen, bedarf es dazu erheblich mehr Einsatz von kompetenten Personen in zeitintensiven pastoralen Vorgängen. Dies führte dazu, daß der Klerus zur Bewältigung der Aufgaben nicht mehr ausreichte; der in den letzten Jahrzehnten sich anbahnende, nunmehr hart durchbrechende Pfarrermangel verschärft diese Lage.
5. Die christlichen Großkirchen haben auf diese Herausforderung auf zwei unterschiedliche Weisen geantwortet. Das erste Modell kann Delegationsmodell heißen. Laien wurden zur Mitarbeit an Aufgaben

des Klerus herangezogen. Unter Beibehaltung des pastoralen Grundschismas versuchte der Klerus, zur Linderung der pastoralen Überlastung Laien zur Mitarbeit zu gewinnen, an sie also Aufgaben zu delegieren: als SeelsorgshelferInnen, als ehrenamtliche Mitarbeiter, als hauptamtliche Mitarbeiter. Die neue soziologische Struktur der Kirche lautet nunmehr nicht Klerus und Laien, sondern Klerus-Laien-Leute. Dieses Modell kommt der überlieferten und leutereligiös fundierten Versorgungsmentalität des Volkes entgegen.
6. Eine Variation der herkömmlichen Sozialform der Kirche ist in geldstarken Kirchengebieten die Expertenkirche.
7. Das zweite Modell der Neuformung der Kirche angesichts der gegenwärtigen Herausforderungen soll Beteiligungsmodell heißen. Es führt von der Kirche für das Volk zur Kirche des Volkes. Entscheidend ist die Überwindung des pastoralen Grundschismas, der Versuch also, die unvertretbare Berufung aller ernst zu nehmen und zu fördern. Nunmehr gibt es keine Delegation von Aufgaben vom Klerus an Laien, sondern es gilt, die von Gott unmittelbar gegebenen Berufungen zu entfalten.

3. Gemeindeaufbau heute (Oikodomé)

Gemeindeentwicklung durch „geistliche Bewegungen"

Von der „Bewegung für eine bessere Welt" (Riccardo Lombardi) wurde ein differenziertes Pfarrentwicklungsmodell (New Image of the Parish: NIP) entworfen. Die herkömmlichen Pfarreien sollen in einem jahrelangen Prozeß in eine Gemeinschaft von Gemeinschaften umgewandelt werden. Einen ähnlich etappenreichen Weg sieht die Pfarrerneuerung des Neokatechumenats vor. Die Gemeinde-Erneuerung gehört ebenso zum Programm der Charismatischen Bewegung.

Pfarrliche Gemeindemodelle

Auch auf dem Boden herkömmlicher Pfarreien wurde versucht, das Prinzip Gemeinde wieder zur Geltung zu bringen. Plakativ formuliert, versuchte man, daß aus einer Pfarrei eine Gemeinde wird oder daß im Rahmen herkömmlicher Pfarreien sich Teil-Gemeinden bilden. Einige solcher Pfarreien haben ihre Erfahrungen reflektiert und veröffentlicht. Sie können als Gemeindemodelle gelten: so Eschborn bei Frankfurt, Dortmund-Scharnhorst, Wien-Machstraße, die Arbeiterpfarrei in Böblingen.

Grundkurs gemeindlichen Glaubens

1. Als ein Weg zur Förderung von (brachliegenden) geistlichen Kirchenberufungen in einfachen Pfarrgemeinden wurde der „Grundkurs gemeindlichen Glaubens" entwickelt und erprobt. Gläubige Grundlage eines solchen Grundkurses ist die Überzeugung, daß Gott selbst Bauherr und Innenarchitekt seiner Kirche ist, indem er durch Berufung (Erwählung) seinem Volk Menschen „hinzufügt" (vgl. Apg 2,47 u. a.). Kirchengenese, Oikodomé, geschieht dann allein dadurch, daß diese Berufenen hingeraten vor den berufenden Gott und die Frage stellen lernen, was Gott ihnen will, damit seine Kirche (an Ort und Stelle) lebt und handeln kann.

2. Der Grundkurs ist somit ein *mystagogischer* Vorgang, insofern eben die Menschen hingeführt werden („agein") sollen vor jenes Geheimnis („mysterium"), das ihr Leben im Grund immer schon ist: nämlich die Liebesgeschichte des erwählenden Gottes mit ihnen. Um dieser schon längst stattfindenden Geschichte Gottes innezuwerden, braucht es das Einkehren in die eigene Lebensgeschichte, in das eigene Lebenshaus. Es gilt, die Lebensgeschichte als Liebesgeschichte Gottes mit mir und als meine Antwort darauf lesen zu lernen. Die „kleine heilige Schrift in mir" wird aufgeschlagen. Aus dieser „kleinen heiligen Schrift" wird anderen vorgelesen. Wo zwei oder drei so in Jesu Namen versammelt sind und aus ihren Glaubensgeschichten berichten, wächst gläubige Gemeinde, Oikodomé hebt an.

3. Im Rahmen des Grundkurses kommt der Arbeit mit der *Bibel* eine zentrale Bedeutung zu. Und das in zweifacher Hinsicht: Der eigenen Lebens- und Glaubens- bzw. Unglaubensgeschichte wird ein biblischer Ausdruck gegeben. So beginnt die Verknüpfung der „kleinen heiligen Schriften" mit der einen „großen Heiligen Schrift" der Kirche. Expressiv-bestärkende Bibelarbeit wird geleistet. Zudem werden aber in der Gemeinschaft mit anderen biblische Texte „gegengelesen". So wird der Versuchung widerstanden, die Bibel nur als Bestätigung dessen zu gebrauchen, was man schon ist, der herausfordernden Kraft der Bibel, die zu Umkehr und Exodus aufruft, zu entgehen. Solche Art der Bibelarbeit ist instrumental-kritisch.

4. Religionsfreiheit ist ein wesentliches Gestaltungsprinzip des Grundkurses. Im Grundkurs soll eine *freie* Antwort auf den Ruf Gottes ermöglicht werden. Jede Form gutgemeinter Nötigung wird unterlassen. Umgekehrt führt der Respekt vor der Freiheit nicht zum Desinteresse an den Teilnehmern eines Grundkurses. Das Interesse ist stark, daß die Menschen vor Gott geraten und die Frage stellen lernen, was Gott ihnen zumutet.

5. Die erste Antwort auf die wahrgenommene und angenommene Berufung ist ihre diskrete *Feier.* Merkmal einer wahren Annahme: Ich stehe zu dieser Berufung auch in bösen Kirchentagen, weil ich „existentiell nicht anders kann".
6. Mit jeder Berufung sind Begabungen mitgegeben. Zu viele Begabungen liegen in unserer gegenwärtigen Kirche und ihren Gemeinden brach. Es gilt, diesen „Kirchenschatz" zu heben.
7. *Für die Entdeckung, Entfaltung und Plazierung der Begabungen sind die Begabten eigenverantwortlich.* Die Gemeinschaft kann sie dabei lediglich unterstützen. Es gilt also, die Begabungen zunächst eigenverantwortlich zu entdecken. Zudem weiß der Berufene sich eigenverantwortlich für die Entwicklung seiner Begabungen. Dabei ist eine entmündigende Abhängigkeit von pastoralen Experten möglichst zu meiden. Das geschieht, wenn ich mit anderen meine guten und schlechten Erfahrungen bedenke und gegebenenfalls einen Fachmann hinzuziehe (den ich zum Teil wenigstens finanziere, um auch so die Gefahr der Abhängigkeit zu vermindern). Schließlich ist der Berufene selbst verantwortlich dafür, seine Begabungen in einer Kirchengemeinde zu plazieren.
8. Ein solcher Grundkurs kann als *Kirchennoviziat für einfache Leute* begriffen werden. Damit wird die Eingrenzung solcher kirchenbildenden Vorgänge auf „religiöse Virtuosen" (Ordensleute, Priester) überwunden.
9. Der Grundkurs ist ein Versuch, die heute oft „unfruchtbaren" Mütter des Glaubens, die *gewöhnlichen Pfarreien*, für die Annahme des Glaubens und darin für die Bildung wirksamer Gemeinden wieder „fruchtbar" zu machen. So wertvoll die Arbeit von „Leihmüttern" (geistlichen Bewegungen) auch sein mag: Die Zukunft der Kirche wird von der Erneuerung der Ortspfarreien abhängen. Sie sind nämlich dann der einzige Ort, an dem wir uns nicht aussuchen, mit wem Gott uns zusammenfügen will. Dann kann die einheitsbildende Kraft des Glaubens (Gal 3,28) voll wirksam werden.

Gemeindeberatung

Eine wertvolle Unterstützung von Gemeinden bei der Oikodomé (Gemeindeweiterentwicklung) ist die Gemeindeberatung. Sie ersetzt nicht die Fähigkeiten der Ortsgemeinde, mit der Gott eine unverwechselbare „Ortskirchengeschichte" schreibt, sondern unterstützt subsidiär die Fähigkeiten der Gemeinde. Ein wichtiger Dienst, den Gemeindeberatung leistet, ist die fachkundige Gemeindeanalyse. Denn verantwortliches Handeln in Kirchengemeinden ist stets ange-

wiesen auf eine Sichtung und Beurteilung der Lage der jeweiligen Gemeinde. In den letzten Jahrzehnten sind für eine solche Analyse verschiedene Modelle entstanden.
1. Im Rahmen kirchensoziologischer Forschung wurden die soziale Zusammensetzung der Kirchengemeindemitglieder sowie deren Teilnahme am Glauben und Leben der Gemeinde erforscht. Es wurden auch Erkenntnisse gesammelt über die Tradierung des Glaubens sowie über die Rollen, die den Gemeindemitgliedern zugewiesen werden.
2. Relativ wenig empirische Daten gibt es für die Frage, wie die Gemeinden in ihrem Handeln auf die jeweilige Situation „antworten“: welche pastoralen Vorgänge also für diese Gemeinde in ihrer Situation typisch sind.
3. Gemeindeanalyse, wie sie theologisch erwünscht ist, hat als betreibendes Subjekt möglichst viele Betroffene aus der Gemeinde; sie befaßt sich zudem mit Fragestellungen, die nicht allein kirchensoziologisch, sondern primär theologisch definiert werden. So ist zum Beispiel zu fragen, wie es um Mystik, Koinonia und Diakonia bestellt ist.

4. Leiten (in) der Gemeinde

Leiten

1. Verantwortlich sein für die Lebendigkeit einer Organisation heißt: leiten, „führen“. Die verschiedenen „Amtlichen“ in einer Pfarrei üben also zu Gunsten der ganzen Pfarrei bzw. für einzelne Bereiche „Leitung“ aus.
2. Wer in der Kirche leitet, mißt seinen „Leitungsstil“ (seinen „Amtsstil“) kritisch an biblischen Bildern wie: Hirte (Ez 36; Joh 10,1–39), „Ober“ (Lk 22,24–30), Galeerensklave (Phil 2,5–11) oder Fußwaschung (Joh 13,1–20).
3. Solche Bilder bestärken, daß die Leitenden für die Lebendigkeit der Gemeinschaft (der Herde, der Schafe, jener, die am Tisch sitzen...) verantwortlich sind. Die Lebendigkeit einer Organisation hängt von folgenden vier Elementen ab: Vision, Gemeinschaft, Programm, Administration.
4. Fähigkeit und Zuständigkeit müssen nicht zusammenfallen, kommen auch nicht immer gemeinsam vor. Der Lebendigkeit der Organisation dienen vielfach Gemeindemitglieder, die keine amtliche Bestellung haben: Sie üben also faktisch Leitung aus. Es gibt umgekehrt Beauftragte ohne die Fähigkeit zu leiten.
5. In den Pfarreien ist heute eine gefährliche Leitungsschwäche zu

beobachten. Sie kann eine Folge von Leitungsunfähigkeit, aber auch von Leitungsverweigerung sein. Leitungsverweigerung kommt auf, wenn Leitung grundsätzlich abgelehnt wird, weil sie mit Gewalt oder Manipulation verwechselt wird. Richtig daran ist, daß Leitung weder gewalttätig noch manipulativ sein muß, wohl aber so ausgeübt werden kann; oder wenn „Geschwisterlichkeit" und Leitung als Gegensätze mißverstanden werden (ohne Leitung kann Geschwisterlichkeit viel leichter zerstört werden).

Leiten und Vision

„Leiten mit neuer Autorität" unterscheidet sich vom (bloßen) Managen. Wer leitet, managt allerdings sich selbst (Zeiteinteilen; planen, ausführen, kontrollieren); Leiten bezieht sich somit auf die Visionen, die eine Organisation lebendig erhalten.
1. Leitung ist für die Klärung der Visionen einer Organisation verantwortlich. Solche Visionsvergewisserung erfolgt durch das Ineinanderlesen von Tradition und Situation. Erforderliche Merkmale einer Vision sind: Sie muß bewohnbar, elementar, konsensfähig und auf die biblische Tradition gestützt sein.
2. Visions-Grundkurse können der Weg zu einer gemeinsamen Vision sein, auf deren Basis viele Personen zusammenleben und zusammenarbeiten. Auf dem Weg eines solchen Visionsgrundkurses geht es darum, deine und meine Vision in Verbindung zu bringen und sodann auf den biblischen Prüfstand zu stellen.

Ermächtigung zur Visionspraxis

Es gilt, leitend möglichst viele Mitglieder der Gemeinschaft zu einer eigenständigen Visionspraxis zu ermächtigen. Momente einer selbstmächtigen Visionspraxis sind: Ich habe meine geistliche Kirchenberufung erkannt, mein Adsum gesprochen, meine Berufung gefeiert; ich weiß mich verantwortlich, meine Charismen zu entdecken, zu entfalten und in der Gemeinde (gemeinwohlfördernd: 1 Kor 12,7) zu plazieren).

Realisierung

Leitung begleitet auf dem Weg zur Vision. Als Aufgaben stehen dabei an: planen und entscheiden, Kooperation und Kommunikation fördern.

Selbstmanagement der Leitenden

Wer leitet, muß seine (ihre) eigenen Erfahrungen aufarbeiten, die er (sie) mit Leitung im Lauf seines (ihres) Lebens gemacht hat. Zudem lernt er (sie), verantwortlich mit Zeit umzugehen und die eigenen Ressourcen besser einzusetzen. Basis für gute Leitung sind Selbstvertrauen sowie das Vertrauen in den guten Ausgang des eigenen Engagements. Solches mehrschichtiges Vertrauen gründet in dem Wissen darum, daß Gott selbst letztverantwortlich für seine Kirche bleibt und ausreichend viele Gaben gibt, damit die Kirche in seinem Sinn leben und wirken kann.

Leitungsmangel: Gemeinden ohne Pfarrer

In vielen Kirchengebieten gibt es schon lange, im europäischen Bereich seit kurzem einen Mangel an Pfarrern vor Ort. Auf dem Hintergrund einer überkommenen pfarrerzentrierten Konzeption von Gemeindeleben und Gemeindearbeit wirkt sich dieser Mangel zunächst nachteilig aus: Das Gemeindeleben verfällt, sobald kein Pfarrer am Ort ist.

1. Um diesen Verfall aufzuhalten, gibt es verschiedene Lösungsvorschläge:

(a) Die eine Strömung reagiert administrativ: Es wird sichergestellt, daß jede Pfarrgemeinde einen zuständigen Pfarrer besitzt. Dazu werden einem Pfarrer mehrere Pfarreien zugewiesen, Pfarreien werden faktisch zu Pfarrei-Verbänden zusammengelegt.

(b) Eine weitere Strömung ist bemüht, die fehlenden Pfarrer zu ersetzen: durch „einspringende Pfarrer" (etwa aus nahegelegenen Klöstern, Verwaltungspriester), durch nichtpriesterliche Bezugspersonen (Diakone, haupt- oder ehrenamtliche Laien).

(c) Eine bemerkenswerte Variante dieser Strömung ist die Forderung, „viri probati" zu weihen, um so den Pfarrermangel zu beheben.

2. Von den bisherigen Lösungsmodellen weicht jenes vom Ansatz her ab, das davon ausgeht, daß der aufbrechende Pfarrermangel eine willkommene, wenn auch gefährliche Chance ist, das überkommene pastorale Grundschisma zu überwinden. Den Ausgangspunkt bildet die Erkenntnis, daß es nicht nur einen Mangel an geistlichen (Pfarrer-) Berufen gibt, sondern zugrunde liegend einen Mangel an „geistlichen (Kirchen-)Berufungen". Das Fehlen von Pfarrern erzeugt in den Gemeinden einen „Leidensdruck", der fruchtbar werden kann, damit aus versorgten Gemeinden solche werden, in denen alle in unvertret-

barer Verantwortung ihren Beitrag zum Leben und Wirken der Gemeinde leisten. Der bedrohliche Pfarrermangel kann somit ein Anlaß werden, die Kirche für das Volk schrittweise und gewaltlos in eine Kirche des Volkes umzuwandeln. Dabei kann man hoffen, daß es wieder ausreichend viele geistliche Berufe geben wird, sobald es mehr geistliche Kirchenberufungen gibt. Sobald das der Fall ist, kann auch unter neuen Bedingungen über die Kriterien der Zulassung zum Priesteramt geredet werden.
Ein bedeutsames Moment an der Eignung zu einem pastoralen Amt in der Kirche ist die mystagogische Kompetenz. Sie umgreift die Fähigkeit, mit Menschen so zusammenzusein, daß sie vor Gott als das Geheimnis ihres Lebens gelangen; daß sie die Frage stellen lernen, was Gott ihnen will; daß sie ihre persönliche Entscheidung treffen: ihre Kirchenberufung annehmen und dafür danken; daß sie erleben, wie sehr sie ein Geschenk Gottes an diese Gemeinde sind, und was die Gaben sind, die sie unverwechselbar mitbringen; daß sie Vertrauen gewinnen, fähig zu sein, die Entfaltung ihres Charismas selbst verantworten und in der Kirche plazieren zu können.
Ein Weg zu einer solchen mystagogischen Kompetenz ist es, selbst in Grundkursen erfahren zu sein.

5. Wider den Parochialismus

Kirche ereignet sich in Gemeinden, erschöpft sich aber nicht in ihnen. Praktisch bedeutet dies, daß die einzelne Ortsgemeinde mit nichtpfarrlichen Vorgängen und Räumen verflochten ist.

Pfarrgemeinde und Laienorganisationen

Zumal für die mit Strukuren der Laienverantwortung ausgestatteten postkonziliaren Pfarreien stellen die überkommenen, aus konkreten gesellschaftlichen Anlässen entstandenen katholischen Verbände, die Katholische Aktion sowie die neueren „geistlichen Bewegungen" (Movimenti) eine ambivalente Konkurrenz dar.

Die Pfarrgemeinde im pastoralen „Raum"

Mit den Menschen ist auch die Versammlung der Menschen durch Gott stets an Raum und Zeit, an Geschichte und Gesellschaft gebunden. Kirche ist damit nicht nur zeit- und situationsbezogen, sondern auch orts- und raumbezogen. Kirche ereignet sich daher stets raumbezogen. Gemeinden sind Glaubensbiotope, Glaubens- und daher Lebensräume: *Oasen* erlösten Lebens und Asyl*stätten* für jene, die es schwer im Leben haben.

1. Auf Grund der begrenzten Mobilität neuzeitlicher Bürger mußte das bislang eher starre Ortsprinzip durch mobilere Sozialformen der Kirche ergänzt werden.

2. Pastorale Vorgänge haben jeweils ihre eigentümliche räumliche Reichweite. Es gibt Vorgänge, die auf den einzelnen oder Kleinstgruppen begrenzt sind; andere Vorgänge sind charakteristisch für die Ortsgemeinde. Wiederum andere Vorgänge können in den Ortsgemeinden nicht wahrgenommen werden: Sie sind auf größere Räume angewiesen.

(a) Wie weit die Reichweite pastoraler Vorgänge ist, das hat (grundsätzlich!) damit zu tun, ob durch eine weiträumigere Kooperation die jeweilige pastorale Aufgabe besser erfüllt werden kann – sei es, weil es im größeren Raum erst die erforderliche Anzahl von Charismen gibt, die für die Erfüllung dieser Aufgabe erforderlich sind, sei es, weil es des größeren Raumes bedarf, um genügend Menschen zu finden, die sich an dem pastoralen Vorgang beteiligen.

(b) Es kann auch sein, daß eine einzelne Ortskirche (Diözese) einige Aufgaben auf diözesaner Ebene aus Gründen der Sparsamkeit, der Erhöhung der Effizienz ansiedelt (z. B. eine theologische Fakultät, ein Priesterseminar, eine Medienstelle.)

(c) Für die Bestimmung der Reichweite pastoraler Vorgänge ist mitentscheidend, daß es eine Symmetrie mit jenen Lebensräumen gibt, in denen die Kirche (bzw. diese kirchliche Einheit) ihr „Grundamt“ zugunsten der hier lebenden Menschen ausübt.

(d) Für die Bestimmung der „Raumgerechtigkeit“ pastoraler Vorgänge gelten die von der Katholischen Soziallehre entwickelten Prinzipien der Subsidiarität und der Solidarität. Was auf der unteren Ebene getan werden kann, soll nicht von einer höheren an sich gezogen werden; die höhere Ebene kennt ihrerseits „geborene“ Aufgaben (für die sie selbst die unterste Ebene ist), zugleich hat sie auch in Solidarität unterstützende Aufgaben zugunsten unterer Ebenen zu erfüllen.

3. Pfarrverbände nehmen einerseits geborene Aufgaben wahr. Dazu können gehören: Bildungswerke; Aktionen der caritativen und politischen Diakonie; Erfahrungsaustausch zwischen Mitarbeitern der Gemeinden; Ehevorbereitung; Vorgänge der Glaubenserneuerung: „Volksmissionen“; Öffentlichkeitsarbeit im Pfarrverbandsverbund.

Andere Aufgaben kommen Pfarrverbänden subsidiär zu, so beispielsweise die Unterstützung einer Gemeinde ohne Pfarrer am Ort beim Verlust ihres Pfarrers.

4. Die Pfarrei ist nicht nur eine Filiale der Diözese, sondern genießt eine eigene theologische Würde. Diese kommt in der dem Pfarrer (und dahinter der Kirchengemeinde) eigenen pastoralen Kompetenz zum Ausdruck, seelsorgliche Situationen ortsgerecht zu bearbeiten. Bei schwierigen pastoralen Themen (wie der Seelsorge mit wiederverheirateten Geschiedenen) kann das bedeutsam sein.

5. Ein Aspekt des Verhältnisses von Pfarrei und Diözese ist das legitime Interesse der Ortspfarreien an der Suche nach Kandidaten für den Diözesanbischof. Künftig wird es notwendig sein, in früheren Zeiten unserer Kirche oder heute in der Ostkirche und einzelnen Kirchengebieten geübte Formen der Mitbeteiligung der Ortsgemeinden an der Suche nach Kandidaten für kirchliche Ämter (einschließlich des eigenen Pfarrers) neuzubeleben.

KIRCHENGEMEINDETRÄUME

(1) Ein Pfarrertraum

Heinz-Manfred Schulz war viele Jahre Pfarrer der Christkönig-Gemeinde in Eschborn bei Frankfurt. Im Rahmen eines Berichts über ein Arbeitsjahr in dieser Pfarrei finden wir seinen Traum von Gemeinde.[512]

„Ich träume von einer Gemeinde, in der niemand eine Maske zu tragen braucht, weil man nicht Angst haben muß, daß einer irgend etwas gegen den anderen ausnutzt.

Ich träume von einer Gemeinde, in der keiner eine Barrikade um sich errichten muß, weil da niemand ist, der ihm wehtun will.

Ich träume von einer Gemeinde, in der keiner seine Schwächen verbergen und Stärken vortäuschen muß, weil man sich angenommen fühlt, so wie man ist.

Ich träume von einer Gemeinde, in der man nicht erst durch Vorweisen von bestimmten Leistungen und Erfüllen von Vorbedingungen etwas gilt.

Ich träume von einer Gemeinde, in der keiner fürchten muß, daß jemand ihn verletzt, wenn er sich eine Blöße gibt.

Ich träume von einer Gemeinde, in der keiner verurteilt wird, weil er anders denkt oder handelt als der andere.

Ich träume von einer Gemeinde, in der sich keiner besser vorkommt als sein Nachbar.

Ich träume von einer Gemeinde, in der man es sich leisten kann, offen voreinander zu sein, ohne für diese Offenheit bestraft zu werden.

Ich träume von einer Gemeinde, in der niemandem seine Fehler nachgetragen werden, weil man vergeben kann.

Ich träume von einer Gemeinde, in der niemand in Not und Sorge allein sein muß, weil er überall wirkliche Freunde findet.

Ich träume von einer Gemeinde, in der keiner danach strebt, mehr als der andere zu gelten oder andere zu beherrschen, weil man jedem die gleiche Achtung entgegenbringt.

Ich träume von einer Gemeinde, in der man miteinander auch über

[512] Schulz, Ein Jahr in Gottes Werkstatt, 143.

seinen eigenen Glauben spricht und ihn nicht für sich behält, weil man sich füreinander verantwortlich weiß.
Ich träume von einer Gemeinde, in der niemand eitel zu sein braucht und nach Anerkennung heischen muß, weil er sich der Zuneigung der anderen gewiß ist.
Ich träume von einer Gemeinde, in der niemand am Sinn seines Lebens zweifeln muß, weil er spürt, daß die anderen auch ihn brauchen.
Ich träume von einer Gemeinde, in der jeder sich äußern kann, weil er weiß, daß seine Äußerungen in Liebe aufgenommen werden und es nicht auf schlaue Worte und gekonnte Rede ankommt.
Ich träume von einer Gemeinde, in der über andere nicht abfällig gesprochen wird, weil man weiß, daß man auch selbst nicht ohne Fehler ist.
Ich träume von einer Gemeinde, in der niemand in eine Schablone gepreßt wird, vielmehr ganz er selbst sein und werden kann.
Kurzum, ich träume von einer Gemeinde, in der versucht wird, das Evangelium zu leben.
Wird dieser Traum bei uns Wirklichkeit werden?"

(2) Ein Professorentraum

„Es ist richtig", so begründet Norbert Greinacher seinen Gemeindetraum: „Die negative Erfahrung in vielen unserer heutigen kirchlichen Gemeinden hat mich zu diesem Traum von Gemeinde veranlaßt. Aber dazu kam auch noch etwas anderes: die positiven Erfahrungen mit kirchlichen Gemeinden, die auf dem Wege sind zur Verwirklichung dieses Traumes."[513]

„Die Gemeinde, von der ich träume,
wird die Menschenfreundlichkeit Gottes,
die uns in Jesus von Nazaret erschienen ist,
widerspiegeln (Titus 3).
Ich träume von einer Gemeinde,
deren Mitglieder menschlich miteinander umgehen,
deren Gemeindeleiter Menschlichkeit zeigt
im Umgang mit allen Mitgliedern der Gemeinde.
Ich träume von einer Gemeinde,
die beispielhaft verwirklicht,
wie in einer Gemeinde von Gleichen

[513] Greinacher, Die Gemeinde, von der ich träume, 113.

eine Leitungsaufgabe wahrgenommen,
Entscheidungen gefällt,
Kritik geübt
und Konflikte bewältigt werden.
Ich träume von einer Gemeinde,
die so etwas wie eine Kultur der Freiheit entfaltet...
die Freiheit von Zwecken und Zielen und Leistungen;
die Freiheit zum Spiel;
die Freiheit, Kunst zu schaffen und zu erleben;
die Freiheit, sich die eigene Endlichkeit
und Fragwürdigkeit einzugestehen.
Es ist eine Frage von entscheidender Bedeutung
für die Zukunft der Kirche,
ob es ihr gelingt, Konflikte in den Gemeinden zu bewältigen,
oder ob emanzipatorische und kritische Bewegungen
gar aus der Gemeinde hinausgedrängt werden.
Offenheit der Gemeinde ist die Vorbedingung dafür,
daß sich der soziale Wandel der Gesellschaft
nicht an der Gemeinde vorbei vollzieht.
Offenheit der Gemeinde bedeutet eine Respektierung der Person
und des Privatbereiches des einzelnen Gemeindemitgliedes.
Ich träume von einer Gemeinde,
die sich nicht satt niederläßt,
sondern immer lernbereit unterwegs ist."

(3) Ein Bekenntnistraum

Ganz anders, als der Pfarrer- und der Professorentraum fühlt sich der Traum von Jörg Zink an. Seine Anstiftung zum Träumen wurde auf der 405-Jahr-Feier des Augsburger Bekenntnisses im Jahr 1980 vorgetragen.[514]

„Meine Freunde, ich habe manchmal den Eindruck, in all unseren schönen, dämmrigen Kirchen sitze die Angst in den Ecken. Irgendwie fürchten wir alle uns, mit unserem Glauben Ernst zu machen. Wir formulieren Bekenntnisse, um uns abzugrenzen, und sagen: So – und so nicht. Wir organisieren Kirchen, von denen wir sagen können: Dies ist unsere Kirche, jene ist die der anderen. Wir suchen nach einer Ökumene aller Christen, aber wir hüten uns davor, daß daraus etwas Leibhaftes entsteht. An unseren Besitzstand darf niemand rühren, an unseren geschichtlichen Besitzstand, an unseren konfessionellen, an

[514] Ferment 7/1983, 14. – Dazu auch: Zink, Ein Traum, 184–186.

unseren theologischen. In allen Ecken der Strukturen unserer Kirche hockt die Angst. Wären wir einen Augenblick lang ohne Angst, was würden wir dann tun? Vielleicht hätten wir schon morgen eine Kirche, in der die Christen im Namen Christi ihr gemeinsames Bekenntnis von heute sprächen, statt all der Bekenntnisse, die ihre Väter gesprochen haben und auf die man sich hier oder dort stützt. Statt dessen bleiben wir immerfort an den Grenzen der Konfessionen stehen. In der Angst, drüben sei der Irrtum. Drüben sei die List. Drüben sei die geistliche Gewalttat. In der Angst: Wenn wir das Evangelium nicht rein und lauter auslegen, anders als alle anderen, dann wird das Evangelium nirgends laut werden.

Wenn wir des Glaubens sind, daß der Geist Gottes uns treibt, dann laßt uns aufeinander zugehen. Nicht, um einen anderen zu belehren. Nicht, um einander zu vereinnahmen. Es sei denn, wir wollten die Angst in den Winkeln unserer Kirchen als Dauergast bei uns bewahren. Wenn Gottes Geist es ist, der uns treibt, hat die Angst ein Ende und beginnt die Freiheit. Freiheit – das ist ein offener, ein freier, ein liebender Glaube an das Reich, das uns verheißen ist.

Meine Freunde, ich träume von einer Kirche, die in Bewegung ist, in Bewegung auf ihren Herrn zu. Ich träume von einer Kirche, die ihr Dach verliert und statt dessen nur den Himmel über sich hat und die Wolken, den Glanz der Sonne und das zarte Leuchten der Sterne bei Nacht. Ich träume von einer Kirche, die keinen Turm hat und keinen Turm braucht. Denn niemand braucht nach oben zu weisen. Das Licht des Himmels ist allen Augen sichtbar. Ich träume von einer Kirche, die keine Türen hat und schon gar keine Schlösser an ihren Türen. In die wir hineingehen können oder hinaus, in voller Freiheit, weil das Innen und das Außen eins sind. Von einer Kirche, die niemand aussperrt, die keine Sicherheit sucht und die keine Schlüssel besitzt. Ich träume von einer Kirche, deren Wände sich auflösen und sich verlieren, so, daß das Licht von allen Seiten eindringt, von einer Kirche, in der Freiheit ist, die sich selbst und ihre Grenzen und Wände nicht wichtig findet. Die ihr Dach und ihre Wände und Pfeiler dem Glanz des Himmels zum Opfer bringt. Ich träume von einer Kirche, die durchscheinend wie Glas ist. Oder noch mehr: von einer Kirche, die so offen und so frei ist wie die Welt selbst. Und in der man nicht auf Bänken sitzt, sondern seinen Weg geht, fröhlich und zuversichtlich auf das Reich zu.

Nun, Freunde, man soll Träume nicht mit Wirklichkeiten verwechseln. Aber man soll die Wirklichkeit auch nicht für wirklicher halten als die Träume. Nichts verändert die Welt so gründlich, wie die Träume es tun. Noch leben wir in einer Welt, in der die Häuser Wände und Dächer brauchen. Aber dies können wir wissen: daß die Kirche nicht das Reich ist und daß wir das Reich suchen über die Kirchen dieser Welt hinaus. Aber die Kirche ist seine Spiegelung. Und vielleicht gelingt es uns, auch diese vorläufige Kirche ein wenig zu lieben, um des Lichts willen, das wir schauen, wenn wir über sie hinausblikken. Und wenn wir miteinander auf das Reich zugehen, dann finden wir vielleicht auch eine heitere Gelassenheit gegen alles Unfertige und Unreife in unseren Kirchen, die heitere Zuversicht, daß am Ende nicht nur die Kirche ihre Gestalt finden wird, sondern diese ganze Welt und Schöpfung, und daß wir als die Erlösten und Befreiten an ihr teilhaben werden. Und das wäre dann unser Bekenntnis, daß wir ihn rühmen, den Vater, den Sohn und den Heiligen Geist, in den Beschränkungen unseres irdischen Lebens und in der Hoffnung auf Freiheit der Kinder Gottes in seinem Reich."

(4) Paulus über seine Gemeinden

Im Zuge der Vorbereitungen der Diözesansynode im Bistum Augsburg verfaßte der Neutestamentler Walter Radl von der Universität Augsburg einen Brief, dem er die Gemeindetheologie der paulinischen Schriften zugrunde legte. Er hat dabei vielfältige Elemente zu einer anregenden Kirchenvision zusammengefügt.[515]

„Als ich die vielen Eingaben für die Synode aus allen Richtungen eures Bistums las, stellte ich fest, wie sehr die lange geschichtliche Entwicklung der Kirche die Gestalt eurer Gemeinden im Vergleich zu den meinen verändert hat. Ich hörte aber auch immer wieder heraus, daß manche sich – vielleicht unbewußt – nach den Formen der Gemeinde und des Gemeindelebens sehnen, mit denen die anderen Apostel und ich kurz nach dem Tod Jesu die ersten Schritte in die damalige Welt hinein unternahmen.

Freilich ist es unmöglich, unsere Gemeindeformen, sei es die von Jerusalem oder etwa die von Korinth, in einer Volkskirche des 20. Jahrhunderts zu kopieren. Aber die Überzeugung, die für uns Impuls und Richtschnur unserer Arbeit war, bleibt gültig. Sie müßt ihr bei allen Erneuerungsversuchen wie einen perspektiven Zielpunkt im Auge behalten.

Wir waren getrieben von der Botschaft und der Erfahrung des Neuen. Wir hatten der Welt und den Menschen eine Nachricht zu bringen, die Nachricht vom Ende der Welt. Ende der Welt nicht im Sinne eines furchterregenden Weltuntergangs. Nein, Ende der Welt insofern, als

[515] Kirchenzeitung für die Diözese Augsburg vom 2. 4. 1989, 4f.

diese Welt nicht mehr die alte ist, seit Jesus von Nazaret in ihr gelebt und mit seiner Erweckung aus dem Tod die Auferstehung der Toten angefangen hat. Die Zukunft der neuen Schöpfung hatte damit begonnen und war in der Welt schon präsent. Und jeder, der sich in den Leib Christi uns seiner Gemeinde eingliedern ließ, wußte sich, trotz der irdischen Lebensbedingungen einer Umwelt, in der neuen Welt.

Dieses Bewußtsein, schon jetzt in der neuen Welt zu leben, vermisse ich in euren Gemeinden. Die Rede von Erlösung empfinden die Leute als nichtssagend. Begriffe wie Reich Gottes oder Gnade sind so abgenutzt, daß sie überhaupt nicht mehr gehört werden. Wenn ich damals von der ‚Freiheit und Herrlichkeit der Kinder Gottes' (Röm 8,21) redete, dann horchten die Menschen auf. Ich hatte ihnen etwas zu sagen und zu vermelden, die Nachricht von ihrer Befreiung. Und wehe mir, wenn ich ihnen diese Botschaft vorenthalten hätte! Es lag geradezu ein Zwang auf mir (1 Kor 9,16).

Daß sich eure Gemeinden unter dem Leben in Christus wenig vorstellen können, liegt sicher daran, daß die Zugehörigkeit zur Gemeinde kaum einschneidende Folgen hat und so auch die neue Welt nicht erfahren läßt. Das fängt schon bei der Aufnahme in die Gemeinde an. Diese empfanden wir als Anfang eines neuen Lebens, befreit von Schuld und Angst, erfüllt mit Gottes Geist. Das könnt ihr uns freilich kaum nachfühlen. Denn die Taufe eines niedlichen Säuglings, die Firmung eines unreifen Schülers und die oft bürgerlich verspielte Erstkommunionfeier machen einen viel harmloseren Eindruck, ganz zu schweigen von dem bei uns noch ganz seltenen Bußverfahren, das heute als Andachtsübung gepflegt und empfohlen wird.

War jemand Mitglied unserer Gemeinde geworden, so begegnete er einem ganz neuen Gesicht von Religion: kein Opferkult mehr, keine rituellen Vorschriften, kein religiöser Druck. Keine Trennung von sakral und profan, weder bei Orten noch bei Zeiten noch bei Personen. Keine unterschiedliche Behandlung der Leute, sei es nach sozialem Stand, religiöser Herkunft oder Geschlecht. Statt dessen das Gefühl einer beglückenden Freiheit gegenüber Gott und der Brüderlichkeit gegenüber den Menschen.

Dies alles wurde uns nirgends so bewußt wie beim Herrenmahl, bei dem wir den unter uns wußten, der mit seinem Tod allen Opferkult beendet hatte. Diese Feier hielten wir in unseren Häusern, also mitten in unserer Welt. Die Bewährung im Alltag der Welt verstanden wir auch als unseren ‚wahren und angemessenen Gottesdienst', wie ich es damals der römischen Gemeinde schrieb (12,1). Und als die Galater wieder anfingen, heilige ‚Tage und Monate, Zeiten und

Jahre' einzuführen, da schritt ich energisch dagegen ein (Gal 14,10).
Das Überraschende, ja sogar Anstößige war aber nicht nur die religiöse Freiheit, ‚zu der Christus uns befreit hatte' (Gal 5,1), sondern noch mehr die Tatsache, daß wir vor allem auf die einfachen und ungebildeten Leute zugingen, auf die Schwachen und Verachteten, auf die Armen und die Sklaven. Gerade sie fühlten sich bei uns zu Hause. So gab es in der korinthischen Gemeinde ‚nicht viele Weise, nicht viele Mächtige, nicht viele Vornehme' (1 Kor 1,26). Die Großen und Gescheiten konnten das nur schwer begreifen. Der Riß zwischen arm und reich drohte sogar die gemeinsame Feier des Herrenmahls zu zerstören. Das mußte ich ihnen erst beibringen, daß wir die Gemeinde eines am Kreuz Aufgehängten waren (1 Kor 1,23) und beim Mahl keinen anderen feierten als den Gekreuzigten (1 Kor 11,26).
Solche Solidarität war natürlich keine Empfehlung in den Augen hochgestellter Persönlichkeiten. Sie war eine Zumutung. Und so kamen gerade wir Apostel uns nicht selten vor wie der ‚Abschaum der Welt' (1 Kor 4,13). Aber ich blieb dem Wort Gottes treu. Ich war nicht auf meine Ehre bedacht und schmeichelte niemand (1 Thess 2,5f.). Wenn ich auch mitunter tadeln mußte, so liebte ich doch meine Gemeinden und ließ sie das auch ‚spüren' (2 Kor 2,4). Wie ihr wißt, hatte ich besonders die Philipper in mein Herz geschlossen (Phil 1,7). Aber auch mit den Korinthern verband mich tiefes Vertrauen. Ich war stolz auf sie und schrieb es ihnen auch (2 Kor 7,4). Ich versuchte immer, die Leute zu verstehen und ihre Sprache zu sprechen. Den Schwerfälligen gegenüber gab ich sogar meine eigenen Grundsätze auf, um so ‚allen alles zu werden' (1 Kor 9,22). Ich wollte schließlich nicht Herr ihres Glaubens, sondern Diener ihrer Freude sein (2 Kor 1,24).
So entstanden echte, brüderliche Gemeinschaften, in denen jeder angenommen wurde, wie er war. Noch mehr: In dem Klima der Freiheit und des gegenseitigen Vertrauens konnten sich vielfältig lebende Gemeinden entwickeln, in denen jeder mit dem anerkannt war, was er an Fähigkeiten einbringen wollte. Ich ermunterte und förderte jede Form von Begabung, die irgendwie für die Gemeinde nützlich sein konnte (1 Kor 14,12). Im Gottesdienst zum Beispiel durfte jeder auftreten und reden. In solchen Gaben spürten wir die Gegenwart des Heiligen Geistes, der ‚jedem sein eigenes Charisma zuteilt, wie er will' (1 Kor 12,11; vgl. 1 Thess 5,19). Sein Wirken war unter uns so auffällig, daß sogar Außenstehende merkten: Hier ist Gott am Werk (1 Kor 14,25).
In dieser Atmosphäre erwuchsen mir besonders einsatzfreudige Helfer, wie ich sie für das Übermaß an Gemeindesorgen (2 Kor 11,28)

und für die missionarische Arbeit dringend brauchte. Ihre Dienste reichten von der Öffnung ihres Hauses für die Gemeinschaft über die eigenverantwortliche Leitung von Gemeinden bis zur apostolischen Erstverkündigung des Evangeliums. Wie groß die Zahl solcher ‚Mitarbeiter' war, zeigt die lange Grußliste am Ende des Briefes an die Römer (16,1–23; vgl. Phlm 24).

Euch fällt dabei vielleicht auf, daß auch Ehepaare darunter waren. Priska und Aquila zum Beispiel (Röm 16,3) leiteten eine Hausgemeinde. Aber auch Frauen allein übernahmen Verantwortung, wie etwa die gute Phöbe in der Hafengemeinde bei Korinth (Röm 16,1). Für uns war dies nur konsequent, und zwar nicht nur deswegen, weil in der Alten Welt die häusliche Pflege der Religion die Domäne der Frau war, sondern vor allem deshalb, weil es sich aus unserem neuen Sein in Christus so ergab. Schon bei der Taufe hörten unsere Bekehrten, daß es bei den Christen anders zugeht als sonst: ‚Jude und Heide, Sklave und Freier, männlich und weiblich, das gibt es nun nicht mehr' (Gal 3,28). Freilich hat sich diese Erkenntnis nicht lange gehalten. Man hat bald sogar in einen meiner Briefe ein Redeverbot für Frauen eingeschoben (1 Kor 14,33b–36).

Dies wiederum zeigt, daß es schon in der Frühzeit der Kirche zu unterschiedlichen theologischen Meinungen kam. Das will ich auch für meine eigene Zeit nicht leugnen. Da gab es nicht nur den die Gemeinde belastenden Streit zwischen Personen – ich denke an die verdienten Frauen Evodia und Syntyche in Philippi (Phil 4,2f.) – es gab auch Konflikte zwischen Parteien wie in Korinth (1 Kor 1,11f.). Ich selbst ging dem Ringen um grundsätzliche Positionen nicht aus dem Weg, und ich nahm kein Blatt vor den Mund, wenn es nötig war, so zum Beispiel bei den schwierigen Verhandlungen mit Jerusalem oder bei dem Zusammenprall mit Petrus. Man verteufelte mich damals; aber schlimmer noch empfand ich die Trennung von meinem Mitarbeiter Barnabas (Gal 2,1–14; vgl. Apg 15,1f.36–40;21,20f.).

Trotzdem betrieb ich die vereinbarte Kollekte für Jerusalem mit allen Kräften (Gal 2,10). Wenn ich auch nicht wußte, ob man die Gabe überhaupt annehmen würde (Röm 15,31), so wollte ich doch ein Zeichen für die Einheit mit unserer Mutterkirche setzen. Dabei ging es zunächst um einen Ausgleich zwischen Überfluß und Mangel (2 Kor 8,13f.); dann aber auch um einen Austausch: die materiellen Gaben der Reichen gegen die eigentlich unbezahlbaren geistigen Güter der Armen (Röm 15,27). Beides dürfte heute, bei euren Kollekten für die Dritte Welt, aktueller sein als je zuvor. Kollekten gehören jedenfalls von Anfang an zur Kirche.

Im übrigen wird für den Bestand eurer Gemeinden, gleich wie ihr sie organisiert, viel davon abhängen, ob ihr eine Botschaft habt und ein Beispiel geben könnt, ob ihr etwas zu sagen und etwas zu zeigen habt, etwas, das euch gleichzeitig unterscheidet und anziehend macht. Möge eure Synode euch dazu verhelfen.“

LITERATURVERZEICHNIS

A

Adam, I. u. a., *Gemeindeberatung*, Gelnhausen 1977.

Adenauer, P. u. a., Ehe und Familie, Mainz 1973.

Affemann, R., *Krank an der Gesellschaft*, Stuttgart 1974.

Alt, F., *Liebe* ist möglich, Die Bergpredigt im Atomzeitalter, München 1985.

Andras, E. u. a., *Bilanz* des ungarischen Katholizismus, München 1969.

Apfelbacher, K.E., *Frömmigkeit* und Wissenschaft. Ernst Troeltsch und sein theologisches Programm, München 1978.

Arnold, F.X. u. a., *Handbuch* der Pastoraltheologie, 5 Bände, Wien 1964 ff.

Audet, P., *Priester und Laie* in der christlichen Gemeinde. Der Weg in die gegenseitige Entfremdung, in: Der priesterliche Dienst I: Ursprung und Frühgeschichte, Qd 46, Freiburg 1970, 115–175.

Auer, W., *Das Kreuz mit der WAA*. Kirchenpolitische und pastorale Entwicklungen rund um die Wiederaufbereitungsanlage in Wackersdorf, Wien 1988, Diplomarbeit.

Auf der Suche nach der Gemeinde. Kirchenbesuch und Kirchlichkeit im Ruhrgebiet, IKSE-61, Essen o.J.

Aufhauser, C., *Katholische Aktion* und Gemeinde, Wien 1985, Diplomarbeit.

Außerordentliche Bischofssynode 1985. Verlautbarungen des Apostolischen Stuhls, hg. v. Sekretariat der Deutschen Bischofskonferenz 68, Bonn 1985, 7–10.

B

Bach, U., *Boden unter den Füßen* hat keiner, Göttingen 1980.

Bach, U., *Kraft in leeren Händen*. Dic Bibel als Kursbuch, Freiburg 1983.

Barreiro, A., *Basic Ecclesial Communities:* The Evangelization of the Poor, Quezon City 1983.

Bartsch, E. u. a., *Verkündigung,* Mainz 1970.

Basic Ecclesial Communities. The Stand of Third-World Bishops, Quezon City 1983.

Bauer, J. B., Die *Wortgeschichte* von laicus, in: Zeitschrift für katholische Theologie 81(1959), 224–228.

Baumgartner, I., Priester und *heilende Seelsorge*. Eine pastoralpsychologische Analyse und Anregung, Passau 1987, Manuskript.
Baumgartner, I., *Psychologie und Glaube*, in: Pastoralblatt 40(1988), 325–333 und 366–371.
Bayer, A., *Der spirituelle Aufbruch* der Gegenwart, Wien 1987, Diplomarbeit.
Becher, P., *Bedeutung,* Wirkmöglichkeiten und Schwierigkeiten der katholischen Verbände heute, in: Katholische Verbände, Bonn 1988, 56–64.
Beck-Gernsheim, E., *Das halbierte Leben.* Männerwelt Beruf – Frauenwelt Familie, Frankfurt 1980.
Beguérie, P., *Liturgie* und Leben, in: Lebendige Seelsorge 29(1978), 304–308.
Bellet, M., *La peur ou la foi.* Une analyse du prêtre, Paris 1967.
Bennis, W. u. a., *Führungsstrategien.* Die vier Schlüsselstrategien erfolgreichen Führens, Frankfurt ^{3}1987.
Berger, G., *Etapes* de la prospective, Paris 1967.
Berger, G., *Phénomène* du temps et prospective, Paris 1954.
Berger, P.L., Der Zwang zur *Häresie*, Frankfurt 1980.
Berger, P.L. u. a., Die gesellschaftliche *Konstruktion* der Wirklichkeit, Frankfurt 1969.
Berkel, K., *Konflikttraining*, Heidelberg 1985.
Bertsch, L., *Buße* und Bußsakrament in der heutigen Kirche, Mainz 1970.
Beyers Naudé, C.F., *Die Krise* in Südafrika und unsere Verantwortung, in: Orientierung 52(1988), 27–30; 43–46.
Biemer, G. u. a., *Eingliederung* in die Kirche, Mainz 1972.
Birmelin, G., *Struktur* – Prozeß – Vertrauen. Skizzen einer Organisationsentwicklung, in: Erfahrungen lebendigen Lernens. Grundlagen und Arbeitsfelder der TZI. Aspekte themenzentrierter Interaktion, hg. v. R. Birmelin, Mainz 1985, 118–128.
Bischof, H., Die neokatechumenalen *Gemeinschaften*, in: Lebendige Kirche, hg. v. A. Schmitt u. a., Mainz 1988.
Blasche, H., *Das Recht der Gemeinde* auf Eucharistie, in: Priester für heute, hg. v. G. Denzler, München 1980, 153–159.
Blöchlinger, A., Die heutige *Pfarrei* als Gemeinschaft, Einsiedeln 1962.
Boff, L., *Kreuzweg* der Auferstehung. Mit Bildern von Nelson Porto, Düsseldorf 1984.
Bommer, J., *Gemeinde auf dem Weg Jesu.* Anregungen und Predigten zu einer neuen Theologie der Gemeinde, München 1988.
Borowska, L., Die *„Gruppen des gemeinsamen Weges“* in Polen, in: Christliche Basisgemeinden in Osteuropa, 29–32.
Boulard, F., *Wegweiser* in die Pastoralsoziologie, München 1954.
Boyer, L., Où en est le *mouvement* biblique?, in: Bible et Vie Chrétienne 23(1956), 7–21.

Brandner, J. u. a., *Lebe!* Das Anliegen Gottes als Schwerpunkt der Pastoral seiner Kirche, Freising [3]1985.
Braulik, G., *Die Freude des Festes*. Das Kultverständnis des Deuteronomiums – die älteste biblische Festtheorie, in: Braulik, Studien, 161–218.
Braulik, G., Die gesellschaftliche *Innenseite* der Kirche. Das Deuteronomium, in: Bibel und Kirche 43(1988), 134–139.
Braulik, G., *Studien* zur Theologie des Deuteronomiums. Stuttgarter Biblische Aufsatzbände. Altes Testament 2, hg. v. G. Dautzenberg und N.Lohfink, Stuttgart 1988.
Breid, F., *Daten und Impulse* zur Landpastoral, Linz 1982.
Breuning, W. u. a., *Wie als Priester* heute *leben*? Versuch einer geistlichen Orientierung, Freiburg 1982.
Brosseder, H., Das *Priesterbild* in der Predigt. Eine Untersuchung zur kirchlichen Praxisgeschichte am Beispiel der Zeitschrift „Prediger und Katechet" von 1850 bis zur Gegenwart, München 1978.
Bulanyi, G., *Brief* an Joseph Kardinal Ratzinger vom Karfreitag 1986, Budapest 1986.
Bulanyi, G., Ist *Gehorsam* eine Tugend, Budapest o.J.
Bulanyi, G., *Kirchenordnung*, Budapest o.J.
Bulanyi, G., Lelkipasztori *Marketing* (Seelsorgliches Marketing), UKI-Pressedienst 22, Wien 1982, 8.
Bühlmann, W., Wo der *Glaube* lebt. Einblick in die Lage der Weltkirche, Freiburg 1974.
Bühlmann, W., *Weltkirche*. Neue Dimensionen. Modell für das Jahr 2001, Graz 1984.
Bäumler, C., *Gemeinde* als kritisches Prinzip einer offenen Volkskirche. Zur Transformation einer „Kirche für das Volk" zu einer „Kirche des Volkes", in: Rechtfertigung, Realismus, Universalismus in biblischer Sicht, hg. v. A. Köberle, Darmstadt 1978, 245–266.
Bäumler, C., *Gemeindeaufbau*, in: Praktische Theologie heute, hg. v. F.Klostermann u. a., München 1974, 417–429.

C

Canisius, P., *Catechismus*, Coloniae 1560.
Capellaro, J.B., *Kirche der Hoffnung* für die Welt. Ein Pastoral-Projekt, Thaur 1985.
Capellaro, J., *Pfarrgemeinde* der Zukunft. Eine Gemeinschaft von Gemeinschaften, Thaur 1979.
Cardijn, J., *Laien im Apostolat*, Kevelaer 1964.
Caritas und Diakonie, Mainz 1974.
Christliche Basisgemeinden in Osteuropa, hg. v. Pax-Christi Deutsche Sektion, Frankfurt 1983.
Cordes, P.J., *Der spirituelle Aufbruch* in der Weltkirche, in: Internationale katholische Zeitschrift 16(1987), 49–66.
Cordes, P.J., *Erfahrungen* als Hilfe zum Glauben, in: Internationale katholische Zeitschrift 11 (1982), 281–293.

Cordes, P.J., *Geistliche Bewegungen* als Chance für die Jugendpastoral, in: Internationale katholische Zeitschrift 12(1983), 457–464.
Cordes, P.J., *Mitten in unserer Welt.* Kräfte geistlicher Erneuerung, Freiburg 1987.
Cordes, P.J., *Neue geistliche Bewegungen* in der Kirche, hg. v. Presseamt des Erzbistums Köln (Zeitfragen 31), Köln 1985.
Crausaz, L., *Partizipation* – schöpferische Mitbeteiligung. Impulspapier der AG-2 „Prospektive" der Pastoralplanungskommission, St. Gallen 1980, 4.

D

Dahm, K.W., *Beruf: Pfarrer,* München 1971.
Das Apostolat der Laien in der Kirche, in: Handbuch der Pastoraltheologie III (Freiburg 1968), 586–635 (mit Lit.).
Das Kirchen- und Religionsverständnis von Katholiken und Protestanten. Eine Repräsentativbefragung im Auftrag der Redaktion Kirche und Leben des ZDF, kommentiert von H.Glass und E.Bieger, München 1988.
Das priesterliche Dienstamt. Eine Arbeitsgrundlage für die Diskussion in der allgemeinen Bischofssynode, Rom 1971.
Das Recht der Gemeinde auf ihren Priester, in: Diakonia 8(1977), 217–221.
Das Recht der Gemeinde auf Eucharistie. Die bedrohte Einheit von Wort und Sakrament, hg. v. d. SOG Speyer, Trier 1978.
Der Laie in Kirche und Welt. Stellungnahme der deutschen Bischöfe zur Bischofssynode, in: Herderkorrespondenz 40(1986), 323–331.
Der Priestermangel und seine Konsequenzen, hg. v. F.Klostermann, Düsseldorf 1977.
Der Vatikan und die Rüstung. Ein Weg aus der Gefahr der Selbstvernichtung der Völker, hg. v. d. Katholischen Sozialakademie Österreichs, Wien 1977.
Deretz, J. u. a., *Konkordanz* der Konzilstexte, Graz 1968.
Deufel, K., *Sozialstaat* und christliche Diakonie, in: CIG 15(1982), 166–169.
Deussen, G., *Die liturgische Gemeinde,* Frankfurt 1967.
Dibelius, M., *Rom und die Christen* im ersten Jahrhundert, in: ders., Botschaft und Geschichte II, Tübingen 1956, 211.
Die andere Kirche. Basisgemeinden in Europa, hg. v. N. Copray u. a., Wuppertal 1982.
Die Basisgemeinden – ein Schritt auf dem Weg zur Kirche des Konzils, hg. v. E.Klinger u. a., Würzburg 1984.
Die deutschen Bischöfe, Zur Ordnung der pastoralen Dienste, Bonn 1977.
Die Pfarre, hg. v. H.Rahner, Freiburg 1956.
Dinges, S., „*Tauferneuerung* als ekklesiogenes Moment". Umkehrprozesse einer Gemeinde am Beispiel Wien/Machstraße, Wien 1988, Diplomarbeit.

Dorado, A.G., *Evangelisierende Kirche* in den großen Städten Lateinamerikas (Adveniat Dokumente/Projekte 28), Essen 1984.
Drewermann, E., „*An ihren Früchten* sollt ihr sie erkennen." Antwort auf Rudolf Peschs und Gerhard Lohfinks „Tiefenpsychologie und kleine Exegese", Olten 1988.
Drewermann, E., Der tödliche *Fortschritt*. Von der Zerstörung der Erde und des Menschen im Erbe des Christentums, Regensburg ^{4}1986.
Drewermann, E., *Strukturen des Bösen*, 3 Bände, Paderborn ^{6}1987.
Drewermann, E., *Tiefenpsychologie* und Exegese. Band. 1: Die Wahrheit der Formen. Traum, Mythos, Märchen, Sage und Legende, Olten ^{4}1987; und Band 2: Die Wahrheit der Werke und der Worte. Wunder, Vision, Weissagung, Apokalypse, Geschichte, Gleichnis, Olten ^{3}1987.
Dujarier, M., *Brève Histoire du Catéchumenat*, Abidjan 1980.
Dumont, R., *Katechumenatsgruppen* als Voraussetzung einer katechumenalen Liturgie, in: Liturgisches Jahrbuch 29(1979), 176–179.
Dussel, E. u. a., Die kirchlichen *Basisgemeinden* in Brasilien, in: Die Basisgemeinden – ein Schritt auf dem Weg zur Kirche des Konzils, hg. v. E.Klinger u. a., Würzburg 1984, 11–31.

E

Echegaray, H., *Anunciar* el Reine, Lima 1981.
Eignung für die Berufe der Kirche. Klärung, Beratung, Begleitung, hg. v. H.Stenger u. a., Freiburg 1988.
Einstellungen, Motive und Wertorientierungen der Pfarrgemeinderäte, IKSE-82, Essen 1972.
Engel, P. u. a., Die neuen *Managementtechniken*, Landsberg 1982.
Engels, L., Der *Neokatechumenat*, in: Liturgisches Jahrbuch 29(1979), 180–185.
Erneuerung in Kirche und Gesellschaft 19, Paderborn 1982.
Erneuerung in Kirche und Gesellschaft 28, Paderborn 1986.
Exeler, A., *Gemeinde-Theologie*. Geschichte, aktuelle Neuansätze, unveröffentlichte Vorlesungsmitschrift vom Sommersemester 1975, 26.
Existenzprobleme des Priesters, hg. v. F.Henrich, München 1969.

F

Festinger, L., *Die Lehre der „Kognitiven Dissonanz"*, in: Grundfragen der Kommunikationsforschung, hg. v. W. Schramm, München 1971, 27–38.
Fichter, J., *Americas forgotten Priests*, New York 1967.
Fischer, J., Über das *Gottvorkommen* in der heutigen Kirche. Wider den ekklesialen Atheismus, in: Nur der Geist macht lebendig, hg. v. M. Albus u. a., Mainz 1986, 29–37.
Fischer, H. u. a., Die *Gemeinde*, Mainz 1970.
Fischer, P., *Gotteserfahrung*. Mystagogie in der Theologie Karl Rahners und in der Theologie der Befreiung, Mainz 1986.

Flechtheim, O.K., *Futurologie.* Der Kampf um die Zukunft, Köln ²1971.

Flechtheim, O.K., Ist die *Zukunft* noch zu retten?, Hamburg 1987.

Floristan, C., *La paroisse* – communauté eucharistique. Essais d'une théologie pastorale de la paroisse, Paris 1963.

Forum „Kirche und Gemeinde", in: Diakonia 6(1975), 106–120, 192–206.

Frankl, V., *Der Wille zum Sinn*, Bern ²1978.

Fries, H. u.a., *Einigung* der Kirchen – reale Möglichkeit, Freiburg 1983.

Fromm, E., *Haben oder Sein*, Stuttgart 1976.

Funk, R., *Religion* zwischen Haben und Sein, Zürich 1977.

G

Gail, P., *Milieuseelsorge* – nur ein Modewort?, in: Pastoralblatt 13(1961), 85–91, 116–120.

Ganoczy, A. u.a., Der *Streit um das kirchliche Amt.* Ernstfall der Ökumene, Regensburg 1983.

Gartmann, M., *„Laien"-Theologen* in der Gemeindepastoral. Notstandsmaßnahme oder Beruf mit Zukunft?, Düsseldorf 1981.

Geistliche Gemeinde-Erneuerung. Grundentscheidung – Sakramente – Charismen, hg. v. F. Kuntner, in: Erneuerung in Kirche und Gesellschaft 1985, Heft 22, 3–40.

Gemeinde-Erneuerung aus dem Geist Gottes, hg. v. H.Mühlen, 3 Bände, Mainz 1984.

Gemeindemodelle, hg. v. N.Hepp, Wien 1971.

Gemeinden ohne Pfarrer am Ort. Ergebnisse einer Untersuchung in Schweizer Pfarreien, hg. v. Schweizerischen Pastoralsoziologischen Institut, Zürich 1987.

Gemeindepraxis. Analysen und Aufgaben, hg. v. N.Greinacher u.a., Mainz 1979.

Gemeinsame römisch-katholische und evangelisch-lutherische *Kommission*, Das geistliche *Amt* in der Kirche, Paderborn 1982.

Die pastoralen Dienste in der Gemeinde, in: *Gemeinsame Synode* der Bistümer in der Bundesrepublik Deutschland. Offizielle Gesamtausgabe, hg. v. L.Bertsch u.a., Freiburg ⁶1982, Band I, 597–636.

Gerster, T.V., Kurze Biblische *Realkonkordanz,* Paderborn 1937, 527.

Gertz, B., *Mystagogie,* in: Handbuch religionspädagogischer Grundbegriffe, hg. v. G.Bitter u.a., Band 1, München 1986, 82–84.

Zur *Geschichte der organisierten Caritas*: 1897–1972 – 75 Jahre Deutscher Caritasverband, Freiburg 1972.

Glaubenskongregation, Inter signores, Rom 1976.

Gohde, H. (F.Heer), *Der achte Tag.* Roman einer Weltstunde, Innsbruck 1950.

Golomb, E., *Seelsorgsplanung* in der Großstadt, in: Mitteilungen des IKS-4, Wien 1965.

Goss-Mayr, H., *Der Mensch vor dem Unrecht.* Spiritualität und Praxis gewaltloser Befreiung, hg. v. d. KSÖ, Wien 1976.
Graf, H., *Priestermangel* – Neue Aufgaben für die Gemeinde: Wie wir uns helfen können, München 1973.
Grant, M. u. a., *Lexikon der antiken Mythen* und Gestalten, München ²1983.
Grass, F., *Gemeinde,* in: Lexikon für Theologie und Kirche IV (Freiburg 1960), 644.
Grass, F., *Pfarrei und Gemeinde* im Spiegel der Weistümer Tirols, Innsbruck 1950.
Greinacher, N., *Das Recht der Gemeinde* auf einen eigenen Priester, in: Concilium 16(1980), 195–199.
Greinacher, N., *Die Chance* der vorhandenen Pfarreien wahrnehmen!, in: Diakonia 19(1989), 90–93.
Greinacher, N., *Die Gemeinde, von der ich träume,* in: Cursillo. Für eine Kirche in Bewegung 220, 21(4/1984), 1.
Greinacher, N., Das Problem der *nichtpriesterlichen Bezugspersonen* in Katholischen Gemeinden, in: Diakonia 9(1978), 404–412.
Greinacher, N., *Raumgerechte Seelsorge,* in: Der Seelsorger 35(1965), 191–199.
Greinacher, N., Das *Theorie-Praxis-Problem* in der Praktischen Theologie, in: Praktische Theologie heute, hg. v. F.Klostermann u. a., Mainz 1974, 103–118.
Greshake, G., *Priestersein.* Zur Theologie und Spiritualität des priesterlichen Amtes, Freiburg 1982.
Griesl, G., *Berufung* und Lebensform des Priesters, Innsbruck 1967.
Gutiérrez, G., *Aus der eigenen Quelle* trinken. Spiritualität der Befreiung, München 1986.

H

Hainz, J., *Ekklesia,* Regensburg 1972.
Handbuch der Pastoraltheologie, hg. v. F. Klostermann, Freiburg 1972.
Harnack, A. v., Das *Wesen* des Christentums, Göttingen 1977.
Heer, F., *Plädoyer* für eine offene Kirche, in: Kirche ohne Zukunft?, hg. v. J. Beckmann u. a., Gütersloh 1972, 11–64.
Heindler, A., Ein praktisches *Handbuch* für das neue Bild der Pfarrei. Neues Gemeinde-Projekt NIP, Graz 1983.
Hemmerle, K., *Voraussetzung* des pastoralen Dienstes: dienende Gemeinde, in: Lebendiges Zeugnis 30(1975), 26.
Hensel, G. u. a., *Zu neuem Ansehen.* Eine Gemeinde entdeckt Gnade, Stuttgart 1981.
Hildebrandt, W., Das *Gemeindeprinzip* der christlichen Kirche, Zürich 1951.
Hill, W. u. a., *Organisationslehre.* Ziele, Instrumente und Bedingungen der Organisation sozialer Systeme, 2 Bände, Bern ³1981.
Hirmer, C. u. a., *Gospel sharing,* hg. v. Lumko Missiological Institute,

Delmenville 1985. (Bibel teilen. Werkheft für Gruppen in der Gemeinde, hg. v. Missio Aachen, Aachen 1986.)
Hirschmann, J., *Zum Weg der Verbände* in die Zukunft von Kirche und Gesellschaft, Vortrag auf der Klausurtagung der AG der Verbände vom 23.-25.3.1979, Manuskript.
Hollstein, W., Die *Gegengesellschaft*, Bonn 1979.
Holzer, H., Vom Vereinskatholizismus zur lebendigen *Pfarrgemeinde*, in: Wiener Diözesanblatt 29(1988), 13–15.
Homeyer, J., *Katholische Verbände* – eine Lebensäußerung der Kirche, in: Katholische Verbände. Studientag der Vollversammlung der Deutschen Bischofskonferenz vom 21.September 1988, Bonn 1988, 5–42.
Honsel, B., *Der rote Punkt.* Eine Gemeinde unterwegs, Düsseldorf 1983.
Hucke, H. u.a., Die gottesdienstlichen *Versammlungen* der Gemeinde, Mainz 1973.
Hungerbühler, G., *Gemeinwesenarbeit* – Ziele und Schritte zur Verwirklichung, in: Lebendige Seelsorge 22(1971), 6–10.

I

Ignatius von Antiochien, *Brief an die Epheser*, zit. nach Lektionar I/2, Einsiedeln 1978, 18–19.
Illich, I., *Expertokratie.* Entmündigung durch Experten. Zur Kritik der Dienstleistungsberufe, Reinbek 1979.
Illich, I., Die *Nemesis* der Medizin. Von den Grenzen des Gesundheitswesens, Reinbek 1984.
In der Kirche zuhause – offen für die Gesellschaft. Zum Profil katholischer Verbände. Stellungnahme des Zentralkomitees der deutschen Katholiken. Beschlossen von der Vollversammlung des ZK am 18.November 1978 in Bonn-Bad Godesberg.
Iriarte, G., Que es una *Comunidad* Eclesial de Base? Guia didactica para Animadoren de C.E.Bas., Bolivia 1983.
Isele, E., *Pfarrei*, in: Lexikon für Theologie und Kirche VIII (Freiburg 1963), 398–403.

J

Johannes Paul II., Familiaris consortio, Rom 1981.
Johannes Paul II., Redemptor hominis, Rom 1979.
Johannes Paul II., Sollicitudo rei socialis, Rom 1987.
Johannes Paul II., Botschaft zum *Weltfriedenstag 1985,* zit. nach dem Pressedienst der Deutschen Bischofskonferenz, Bonn 1985, Nr. 9.
Josuttis, M., *Aber am Anfang steht das Gerücht*, in: Deutsches Allgemeines Sonntagsblatt Nr.51/52 vom 22.12.1984.
Josuttis, M., *Der Pfarrer ist anders.* Aspekte einer zeitgenössischen Pastoraltheologie, München 1982.
Jugend erfährt Gott. Weg aus der Krise II, hg. v. H.Mühlen, Mainz 1984.

K

Kairos-Dokument. Eine Herausforderung an die Kirche. Ein theologischer Kommentar zur politischen Krise in Südafrika, in: Evangelisches Missionswerk im Bereich der Bundesrepublik Deutschland und Berlin-West, Hamburg 1985, Nr. 64.

Karer, L., *Mystagogie* in literarischer Biographie. Am Beispiel Hermann Hesses „Das Glasperlenspiel“, Wien 1986, Diplomarbeit.

Karrer, O., *Gemeinde*, in: Lexikon für Theologie und Kirche IV (Freiburg 1960), 643.

Kasper, W., *Elemente* zu einer Theologie der Gemeinde, in: J.Möller u. a., Virtus politica, Festgabe für A. Hufnagel, Stuttgart 1974, 30–50.

Kasper, W. u. a., Die *Heilssendung* der Kirche in der Gegenwart, Mainz 1970.

Die *Katholische Aktion*, in: Handbuch der Pastoraltheologie III (Freiburg 1968), 613–619.

Katholische Verbände. Studientag der Vollversammlung der Deutschen Bischofskonferenz vom 21.September 1988, Arbeitshilfen 61, Bonn 1988.

Kaufmann, F.X. u. a., *Ethos und Religion* bei Führungskräften, München 1986.

Kaufmann, F.X., *Kirche begreifen.* Analysen und Thesen zur gesellschaftlichen Verfassung des Christentums, Freiburg 1979.

Kehrer, G., *Gemeinde,* in: Praktisch-theologisches Handbuch, hg. v. G.Otto, Hamburg ^{2}1975, 250–263.

Kempf, T.K., *Christus der Hirt,* Regensburg 1942.

Kempf, W., *Für euch und für alle*, in: Auf dein Wort hin. Briefe des Bischofs von Limburg an die Gemeinden des Bistums zur österlichen Bußzeit 1972–1981, Limburg 1981, 170–267.

Kerényi, K., *Die Mythologie der Griechen,* Band II: Heroengeschichten, München ^{5}1981, 220–225.

Kertelge, K., *Gemeinde und Amt* im Neuen Testament, München 1972, 31–76.

Kinder, E., Der evangelische *Glaube* und die Kirche, Bern 1958.

Kirche von unten. Alternative Gemeinden, hg. v. H.Frankemölle, Mainz 1981.

Differenzierte *Kirchenbesuchzählung* im Stadtdekanat Bochum, II: Religiöse Praxis und zwischenpfarrliche Wanderung, IKSE-60, Essen 1970.

Klages, H., Der *Nachbarschaftsgedanke* und die nachbarliche Wirklichkeit in der Großstadt, Köln 1958.

Kleiner, R., *Basisgemeinden* in der Kirche. Was sie arbeiten – wie sie wirken, Graz 1976.

Klostermann, F., *Das christliche Apostolat,* Innsbruck 1962.

Klostermann, F., *Die pastoralen Dienste* heute, Linz 1980.

Klostermann, F., *Gemeinde* – Kirche der Zukunft, 2 Bände, Freiburg 1974.

Klostermann, F., Die *Gemeinde Christi*, Augsburg 1972.
Klostermann, F., *Gemeinde ohne Priester,* Mainz 1981.
Klostermann, F., *Katholische Aktion* nach dem Zweiten Vatikanum, in: Der Seelsorger 36(1966), 309–319.
Klostermann, F., *Kirche* – Ereignis und Institution, Wien 1976.
Klostermann, F., Allgemeine *Pastoraltheologie der Gemeinde*, in: Handbuch der Pastoraltheologie III (Freiburg 1968), 17–58.
Klostermann, F., Wie wird unsere *Pfarrei* eine Gemeinde?, Wien 1979.
Klostermann, F., *Priester* und priesterlicher Dienst in der Gemeinde von morgen, in: Der Priestermangel und seine Konsequenzen. Einheit und Vielfalt der kirchlichen Ämter, hg. v. F.Klostermann, Düsseldorf 1977, 129–172.
Klostermann, F., *Priester für morgen* – pastoraltheologische Aspekte, in: Weltpriester nach dem Konzil, München 1969, 143–175.
Klostermann, F., *Prinzip Gemeinde,* Wien 1965.
Knoch, O., *Damals waren es Fischer,* Stuttgart 1971.
Köcher, R., Was *Katholiken* von der Kirche erwarten?, in: Internationale katholische Zeitschrift 16(1987), 266–272.
Köhler, O., *Jugendbewegung,* in: Lexikon für Theologie und Kirche V (Freiburg 1960), 1181.
König, F., *Frau und Kirche,* in: Stimmen der Zeit 205 (1987), 507–515.
Kolbe, F., *Die liturgische Bewegung,* Aschaffenburg 1964.
Kottje, R., Die *Wahl der kirchlichen Amtsträger.* Geschichtliche Tatsachen und Erfahrungen, in: Concilium 7(1971), 196–200.
Krankheit und Tod, Mainz 1974.
Kratz, M. u. a., *Gemeinden ohne Priester.* Analysen, Modelle, Anregungen, Limburg 1973.
Kraxner, A., *Gemeinde auf sich selbst gestellt* – ohne hauptamtliche Priester, in: Theologisch-praktische Quartalschrift 124(1976), 370–376.
Kronenberg, F., *Bedeutung und Aufgabe* katholischer Verbände in Kirche und Gesellschaft, Referat auf der Frühjahrstagung der KFD, Berlin 1975, Manuskript.
Küng, H., *Priester wozu?,* Einsiedeln 1971.
Kürzinger, J., *Bibelbewegung,* in: Lexikon für Theologie und Kirche II (Freiburg 1968), 344–346.
Kuntner, F. u.a., *Erneuerung aus dem Geist* Gottes. Ermutigung und Weisung mit einem Kommentar von Heribert Mühlen, Mainz 1987.

L

Labayen, J., Den christlichen *Basisgemeinden* gehört die Zukunft. Das Urteil eines Bischofs, in: Macht und Ohnmacht, 56–72.
Lange, G., *erzählen,* in: Handbuch religionspädagogischer Grundbegriffe, hg. v. G.Bitter u. a., München 1986, 387–391.
Lateinamerikanischer Bischofsrat, Jugend, Kirche und Veränderung, Bogota 1986.
Leavitt, H.J., *Der Manager als Pionier* im Unternehmen, Landsberg 1986.

Leben und Wirken der Kirche von Wien. Handbuch der Synode 1969–1971, hg. v. Erzbischöflichen Ordinariat, Wien 1972.
Lebendige Kirche. Neue geistliche Bewegungen, hg. v. A. Schmitt u. a., Mainz 1988.
Legrand, H.M., Der theologische Sinn der *Bischofswahl* nach ihrem Verlauf in der alten Kirche, in: Concilium 8(1972), 494–500.
Lehmann, K., Nochmals: *Caritas und Gemeinde,* in: Caritas 88(1987), 3–12.
Lehmann, K., Was ist eine *christliche Gemeinde*?, in: Internationale katholische Zeitschrift 1(1972), 490–495.
Lehmann, K., *Geistlich handeln,* Freiburg 1982.
Lehmann, K., *Gemeinde,* in: Christlicher Glaube in moderner Gesellschaft 29, Freiburg 1982, 5–65.
Lehmann, L., *Neuere kirchliche Bewegungen.* Anfrage an die Orden, Ordenskorrespondenz 29(1988), 146–166.
Lehmann, K., *Nochmals: Caritas und Gemeinde,* in: Caritas 88(1987), 3–12.
Lehrner, E., *Pfarrgemeinde der Zukunft.* Die Bewegung für eine bessere Welt entwickelt einen Weg auf der Grundlage der neuen Communio-Ekklesiologie, Wien 1988, Diplomarbeit.
Lekai, L., *Beschnitte Bäume* grünen wieder, in: Christliche Basisgemeinden, 62.
Les mouvements dans l'Eglise. Préface du Cardinal Suenens, Paris 1984.
Leuninger, H., Die missionarische *Pfarrei*, Limburg 1981.
Linsenmann, F.X., *Lehrbuch* der Moraltheologie, Freiburg 1878.
Liturgische Erneuerung in aller Welt, hg. v. T. Bogler, Maria Laach 1950.
Lohfink, G., *Gottes Taten gehen weiter.* Geschichtstheologie als Grundvollzug neutestamentlicher Gemeinde, Freiburg 1984.
Lohfink, G., *Wem gilt die Bergpredigt?* Beiträge zu einer christlichen Ethik, Freiburg 1988.
Lohfink, G., *Wie hat Jesus Gemeinde gewollt?* Zur gesellschaftlichen Dimension des christlichen Glaubens, Freiburg 1982.
Lohfink, N., Der *Geschmack* der Hoffnung. Christsein und christliche Orden, Freiburg 1983.
Lohfink, N., „Ich bin *Jahwe*, dein Arzt" (Ex 15,26). Gott, Gesellschaft und Gesundheit in einer nachexilischen Pentateuchbearbeitung, in: „Ich will euer Gott werden", Stuttgart 1981, 11–73.
Lohfink, N., *Kirchenträume.* Reden gegen den Trend, Freiburg 1982.
Lohfink, N., Die *Orden* als Gottes Kirchentherapie. Biblische Überlegungen zur Not der Kirche und zur Not vieler Orden, in: Ordenskorrespondenz 27(1986), 31–54.
Lombardi, R., *Kirche hat Zukunft.* Das Konzil leben, Rottweil 1973.
Lück, W., *Volkskirche,* Stuttgart 1980.
Lüssi, W., Die *konfessionsverbindende Ehe*: Situationsbeschreibung und Perspektiven, in: Reformiertes Forum 8(1988), 11.

Luther, M., Großer *Katechismus*, Bekenntnisschriften der evangelisch-lutherischen Kirche 657, 25–38.

M

Mackensen, R., *Daseinsformen* in der Großstadt, Tübingen 1959.

Mackenzie, R.A., *Die Zeitfalle.* Sinnvolle Zeiteinteilung und Zeitnutzung, Heidelberg ^{7}1985.

Märzinger, D., *Das Verschwinden der himmelschreienden Sünden* in der europäischen Kirchenpraxis, Wien 1989, Diplomarbeit.

Marhold, W. u. a., *Religion als Beruf.* Band I: Identität der Theologen, Band II: Legitimation und Alternativen, Berlin 1977.

Materialdienst Gemeindearbeit, hg. v. H.Fischer u. a., Mainz 1971.

Matussek, P., *Seelsorge heute:* Aus der Sicht eines Psychotherapeuten, in: Seelsorge ohne Priester? Zur Problematik von Beratung und Psychotherapie in der Pastoral, hg. v. J.M.Reuß, Düsseldorf 1976, 91–107.

McGilvray, J., *Die verlorene Gesundheit.* Das verheißene Heil. Mit einem Vorwort von J.R.Bierich u. D.Rössler, Stuttgart ^{3}1982.

McManus, J., Die heilende *Kraft der Sakramente* und des Gebetes, Salzburg 1985.

McNutt, F., *Beauftragt* zu heilen. Eine praktische Weiterführung, Graz 1986.

Mein Glaubensweg. Christen im Dienst der Kirche erzählen, hg. v. K.H.Schmitt, München 1985.

Merklein, H., Die *Gottesherrschaft* als Handlungsprinzip. Untersuchung zur Ethik Jesu, Würzburg 1981, 17–46.

Mesters, C., *Biblia:* flor sin defessa. Leer el Evangelio en la vida, Manuskript o.J.

Mette, N., Der *Pfarrgemeinderat* im Spiegel empirischer Untersuchungen, in: Theologie und Glaube 68(1978), 297–311.

Metz, J.B., *Glaube* in Geschichte und Gesellschaft. Studien einer praktischen Fundamentaltheologie, Mainz 1977.

Metz, J.B., *Unterbrechungen.* Theologisch-politische Perspektiven und Profile, Gütersloh 1981.

Mieth, D., *Mystik,* in: Handbuch theologischer Grundbegriffe, hg. v. P.Eicher, III, München 1985, 151–162.

Movimenti ecclesiali contemporanei, hg. v. A. Favale, Studi di teologia pastorale 5, Roma ^{2}1985.

Mühlen, H., *Dokumente* zur Erneuerung der Kirchen, Mainz 1982.

Mühlen, H., *Einübung* in die christliche Grunderfahrung, 2 Bände, Mainz ^{11}1982 und ^{11}1983.

Mühlen, H., *Erfahrungen* mit dem Heiligen Geist, Mainz 1979.

Mühlen, H., *Grundentscheidung,* Mainz 1983.

Müller, K.G. u. a., *Zielwirksam arbeiten* – Technik, Methodik und Praxis des persönlichen Zeitmanagement, Sindelfingen ^{5}1987.

Müller, A., *Priester – Randfigur* der Gesellschaft? Befund und Deutung der Schweizer Priesterumfrage, Zürich 1974.

N

Neue Wege der Nachfolge. Katholische Intensivgemeinschaften und Erneuerungsbewegungen in Österreich, hg. v. F. Valentin, Salzburg 1981.

Neuenzeit, F., *Koinonia,* in: Lexikon für Theologie udn Kirche VI (Freiburg 1961), 368f.

Neuner, P., *Basisgemeinden* auf den Philippinen. Ein Erfahrungsbericht, in: Macht und Ohnmacht, 73–91.

Neuner, P., *Der Laie* und das Gottesvolk, Frankfurt 1988.

Neuner, P., *Geeint im Leben* – getrennt im Bekenntnis. Die konfessionsverschiedene Ehe. Lehre – Probleme – Chancen, Düsseldorf 1989.

Neuner, P., Kleines *Handbuch* der Ökumene, Düsseldorf 1984.

Neuner, P., *Religion* zwischen Kirche und Mystik. Friedrich von Hügel und der Modernismus, Frankfurt 1977.

Nientiedt, K., *Geistliche Aufbrüche,* in: Herder Korrespondenz 40(1986), 428–432.

Noelle-Neumann, E. u. a., Die verletzte *Nation.* Über den Versuch der Deutschen, ihren Charakter zu ändern, Stuttgart 1987.

O

Obstraet, J., *Pastor bonus,* Mecheln 1689.

Ökumene in der Schweiz. Orientierungshilfe für die ökumenische Arbeit in den Gemeinden, hg. v. d.Gesprächskommission der Christkatholischen Kirche der Schweiz und der Römisch-Katholischen Bischofskonferenz, Zürich 1982.

Ökumenische Trauung. Grundsätzliches, allgemeine Hinweise und drei liturgische Formulare zur ökumenischen Trauung, hg. v. d.evangelisch-katholischen Arbeitsgemeinschaft für Mischehenseelsorge, Zürich 1973.

Osteuropa und die Dritte Welt: Modelle für die Kirche von morgen? Kirche in Not, hg. v. Albertus-Magnus-Kolleg/Haus der Begegnung Königstein e.V., Band 32, Königstein 1984.

P

Packard, V., Die geheimen *Verführer.* Der Griff nach dem Unbewußten in jedermann, Frankfurt 1981.

Parsch, P., *Die liturgische Aktion in Österreich,* in: Bibel und Liturgie 4(1929/1930), 501–509.

Parsch, P., *Methode der volksliturgischen Arbeit,* in: Bibel und Liturgie 10(1935/1936), 313–316, 337–340, 361–367.

Pesch, R., Von der *„Praxis des Himmels“.* Kritische Elemente im Neuen Testament, Graz 1971.

Pesch, R. u. a., *Tiefenpsychologie* und keine Exegese. Eine Auseinandersetzung mit Eugen Drewermann, Stuttgart 1987.

Pesch, R., *Zwischen Karfreitag und Ostern.* Die Umkehr der Jünger Jesu, Zürich 1983.

Peters, T.J. u.a., *Leistung aus Leidenschaft.* „A Passion For Excellence". Über Management und Führung, Hamburg 1986.

Peukert, H., *Wissenschafstheorie* – Handlungstheorie – Fundamentale Theologie, Frankfurt 1978.

Pfarrer ohne Ortsgemeinde. Berichte, Analyse, Beratung, hg. v. Y.Spiegel, München 1970.

Pfarrgemeinderäte. Eine Untersuchung über Aufgabenbereiche, Arbeitsweise und Arbeitseffizienz von Pfarrgemeinderäten in Österreich, IKS-129, Wien 1979.

Pfeil, E., Die *Familie im Gefüge der Großstadt.* Zur Sozialtopographie der Stadt, Hamburg 1965.

Pfliegler, M., Die deutsche *Jugend* und der jungkatholische Geist, Wien 1923.

Pirker, K., *Kirchliches Leben* in besetzten und unbesetzten Kärntner Pfarreien, zit. nach: Der Priestermangel und seine Konsequenzen, hg. v. F.Klostermann, Düsseldorf 1977, 16f.

Pöggeler, F., Die *Lebensalter,* Mainz 1973.

Priester gestern, Priester morgen. Kritische Perspektiven, hg. v. G.Hierzenberger, Wien 1969.

Priester – Presbyter. Beiträge zu einem neuen Priesterbild, hg. v. F.Enzler, Luzern 1968.

Priesterbild im Wandel. Theologische, geschichtliche und praktische Aspekte des Priesterbildes, hg. v. den Professoren der Philosophisch-Theologischen Hochschule Linz, Linz 1972.

Priesterkirche, hg. v. P.Hoffmann, Düsseldorf 1987.

Priesterteam Machstraße, Wie die Erstkommunion in der Pfarre vorbereiten?, Graz 1970.

R

Rahner, K., Die *Gegenwart* des Herrn in der christlichen Kultgemeinde, Schriften zur Theologie, Band VIII, Einsiedeln 1967, 395–408.

Rahner, K., *Grundkurs* des Glaubens, Einführung in den Begriff des Christentums, Freiburg 1976, 157–177.

Rahner, K., *Ostern,* in: Ders., Kleines Kirchenjahr, München 1954, 84–92.

Raming, I., *Der Ausschluß der Frau* vom priesterlichen Amt, Wien 1973.

Ratzinger, J., Die christliche *Brüderlichkeit,* München 1960.

Ratzinger, J., *Zur Frage* des priesterlichen Dienstes, in: Geist und Leben 41 (1968), 347–376.

Rauscher, A., *Kirchliche Verbände,* in: Handbuch der Pastoraltheologie, hg. v. F.Klostermann u.a., Lexikon, Freiburg 1972, 591–595.

Reform und Anerkennung kirchlicher Ämter. Ein Memorandum der Arbeitsgemeinschaft ökumenischer Universitätsinstitute, München 1973.

Regner, B., *Pfarrgemeinderatsbildung,* in: Diakonia 8(1977), 404–407.

Das *Religions- und Kirchenverständnis* von Katholiken und Protestanten. Eine Repräsentativbefragung im Auftrag der Redaktion „Kirche und Leben“ des ZDF, Allensbach 1986.
Religionsfreiheit und Menschenrechte. Bilanz und Aussicht, hg. v. P.Lendvai, Graz 1983.
Remy, J., *Beteiligung des Gottesvolkes* an der Wahl und Ernennung eines Bischofs, in: Concilium 16(1980), 507–514.
Reuss, J.M., *In der Sorge* um die Priester und das ganze Gottesvolk. Überlegungen zum Zölibatsproblem, Mainz 1982.
Rey, K.G., *Gotteserlebnisse* im Schnellverfahren. Suggestion als Gefahr und Charisma, München 1985.
Rey, K.G., *Neuer Mensch* auf schwachen Füßen. Erfahrungen eines Psychoanalytikers mit Gott, München 1984.
Riskierte Brüderlichkeit. Orden und Kommunitäten, hg. v. R.Bock u.a., Olten 1979.
Rohr, R., *Der wilde Mann.* Geistliche Reden zur Männerbefreiung, München 1986.
Rosenmayr, L., *Freiheit durch Kritik.* Friedrich Heers Weg der „polyvalenten Einsichten“ in die Geistesgeschichte und des Kampfes um eine innere Erneuerung des Christentums, in: Heer-Schau. Briefe an und über Friedrich Heer, hg. v. N.Leser, Wien 1985, 90–113.
Rosenmayr, L. u.a., *Umwelt und Familie* alter Menschen, Neuwied 1965.
Rutz, O., *Obrigkeitliche Pastoral,* Passau 1984.

S

Saarinen, M.F., *Life Cycle* of a Congregation, New York 1986.
Satzung des Katholischen Deutschen Frauenbundes. Beschluß der Delegiertenversammlung des Katholischen Deutschen Frauenbundes vom 12.Mai 1977 in München-Freising.
Schäfer, P., *Bischof und Presbyter:* in: „Diener in Eurer Mitte“. Festschrift für Dr.Antonius Hofmann, Bischof von Passau, zum 75. Geburtstag, hg. v. R.Beer u.a., Passau 1984, 243–261.
Schaffelhofer, W., *Katholische Aktion,* in: Handbuch der Pastoraltheologie, hg. v. F.Klostermann u.a., Lexikon, Freiburg 1972, 244f.
Schasching, J., *In Sorge um Entwicklung* und Frieden. Kommentar zur Enzyklika „Sollicitudo rei socialis“ von Johannes Paul II., Wien 1988.
Schasching, J., Die *Soziologie* der Pfarre, in: Die Pfarrei, hg. v. H.Rahner, Freiburg 1956.
Schaupp, C., *Biographie und Institution.* Eine quantitative Analyse narrativer Interviews ehrenamtlicher Mitarbeiter im Pfarrgemeinderat, Innsbruck 1987, Dissertation.
Schillebeeckx, E., *Das kirchliche Amt,* Düsseldorf 1981.
Schilling, H., *Kritische Thesen* zur „Gemeindekirche“, in: Diakonia 6 (1975), 78–99.

Schlier, H., *Ekklesiologie* des Neuen Testaments, in: Mysterium Salutis IV/1, Zürich 1972, 102–106.
Schlier, H., *Grundelemente* des priesterlichen Amtes im Neuen Testament, in: Theologie und Philosophie 44(1969), 161–180.
Schlier, H., *Wort Gottes.* Eine neutestamentliche Besinnung, Leipzig 1959.
Schmidt, K.L., *Ekklesia,* in: Theologisches Wörterbuch zum Neuen Testament, Band III (Stuttgart, Nachdruck, 1967), 506–508.
Schmidtchen, G., *Gottesdienst* in einer rationalen Welt, Stuttgart 1973.
Schmidtchen, G., Zwischen *Kirche und Gesellschaft*, Freiburg 1972.
Schmidtchen, G., *Priester in Deutschland,* Freiburg 1973.
Schnackenburg, R., *Die Einheit der Christen* in der Sicht des Neuen Testaments, in: Ders., Maßstäbe des Glaubens. Fragen heutiger Christen im Licht des Neuen Testaments, Freiburg 1978, 88–118.
Schneider, G., *Grundbedürfnisse* und Gemeindebildung. Soziale Aspekte für eine menschliche Kirche, München 1982.
Schnider, F., Überlegungen zur *Heilsverkündigung Jesu*, in: Heil und Heilen als pastorale Sorge, hg. v. W.Beinert, Regensburg 1984, 51–90.
Schobel, P., Aus der Werkstatt einer *„Arbeitergemeinde"*, in: Wie wir Gemeinde wurden, 54–64.
Schönborn, C. u.a., Die *Charismatische Erneuerung und die Kirchen,* Regensburg 1977.
Scholz, F., *Sünde,* in: Lexikon für Theologie und Kirche IX (Freiburg 1964), 1183.
Schroeder, O., *Aufbruch und Mißverständnis.* Zur Geschichte der reformkatholischen Bewegung, Graz 1969.
Schröger, F., Gemeinde im 1. *Petrusbrief.* Untersuchungen zum Selbstverständnis einer christlichen Gemeinde an der Wende vom 1. und 2. Jahrhundert, Passau 1981.
Schrott, A., *Seelsorge* im Wandel der Zeiten, Graz 1949.
Schulz, H.-M., *Damit Kirche lebt.* Eine Pfarrei wird zur Gemeinde, Mainz 1975.
Schulz, H.-M., *Gemeinde wird Subjekt* ihrer Geschichte, in: Wie wir Gemeinde wurden, 26–34.
Schulz, H.-M., Ein Jahr in Gottes *Werkstatt.* Eine Gemeinde macht neue Erfahrungen, Mainz 1978.
Schulze-Berndt, H. u.a., *Neue religiöse Bewegungen* innerhalb und außerhalb der Kirchen, München 1986.
Schumacher, E.F., *Small is beautiful.* Die Rückkehr zum menschlichen Maß, Reinbek 1985.
Schuster, H., *Leben des Christen* in der Welt, Mainz 1973.
Schwendtner, R., Theorie der *Subkultur*, Köln 1973.
Seiterich, T., *Kirche von unten,* in: Wir Kirchenträumer, 179–184.
Seiwert, L.J., *Mehr Zeit für das Wesentliche.* Audiothek, Hamburg 1988.
Seiwert, L.J., Die neuen *Zeitplanbücher*, in: Management-Wissen 1984, H.12, 46–53.

Selg, O., *PGR-Sitzungen* erfolgreich vorbereiten. Informationen für die Seelsorge 13(1982), H.56/60.
Singer, K., *Zivilcourage* als Chance zur Veränderung unserer bedrohten Welt, in: Wovon wir leben – woran wir sterben, hg. v. H.Rothbucher u. a., Salzburg 1988, 92–109.
Sölle, D., Die *Hinreise,* Stuttgart 1975.
Soziale Verkehrskreise in der Großstadt, IKS-123, Wien 1974.
Die *Spontangruppen* in der Kirche, hg. v. R.Metz u. a., Aschaffenburg 1971.
Steinkamp, H., *Diakonie* – Kennzeichen der Gemeinde, Freiburg 1985.
Steinkamp, H., *Selbst „wenn Betreute sich ändern"*. Das Parochialprinzip als Hindernis für die Gemeindebildung, in: Diakonia 19(1989), 78–89.
Stenger, H., *Für eine Kirche*, die sich sehen lassen kann. Transparenz als pastoraltheologische Leitidee, in: Den Menschen nachgehen. Offene Seelsorge als Diakonie in der Gesellschaft, St.Ottilien 1987, 65–78.
Stenger, H., *Kompetenz und Identität.* Ein pastoralanthropologischer Entwurf, in: Eignung für die Berufe der Kirche. Klärung – Beratung – Begleitung, hg. v. H.Stenger u. a., Freiburg 1988, 31–64.
Stenger, H., *Verwirklichung* unter den Augen Gottes. Psyche und Gnade, Salzburg 1985.
Stroebe, R.W., *Arbeitsmethodik I,* Heidelberg ^{4}1988.
Stroebe, R.W., *Arbeitsmethodik II,* Heidelberg ^{3}1986.
Stroebe, R.W. u. a., *Führungsstile,* Heidelberg ^{2}1983.
Stroebe, R.W. u. a., *Grundlagen der Führung,* Heidelberg ^{5}1987.
Stroebe, R.W., *Kommunikation I,* Heidelberg ^{3}1987.
Stroebe, R.W., *Kommunikation II,* Heidelberg ^{4}1988.
Stroebe, R.W. u. a., *Motivation,* Heidelberg ^{4}1988.
Stroebe, R.W., Gezielte *Verhaltensänderung,* Heidelberg ^{2}1987.
Sudbrack, J., *Dienst* am geistlichen Leben, Mainz 1971.
Swoboda, H., *Großstadtseelsorge,* Regensburg ^{2}1909, Anhang.

T

Taufe, Eucharistie und Amt. Konvergenzerklärungen der Kommission für Glauben und Kirchenverfassung des Ökumenischen Rates der Kirchen, Frankfurt 1982.
Taufe und Kirchenzugehörigkeit in der Mischehe. Als Orientierungshilfe gemeinsam hg. v. d. Gesprächskommission des Schweizerischen Ev. Kirchenbundes und der r. k. Bischofskonferenz der Schweiz, Bern 1987.
Theologie des Volkes, hg. v. A.Exeler u. a., Mainz 1978.
Tigges, M., *Neue geistliche Bewegungen.* Eine Anfrage an Berufung und Sendung der Kirche heute, in: Ordenskorrespondenz 28(1987), 289–299.
Tille, A., Die bäuerliche *Wirtschaftsverfassung* des Vintschgaues, Innsbruck 1895.

Toffler, A., *Die dritte Welle.* Zukunftschancen, München 1980.

Tomka, M., Der kirchlich-gesellschaftliche *Kontext* der christlichen Basisgruppen in Mittelost-Europa, in: Christliche Basisgemeinden in Osteuropa, hg. v. Pax Christi deutsche Sektion, Frankfurt 1983, 4–19.

Das *Traugespräch*, hg. v. d. evangelisch-katholischen Arbeitsgemeinschaft für Mischehenseelsorge, Zürich 1975.

Trillhaas, W., *Dogmatik,* Berlin 1972.

Troeltsch, E., Die *Soziallehre*n der christlichen Kirche und Gruppen, Tübingen 1912.

U

Unnik, W.C. v., The critique of *Paganism* in 1 Petr 1,18, in: Neotestamentica et Semitica, Edinburgh 1969, 129–142.

Unsere Verantwortung für den Sonntag. Gemeinsame Erklärung der Deutschen Bischofskonferenzen und des Rates der Evangelischen Kirche in Deutschland, hg. v. Sekretariat der DBK und vom Kirchenamt der EKD, Bonn-Hannover 1988.

Urban, D., Initiativen kirchlicher *Basisgruppen* in der DDR, in: Christliche Basisgemeinden, 19–29.

V

Vagoggini, C., *Theologie der Liturgie,* Einsiedeln 1959.

Van der Meer, H., *Priestertum der Frau,* Freiburg 1969.

Vanoni, G., *Der Mann, der Taube hieß,* Wien 1984.

Venetz, H.J., *So fing es* mit der Kirche an. Ein Blick in das Neue Testament, Zürich 1981.

Venetz, H.J., Die *vielgestaltige Kirche* und der eine Christus. Die Gemeinde im Spannungsfeld von Jesu Anspruch und konkreter Praxis, in: Kirche auf dem Weg ins Jahr 2000. Pastoraltheologische Informationen 4, hg. v. Beirat der Konferenz der deutschsprachigen Pastoraltheologen, Frankfurt 1984, 29–55.

Vereinigungen der Laien. Kurze Vorstellung, hg. v. Päpstlichen Rat für die Laien, Rom 1983.

Volksreligion – Religion des Volkes, hg. v. K. Rahner u.a., Stuttgart 1979.

Von Balthasar, H.U., *Integralismus,* in: Wort und Wahrheit 18(1963), 737–747.

Von der Würde und Verantwortung der Christgläubigen. Auf den Spuren des Konzils – Botschaft der Weltbischofssynode an alle Katholiken in der Welt, in: Deutsche Tagespost 131/1987, 5.

W

Wach, J., *Religionssoziologie,* Tübingen 1951.

Wagner, H., *Persönliche Arbeitstechniken.* Grundlagen und Methoden erfolgreichen Selbst-Managements, Speyer ^{2}1987.

Walter, E., Die Theologie der *Pfarrei*, in: Lexikon für Theologie und Kirche VIII (Freiburg 1963), 404.
Warnier, P., Le *phénomène* des comunautés de base, Paris 1973.
Weißensteiner, J., Die organisatorische *Neuordnung* der Seelsorge in der Erzdiözese Wien im Jahr 1938, in: Wiener Diözesanblatt 29(1988), 11–13.
Wessel, W. u. a., *Faszination* Gemeinde. Erfahrung, Besinnung, neue Impulse, Freiburg 1979.
Wessel, W., *Gemeinde heißt Kontakt,* in: Wie wir Gemeinde wurden, 35–46.
Weß, P., *Eine Frage bricht auf.* Wie man zum Glauben finden kann, Graz 1982.
Weß, P., *Erstkommunion und Beichte.* Hinführung in der Pfarrgemeinde, Graz 1978.
Weß, P., *Firmung.* Hinführung in der Pfarrgemeinde, Wien 1984.
Weß, P., *Gemeindekirche* – Zukunft der Volkskirche. Der Lernweg einer Pfarrgemeinde, Wien 1976.
Weß, P., *Glaubensbildung in der Gemeinde,* in: Lebendige Katechese 4(1982), 70–73.
Weß, P., *Ihr alle seid Geschwister.* Priester und Gemeinde, Mainz 1983.
Weß, P., *Mit oder ohne Entscheidung?* Erfahrungen auf dem Weg, eine Gemeinde zu werden, in: Diakonia 13(1982), 118–125.
Weß, P., Zur Frage der *Notwendigkeit und Größe* einer geschwisterlichen Gemeinde, in: Diakonia 12(1981), 422ff.
Weß, P., *Theologie in der Gemeinde,* in: Wie wir Gemeinde wurden. Lernerfahrungen und Erneuerungsprozesse der Volkskirche, hg. v. N.Mette, München 1982, 47–53.
Weß, P., *Überlegungen zum Pfarrgemeinderat,* in: Diakonia 5(1974), 245–250.
Widl, M., *Der Beitrag der Bibel* zu einer christlichen Alltagskultur. Chancen und Bedingungen einer „Bibelpastoral", Wien 1986, Diplomarbeit.
Wie wir Gemeinde wurden. Lernerfahrungen und Erneuerungsprozesse in der Volkskirche, hg. v. N.Mette, Mainz 1982.
Wieh, H., *Konzil und Gemeinde.* Eine systematisch-theologische Untersuchung zum Gemeindeverständnis des Zweiten Vatikanischen Konzils in pastoraler Absicht (Frankfurter Theologische Studien 25), Frankfurt 1978.
Wildmann, J., *Katholische Basisgruppen* in Ungarn, in: Osteuropa und die Dritte Welt, 115–122.
Willi, J., *Koevolution.* Die Kunst gemeinsamen Wachsens, Reinbek 1985.
Wintzer, F., *Praktische Theologie,* Neukirchen-Vluyn 1982.
Wir Kirchenträumer. Basisgemeinschaften im deutschsprachigen Raum, hg. v. W.Ludin u. a., Olten 1987.
Wolff, H., *Jesus der Mann.* Die Gestalt Jesu in tiefenpsychologischer Sicht, Stuttgart ^{2}1976.

Wovon wir leben – woran wir sterben. Von der Chance, einander Sinn und Halt zu geben, hg. v. H.Rothbucher und F.Wurst, Salzburg 1988.

Z

Zauner, W., Die *Katholische Aktion*, in: Theologisch-praktische Quartalschrift 125(1977), 41.

Zerfaß, R., *Der Beitrag* des Caritasverbandes zur Diakonie der Gemeinde, in: Caritas 88(1987), 12–27.

Zerfaß, R., *Ein Lied vom Leben.* Orpheus und das Evangelium, in: Miteinander sprechen und handeln. Festschrift für Hellmut Geissner, hg. v. E.Slembeck, Fankfurt 1986, 343–350.

Zerfaß, R., Die *Funktion christlicher Gemeinden* in der Gesellschaft der BRD, unveröffentlichte Vorlesungsmitschrift vom Wintersemester 1975/76, 79–110.

Zerfaß, R., Die *Gemeindeanalyse* als pastorales Praktikum, in: Gemeindepraxis, 68–89.

Zerfaß, R., *Grundkurs* Predigt 1. Spruchpredigt. Unter Mitarbeit von Klaus Roos, Düsseldorf ^{2}1989.

Zerfaß, R., Die *Last des Taufgesprächs.* Nach Augustins Büchlein „De catechizandis rudibus“, in: Zeichen des Glaubens, hg. v. H.-J.auf der Maur u.a., Zürich 1972, 219–232.

Zerfaß, R., *Menschliche Seelsorge.* Für eine Spiritualität von Priestern und Laien im Gemeindedienst, Freiburg 1985, 98–111.

Zerfaß, R., *Organisierte Caritas* als eine Herausforderung an eine nachkonziliare Theologie, in: Den Menschen nachgehen. Offene Seelsorge als Diakonie in der Gesellschaft. Hans Schilling zum 60.Geburtstag von Freunden, Schülern und Kollegen, St. Ottilien 1987, 321 bis 348.

Zerfaß, R., *Wenn Gott aufscheint* in unseren Taten, in: Zulehner, Gottesgerücht, 95–106.

Zevini, G., Die christliche *Erwachseneninitiation* in den neokatechumenalen Gemeinschaften, in: Concilium 15(1979), 112–117.

Zimmermann, D., *Leben* – Glauben – Feiern, in: Lebendige Seelsorge 29(1978), 148–154.

Zink, J., *Ein Traum* von einer vertrauenden Kirche, in: Ders., Kostbare Erde. Biblische Reden über unseren Umgang mit der Schöpfung, Stuttgart ^{2}1981, 184–186.

Zottl, A., *Menschwerdung* durch Gottesliebe, Eichstätt 1986.

Zulehner, P.M., *Auferweckung* schon jetzt. Skizzen zu einer europäischen Befreiungstheologie, Freising 1984.

Zulehner, P.M., *Denn du kommst* unserem Tun mit deiner Gnade zuvor. Zur Theologie der Seelsorge heute. Paul M.Zulehner im Gespräch mit Karl Rahner, Düsseldorf ^{3}1987.

Zulehner, P.M., *Eine bewohnbare Kirchenvision,* in: Christsein in der Ökumene. Kirche unterwegs in die 90er Jahre, hg. v. Landessynode der Evang.-Luth. Kirche in Bayern, München 1988, 50–70.

Zulehner, P.M., *Einführung* in den pastoralen Beruf. Ein Arbeitsbuch, München 1977.
Zulehner, P.M., Einige *Ergebnisse* der Essener Untersuchung über die Pfarrgemeinderäte, in: Pastoraltheologische Informationen 5/1977, 100–107.
Zulehner, P.M., *Förderung* der Kirche des Volkes inmitten der Volkskirche, hg. v. Bischöflichen Seelsorgeamt Passau, Passau 1983.
Zulehner, P.M. u. a., *Fundamentalpastoral.* Kirche zwischen Auftrag und Erwartung, Düsseldorf 1989.
Zulehner, P.M. u. a., Pastorale *Futurologie.* Kirche auf dem Weg ins gesellschaftliche Morgen, Düsseldorf, in Vorbereitung.
Zulehner, P.M., Das *Gottesgerücht.* Bausteine für eine Kirche der Zukunft, Düsseldorf [4]1988.
Zulehner, P.M., *Kirche und Austromarxismus.* Eine Studie zum Verhältnis Kirche-Staat-Gesellschaft, Wien 1967.
Zulehner, P.M., *Kirche und Priester* zwischen dem Auftrag Jesu und den Erwartungen der Menschen, Wien 1974.
Zulehner, P.M., Verfällt die *Kirchlichkeit* in Österreich?, Graz 1971.
Zulehner, P.M., *Leibhaftig glauben.* Lebenskultur nach dem Evangelium, Freiburg [3]1983.
Zulehner, P.M., *Leutereligion,* Wien 1982.
Zulehner, P.M., *Männerbefreiung:* Geschlechterstreit, in: Orientierung 49(1985), 257–261.
Zulehner, P.M., Die *Neuformung* der Rollen von Frauen und Männern II., in: Mann in der Kirche 5(1986), 138–151.
Zulehner, P.M., Für eine christliche *Ökologie der Beziehungen*, in: Pastoralblatt 36(1984), 2–10.
Zulehner, P.M., *Priestermangel* praktisch. Von der versorgten zur sorgenden Pfarrgemeinde, München [2]1983.
Zulehner, P.M., *Religion* im Leben der Österreicher. Dokumentation einer Umfrage, Wien 1981.
Zulehner, P.M., *Religion und industrielle Gesellschaft,* Wien 1961, Dissertation.
Zulehner, P.M., *Scheidung*, was dann...? Fragment einer katholischen Geschiedenenpastoral, Düsseldorf [2]1983.
Zulehner, P.M. u. a., *Sie werden mein Volk sein.* Grundkurs gemeindlichen Glaubens, Düsseldorf [4]1988.
Zulehner, P.M., *Südafrika:* Herausgefordert durch das Kairos-Dokument, in: Orientierung 50(1986), 180–183.
Zulehner, P.M., Von der von den Vätern ererbten sinnlosen Lebensweise befreit (1 Petr 1,18): *Umkehr als Herzstück* künftiger Pastoral, in: Lebendige Seelsorge 30(1979), 305–312.
Zulehner, P.M., *Von der* (Gott) *fernstehenden Kirche*: wider einen ekklesialen Atheismus, in: Erfahrungen mit Randchristen. Neue Horizonte für die Seelsorge, hg. v. d.Kath.Glaubensinformation, Freiburg 1986, 164–175.

Zulehner, P.M., *Von der versorgten zur sorgenden Gemeinde,* in: Ordenskorrespondenz 25(1984), 52–68.
Zulehner, P.M., *Wachstum durch Teilung:* Wohnviertelgemeinden, in: Der Seelsorger 39(1969), 316–320.
Zulehner, P.M., *Wider die Resignation* in der Kirche. Aufruf zu kritischer Loyalität, Wien 1989.
Zulehner, P.M., *Zur Lage der Kirche* von Passau. Prioritäten für die Pastoral in der Diözese Passau, hg. v. Bischöfl. Seelsorgeamt, Passau 1977.
Zur Gleichheit berufen. Entwurf des „Frauen"-Hirtenbriefes der katholischen Bischofskonferenz der USA. Einführender Kommentar von Anneliese Lissner, Publik-Forum Dokumentation, Oberursel 1988.
Zweidrittelgesellschaft. Spalten, splittern – oder solidarisieren, hg. v. E.Natter u.a., Wien 1988.